HEYNE
BÜCHER

James Redfield/
Carol Adrienne

Das Handbuch der Zehnten Prophezeiung von Celestine

Vom alltäglichen Umgang mit der Zehnten Erkenntnis

Aus dem Amerikanischen von Olaf Krämer

WILHELM HEYNE VERLAG
MÜNCHEN

HEYNE ESOTERISCHES WISSEN
Herausgegeben von Michael Görden
Nr. 13/9697

Titel der Originalausgabe:
THE TENTH INSIGHT: Holding the Vision. An Experimental Guide
erschienen bei Warner Books

Umwelthinweis:
Dieses Buch wurde auf chlor- und säurefreiem Papier gedruckt.

4. Auflage

Printed in Germany 2001
Lektorat: Angelika Hansen
Umschlaggestaltung: Atelier Adolf Bachmann, Reischach
Satz: MPM, Wasserburg
Druck und Verarbeitung: Ebner Ulm

ISBN 3-453-14237-3

Inhalt

Einleitung ... 11

TEIL EINS: DIE SCHWELLE ... 15

Kapitel 1 Das große Bild ... 17
- Die Vision offenhalten ... 17
- Stufen des Bewußtseins ... 18
- Kein Rx außer dem Prozeß ... 20
- Was wäre, wenn? ... 21
- Es geschieht jetzt ... 24
- Kohorten und Fügungen ... 25
- Die Weltvision ... 36
  - Zusammenfassung der Zehnten Erkenntnis ... 42
  - Die Kernpunkte der Zehnten Erkenntnis ... 43
- Den eigenen Platz finden ... 44
  - Einzelstudium ... 47
- Übung: Intention ... 47
  - Gruppenstudium ... 49

Kapitel 2 Auf welche Weise die Neun Erkenntnisse Sie auf die Zehnte vorbereiten ... 53
- Die Neun Erkenntnisse führen zur Zehnten ... 53
- Fragen zur Neunten Erkenntnis ... 56
  - Einzel- und Gruppenstudium ... 71
- Fortschritte oder Probleme mit der Neunten Erkenntnis ... 71

TEIL ZWEI: GEHEIMNIS ... 75

Kapitel 3 Intuition – Die Visualisierung des Pfades ... 77
- Intuitionen ernst nehmen ... 77
- Vertrauen ... 80
- Träume ... 82

Tiere, Omen und Zeichen 93
Weitere Omen 98
Dimensionale Öffnungen 99
Einzelstudium 103
Gruppenstudium 107

Kapitel 4 Klärung 113
Das Klären von Kontrolldramen im jetzigen Leben111
Die Klärung niederer Emotionen 128
Widerstand 132
Die Klärung verbliebener Emotionen aus vorherigen Leben .. 135
Einzel- bzw. Gruppenstudium 139

TEIL DREI: RÜCKSCHAU AUF DEN WEG 143

Kapitel 5 Heilung, Transformation und Kreation 145
Die Energie der menschlichen Erwartungshaltung 145
Techniken zur Heilung des Körpers 146
Leben und Gesundheit 148
Die innere Kraft 150
Einzelstudium 154
Arbeitsgruppe 158

Kapitel 6 Aktivitäten im Jenseits und ihre Einflüsse 161
Was ist das Jenseits? 161
Der Übergang 163
Weshalb bleiben wir nicht drüben? 167
Die Vereinigung der Ebenen 167
Der Übergang zum Tod 169
Typische Erfahrungen von soeben Verstorbenen 169
Einsicht in unsere Vorleben ist essentiell zum Verständnis des jetzigen Lebens 173
Einsicht verändert alles 173
Direktes Wissen 174
Das Verständnis des jetzigen Lebens vor der Geistwerdung... 175
Anerkennung des Jenseits durch eine kritische Masse 176
Über Wiedergeburt 177
Der Einfluß der Seelengruppen 180
Einzelstudium 181
Gruppenstudium 184

TEIL VIER: IN DER DUNKELHEIT 185

Kapitel 7 Die Erinnerung an die Geburtsvision 187
Das Erwachen zur eigenen Identität......................... 187
Die Wahl der Eltern und der äußeren Umstände........... 189
Geburtsvision... 192
Einen schweren Weg wählen................................ 195
Der Lebensüberblick Jetzt.................................. 195
Den Zweck des eigenen Lebens annehmen 196
Dienst am Nächsten ist der Weg............................ 197
Einzelstudium... 198
Das Entdecken Ihrer Geburtsvision 200
Das Folgen der Vision 202
Gegenwärtige Fortschritte, Probleme und Pläne 203

Kapitel 8 Die innere Hölle 206
Gott oder Gott und Teufel?.................................. 206
Die Innere Hölle 208
Hier und jetzt.. 211
Weder tot noch lebendig.................................... 214
Von Geistern verfolgt 216
Selbstmord.. 216
Menschen, die anderen Schmerzen zufügen.............. 217
Einzelstudium... 219
Gruppenstudium 221

Kapitel 9 Die Überwindung der Angst 225
Wie wir uns selbst Angst einjagen 225
Der individuelle Schatten.................................... 229
Der kollektive Schatten 236
Die Polarisierung unserer Standpunkte ist unsere größte Gefahr. 238
Die Erinnerung an unsere Vision verschafft uns genügend Energie, um mit der Furcht fertigzuwerden............... 239
Die Auflösung von Angst in der spirituellen Dimension..... 243
Einzelstudium... 244
Arbeitsgruppe... 247

TEIL FÜNF: RICHTIG HANDELN 249

Kapitel 10 Transformation im Berufs- und Geschäftsleben 251
Geschäft als spiritueller Weg 253
Angelernte Hilflosigkeit – Die Veränderung der Mentalität am Arbeitsplatz 254
Geschäftliches funktioniert von innen nach außen – Die Demontierung der Vorstandsetagen 262
Renaissance-Kreis 263
Geschäftsethik schafft Realität 264
Ein- und Ausatmen 265
Die Klärung negativer Gefühle vor dem Beginn der Zusammenarbeit 266
Alle Seelen wachsen 267
Das Erreichen des Gruppen-Potentials. 268
Eine weitere Form der Polarisierung 269
Das Informationszeitalter 271
Der natürliche Schritt 272
Niedrigere Preise 274
Schöpfung aus dem Selbst 275
Einzelstudium 276
Gruppenstudium 278

Kapitel 11 Gruppenaktion zur Zehnten Erkenntnis 281
Verwandte Geister schaffen Energie 281
Der Welt dienen 282
Sinn inspiriert 284
Was ist eine Gruppe der Zehnten Erkenntnis? 285
Inspiriertes Networking 286
Dienst und Hilfeleistung 286
Kleine Hüpfer und große Sprünge 287
Studiergruppen 288
Was macht eine Gruppe erfolgreich? 289
Bewußte Interaktion in der Gruppe 291
Die Verbindung mit der Kraft der Seelengruppen im Jenseits . 292
Einzelstudium 295
Gruppenstudium 295

Kapitel 12 Neue Visionen für unterschiedliche Berufsgruppen .. 305
Die Entwicklung zu idealer Ausdrucksform und Bestimmung. 305

Das Dirigieren einer Symphonie von Zitronen und Lichtwesen . . . 311
Voraussetzungen für die Halter der Vision . . . 312
Aufgaben und Verantwortung für die Halter der Vision . . . 314
Wenn Sie Ihren Beruf nicht mögen . . . 315
Die Erweiterung Ihrer Kontakte . . . 315
Denkmodelle helfen uns dabei, das große Bild nicht aus den Augen zu verlieren . . . 317
Die Form folgt dem Gedanken . . . 321
Eine neue Weltvision im juristischen Bereich . . . 324
Erziehung . . . 329
Kunst und Schönheit . . . 335
Einzelstudium . . . 337
Gruppenstudium . . . 338

TEIL SECHS: DIE SCHLIESSUNG DES KREISES . . . 343

Kapitel 13 Die Weltvision . . . 345
Die Vereinigung der Dimensionen . . . 345
Wertschätzung der Unterschiede . . . 346
Pioniere interdimensionalen Reisens – Das Durchbrechen der Grenze . . . 347
Hallo aus dem Himmel . . . 349
Neuer Himmel, Neue Erde . . . 350
Zukunftstrends für die Welt . . . 350
Einzelstudium . . . 365

Kapitel 14 Das Halten der Vision . . . 367
Mit dem Flußgeist sprechen . . . 367
Die Vision leben . . . 368
Zurückgeben . . . 374
Gefängnismission . . . 376
Umweltmission . . . 377

Einleitung

Das vorliegende Buch soll Hintergrundinformationen und zusätzliche Ideen zu der Zehnten Prophezeiung von Celestine liefern. Wenn es tatsächlich zutrifft, daß es sich bei den Prophezeiungen von Celestine um archetypische, in unserer Psychologie verankerte Einsichten handelt, besteht unsere Mission lediglich darin, die Nachricht zu verbreiten und, so es uns möglich ist, ein Forum für einen offenen und ehrlichen Diskurs über die individuelle und gegenwärtige spirituelle Erfahrung zu schaffen.

Beim Lesen dieses Buches werden Sie feststellen, daß dieser Dialog über Spiritualität bereits auf der ganzen Welt stattfindet. Hier und heute, in den letzten Tagen des Zwanzigsten Jahrhunderts und des zweiten Millenniums, machen wir weniger neue Erfahrungen (obwohl auch das vorkommt), als daß wir Erfahrungen ernstnehmen, die wir bisher einfach abgetan oder als unerklärlich angenommen haben.

Wir befinden uns an einem wichtigen Punkt der menschlichen Geschichte. Die alte, noch auf dem Newtonschen Modell basierende Auffassung von dieser Welt als einer großen, unter rein materialistischen (ohne Wunder) Gesichtspunkten operierenden Maschine weicht jetzt zunehmend einer neuen Weltsicht, die sich verstärkt auf individuelle Erfahrungen dahingehend beruft, daß diese Welt weitaus mehr ist, als bisher angenommen. Wir haben damit begonnen, das Universum als einen intelligenten und spirituellen Ort zu begreifen, wo das menschliche Bewußtsein Gelegenheit hat zu wachsen, sich durch Intuition und Synchronizität leiten lassen kann und jeder daran erinnert wird, mit welcher ursprünglichen Vision er einmal auf die Welt gekommen ist.

Mut zur Erfahrung und zur Kommunikation des Erfahrenen sind die wichtigsten Ingredienzen zu diesem weltweiten Erwachen, da wir nur so imstande sind, uns gegenseitig von der Richtigkeit und Wiederholbarkeit unserer Erfahrungen zu überzeugen. Ging es in den ersten Neun

Erkenntnissen vor allem noch darum, sich selbst nicht im Weg zu stehen und Anschluß an einen Fluß von erhöhter feinstofflicher Vibration und planetarer Evolution zu finden, so geht es in der Zehnten Erkenntnis darum, die Macht und Kraft göttlicher Intention zu verstehen, die diesen ganzen Vorgang steuert.

Es reicht nicht aus, einfach »loszulassen« und sich dem Fluß der Synchronizitäten anzuvertrauen. Wir müssen jeden Morgen mit voller göttlicher Intention an das Eintreten dieser Synchronizitäten glauben, unsere Vision halten und sie visualisieren. Darin liegt die wahre Kraft des Betens.

Dieses Handbuch soll die Diskussion dieser Themen anregen. Noch einmal möchten wir betonen, wie wichtig das Zustandekommen dieses Dialoges ist, da durch ihn eine spirituelle Transformation an den Wurzeln der menschlichen Existenz stattfindet und neues Bewußtsein geschaffen wird.

Dieses Bewußtsein ist erst dann komplett, wenn es auch Ihren Beitrag mit einschließt.

James Redfield
Carol Adrienne

»Zunächst sollte ich vermutlich sagen, daß die Hoffnung, von der ich hier spreche und an die ich oft denken muß (besonders in mir hoffnungslos erscheinenden Situationen, wie z. B. im Gefängnis) von mir vor allem als eine Geistesverfassung und nicht als Teil der äußeren Welt verstanden wird. Entweder tragen wir Hoffnung in uns oder nicht; es handelt sich dabei um eine seelische Dimension, die nicht notwendigerweise von einer bestimmten Weltsicht oder Einschätzung der Lage abhängig ist. Bei der Hoffnung handelt es sich nicht um eine Prognose, sondern um eine Orientierung des menschlichen Geistes und des Herzens; sie transzendiert die unmittelbar erfahrbare Welt und ist irgendwo jenseits ihrer Horizonte verankert ...

... In diesem tiefen Sinn ist Hoffnung nicht die Freude darüber, daß es uns gut geht oder die Absicht, in Unternehmungen zu investieren, die sich bald zu unseren Gunsten rentieren werden, sondern die Fähigkeit, für einen guten Zweck zu arbeiten – und nicht nur, weil wir uns Erfolg davon versprechen. Je aussichtsloser die Situation scheint, in der wir Hoffnung haben, desto tiefer ist diese Hoffnung. Ganz gewiß aber ist sie nicht dasselbe wie Optimismus. Sie ist nicht die Überzeugung, daß etwas gut enden wird, sondern die Gewißheit, daß etwas seinen Sinn hat, egal wie es enden wird. Ich bin davon überzeugt, daß die intensivste und wichtigste Form der Hoffnung, die einzige, die uns über Wasser halten und uns dazu anleiten kann, Gutes zu tun, auch die einzig wahre Quelle einer atemberaubenden Dimension des menschlichen Geistes

und seiner Bemühungen darstellt und etwas ist, das wir von ›woanders‹ erhalten. Diese Hoffnung ist es vor allem, die uns die zum Überleben notwendige Stärke verleiht und es uns ermöglicht, Neues auszuprobieren – selbst unter Bedingungen, die uns so hoffnungslos erscheinen wie die, die wir in unserer heutigen Welt vorfinden.«

Havel, Vaclav, *Disturbing the Peace*

TEIL EINS

DIE SCHWELLE

Kapitel 1

Das große Bild

Adler
Geist

»Bei der Zehnten Erkenntnis geht es darum, den Inhalt dieses vollständigen Bewußtseins – die Wahrnehmung mysteriöser Fügungen, das wachsende spirituelle Bewußtsein auf der Erde, das Verschwinden der Menschen durch die Neunte Erkenntnis – aus der höheren Perspektive einer anderen Dimension zu begreifen, damit wir verstehen können, weshalb diese Transformation stattfindet und wir somit unsere Aufgabe auf dem Planeten besser erfüllen können.«

Das Halten der Vision in *Die Zehnte Prophezeiung von Celestine*

Die Vision offenhalten

Für Wesen wie Jesus von Nazareth, Mohammed und Gautama Buddha ist die Kapazität ihrer Offenheit für eine Weltvision bereits Teil ihrer Bewerbungsunterlagen. Mit ihren Tugenden, Erfahrungen und Fähigkeiten gehören sie bei jedem Vorstellungsgespräch zu den aussichtsreichsten Kandidaten und werden mühelos jeden auf der Welt ausgeschriebenen Posten erhalten.

Dieses Buch wendet sich an uns, die übrigen.

Vor nicht allzu langer Zeit meldete sich ein Mann aus einer Gruppe, die sich mit dem Studium der Erkenntnisse von Celestine beschäftigte und erkundigte sich danach, wie er die dort erhaltenen Informationen in der »wirklichen Welt« anwenden könnte: »Ich habe andere Arbeitsgruppen besucht und mit den Teilnehmern gesprochen, und alle waren gleichermaßen enthusiastisch. Wie aber können wir diesen Enthusiasmus im Alltag bewahren?« Er erklärte weiter, daß er des Redens über sich selbst müde sei und sich mehr in weltliche Belange involvieren wollte, wußte jedoch nicht, wie er das am besten tun sollte.

Dieser Mann verlieh einer Frage Ausdruck, die jeden von uns beschäftigt. Wir müssen uns diese Frage stellen, wenn wir uns für eine Weltsicht öffnen wollen, die unsere Kultur von ihrem gegenwärtigen Standpunkt in eine lebenswerte Zukunft befördern soll. Sich zu fragen »Was kann ich tun, um der Welt auf positive Weise zu dienen?« ist wichtig, weil es unverzüglicher Aktivität bedarf, um uns vom Rand des Abgrundes zu entfernen, an dem wir uns befinden. Und doch ist das Bewußtsein hinter dieser Frage dasselbe, das ursprünglich unsere Probleme verursacht hat. Die Probleme werden weiterhin in bezug auf externe Aktionen untersucht. Die wirklichen Schritte müssen jedoch zunächst im Inneren jedes einzelnen vorgenommen werden – es hat keinen Zweck, »die da draußen« retten zu wollen.

Wir müssen *unsere* Sicht der Dinge verändern, die Schleier vor bisher unbekannten Weisheiten und Quellen lüften – in anderen Dimensionen, in der unmittelbaren Umwelt und vor allem innerhalb unserer eigenen inneren Realität. Sobald wir auf dieser Vielzahl von Ebenen operieren, haben wir uns mit dem evolutionären Ziel der Menschheit – der Spiritualisierung unserer physikalischen »wirklichen« Welt – verbunden und treten in einen Zustand ein, den wir uns zum jetzigen Zeitpunkt noch nicht einmal vorzustellen vermögen. Wie genau soll dies aber geschehen?

Stufen des Bewußtseins

Gemeinsam mit den Neun Erkenntnissen von Celestine handelt es sich auch bei der Zehnten Erkenntnis um den Ausdruck für eine Bewußtseinsstufe. Nach dem Studium der *Prophezeiungen von Celestine* haben Sie wahrscheinlich bemerkt, daß Sie mit den meisten der Erkenntnisse bereits vertraut waren, diese jedoch vorübergehend vergessen hatten. Die Erinnerung daran weist Sie gleichzeitig auf die Tatsache hin, daß Sie dieses Leben mit dem Ziel begonnen haben, ihre nächste Bewußtseinsstufe zu erreichen.

Bei der Zehnten Erkenntnis angekommen, werden Sie mit Sicherheit einiges, wenn nicht gar das meiste aus den uralten, seit ewigen Zeiten bestehenden Philosophien wiedererkennen, mit denen wir uns auf den folgenden Seiten beschäftigen werden. Auf dieser Ebene des Fühlens,

Denkens und intuitiven Erfassens sind Sie in der Lage zu sagen: »Ja, ich spüre, daß diese Konzepte in meinem Leben funktionieren.«

Dieses Bewußtsein führt zu einer ähnlichen Fragestellung wie bei unserem obenerwähnten Beispiel. Aber was nun? Wir sind daran gewöhnt zu handeln, unser Universum zu kontrollieren – oder es zumindest zu versuchen – und erwarten entsprechende Resultate. Bisher waren wir jedoch vor allem damit beschäftigt, etwas in der *Außenwelt* zu verändern, nicht in unserem Inneren, wo das Bewußtsein seinen Sitz hat. Um diesen Wechsel von außen nach innen vorzunehmen, ist es notwendig, daß wir unsere alten Methoden und Ansichten abbauen. Darum geht es bei diesem Paradigmenwechsel. »Sind wir in der Lage, unser Denken zu entkonditionieren und die Scheuklappen abzunehmen, bevor wir und unser Planet zugrunde gehen?« Genau solche Fragen sind es, die uns morgens um drei oder vier aus dem Schlaf zu schrecken vermögen.

Jetzt liegt es an uns ganz normalen Menschen, die Zukunft in unsere Hände zu nehmen. Wir allein können Veränderungen vornehmen und uns entscheiden, mehr zu lieben, als wir es bisher getan haben.

Doch wie sehr wir uns auch verändern, wir müssen dennoch mit den von außen auf uns einwirkenden Kräften kämpfen. Zu diesen Kräften, deren Auswirkungen uns bereits bewußt sind, zählen die Umweltkatastrophen, die beständig unsere Ängste schüren. Sie zwingen uns dazu, jeden unserer Schritte und die daraus resultierenden möglichen Konsequenzen genau zu bedenken.

Auch können Kräfte, die unser kollektives und individuelles Denken beeinflussen, von Wesen aus der spirituellen Dimension stammen, die unseren Fortschritt beobachten und sich zunehmend um unser Wohlergehen sorgen. Klingt Ihnen das zu ominös? Denken Sie einmal genau darüber nach. Die spirituelle Dimension existiert jenseits der Wahrnehmungsfähigkeit unserer fünf Sinne. Sie offenbart sich dem einzelnen und dem Kollektiv, um die Menschheit aus ihrer Sucht nach Bequemlichkeit, ihrer Angst, Verdrängung und Gier zu erwecken, die sie in einer psycho-spirituellen Funktions-Unfähigkeit hält. Die Absicht dieser anderen Dimension ist es, die Erde wieder zu dem wundervollen, blühenden und reichhaltigen Quell der Liebe, des Lebens und Verstehens zu machen, der sie ursprünglich gewesen ist. Bis jetzt ist diese unsichtbare Grenze zwischen den Ebenen unserer Existenz den meisten verborgen geblieben. Zum gegenwärtigen Zeitpunkt in der menschlichen Evolution steht jedoch das Überleben des Planeten und der menschlichen Rasse auf dem Spiel, und es wird Zeit, den Schleier zur Seite zu ziehen. Der Augenblick ist gekommen, die Truppen zu versammeln.

Doch greifen wir unserer Geschichte nicht voraus.

Kein Rx außer dem Prozeß

»... Unser Leben ist auf Gebet und Handlung ausgerichtet. Unsere Arbeit ist ein Produkt unserer Kontemplation, unserer Einheit mit Gott in allem, was wir tun. Durch unsere Arbeit bekräftigen wir unsere Einheit mit Gott, so daß Gebet und Handlung kontinuierlich und fließend ineinander übergehen.«

Lucinda Vardey,
Mother Teresa: A Simple Path,

Die meisten Bewohner der westlichen Hemisphäre verlangen nach Anleitungen, Landkarten und Gebrauchsanweisungen inklusive Garantie und Rückerstattungsklausel. Indem wir das Leben als einen sich allmählich entfaltenden Prozeß zu begreifen lernen, werden wir erkennen, daß es kein Rezept zum Erfolg gibt außer dem, sehr genau auf die Energiemuster zu achten, die uns durchdringen und informieren. Das Licht des uns innewohnenden Geistes leuchtet uns auf dem Weg, und wir erhalten Hilfe von unseren Freunden. Wenn es überhaupt eine Formel gibt, dann wohl die, daß wir erkennen, daß Wunsch und Willen als Fokussiermechanismen der Intention fungieren. Die Fähigkeit, zu vertrauen und aufmerksamen zu sein, ist auf diesem Pfad unabdinglich. Vertrauen bedeutet die sichere Erwartung, daß unsere Intentionen und Wünsche auch erhört werden. Durch das Gesetz des Gebens und Nehmens dienen wir und erhalten Energie.

In der Terminologie der Erkenntnisse »stellen wir Fragen und folgen unseren Intuitionen«. Oder einfacher noch, wir können davon ausgehen, daß unser Leben dem Fluß unserer Gedanken folgt.

Was wäre, wenn?

Was wäre, wenn jemand Ihnen versichern würde, daß Sie den Sinn Ihres Lebens bereits gefunden haben und daß Sie sich bereits mitten in einem Kontinuum bewußter Energie befinden, welches sich sinnvoll um Sie herum entfaltet? Was wäre, wenn Sie ohne den geringsten Zweifel wüßten, daß Sie nicht allein sind – nicht im metaphorischen Sinne, sondern allen Ernstes nicht allein? Was wäre, wenn Sie wüßten, daß es keine Unfälle gibt, daß überall um Sie herum wichtige Informationen auf Sie warten, die Sie erkennen können oder auch nicht? Wie würden Sie Ihr Leben verändern, wenn Sie wüßten, daß Sie nicht aufhören zu existieren, sobald Ihr Körper stirbt?

Wie würden Sie sich fühlen, wenn Sie durch eine nicht anzweifelbare eigene Erfahrung begriffen hätten, daß Menschen lediglich eine einzige Ebene in einem vielschichtigen Universum intelligenter und bewußter Wesen darstellen? Hätten Sie Angst? Wären Sie ein wenig bescheidener? Oder aufgewühlt, tief verbunden mit einer Quelle, von deren Existenz Sie im Innersten immer gewußt haben? Menschen mit Nahtoderfahrungen, Kontakten mit Verstorbenen, Erscheinungen von Engeln, Heiligen und Wesen, die außerirdisch scheinen, berichten einstimmig von solchen Gefühlen.

Die Zehnte Erkenntnis spiegelt das Bewußtsein, daß wir weder allein sind noch der Mittelpunkt des Universums. Auf dieser Bewußtseinsstufe wissen wir ebenfalls, daß wir hierher gekommen sind, um eine Mission zu erfüllen: »Ich erinnere mich jetzt. Mein Leben hat einen höheren Sinn.« Dieser Sinn mag Ihnen manchmal entgleiten oder wie ein Name auf der Zunge liegen, an den man sich früher oder später erinnern wird. Und doch reicht das Verständnis über diese vage Erinnerung aus, um synchronistische Ereignisse einzuleiten, die Sie auf die nächste Person in Ihrem Leben zuführen, von der wiederum Sie die nächste, für Sie wichtige Botschaft erhalten werden.

Möglicherweise sind Sie jemand, der keine außergewöhnlichen Berichte aus spirituellen Bereichen zu berichten hat oder keinen Kontakt mit seiner Seelengruppe verspürt. Vielleicht ist Ihr Kind niemals freischwebend über dem Grand Canyon aus höchster Lebensgefahr gerettet worden, obwohl es dort dem sicheren Tod entgegensah. Joan Wester Anderson, Autorin zweier Bücher über Engel und Wunder, berichtet von den Erlebnissen einer Mutter, deren Tochter mit Freunden zum Zelten gegangen war. Eines Abends hatte sie eine Vorahnung, daß ihre Tochter in Schwierigkeiten geraten sei und hörte sich spontan die Worte sagen: »Lieber Gott, schick sofort Hilfe!«

Als ihre Tochter zurückkam, berichtete sie, daß sie von einer Klippe in den Abgrund gestürzt und für kurze Zeit auf einem Felsvorsprung, kleiner als ihr eigener Fuß, hängengeblieben war, bevor jemand sie an den Armen zu fassen bekam und sie auf festen Boden ziehen konnte. Vielleicht haben Sie bereits Berichte von Menschen mit Nahtoderfahrungen gehört, die einen Lichttunnel betraten und dort leuchtenden Wesen begegneten, die eine solch starke Liebe ausstrahlten, daß sie dort bleiben und ihr irdisches Leben hinter sich lassen wollten.

Selbst wenn Sie diese außerdimensionalen Kontakte noch nicht am eigenen Leib erfahren haben, so gibt es doch unzählige Berichte von Personen, die derartige Begegnungen mit anderen Ebenen menschlicher Existenz hatten. Das bedeutet, daß Sie durch das, was der Biologe Rupert Sheldrake ein *morphogenetisches Feld* nennt, ebenfalls Teil dieser Erfahrungen sind.

Es ist an der Zeit, daß wir die Fähigkeiten in uns wecken, die es uns erlauben, die atemberaubenden Informationen, die im Augenblick über uns hereinbrechen, aufzunehmen und zu begreifen. Es ist klar, daß unser Verstand dabei zunächst Schwierigkeiten hat. Weshalb? Weil unsere als einzig wahr angenommene Realität demontiert wird. Es ist höchste Zeit herauszufinden, was diese Informationen für unser Überleben und die Evolution der menschlichen Spezies zu bedeuten haben.

Durch die Achte, Neunte und Zehnte Erkenntnis sind wir zu Brückenbauern zwischen dem alten Denkschema und der Möglichkeit geworden, mit anderen Dimensionen zu kommunizieren. Die Antworten, die wir auf Fragen des Alltages suchen, unterscheiden sich nicht von den Erklärungen ungewöhnlicher Ereignisse, die unser normales Fassungsvermögen übersteigen.

Die für unseren Planeten notwendige Heilung hängt von unserer Fähigkeit ab, uns für die Realität eines Lebens im Jenseits und für geistige Dimensionen zu öffnen, die bereits in Kommunikation mit uns stehen und zu wissen, daß diese Dimensionen mit unserem eigenen Bewußtsein in Verbindung stehen.

Die Beantwortung der alltäglichen Frage danach, wie wir unser Leben leben und auf welche Weise wir der Welt dienen können, wird davon abhängen, wie aufnahmebereit wir für die Botschaften sind, die wir durch unsere Intuition und durch Fügungen erhalten, die uns zu neuem Denkverhalten anleiten.

»Zeitgenössische Theoretiker – wie der britische Physiker David Bohm, der sich umfassend mit dem Bell-Theorem und seiner Bedeutung befaßte – mußten annehmen, daß die gesamte Realität von einem unsichtbaren Feld zusammengehalten wird, das die Eigenschaft besitzt zu wissen, was dort in jedem Augenblick an jedem Ort geschieht ... Dieses unsichtbare Feld scheint der dem DNA zugrundeliegenden Intelligenz verwandt zu sein, und beide verhalten sich ähnlich wie der menschliche Verstand. Der Verstand verfügt über die Fähigkeit, alle unsere Ideen gewissermaßen in einem stillen Reservoir zu speichern, wo sie mit großer Gewissenhaftigkeit in Konzepte und Kategorien eingeteilt werden.«

Deepak Chopra, M.D. *Quantum Healing: Exploring the Frontiers of Mind/Body Medicine*

Vielleicht klingt Ihnen dies zu wirr und unverständlich. Aber niemand zwingt Sie dazu, weiterzulesen. Spenden Sie das Buch der Heilsarmee oder verschenken Sie es an jemanden, den Sie ebenfalls für wirr und unverständlich halten. Sollten Sie jedoch weiterlesen, werden wir Sie durch einen imaginären Prozeß führen, in dessen Verlauf wir uns simpler, menschlicher Geschichten bedienen in der Hoffnung, bei Ihnen Gedanken, Gefühle und Intuitionen zu erzeugen, die Ihnen sinnvoll erscheinen.

Wir befinden uns alle gemeinsam in diesem Entdeckungsprozeß, und die Zehnte Erkenntnis erinnert uns daran, daß wir zusammen mit anderen arbeiten müssen, um unsere Gruppen-Intelligenz/-Intuition zu erhöhen und die Raupe der Menschheit auf einen Zweig zu bringen, wo sie die Möglichkeit hat, sich zu einem Schmetterling zu verwandeln und davonzufliegen.

Halten Sie Ihre sensiblen Fühler ausgestreckt, während Sie Lehrern, Büchern und Synchronizitäten begegnen, die sich für Ihre augenblickliche Existenz als relevant erweisen können. Lauschen Sie mit Herz und Verstand am Schlüsselloch der spirituellen Dimension. Vergessen Sie dabei nicht, daß Sie nicht länger auf einem linearen Pfad wandeln. Es könnte sein, daß Sie einfach loslassen und etwas Unmögliches erfahren müssen, bevor sich die Tür zur nächsten Ebene öffnet.

Wir möchten Sie auf alle Fälle ermutigen, sich die Informationen, die Sie erhalten, genauestens anzuschauen. Bleiben Sie jedoch nicht daran hängen, daß Sie irgend jemandem irgend etwas beweisen wollen oder nach einem »wissenschaftlichen Beweis« verlangen. Dieser gerade begonnene Teil der menschlichen Reise entspricht nicht den »alten Gesetzen«. Ihr Ziel besteht darin, nicht in dem alten Streit um den Begriff »Realität« steckenzubleiben (im Gegensatz zur Wahrheit, die sich immer irgendwie auch wahr anfühlt). Sondern fragen Sie sich vielmehr, ob bestimmte Vorkommnisse oder Ideen in Ihrem Leben Sie dazu ermutigen, sich anderen gegenüber liebender zu verhalten, kraftvoller zu werden, großzügiger und offener dem Leben gegenüber. Darin besteht die Wahrheit hinter dem Experiment. Ihren Verstand sollen Sie nicht aufgeben, sondern Ihre überkommenen Denkmuster. Es handelt sich hierbei nicht um eine sentimentale Reise, sondern um Liebe – und nur um Liebe.

> »Das Muster der Evolution besteht darin, daß jedes Prinzip in dem Nächsthöheren aufgeht ... Der Neokortex des menschlichen Gehirns ist so immens, daß nur etwa zehn Prozent gebraucht werden, um die zum Überleben notwendigen Angelegenheiten zu regeln. Die Frage bleibt, was soll mit den hypothetischen restlichen neunzig Prozent geschehen? ... Die Agenda der Natur für einen Erwachsenen besteht darin, den Prozeß zu entdecken und eins mit ihm zu werden; eine Tätigkeit, die den Rest seiner neuralen Struktur aktivieren und inkorporieren, ihn zu seinem Gleichgewicht und zum Ziel der Evolution führen wird. Dr. B. Ramamurthi, Präsident des Internationalen Kongresses für Neurochirurgie, erklärt, daß die ungenutzten Teile unseres Gehirns dafür angelegt sind, ein ›inneres Universum‹ zu erforschen.«
>
> Joseph Chilton Pearce, *Evolution's End*

Es geschieht jetzt

Dieses Buch ist durch die gleichen Prinzipien entstanden wie die, die es beschreibt. Eine Vielzahl von Synchronizitäten und unglaublichem Timing hat es vielen Menschen erlaubt, an diesem Buch mitzuschreiben. In jedem Kapitel finden sich Berichte von Personen, die genau zum richtigen Zeitpunkt mit der passenden Information für das betreffende Kapitel auftauchten. Wir stellten fest, daß die Menschen auf diesem Pfad auf mysteriöse Weise miteinander verbunden sind! Einmal interviewten wir am selben Tag zwei verschiedene Personen, deren Namen wir aus vollkommen unterschiedlichen Quellen erhalten hatten, und stellten dabei fest, daß sie Nachbarn in Oakland waren und sich gegenseitig von ihren Interviews erzählt hatten.

Fügungen ereignen sich häufiger unter denen, die sich ihrer Existenz bewußt sind und nach ihrer Bedeutung forschen. In jedem unserer Seminare stellen wir die Frage, wer bereits eine Zunahme an Synchronizitäten erfahren hatte, und in der Regel melden sich ca. 80 Prozent der Teilnehmer. Sobald wir anfangen, unsere Erfahrungen mit anderen dafür empfänglichen Menschen zu teilen, merken wir: »Vielleicht bin ich ja wirklich Teil jener kritischen Masse von Energie-Bewußtsein, von der in der Ersten Erkenntnis die Rede ist.«

Wir sind der Ansicht, daß der »Celestine-Prozeß« und die Grundsätze, auf denen er beruht, nicht bloße Theorie sind. Sobald Sie sich die zugrundeliegenden Prinzipien bewußt machen und darauf vertrauen, daß der Prozeß in Ihrem Leben wirkt – und das wird er! – geschieht etwas wahrlich Aufsehenerregendes. Im folgenden möchten wir Ihnen dabei behilflich sein herauszufinden, wonach Sie suchen. Wir möchten Sie ermutigen, sich für diese geheimnisvolle Reise zu öffnen und zuzulassen, daß etwas durch Sie hindurch arbeitet.

Kohorten und Fügungen

Auf der ganzen Welt besteht eine Gemeinschaft von Menschen, die im Stillen und ohne viel Aufsehen im Sinne einer globalen Vereinigung arbeiten und dem Plan des Planeten dienen – ein Plan, den keiner von uns in seiner Vollständigkeit zu erfassen imstande ist. Instinktiv erkennen sich diese Menschen – in Flugzeugen, auf Spielplätzen, in Buchgeschäften und Cafés, bei Vorlesungen, Konzerten, Abendessen, Wohltätigkeitsveranstaltungen und Seminaren, selbst beim Zahnarzt, Friseur, Chiropraktiker oder auf einer Betriebsfeier. Jeder von uns hat diese Erfahrung gemacht. Eine Art Funken springt über, eine elektrische Energie, die entsteht, wenn etwas dem Herzen Nahestehendes berührt oder angesprochen wird und Ihr Gegenüber dieses Gefühl augenscheinlich teilt. Mit einem Mal entsteht eine Beziehung und die Bereitschaft, sich über die eigenen Ziele auszutauschen, Ideen mitzuteilen und ein intuitives Gefühl darüber, daß Ihr Gegenüber möglicherweise in eine ähnliche Richtung steuert wie Sie selbst. Haben sich solche Begegnungen innerhalb Ihres Lebens in letzter Zeit verstärkt?

Egal wo auf der Welt Sie sich aufhalten mögen, Sie werden andere Mitglieder Ihrer Gruppe erkennen. Die Konversation wird so mühelos fließen, als habe der andere vor wenigen Augenblicken die gleichen oder ähnliche Gedanken gehabt oder als hätten Sie Ihre Unterhaltung bereits vor Monaten begonnen und sie jetzt nur wieder aufgenommen. Sie werden in der Lage sein, einander Rat zu erteilen, Bücher, Artikel oder neue Methoden zu empfehlen, selbst wenn Sie auf vollkommen unterschiedlichen Gebieten tätig sein sollten. Und wenn sich Ihre Wege wieder trennen, werden Sie sich erfrischt und inspiriert fühlen, weil Sie einen Fremden getroffen haben, der Ihre Vision teilt. Seine Resonanz auf Ihre Ideen wird Sie mit Hoffnung und Stärke versorgen, die Sie noch nach Tagen spüren.

Ein weiterer Teil des Puzzles

Wollen Sie mehr Freude und Abenteuer in Ihrem Leben haben? Oder endlich etwas bewirken? Viele von uns haben kein klares Bild darüber, was sie tun könnten, außer vielleicht »im Lotto zu gewinnen«, »anderen zu helfen« oder »dem Weltfrieden zu dienen«. Dazu kommt, daß unsere Jobs oftmals nichts mit unserem Verlangen nach einer bedeutungsvollen Tätigkeit gemein haben und wir nicht wissen, was wir statt dessen tun könnten.

Viele von uns glauben bereits heute, daß nichts dem Zufall überlassen ist. Zur gleichen Zeit wissen wir nicht, was wir mit den auftretenden Synchronizitäten anfangen sollen und wie wir dafür sorgen können, daß sie nicht einfach verebben. In dieser Gemütsverfassung befindet sich auch der Held der Zehnten Erkenntnis, als er sich auf die Suche nach seiner alten Freundin Charlene macht. Er realisiert, daß noch ein Teil des Puzzles – die Zehnte Erkenntnis – existiert, die uns dabei hilft, die anderen Neun Erkenntnisse dauerhaft in unserem Leben zu etablieren.

Fallgruben – das Gefühl, überwältigt zu werden

Die Welt verändert sich mit rasender Geschwindigkeit. Veränderungen, die früher Tausende von Jahren in Anspruch nahmen, vollziehen sich jetzt in einem Jahrzehnt oder weniger. Diese Beschleunigung findet auf allen Ebenen, in allen Kulturen und in allen Disziplinen statt und verursacht gewaltige Verschiebungen, Innovationen, Symptome und Resonanzen.

Während Systeme zerfallen und sich neu strukturieren, reichen unsere Reaktionen darauf von freudiger Erregung und Enthusiasmus bis zu Furcht und Verzweiflung. Angespornt durch neue Erkenntnisse oder persönliche Erfahrungen mit ökologischen und sozialen Problemen denken wir daran, selbst dahingehend tätig zu werden. Meistens jedoch unternehmen wir nichts. Während der Lauf der Dinge sich immer mehr beschleunigt, versuchen wir, uns anzupassen und sorgen uns darum, nicht Schritt halten zu können oder die Kontrolle über unsere Zukunft zu verlieren. Überwältigt durch Arbeit und Verantwortungen können wir nur darauf hoffen, daß »irgend jemand« etwas unternehmen wird. Was uns daran zu hindern scheint, selbst etwas zu unternehmen – Zeitmangel, Geld, Familienpflichten – kann ebenso als Begründung dafür herhalten, daß wir in unserer Misere tatenlos bleiben. Die wirkliche Wurzel dieser Lähmung mag Verzweiflung sein – Hoffnungslosigkeit im Angesicht der Größe dieser Aufgabe.

> »Im Alter von ungefähr elf Jahren formt sich ein idealistisches Bild von der menschlichen Existenz, das in den nächsten zwei oder drei Jahren noch verstärkt wird. Im Alter von vierzehn oder fünfzehn tauchen große Erwartungen von einem bevorstehenden ›gewaltigen Ereignis‹ auf. Der Erwachsene empfindet eine geheimnisvolle und einzigartige Größe in seinem Inneren, die nach einem Ausdruck verlangt. Er legt die Hand auf sein Herz, wenn er davon spricht, eine bedeutende Geste ... das Bedürfnis, aus dem Inneren ein Modell für einen neuen Horizont zu erschaffen; ein Drang, der den Erwachsenen treibt, vergleichbar dem starken Willen des Kleinkindes.«
>
> Joseph Chilton Pearce, *Evolution's End.*

Die Polarisierung des Denkens – Feste Positionen versus offener Geisteshaltung

Abhängig davon, was Ihnen diese Woche passiert ist, werden Sie entweder eine pessimistische oder eine optimistische Sicht der Zukunft haben. Die pessimistische Sichtweise besteht in der Überzeugung, daß die Welt immer schneller den Bach hinabgeht und daß wir uns ökonomisch, politisch und ökologisch in unüberwindbaren Schwierigkeiten befinden, die in der nahen Zukunft keine Aussicht auf Besserung gewähren.

Die optimistische Version besteht darin, daß die Welt im Augenblick eine großartige Wandlung durchläuft, daß die Menschheit – vorausgesetzt, sie wendet ihren gesunden Verstand und ihr intuitives Empfinden an – eine faire Chance hat, mit neuen Lösungen für scheinbar unlösbare Probleme aufzuwarten. Jeder von uns schwankt zwischen diesen beiden Weltsichten. Gleichzeitig sind diese miteinander in Widerspruch stehenden Haltungen und energetischen Zustände, die ganz von unserer Tagesverfassung abhängig sind, eine Spiegelung des kollektiven Gemütes, welches für die Dauer der Transformation der Welt zwischen diesen beiden Polen hin- und herschwankt.

Durch die Polarisierung von Optimismus und Pessimismus entsteht eine Wegkreuzung – was nichts anderes bedeutet, als daß die Menschheit vor einer Wahl steht. Und wer die Wahl hat, der hat auch Macht.

Furcht oder Liebe – zwei Entscheidungsgrundlagen zur Auswahl

Manchmal müssen wir erst einmal buchstäblich in Stücke fallen, bevor wir wieder auferstehen können. Weil dieses Zerfallen furchterregend sein kann, neigen wir dazu, unsere Perspektive durch Angst zu verschleiern. In diesem Zustand finden wir tausend Gründe, weshalb unsere Kultur unkontrollierbar den Bach hinabgeht, und mit Vehemenz verteidigen wir diese Position uns selbst und anderen gegenüber. Unsere Furcht wird zum Block und zur Entschuldigung für unsere Passivität: »Was soll's? Hat doch sowieso alles keinen Sinn.«

Treten wir einen Schritt zurück und betrachten uns das größere Bild, so werden wir feststellen, daß die westliche Welt seit geraumer Zeit einen extrem materialistischen Weg in Handeln und Denken eingeschlagen hat.

Vielleicht war dies Teil des Weltenplans. Denn der Ultra-Materialismus zwingt uns jetzt dazu, ein spirituelles Gleichgewicht zu finden. Solange wir den Sinn hinter unserer gegenwärtigen mißlichen Lage erkennen können, werden wir vielleicht langsam unsere Furcht verlieren und fähig sein, den Kontakt mit unserer Originalvision aufzunehmen.

Nach Meinung des Soziologen Paul Ray »besteht unser größter Irrtum möglicherweise darin, daß wir die pessimistische Grundhaltung unserer Zeit zu ernst nehmen und auf die durch die Medien verbreitete Furcht und den Zynismus hereinfallen. Sollte dies der Fall sein, werden wir irgendwann wirklich an die bevorstehende Katastrophe glauben: ›Es ist schlecht um uns bestellt, und es wird immer schlechter, und wir können nichts daran ändern.‹«

Der wichtigste Teil der Zehnten Erkenntnis besteht darin zu verstehen, daß unsere Gedanken Realität schaffen und wir daher unsere Intention stets auf ein positives Resultat richten sollten.

Die guten Neuigkeiten

Wir sind nicht allein. Einer Erhebung von Paul Ray zufolge pflegen 44 Millionen Amerikaner Grundwerte und Verhaltensweisen, die im Dienst einer neuen Weltsicht stehen. Ray beschreibt die drei in den USA dominierenden Kulturgruppen folgendermaßen:

- Traditionalisten – etwa 56 Millionen Menschen (29 Prozent der Bevölkerung), die eine Rückkehr der Nation zu den fundamentalistischen Werten des Amerikas der Gründerzeit wünschen.

- Modernisten – etwa 88 Millionen Menschen (47 Prozent) mit Wurzeln in der »urbanen Geschäftswelt, dem Beamtenwesen, der Armee; Wissenschaftler, Technologen und Intellektuelle. Innerhalb dieser Gruppe neigen die konservativen Element dazu, die Lebensweise der Zwanziger oder Fünfziger Jahre zu idealisieren, während die Liberalen die Philosophien der Sechziger und Siebziger Jahre favorisieren und sich neuen Ideen gegenüber aufgeschlossener zeigen.«

- Transmodernisten – etwa 44 Millionen Menschen (24 Prozent), die auf irgendeine Art und Weise mit der New-Age-Bewegung, transpersonaler Psychologie, den Grünen und der Frauenbewegung in Verbindung stehen. Rays Untersuchungen zufolge sind etwa 20 Millionen Menschen (10,6 Prozent) ernstlich an Selbstrealisierung, spiritueller Lebensführung sowie einer umweltbewußten Existenz interessiert. Diese Gruppe besteht vorwiegend aus Frauen des oberen Mittelstandes (67 Prozent im Vergleich zu 33 Prozent der Männer). Bei den restlichen 24 Millionen, die etwa 13 Prozent der Gesamtbevölkerung ausmachen, handelt es sich vorwiegend um Menschen aus der Mittelschicht. Sie sind an Umwelt- und sozialen Themen vor allem aus praktischen und säkularen Gründen interessiert und verfügen gewöhnlich nur über ein durchschnittliches Interesse an Spiritualität und persönlicher Entwicklung. Während die meisten Mitglieder dieser neuartigen Kulturgruppe an der Westküste der Vereinigten Staaten leben, finden sich letztere in allen Regionen des Landes.

Empirische Beweise wie die von Paul Ray sowie andere Kommentare über die Transformation von Bewußtsein zeigen eine zunehmende Tendenz zur Integration persönlicher und spiritueller Aspekte im politischen und sozialen Bereich. Eine Umfrage von Macleans/CBS News aus dem Jahre 1995 zeigte, daß sich 82 Prozent der kanadischen Bevölkerung als »etwas oder sogar sehr spirituell« bezeichneten. Beinahe jeder Zweite gab an, daß sich sein Leben in den letzten Jahren zunehmend spiritualisiert hatte. Die Menschen lesen Bücher über landeseigene oder allgemeine esoterische spirituelle Traditionen, bilden Arbeitsgruppen und pflegen althergebrachte Rituale. Das Geheimnis des Lebens lockt! Wir sind im Begriff, uns daran zu erinnern, daß wir auf die Erde gekommen sind, um etwas zu erreichen. Und wir beginnen zu bemerken, daß scheinbare Fügungen und Zufälle eine tiefere Bedeutung haben und uns auf unserem Weg anleiten.

Synergy

Bücher wie Lehrer sind wichtige Hilfsmittel, doch überzeugender sind Erlebnisse aus erster Hand. Wie fließt die Energie in Ihrem Leben? Deuten Machtkämpfe auf die Notwendigkeit eines Wachstums-Schubes hin? Auf dem Niveau der Siebten, Achten, Neunten und Zehnten Erkenntnis bewegen Sie sich automatisch im Einklang mit anderen Menschen, die Sie anziehen und mit denen Sie auf einer Wellenlänge liegen.

Viele von uns erfahren gegenwärtig auch einen Kontakt mit der spirituellen Dimension – wenn wir auch nicht oft mit anderen darüber sprechen. Wir erkennen die täglichen Inspirationen und Intuitionen, die uns weiterführen.

Jedes Individuum ist eine Durchlaufstation für den evolutionären Prozeß

Wir sind die Hände, das Herz und das Gehirn des evolutionären Prozesses. Als Diener der Lebensenergie muß jeder von uns in der Lage sein, die Original-Intention seines Lebens zu erkennen und zu realisieren, auf welche Weise er zu dem evolutionären Prozeß auf der Welt beisteuern will. Viele von uns haben vergessen, daß wir mit Träumen geboren worden sind. Wenn wir uns in »der Leere« befinden und scheinbar nichts geschieht, müssen wir uns daran erinnern, daß wir Teil eines großen Ganzen sind und unsere Aufgabe darin besteht, aufzuwachen.

In der Zehnten Erkenntnis wird vorgeschlagen, durch Visualisieren unser Vertrauen in ein sinnvoll operierendes Universum zu stärken. Doch was genau gilt es zu visualisieren? Jeder hat in jedem Augenblick die Wahl, worauf er seine Intention und Aufmerksamkeit richtet. Aber wie wählen? Während die Energie fließt, werden wir von verschiedenen Menschen und Situationen angezogen. Was können wir tun, um nicht vom Pfad abzukommen? Intuitionen melden sich, eine Synchronizität weist in eine neue Richtung, und wir erfahren die Gnade eines unerwarteten Geschenkes. Was fangen wir damit an?

Es gibt kein einheitliches Rezept, keine »Antwort«. Trotzdem bestehen diese Fragen: »Was will ich tun?« – »Was hindert mich daran, es zu tun?« Vergessen Sie nicht, Ihre Intention auf das Erreichen Ihres Ideals zu konzentrieren und dann nach Hinweisen zu schauen, die Ihnen das Universum in dieser Sache mitteilt. Solange Sie sich erzählen, daß dies »für mich nicht funktioniert« und »das Leben stumpf und öde« ist, geben Sie dem Universum auch keine Chance, seine

Güter an den Mann/die Frau zu bringen. Unsere Glaubenssätze beruhen auf den Geschichten, die wir uns selbst erzählen. Und die schlimmsten ergeben die Schlagzeilen auf der ersten Seite der Tageszeitung Ihres Lebens.

Was ist los?

Die neue Weltvision bleibt ein abstraktes Konzept, solange wir sie nicht ins alltägliche Leben integrieren. Solange wir uns in erster Linie mit den Vorkommnissen und Nachrichten aus aller Welt beschäftigen, entgehen uns die dahinter verborgenen Botschaften, die in unserem persönlichen Leben wichtig sind. Gewöhnen Sie sich an, danach zu suchen. Stört Sie zum Beispiel der Müll auf dem leeren Grundstück neben Ihrem Haus, so fragen Sie sich, was eigentlich in Ihrer Nachbarschaft los ist. Im Alltag nach tieferer Bedeutung zu suchen heißt, die alltägliche Welt mit einer größeren, unsichtbaren, symbolischen Welt zu verbinden.

Durch Geschichten finden wir unseren Platz in der Welt, ob es sich dabei um einen Kinderreim, ein mythisches Epos oder einen Polizeibericht über einen Mordfall handelt. Geschichten illuminieren die spirituellen Prinzipien, die von den Menschen gelebt und entwickelt werden. Deshalb möchten wir Sie ermutigen, dieses Feld gemeinsam mit uns zu betreten. Schaffen wir uns mit diesem Buch eine Brücke zwischen Alltag und Weltvision. Sie können dazu beitragen, indem Sie Ihre eigene Aufmerksamkeit, Ihre Fragen und Wahrnehmungen zu den in diesem Buch auftauchenden Geschichten beisteuern. Fangen Sie an, Ihr eigenes Leben und das Ihrer Mitmenschen als Geschichten zu begreifen. Die Erzählungen und Konzepte in diesem Buch sollen dazu dienen, Ihre eigene Erinnerung an die tiefere Bedeutung Ihrer Anwesenheit auf diesem Planeten zu fördern. Wenn wir in der Welt wirklich präsent sein wollen, müssen wir anfangen, uns diese Frage zu stellen. Dann empfinden wir uns nicht länger als gelähmt – wir haben eine Wahl. Wir sind in der Lage, Verantwortung zu übernehmen. Wir individualisieren uns.

Die Reisegeschichte Ihres Lebens müssen Sie selbst schreiben. Damit schaffen Sie einen Teil Weltgeschichte.

Elmar Schettler, ein Soja-Farmer aus Iowa, beschreibt den Wandel in seiner Einstellung zum Leben wie folgt: »Ich war ein Mensch mit einer grundsätzlich materiellen Einstellung, bin in den letzten Jahren aber immer stärker in Kontakt mit meiner spirituellen Seite gekommen. Ich betrachte die Welt heute als einen mysteriösen und interessanten Ort und nicht als einen Schauplatz, den ich zu meinem Vorteil nutze.«

> »Jede Handlung und jeder Gedanke sorgen für eine Rückkopplung zwischen unserer Aktion und den Bereichen, aus denen wir unsere Erfahrungen beziehen ... Wenn sich genügend Menschen über einen längeren Zeitraum hinweg in demselben Bereich betätigen, stabilisieren sie seine Wirkung, indem sie ein persönliches Anliegen zunächst auf eine soziale Ebene gehoben haben, von der es auf die gesamte menschliche Spezies übergreift und am Ende universell wird – von unseren subtilen physischen Interaktionen bis hin zu Kausalstrukturen. Doch erfordert dies eine große Anstrengung von parallelen oder zumindest ähnlich gelagerten Bestrebungen auf einer breiten sozialen Ebene.«
>
> Joseph Chilton Pearce, *Evolution's End*

Elmars Weltsicht reflektiert die Wandlung vom handlungsorientierten Weltbild zur Öffnung für die wahren Vorgänge. »Leben bedeutet für mich Entfaltung, nicht noch härter zu arbeiten. Ich trenne mich von der alten puritanischen Ethik. Ich möchte in eine interaktive Beziehung zum Universum treten und erfahren, was es für mich bereithält.

An manchen Tagen, vor allem wenn etwas schiefgeht, ärgere ich mich über die anderen, die ihre Arbeit nicht zuverlässig erledigen und frage mich: *Was kann ich tun, um dieses Problem zu lösen? Wofür arbeite ich eigentlich? Was ist die wirkliche Bedeutung des Vorgefallenen?* Dann mache ich ein paar Atemübungen, entspanne mich einen Augenblick und verbinde mich wieder mit meinem inneren Zentrum. Auf diese Weise gewinne ich für eine Minute Abstand und erinnere mich daran, daß ich nicht alle Antworten kennen muß, daß mein Leben sich auf mysteriöse Weise entfaltet. Ich suche dann etwas, woran sich mein Herz erfreut – einen Sonnenuntergang, Wolken, ein Photo von meiner Familie. Das entspannt und besänftigt mich.

Wenn ich Hilfe bei einem bestimmten Problem brauche, schreibe ich es auf, stecke es in meine Tasche und denke nicht mehr daran. Im Alltag suche ich nach Anzeichen dafür, daß ich auf dem richtigen Weg bin, und kleine Sachen – wie ein Kugelschreiber, der zufällig zum richtigen Zeitpunkt an einem völlig unerwarteten Ort auftaucht – erfüllen mich mit Freude.«

Furcht stammt aus Separation und Machtlosigkeit

Die meisten von uns im westlichen Kulturbereich haben gelernt, die Welt als eine Verflechtung unabhängig von uns existierender äußerer Umstände zu begreifen, die uns »zustoßen«. Zum Beispiel neigen wir dazu, Probleme wie Arbeitslosigkeit, Kriminalität, Umweltverschmutzung oder Krieg zu kategorisieren. Wir betrachten unsere Denk- und Verhaltensweise als die Ursachen hinter diesen Tatsachen und empfinden uns ihnen gegenüber dennoch als getrennt und machtlos. Damit wir uns wieder als machtvoll empfinden können, ignorieren wir das Problem entweder oder leugnen, daß es existiert. Oder wir ergreifen Partei, so als könnten wir die fraglichen Ereignisse stoppen, indem wir die »korrekte« Meinung darüber haben. Um den Energiefluß von gleichgesinnten Menschen zu spüren und chaotisch scheinende Umstände zu vereinfachen, beziehen wir polarisierte Positionen, indem wir uns als liberal oder konservativ ausgeben und nachdrücklich den Standpunkt vertreten, die Wahrheit liege einzig und allein in der einen bzw. anderen Einstellung.

In einem Bestreben, unsere eigene Furcht zu kontrollieren, neigen wir dazu, andere zu Feinden zu machen und ihnen die Schuld zu geben. Alle Prostituierten, kriminellen Jugendlichen oder Politiker zu Stereotypen zu reduzieren, hat eine entmenschlichende Wirkung. Und haben wir erst einmal einen anderen entmenschlicht, gibt es wenig Anlaß, ihn als beseelten Menschen zu betrachten, der leidet und Hilfe und Liebe braucht. In der Politik wird dieses Muster verwandt, um bestimmte Sachverhalte zu dämonisieren und sich oder die eigene Partei als Retter auszugeben.

Dieses Verhalten hat seine Wurzeln in der Annahme, daß es sich bei der Welt um ein Schlachtfeld handelt und das Leben ein steuerbarer Prozeß ist, der kontrolliert und abgemessen werden muß, damit nicht jemand anders bekommt, was uns zusteht. Wie wäre es, wenn wir einen Sonntagnachmittag in der Gesellschaft von Menschen verbringen würden, die auf den ersten Blick nichts mit unserem normalen Erfahrungsbereich zu tun haben? Was würde geschehen, wenn wir einfach miteinander sprechen und uns gegenseitig unsere Lebensgeschichten erzählen?

Damit unsere Kinder Vertrauen in die Zukunft haben können, ist es notwendig, daß wir sie ermutigen, ihrer Intuition zu vertrauen, damit sie in ihrem Inneren einen Ort finden, der es ihnen erlaubt, sichere Entscheidungen zu treffen. Wir können derweil von ihnen lernen – indem wir z. B. mit ihnen über Kontrolldramen reden – damit die gesamte Familie in der Lage ist, zu wachsen und überkommene Muster zu erkennen.

Nach Ansicht des Psychologen Walter Mischel, der während der Sechziger Jahren an einer Vorschule in Stanford Untersuchungen zu diesem Thema vornahm, handelt es sich bei der Fähigkeit, verspätete Belohnung zu akzeptieren, um ein Hauptmerkmal der Erfolgsfähigkeit bei Erwachsenen. Daniel Goleman, Autor von *Emotional Intelligence: Why it can matter more than IQ*, schreibt darin, daß »sich die Beschaffenheit unserer Gesellschaft mit steigender Geschwindigkeit aufzulösen beginnt, weil Selbstsucht, Gewalt und Niedertracht unsere Kommunen verrotten lassen. Die Fähigkeit, Impulse zu kontrollieren, bildet die Basis für Willen und Charakter. Auf der anderen Seite liegen die Wurzeln des Altruismus im Mitgefühl und der Bereitschaft, Gefühle in anderen zu erkennen; wird die Not und Verzweiflung des anderen nicht wahrgenommen, gibt es auch keine Fürsorge. Und wenn es in unserer Zeit einen moralischen Imperativ zu geben scheint, dann ist es der von Selbstbeherrschung und Mitgefühl.«

In den nächsten Jahrzehnten wird sich die Entwicklung von Impulskontrolle, Mitgefühl, Sensibilität, persönlicher Verantwortung und spiritueller Verbindung als wichtiger erweisen, als alle bisherigen technischen Errungenschaften zusammengenommen. Anderenfalls sind wir allein auf die »Gnade« der Technik angewiesen – wir haben sogar schon unsere Kinder mit automatischen Waffen ausgestattet!

Auf der Schwelle

Stellen Sie sich für einen Augenblick vor, daß Sie durch einen liebevollen Mentor und weise Führer angewiesen worden wären, bevor Sie sich Ihren Körper suchten und geboren wurden. Die Konversation könnte folgendermaßen ausgesehen haben: »Nun, da du bereit bist,

> »Wenn eine Kultur der Zukunft positiv gegenübersteht, so heißt dies nicht, daß sie damit unbedingt Recht hat. Doch das Investment in neue Möglichkeiten und der Wille, eine gute Gesellschaft zu errichten, reichen aus, um das Leben sinnvoll zu gestalten und vielleicht sogar die beste aller möglichen Welten zu schaffen.«
>
> Paul. H. Ray,
> *The Integral Culture.*

wieder Form anzunehmen – hast du ›dort unten‹ schon Eltern gefunden, die dir dabei helfen können, die Lektion zu lernen, die du diesmal lernen willst? Einmal im Körper, solltest du nicht vergessen, auf die Zeichen zu achten! Du wirst auf keinen Fall *mehr* zugeteilt bekommen, als du imstande bist zu verarbeiten, aber für den Fall, daß du eine Zugabe möchtest, melde dich jetzt! Vergiß nicht, daß du lernen mußt, soviel liebevolle Energie wie möglich um dich herum zu versammeln und die Verbindung mit der geistigen Quelle nicht zu verlieren. Es wird Zeiten geben, in denen du Schmerzen empfinden und glauben wirst, verloren zu sein. Dann vergiß nicht, um Hilfe zu bitten und sorgfältig auf deine innere Weisheit zu lauschen. Du bist mit allem ausgestattet, was du brauchst, um zu deiner spirituellen Natur zu erwachen und in allen deinen Handlungen den menschlichen Geist erkennen zu lassen. Du wirst auf deinem Pfad viele andere Menschen treffen, und zu deiner Überraschung werden sie ganz anders aussehen, als du es erwartest. Sie werden dir Gelegenheit geben zu zeigen, wie sehr du imstande bist zu lieben. Von Zeit zu Zeit wird es haarig werden, aber du wirst nicht allein sein. Verlier den Kontakt nicht, schreib, wenn du Zeit hast. Wenn du etwas brauchst, frag einfach! Bis bald. Oh, und nicht vergessen: Du bist verantwortlich für jede deiner Handlungen, egal wie unbedeutend sie scheinen mag. Du wirst mehr verstanden haben, wenn du wieder zurückkehrst.«

Die Weltvision

Möglicherweise wußten Sie bereits vieles von dem, was Sie in den Prophezeiungen von Celestine, dem dazugehörigen Handbuch und der Zehnten Erkenntnis gelesen haben. Das liegt daran, daß die auftauchende Weltsicht in vielen Bereichen mit dem übereinstimmt, was der

Philosoph und Schriftsteller Aldous Huxley als »immerwährende Philosophie« bezeichnet hat. Im Verlauf der letzten fünftausend Jahre sind in der Philosophie des Ostens wie des Westens einige Kernwahrheiten aufgetaucht, die uns auch weiterhin den Weg weisen.

> »Fassen Sie sich ein Herz! Obwohl die Meisten es nicht wissen, reisen wir in der Gesellschaft einer großen Gruppe von Verbündeten, die als Träger positiver Energien, Werte und Trends fungieren – mehr als in jeder Renaissance zuvor. Und es sieht so aus, als bestehe die Möglichkeit, sie alle für eine altruistische Zukunft zu gewinnen.«
>
> Paul H. Ray, *The Integral Culture*

Die auf diesen Prinzipien beruhende Weltvision befindet sich im Inneren jedes einzelnen und existiert ebenfalls in den Glaubenssätzen aller Kulturen, die sich mit den Möglichkeiten des Lebens befassen. Von dieser Vision hängt es ab, wie wir unser Leben gestalten und welche Entscheidungen wir treffen. Es handelt sich dabei nicht um ein externes Ziel, das irgendwann in der Zukunft erreicht werden soll, sondern um eine informierende und entscheidungstragende Kraft, die sich durch unsere im Inneren gefühlten Werte ausdrückt. Die Weltvision ist das, was uns wichtig ist. Sie ist weder eine Regel oder ein festgelegtes Verhalten, noch ein Rezept für eine bestimmte Lösung, die sich in politischen, ökonomischen oder kulturellen Resultaten definieren ließe. Besser ist es, die Weltvision als einen Prozeß zu begreifen, der zu friedlicher Koexistenz, Gleichgewicht und Großzügigkeit führt und der die Unterschiedlichkeiten der Rassen, Völker, Kulturen, Sprachen, Religionen und Philosophien anerkennt und würdigt.

Im Folgenden sind die Schlüsselpunkte der ewigen Weisheit aufgeführt, die unsere Evolution geformt hat und immer noch formt.

1. Bewußtsein ist zwanglos

Das Energiefeld, in dem wir leben und aus dem wir unsere Intention schöpfen, nennen wir Bewußtsein. Es ist der Schöpfer ebenso wie das nicht Geschöpfte, oder wie Deepak Chopra es nennt, das *Feld der reinen Möglichkeiten*. Ihre eigene Haltung kreiert die Weltsicht. Stellen Sie sich vor, Sie wären der Tropfen Wasser, der einen Eimer zum

Überlaufen bringt – einen extrem riesigen Eimer. Wenn Sie sich nach innen kehren, um mit Ihrer Intuition in Kontakt zu treten, setzen sich Ihre bewußten Gedanken nach außen hin fort. Sie katalysieren Veränderungen innerhalb Ihrer Familie, bei Freunden, Nachbarn und Kollegen. Diese Auswüchse Ihres Bewußtseins erreichen schließlich auch Ihre politischen Abgeordneten und verbinden sich mit vielen anderen auf dem Weg zu denen, die die Weltherrschaft in den Händen halten. Sobald die kritische Masse menschlichen Bewußtseins diese neue Weltvision erfaßt hat, wird sie sich auf ganz natürliche Weise entfalten.

> »Ich bin zutiefst der Überzeugung, daß wir alle zusammen eine neue Spiritualität finden müssen. Dieses neue Konzept muß parallel zu allen bestehenden Religionen entwickelt werden, damit alle guten Menschen daran teilnehmen können. Dieses Konzept muß mit Hilfe der Wissenschaft in die Welt gebracht werden. Es könnte uns zur Manifestation einer säkularen Moral verhelfen – etwas, wonach wir alle suchen.«
>
> Der Dalai Lama
> in Jean Claude Carrieres
> *Violence and Compassion: Conversations with the Dalai Lama*

2. *Wir befinden uns in einem Energiefeld. Wir schwimmen in Gott*

Wir bestehen aus derselben himmlischen, kreativen Energie wie Gott. Die großen Religionen bezeichnen diese Energie als die uns innewohnende Christus- oder Buddha-Natur. Die materielle Welt entspringt dieser ozeanischen Energie durch unsere kollektiven Gedanken und unseren Glauben. Durch alle Jahrhunderte hindurch wurde von den großen Meistern gelehrt, daß wir mit allem Leben in Verbindung stehen und daß jedem Lebewesen eine wichtige Rolle im Zusammenspiel des Ganzen zukommt. Auf der Grundlage von Mustern und Beziehungen formen die Prinzipien dieser uralten Philosophie die Quelle für den universellen göttlichen Plan.

3. Das Universum hat einen Sinn

Nichts geschieht zufällig. Eine Frau, die sich nicht sicher war, ob sie ihrer Liebe zum Schreiben folgen sollte, berichtet von einem Wendepunkt in ihrem Leben, den sie dem Einfluß himmlischer Kräfte zuschreibt. Sie hatte Ray Bradburys *Zen in the Art of Writing: Releasing the Creative Genius Within You* gelesen:

»Dieses Buch berührte mich so stark, daß ich Mr. Bradbury einen Brief schickte, in dem ich mich für seine Inspiration und seine Ermutigung zum Schreiben bedankte. Kurz danach besuchte Ray Bradbury den Buchladen in unserem Ort, wo eine Verlosung stattfinden sollte, deren Hauptgewinner Gelegenheit zu einem Abendessen mit Mr. Bradbury haben würden. Sobald ich davon erfuhr, wußte ich, daß ich unter den Gewinnern sein würde. So war es auch, und ich hatte Gelegenheit, mich ausführlich mit ihm zu unterhalten. Jetzt weiß ich, daß es meine Aufgabe ist, weiterzuschreiben. Das Universum versorgt uns auf wundervollste Weise, wenn wir es nur zulassen.«

4. Liebe ist die höchste aller Energieformen

Eine alterslose Weisheit besagt, daß der Grund für die Existenz der menschlichen Rasse darin besteht, spirituell zu wachsen, indem sie ihre Liebesfähigkeit erhöht. Eine Freundin sagte mir einmal: »Ich habe gelernt, selbst die kleinste, scheinbar bedeutungslose Interaktion zwischen Menschen zu schätzen.«

Bei dieser Liebe handelt es sich nicht um ein mühselig auf die Realität gepfropftes, sentimentales Gefühl. Sie ist wunderbarer Ausdruck eines individuellen Bewußtseins, das mit der universellen Quelle in Verbindung steht – dies ist die Frequenz der Liebe.

5. Wir haben viele Leben zu leben

Die ewige Philosophie geht davon aus, daß wir wiedergeboren werden und in vielen Leben das gesamte Spektrum menschlichen Potentials erfahren werden. Es stimmt, daß unser Leben oft nicht lange dauert. Und es stimmt ebenso, daß wir dieses Leben voll ausleben müssen.

Sobald Sie Ihren Zweck in diesem Leben erfüllt haben, werden Sie gehen. Und ja, aller Wahrscheinlichkeit nach werden Sie die Chance bekommen, es beim nächsten Mal anders zu machen.

6. *Die Möglichkeit zu wählen schafft Konsequenzen. Das Gesetz von Ursache und Wirkung oder Karma*

Als Kinder lernen wir, keine heiße Herdplatte anzufassen. So wie wir wissen, daß Handlungen im Leben Konsequenzen haben, lernen wir auch, daß das Gesetz von Ursache und Wirkung sich ebenfalls auf Handlungen in Vorleben erstrecken kann und wir die daraus resultierenden Konsequenzen erst in einem späteren Leben spüren. Im Osten wird dies *Karma* genannt, während der Westen es als die *Goldene Regel* oder Gerechtigkeit bezeichnet. Karma ist das natürliche Gesetz des Universums. Wie man in den Wald hineinruft, so schallt es heraus.

7. *Andere Dimensionen stellen gleichwertige Realitäten dar*

Unsere Aufgabe besteht darin zu erkennen, auf welche Weise wir uns separieren und wie wir unsere Einheit mit der Quelle, die wir Gott nennen, erkennen können. Die alte Weltsicht akzeptierte die materielle Welt als einzige Realität, nur weil sie uns tagtäglich vor Augen ist.

»Einige Tage später baten mich die Führer darum, mit der Meditation zu beginnen, die sich mit der ›Seele des Menschen und seinem Platz im Jenseits‹ beschäftigen sollte. Diese Meditation war wichtig, da sie den Übergang, den wir als Tod bezeichnen, weniger erschöpfend gestalten und einen beschleunigten Wechsel auf die nächste Ebene möglich machen sollte. Je schneller wir Erdenseelen unser Bewußtsein umwandeln, desto schneller wird eine Fusion des Ganzen möglich sein. Während Du in Deiner Meditation fortschreitest, werden wir Dich durch eine Reihe von verwandelnden Erfahrungen leiten, die Dir den Sinn unserer Mission enthüllen werden.«

Ruth Montgomery
A Search for Truth

In seinem Buch *Riding With The Lion* erklärt Professor Makides: »Es existieren andere Welten, die sich mit der unseren überschneiden und sie durchdringen. Diese Welten haben eine Vielzahl von Schichten – das heißt, sie stehen in hierarchischer Verbindung miteinander. Die Welt der fünf Sinne befindet sich am unteren Ende dieses spirituellen Marterpfahls. Diese Schichten finden sich nicht nur in der Natur wieder, sondern sind auch Teil der menschlichen Bewußtseins-Struktur an sich.«

8. *Die Natur der Dualität*

In der spirituellen Dimension existiert keine Dualität. Es gibt eine Quelle – Gott –, und diese Quelle ist ausschließlich gut. Es gibt nichts Weiteres, nichts Gleiches und keine Quelle des Bösen. Auf der Erde jedoch sind wir in der Dualität gefangen – in Paaren von Gegensätzen wie gut und böse, hell und dunkel, männlich und weiblich, alt und neu. Mit unserer Geburt in diese Welt haben wir uns von der Quelle abgeschnitten. Unser Ziel besteht darin, uns an unsere Quelle zu erinnern und wieder Kontakt mit ihr aufzunehmen. Innerhalb der Dualität bestehen wir als Individuen und sind doch Teil der ganzen Menschheit. Unsere Körper leben und sterben in Zeit und Raum, doch unser Bewußtsein ist unsterblich. Auf der Erde zu leben bedeutet, sich mit Gegensätzen auseinanderzusetzen und Entscheidungen zu treffen. Das Leben zwingt uns zu wählen, uns auszudrücken und die Dualität zu transzendieren. Das Böse entsteht im gleichen Maße, wie sich ein Individuum *gegen* Liebe, Mitgefühl und Dienst am anderen entscheidet.

Zusammenfassung der Zehnten Erkenntnis

Die Zehnte Erkenntnis liefert den Kontext für alle anderen Erkenntnisse.

Hier noch einmal die Kernpunkte der ersten Neun Erkenntnisse der *Prophezeiungen von Celestine:*

- *Wir befinden uns inmitten einer sich immer schneller vollziehenden Transformation unserer Weltsicht.*

- *Wir erkennen, daß das Ziel unseres Lebens geistiges Wachstum durch liebevolles Handeln ist und nicht nur der Überlebenskampf in einer materiellen Welt.* ***Die einzige Möglichkeit, uns individuell und kollektiv wirklich weiterzuentwickeln, besteht darin, daß wir uns vollkommen der wahren Natur unseres Daseins öffnen. Dabei folgen wir intuitiver Führung und helfen unseren Mitmenschen, anstatt nur zu unserem eigenen Vorteil zu arbeiten.***

- *Wir verstehen, daß wir göttliche Wesen in einem vergänglichen Körper sind.*

- *Durch intuitives Wissen, Synchronizitäten, metanormale Ereignisse und Wunderheilungen befinden wir uns in Kommunikation mit der spirituellen Dimension.*

- *Die meisten von uns sind freiwillig hier. Wir haben Umstände gewählt, die unsere Seele stärken und dazu beitragen, die Weltvision zu halten.*

- *Wir sind in der Lage zu lernen, wie wir unsere Energie stark halten können, anstatt uns auf fruchtlose Machtkämpfe einzulassen.*

Die Kernpunkte der Zehnten Erkenntnis:

- Jenseits unserer eigenen spirituellen Dimension existieren andere Ebenen der Wahrnehmung.
- Bei unserer Geburt hatten wir eine Vision.
- Kollektiv erwachen wir zu einer Weltvision, die von unseren Seelengruppen getragen wird.
- Wir erkennen, daß wir aus der geistigen Dimension angeleitet werden.
- Wir sind mit den Menschen, zu denen wir Beziehungen unterhalten, zutiefst verbunden. Ebenso mit den Menschen, die uns an den Wendepunkten unseres Lebens begegnen.
- Wir arbeiten daran, den physikalischen Bereich des Lebens zu spiritualisieren.
- Wir lernen, auf Intuitionen zu vertrauen und darauf, daß sie uns auf unserem Pfad führen werden.
- Was wir wollen, existiert zunächst in unseren Herzen und Gedanken und wird durch das Festhalten an dieser Intention zur Realität.
- Nach dem Tod verlassen wir unseren Körper und schauen uns jeden Teil unseres Lebens noch einmal an. Dabei sind wir in der Lage, klar zu erkennen und zu fühlen, wieviel Liebe wir jedem Menschen im Verlauf jeder Begegnung zu geben imstande gewesen sind.
- Das höchste Ziel der Menschheit besteht darin, die materielle und die spirituelle Welt zu vereinen.

Stellen Sie sich die Zehnte Erkenntnis als Teil einer Weisheitsschule vor, dessen Curriculum nicht festgelegt ist. Vieles von dem hier angebotenen Material mag Ihnen bekannt vorkommen, aber durch das Lesen der Geschichten ganz alltäglicher Menschen können Sie sich unter Umständen noch besser erinnern. Unser Ziel besteht darin, Ihr inneres Wissen zu verstärken.

Für die linke Gehirnhälfte präsentieren wir grundlegende Prinzipien. Für die rechte Gehirnhälfte erzählen wir Geschichten. Die Hauptthemen sind:

> Es ist vollkommen natürlich, einer nahenden Veränderung Widerstand entgegenzusetzen. Einige von uns schwanken stark zwischen Vertrauen in den Prozeß, Selbstzweifeln und Zweifeln an der spirituellen Weltsicht. Wir haben Schwierigkeiten, unsere Kontrolle aufzugeben und kleben an bekannten Mustern, selbst wenn sie nicht mehr richtig funktionieren. Viele von uns fragen sich: »Ich weiß, daß ich eine spirituelle Bestimmung habe, aber was kann ich hier und heute deswegen tun?«

1. Vorleben;
2. Seelengruppen (in denen unsere Erinnerungen an Vorleben gehalten werden und die uns mit Energie versorgen);
3. Geburtsvisionen;
4. Ein Überblick über unser Leben nach dem Tode (eine Einschätzung darüber, wie erfolgreich wir dabei waren, uns an unsere Geburtsvision zu erinnern und sie auf der Erde zu verwirklichen);
5. Die Weltvision, die darin besteht, die spirituellen und materiellen Bereiche unserer Welt durch Bewußtsein zu vereinen;
6. Geschichten der Pfadfinder.

Den eigenen Platz finden

Die in der Zehnten Erkenntnis erwähnte Metapher vom Alleinsein im Tal steht für die Tatsache, daß jeder für sich die Reise nach innen antreten und auf seine Intuitionen und wichtige Botschaften von anderen Menschen lauschen muß. Wir dürfen nicht vergessen, daß die Suche nach unserem Bestimmungsort ein fortschreitender Prozeß ist. Auf der Reise Ihres Lebens sind Sie konstant dazu gezwungen, auf die nächste Situation zu reagieren und das nächste Hindernis zu überwinden. Es wird keinen Rastplatz geben, an dem Sie sagen könnten: »So, das war's.« Indem wir uns für das Leben und nicht für die Furcht entscheiden, erfüllen wir einen der wichtigsten Aspekte unseres Lebensziels.

Wie wir später noch sehen werden, müssen wir unsere Verhaftung an früher erlittene Verletzungen und Fehlleistungen lösen. Im Augenblick zu leben ermöglicht es uns zu wachsen, indem wir unsere Intuition um Rat danach fragen, was es als nächstes zu tun gilt. Wir richten unsere Aufmerksamkeit auf unsere Intention und lassen das Universum die Türen öffnen.

Was ist Ihr Beruf?

Fragen Sie sich zunächst: »Was ist mein Beruf?« oder »Worum geht es mir eigentlich?« Wenn Sie diese beiden Fragen nicht beantworten können, verbringen Sie vermutlich neunzig Prozent Ihrer Zeit mit Dingen, die Sie nichts angehen.

»Die menschliche Rasse evolviert nur, wenn jeder einzelne nach dem gemeinsamen Ziel der Erleuchtung und Perfektion strebt. Sollte unsere eigene Entwicklung auch schnell vonstatten gehen, so müssen wir doch begreifen, daß andere mit dem gleichen Interesse ebenfalls alle zur Selbstentwicklung notwendigen Werkzeuge erhalten haben, auch wenn es bei ihnen vielleicht etwas länger dauert, sie erfolgreich anzuwenden.«
Ruth Montgomery,
A World Beyond

Leben als Informationsstand

Die Besitzerin eines mittelgroßen Versandes für spirituell orientierte Erziehungsliteratur sagte mir einmal: »Ich verstehe mich als Informationsstand. Ich möchte Informationen verbreiten, an deren Wert und Nutzen ich glaube und die anderen Menschen helfen können. Ich fühle mich als Katalysator und kann klar erkennen,

> »Eine Renaissance wird eingeleitet, wenn die Pforten des Verstandes sich zu anderen Welten und unbekannten Ideen öffnen. In diesem Augenblick beginnt eine turbulente, neuartige Harmonie damit, Gestalt anzunehmen.«
>
> Graham Dunstan Martin, *Shadwos in the Cave*

daß ich diese Funktion auch in meinen früheren Tätigkeiten eingenommen habe. Einen Großteil meiner Fähigkeit zum Mitgefühl erwarb ich mir während einer harten Lebensphase, als ich Alkoholikerin war und einen schweren Autounfall erlitt. Damals habe ich mich total gegen die Aufnahme neuer Informationen gesträubt. Am meisten Spaß macht es mir heute, anderen Menschen etwas zu empfehlen, vom dem ich glaube, daß es ihnen gut tut. Ich bin lediglich der Versorger. Jeder macht mit meiner Information, was er will.«

Indem wir für uns klären, welchen Beruf wir haben, können wir uns in das Adreßbuch Gottes eintragen, damit er oder sie weiß, an wen sie sich wenden sollen, wenn sie einen Job zu vergeben haben.

Bewahren, was wichtig ist

Eine andere Frau, Direktorin einer Stiftung, reist und photographiert ethnische Zeremonien in anderen Ländern. Sie sagt: »Mein Beruf ist es, das Wichtige zu bewahren. Das tue ich im Rahmen meiner Stiftung und mit meiner Photographie. Dies ist ein wichtiger Teil meines Wesens.«

Das Dirigieren von Orchestern

Der Leiter einer großen Firma und Vorsitzende in einem Schulkomitee und zwei Berufsgenossenschaften sagt zu dem gleichen Thema:

»Meine Aufgabe besteht darin, Orchester zu dirigieren. Ich finde mich immer in Führungspositionen wieder, weil ich weiß, wie die Dinge ins Laufen kommen, indem man die richtigen Leute zusammenbringt. Ich möchte das Beste in jedem hervorbringen, und ich liebe die Herausforderung von drohendem Chaos.«

Überraschung durch erstaunliche Leistungen

Ein technischer Autor und Trainer einer Fußballmannschaft bemerkte nach einigem Nachdenken: »Ich höre zu und verarbeite. Ich gebe mir Mühe, die Dinge einfacher zu machen, aber ich liebe es auch, in Projekten abzutauchen, die anderen langweilig erscheinen mögen, und sie dann mit unerwarteten und erstaunlichen Resultaten meiner Arbeit zu überraschen.«

Freudige Momente für andere schaffen

Ein Schwerarbeiter und gleichzeitig begnadeter Tänzer bietet ein wunderbares Beispiel für die Balance zwischen Arbeit und Spiel. Mehrmals in der Woche geht er Salsa tanzen und ist in seiner Stadt für seine gute Laune, Großzügigkeit, Humor und philosophische Betrachtungsweise bekannt. Auf meine Frage lachten er und seine Lebensgefährtin mich an: »Weißt du, welchen Beruf *wir* haben? Wir schaffen freudige Momente für andere Menschen!«

EINZELSTUDIUM

Übung: Intention

Am Morgen nach dem Aufstehen, oder wenn Ihnen eine ungewöhnlich wichtige Entscheidung oder Begegnung bevorsteht, schreiben Sie Ihre Intention auf einer Karteikarte nieder. Kehren Sie Ihre Aufmerksamkeit für einen Augenblick nach innen.

Schritt eins – Die Klärung des Bildes

- **Halten Sie die Welt an.** Nehmen Sie sich einen Augenblick Zeit, um Ihren Verstand zu beruhigen. Schließen Sie die Augen und schauen Sie nach innen.

- **Verlangsamen Sie Ihr Tempo und sammeln Sie Energie.** Folgen Sie für ein oder zwei Minuten Ihrem eigenen Atem.

- **Klären Sie das Bild.** Fragen Sie sich: »Mit welchen Erwartungen verbinde ich das bevorstehende Ereignis?«

- **Laden Sie das Bild mit Energie auf.** Schreiben Sie nieder, was Ihnen an positiven Erwartungen oder Hoffnungen in den Sinn kommt.

- **Fragen Sie.** Schreiben Sie die Frage nieder, die Ihnen in den Sinn kommt. Zum Beispiel: »Soll ich Joe heiraten?« oder »Wie soll ich meinen Vorschlag heute präsentieren?« oder »Soll ich dieses Haus wirklich kaufen?«

Schritt zwei – Das Ziel schaffen und es loslassen

- **Absicht.** Als nächstes formulieren Sie Ihre **Frage** zu einer **positiven Erklärung** um, in welcher Sie das **gewünschte Ziel bereits erreicht haben.** Zum Beispiel könnte die erste Frage in der Gegenwartsform formuliert werden: »Ich bin mit der richtigen Person bereits glücklich verheiratet!« oder »Mein Vorschlag schafft die perfekte Grundlage für weiteres Wachstum« oder »Ich lebe in dem für mich im Augenblick perfekten Haus.«

- **Loslassen.** Spüren Sie für einen Augenblick, wie Sie alle Zweifel ziehen lassen. Lassen Sie los, und überlassen Sie dem Universum die Einzelheiten. Erwarten Sie nicht einen bestimmten Ausgang Ihrer Bemühungen; vertrauen Sie der göttlichen Fügung, die für das Gute arbeitet, dessen Sie sich vielleicht noch nicht bewußt sind.

Schritt drei – Erkennen Sie, was Ihnen das Universum vorschlägt

- **Empfangen.** Erhöhen Sie ihre Aufmerksamkeit für sublime Anzeichen und Botschaften, die Ihnen täglich den Weg weisen.

- **Aufladen.** Fokussieren Sie sich auf Ihre Erklärung und ein Bild von sich selbst, wie Sie das Gewünschte erreicht haben.

- **Verleihen Sie Ihrer Dankbarkeit Ausdruck.** Jedes Mal, wenn Ihnen ein Segen zuteil wird – sei es ein Sitzplatz in der U-Bahn, das Finden eines Geldstückes oder das Lächeln eines Unbekannten – sollten Sie ein Dankesgebet sprechen. Dankbarkeit hilft Ihnen dabei, Ihre Intention mit Energie aufzuladen.
  Wir schlagen vor, daß Sie ein Tagebuch führen, um Ihre Intention zu aktivieren und Ihre Erfahrungen damit aufzuzeichnen. Es wird Ihnen ebenfalls dabei behilflich sein, auftretende Synchronizitäten zu erkennen und deren Bedeutung zu verstehen. Da Synchronizitäten die Eigenschaft haben, gehäuft aufzutreten, wird Ihnen das Tagebuch ebenfalls ein nützliches Werkzeug bei der Arbeit mit der Zehnten Erkenntnis sein.

Gruppenstudium

Richtlinien

- Treffen Sie pünktlich ein und gehen Sie rechtzeitig wieder. Besonders dann, wenn Sie sich in einer Privatwohnung treffen.

- Ein Gruppenleiter ist weder notwendig noch erwünscht. Ein Freiwilliger kann allerdings Notizen machen oder auf die Zeit achten.

- Lassen Sie jeden Teilnehmer ohne Unterbrechung ausreden. Widmen Sie ihm oder ihr Ihre ungeteilte Aufmerksamkeit.

- Senden Sie liebevolle Energie an jeden Sprecher und achten Sie auf die innere Schönheit seiner Seele.

- Sprechen und hören Sie von Herzen.

- Vermeiden Sie es, zu klatschen und Urteile zu fällen.

- Diskutieren Sie außerhalb der Gruppe keine Privatangelegenheiten von Gruppenmitgliedern.

- Eine Gruppenmeditation kann sich zu jedem Thema als sinnvoll erweisen. Diskutieren Sie darüber, welche Botschaften die einzelnen Gruppenmitglieder empfangen haben.

- Sollte es zu Auseinandersetzungen kommen, seien Sie ehrlich mit Ihren Gefühlen, sanft und geduldig, aber bestimmt. Vermeiden Sie es, anderen die Schuld zu geben.

- Meditieren Sie häufig über die Geburtsvisionen der einzelnen Mitglieder.

Dialoge

Lesen Sie Bücher und Magazine, in denen Themen behandelt werden, die dazu geeignet sind, Ihren Horizont und Ihre Wahrnehmung zu erweitern, z. B. über Wiedergeburt, Engel, Außerirdische und die Heilkraft von Gebeten. Fassen Sie Ihre Lektüre für die Gruppenmitglieder zusammen und stellen Sie sie zur Diskussion.

Sie können ebenso ein Gespräch zu den folgenden Themen beginnen. Entscheiden Sie selbst, in welchem Thema die meiste Energie zu stecken scheint. Nachdem Sie sich auf eines der Themen geeinigt haben, schreibt jeder seine Gefühle und Ansichten dazu auf. Dies sollte nicht mehr als fünf Minuten in Anspruch nehmen. Dann werden die Aufzeichnungen vorgelesen, und eine Diskussion schließt sich an.

Themenvorschläge:

- Wenn Sie einem fünfjährigen Kind Ihre Lebensgeschichte erzählen sollten, was wäre Ihnen dabei am wichtigsten?

- Wer ist Ihnen eine Inspiration im Leben gewesen? Weshalb? Wie?

- Wann fühlen Sie sich machtlos? Was können Sie daran ändern?

- An welcher Schwelle stehen Sie? Welche Tür will sich öffnen?
- Was in Ihrem Leben ergibt einen perfekten Sinn?
- Was halten Sie von Reinkarnation?
- Was würden Sie gerne in Ihrer Gemeinde verändern?

Literaturvorschläge für Kapitel 1:

James Redfield, *Die Zehnte Erkenntnis*
Paul H. Ray, *The Rise Of Integral Culture*
Paul H. Ray, *Noetic Sciences Review* Nr. 37, Frühjahr 1996
Daniel Goleman, *Emotional Intelligence: Why It can matter more than IQ*
Patricia Hurley, Brief zum *Celestine Journal*, Januar 1996
Marla Cukor, dito
Kyriacos C. Markides, *Riding with the Lion: In Search of Mystical Christianity*

Kapitel 2

Auf welche Weise die Neun Erkenntnisse Sie auf die Zehnte vorbereiten.

Krähe
Gesetz

»Nachdem jeder seine Dramen aus der Vergangenheit geklärt hat, ist er in der Lage, bestimmte Fragen zu identifizieren in bezug auf seinen Beruf, seine Beziehungen oder die Art und Weise, wie er sein Leben führen sollte. Solange er sich dessen bewußt bleibt, wird ihm durch Intuitionen mitgeteilt werden, was er zu tun hat, wohin er sich wenden und mit wem er sprechen soll, um eine Antwort auf seine Fragen zu erhalten.«

Die Zehnte Erkenntnis

Die Neun Erkenntnisse führen zur Zehnten.

Um ein Fundament für die Erforschung der Zehnten Erkenntnis und das damit verbundene neue Bewußtsein zu liefern, folgen nun noch einmal die ersten Neun Erkenntnisse. Sollten Sie damit bereits vertraut sein, können Sie zum nächsten Kapitel übergehen.

1. Eine kritische Masse

Durch das Überschreiten einer kritischen Anzahl von Individuen, die ihren Lebensweg als Entfaltung eines geistigen Prozesses begreifen, wird das Erwachen eines neuen spirituellen Bewußtseins herbeigeführt – wir brechen auf zu einer Reise, auf der wir von mysteriösen Fügungen gelenkt werden.

2. Das verlängerte Jetzt

Dieser Aufbruch repräsentiert die Schöpfung eines neuen, vollständigeren Weltbildes, als es uns die fünfhundert Jahre alte Schule der Präokupation mit irdischem Überlebenskampf und materieller Bequemlichkeit zu liefern imstande war. Obwohl es sich bei der Beschäftigung mit den technologischen Aspekten des Lebens um einen wichtigen Schritt in unserer Entwicklung handelte, wird das Erkennen der bedeutsamen Fügungen in unserem Leben unsere Wahrnehmung für den wirklichen Grund unserer Anwesenheit auf diesem Planeten öffnen und uns die wahre Natur des Universums enthüllen.

3. Eine Frage der Energie

Zur Zeit erfahren wir, daß wir kein materiell stabiles Universum bewohnen, sondern in einem großen Feld sich ständig verändernder, dynamischer Energien leben. Alles um uns herum besteht aus Energiefeldern, die der Mensch intuitiv zu erfahren imstande ist. Wir verfügen darüber hinaus über die Eigenschaft, unsere Energie durch Konzentration in jede gewünschte Richtung zu projizieren (»Wohin die Aufmerksamkeit geht, fließt auch die Energie«), um auf diese Weise unsere Energiesysteme gegenseitig zu beeinflussen sowie die Anzahl von positiven »Zufällen«, sogenannten Fügungen, in unserem Leben zu erhöhen.

4. Der Kampf um Macht

Allzuoft schneiden Menschen sich von der großen Quelle dieser Energie ab und fühlen sich deshalb schwach und unsicher. Um Energie zu gewinnen, zwingen wir andere dazu, uns Aufmerksamkeit und somit Energie zukommen zu lassen. Gelingt es uns, unser Gegenüber auf diese Weise erfolgreich zu dominieren, fühlen wir uns stärker, während der andere sich schwächer fühlen und sich als Folge davon unter Umständen gegen uns zur Wehr setzen wird. Der Wettstreit um menschliche Energie ist die Ursache für alle zwischenmenschlichen Konflikte.

5. *Die Botschaft der Mystiker*

Unsicherheit und Gewalt enden, sobald wir die innere Verbindung mit der göttlichen Energie verspüren; eine Verbindung, die von den Mystikern aller Schulen geschildert wurde. Einer der Maßstäbe für die Existenz dieser Verbindung ist ein Gefühl der Unbeschwertheit und der Tatenfreude sowie ein konstantes Gefühl der Liebe. Sind diese Zeichen gegeben, so ist die Verbindung mit der göttlichen Energie echt; sind sie es nicht, besteht die Verbindung nicht wirklich.

6. *Die Klärung der Vergangenheit*

Je länger es uns gelingt, diese Verbindung aufrechtzuerhalten, desto deutlicher spüren wir, wenn sie wieder unterbrochen wird, was gewöhnlich der Fall ist, wenn Streß in unser Leben tritt. Bei dieser Gelegenheit läßt sich deutlich erkennen, auf welche Weise wir Energie bei anderen stehlen. Haben wir einmal ein Bewußtsein über unser manipulatives Verhalten gewonnen, so festigt sich auch unsere Verbindung mit der göttlichen Energie, und wir sind in der Lage, unseren Pfad des inneren Wachstums und die uns auferlegte spirituelle Aufgabe zu erkennen, durch deren Akzeptanz wir zum Wohlergehen dieser Welt beitragen.

7. *Der Energiefluß tritt ein*

Das Wissen um unsere individuelle Aufgabe verstärkt den Strom scheinbar merkwürdiger Fügungen. Zunächst haben wir eine Frage, dann Träume, bald darauf Tagträume und schließlich Eingebungen, die uns zu den Antworten leiten, die oftmals zur gleichen Zeit durch die Weisheit eines anderen Menschen an uns herangetragen und verstärkt werden.

8. *Die zwischenpersönliche Ethik*

Wir sind in der Lage, die Häufigkeit der Fügungen zu vermehren, indem wir jedem Menschen, der uns begegnet, freundlich entgegentreten. Es gilt darauf zu achten, daß die oben erwähnte innere Verbindung innerhalb von romantischen Beziehungen nicht verloren geht. Anderen Menschen freundlich zu begegnen ist vor allem in größeren Gruppen wirksam, da dort jedes Mitglied die Energie der anderen spüren kann. Und bei Kindern ist eine freundliche Kontaktaufnahme besonders wichtig für ihr Sicherheitsgefühl. Indem wir uns bemühen, in jedem Gesicht das Schöne zu sehen, erheben wir uns selbst in die weiseste Form unseres Gegenübers und erhöhen so die Chance, eine für uns bestimmte Botschaft auch wahrzunehmen.

9. *Das Auftauchen einer Kultur*

Während jeder von uns der Vollendung seiner spirituellen Aufgabe zustrebt, werden die technologischen Aspekte unseres Überlebens vollends automatisiert werden, damit wir uns gänzlich auf unser synchrones Wachstum konzentrieren können. Dieses Wachstum wird die Menschheit in immer höhere energetische Bereiche befördern, bis unsere Körper schließlich eine reine Energieform annehmen und wir die jetzige Dimension unserer Existenz mit jener nach dem Leben verbinden und auf diese Weise den Kreislauf von Tod und Geburt beenden.

Fragen zur Neunten Erkenntnis

Wenn wir die Weltvision halten sollen, so müssen wir in unserer Fähigkeit, der uns angebotenen Führung zu folgen, einigermaßen gefestigt sein. Vermutlich haben Sie diesbezüglich einige der folgenden Fragen und Bedenken.

»In meinem Leben gibt es eine Häufung von Fügungen, aber woher soll ich wissen, was genau sie zu bedeuten haben?«

Wie der Held in der Zehnten Erkenntnis sagt: »In Wahrheit war mir der Sinn der Prophezeiungen natürlich weiterhin nur teilweise verständlich. Sicher, die Fähigkeit, mich mit einer inneren, spirituellen Energie zu verbinden, war mir erhalten geblieben, was ein großer Trost war. Auch war ich weiterhin in der Lage, meine Eingebungen, Träume und die Leuchtkraft eines Raumes oder einer Landschaft bewußt zu erleben. Dennoch war die Tatsache, daß schicksalhafte Fügungen sich von Natur aus nur sporadisch ergeben, zum Problem für mich geworden. Ich konnte mich beispielsweise mit Energie auffüllen, die mir zeigte, was ich tun und wohin ich mich wenden sollte, um der Antwort auf die Spur zu kommen. Aber selbst wenn ich meinen Eingebungen entsprechend gehandelt hatte, geschah nur selten etwas Bedeutungsvolles, und ich konnte beim besten Willen keine Botschaft oder sonderliche Fügungen wahrnehmen ... Häufig wurde meine Initiative trotz stärkster Ernegiezufuhr rundweg abgeschmettert, oder – noch schlimmer – unser anfänglicher Eifer entgleiste und wurde schließlich unter einer Flut unberechenbarer Irritationen und Gefühle begraben. Mir war klar geworden, daß etwas fehlte, wenn ich die Erkenntnisse auf lange Sicht in die Praxis umsetzen wollte. Womöglich hatte ich einen bedeutenden Teil des Wissens wieder vergessen – oder noch gar nicht entdeckt.« *(Die Zehnte Erkenntnis)*

Zufall oder Erinnerungsblitz

Zufälle haben die Eigenschaft, entweder aufregend oder mysteriös zu erscheinen. Weshalb? Möglicherweise liegt es daran, daß sie uns mit unserer Lebensvision in Verbindung bringen. Aus spiritueller Sichtweise geschieht nichts ohne Grund. Wenn zwei oder drei Ereignisse unerwarteterweise zusammentreffen, bedeutet das, daß dieser Tatsache eine Signifikanz zugrunde liegt, die nicht unbedingt auf den ersten Blick erkennbar ist. Eines Tages blicken Sie vielleicht auf diesen Augenblick zurück und erkennen ihn als einen Wendepunkt in ihrem Leben.

Ein Musiker aus Louisiana hatte nach der Lektüre der *Prophezeiungen von Celestine* zum Beispiel beschlossen, etwas gegen sein Kontrolldrama des »Unnahbaren« zu unternehmen. Er ging in einen Buchladen mit vorwiegend spiritueller Literatur, um sich nach eventuellen Arbeitsgruppen zu diesem Thema zu erkundigen. Da es keine gab, schlug der Besitzer des Buchladens eine Yoga-Klasse vor. Einer Intuition folgend willigte der Musiker ein: »Yoga war genau das, was ich brauchte, um in Kontakt mit meinem Körper zu kommen. Die anderen Arbeitsgruppen hätten wieder nur eine intellektuelle Herangehensweise an mein

Problem geboten. Ich bin wirklich erstaunt, wie sehr sich mein Leben für neue Erfahrungen geöffnet hat, seitdem ich regelmäßig diese Yoga-Klasse besuche.«

> »Es läßt sich also sagen, daß es sich beim kollektiven Unbewußten um ein Feld psychischer Energie handelt, deren herausragendste Punkte die Archetypen sind. Dieses Feld unterliegt einer Ordnung, die durch den numerischen Rhythmus des Selbst bestimmt wird. Das Selbst befindet sich in einem Zustand konstanter und ewiger Verjüngung. Wir können die psychologische Entwicklung ebenfalls als energetischen Prozeß betrachten, der bestimmten Gesetzen unterliegt.«
>
> Marie Louise von Franz,
> *On Divination and Synchronicity*

Synchronizität als Verstärkung

Mutter und Tochter reisten von Kalifornien nach Vancouver/Kanada, um an einem Seminar für Neurolinguistik teilzunehmen. Am ersten Abend der Veranstaltung unterhielten sie sich mit zwei Frauen, die direkt vor ihnen saßen. Wie sich herausstellte, handelte es sich bei ihnen ebenfalls um Mutter und Tochter. Beide Mütter hatten zudem den gleichen Vornamen, und die Mutter aus Vancouver hatte bis vor kurzem im gleichen Appartementgebäude gewohnt wie die Tochter aus Kalifornien. Ohne den Kontakt weiter zu vertiefen, verstanden die Mutter und Tochter aus Kalifornien diese Synchronizität als Bestätigung für die Richtigkeit ihrer Anwesenheit in Vancouver.

Synchronizitäten deuten auf eine innere Entwicklung hin

Sobald Sie anfangen, sich klar und deutlich nach Informationen zu erkundigen, werden sich verstärkt Synchronizitäten bei Ihnen bemerkbar machen. Diese scheinbaren »Zufälle« stammen von einer spirituellen Kraft, und sie beziehen sich immer gerade auf die Erkenntnis, an der Sie augenblicklich arbeiten.

Sollten Sie sich zum Beispiel gerade mit der Ersten Erkenntnis befassen, so werden Sie verstärkt auf Synchronizitäten stoßen, die den Vorgang Ihrer eigenen Transformation bestätigen. Durch die Zweite Erkenntnis erhalten Sie Beispiele dafür, wie es Ihnen möglich ist, sich von Ihren alten Verhaltensmustern zu trennen. Bei der Dritten gibt es Informationen über den Fluß der Energie. Die unserer Entwicklung entsprechenden Menschen werden zum richtigen Zeitpunkt in unser Leben treten. Mit einem Wort: Durch synchronistische Begebenheiten erhalten wir Einsicht. Wenn wir uns der Sechsten Erkenntnis nähern, die sich mit dem Erbe unserer Vorfahren und Ahnen beschäftigt, werden uns auch die Bedeutungen der auftauchenden Synchronizitäten deutlicher. Sie zeigen uns die Richtung, in die wir uns persönlich bewegen und weisen uns noch einmal auf die dringlichsten Fragen hin, die vor uns liegen. Sind wir uns erst einmal darüber im Klaren, was wir tun wollen, werden Synchronizitäten noch verstärkter auftreten. Vergessen Sie dabei nicht, daß wir die Erkenntnisse bei unseren Bemühungen, Einsichten zu integrieren, oft noch ein zweites oder drittes Mal wiederholen.

»Wie erhalte ich durch Synchronizitäten weitere Informationen?«

Wenn sich eine Synchronizität ereignet, vergessen Sie nicht, Energie an die involvierte Person abzugeben, um ihr dabei behilflich zu sein, die für Sie bestimmte Botschaft an Sie weiterzuleiten. Sie können sich sogar direkt an diesen Menschen wenden und sagen: »Mich würde wirklich interessieren, weshalb wir uns gerade jetzt begegnet sind. Vielleicht haben Sie eine Botschaft für mich!« Lassen Sie dabei Ihren Humor spielen und machen Sie gleichzeitig dem anderen deutlich, daß Sie eine ernsthafte Verbindung mit ihm aufnehmen möchten.

Nach dem Eintreffen einer Synchronizität sollten Sie sich einen Augenblick Zeit nehmen, um die wichtigsten Elemente des Ereignisses noch einmal Revue passieren zu lassen. Fragen Sie sich: »Wofür habe ich mich in der letzten Zeit interessiert?« – »Woran habe ich die meiste Zeit gedacht?« – »Ist mir die betreffende Person im Zusammenhang mit einem Thema begegnet, das mich momentan beschäftigt?« Schreiben Sie die Begebenheit und die damit verbundenen Einzelheiten nieder, ebenso die Bedeutungen, die sich für Sie damit verbinden (selbst wenn diese Ihnen jetzt eher unglaublich erscheinen mögen). Die Information kann sich in einigen Tagen oder Monaten als sehr wertvoll erweisen.

> »Die Chinesen fragen nicht danach, was die Ursache für etwas ist ... Ihre Zeitvorstellung ist nicht linear. Sie fragen ›was passiert gern gemeinsam?‹, dann gehen sie daran, eine Vielzahl von inneren und äußeren Geschehnissen zu untersuchen ... Bestimmte Ereignisse haben die Eigenschaft, gehäuft aufzutreten ... Der Westen realisiert allmählich, daß es tatsächlich eine Tendenz zur Synchronizität gibt und es sich dabei nicht um ein Produkt der menschlichen Phantasie handelt. Soweit wir erkennen können, hat dies mit den Archetypen zu tun; besonders dann, wenn ein bestimmter Archetyp im kollektiven Unbewußten installiert ist, neigen gewisse Geschehnisse dazu, sich synchron zu ereignen.«
>
> Marie Louise von Franz, *On Divination and Synchronicity*

Eine andere Möglichkeit, mit einem scheinbaren Zufall umzugehen, besteht darin, ihn wie einen Traum zu behandeln. Welche Bedeutung würden Sie ihm dann zumessen?

»Auf welche Weise kann ich mein neues Bewußtsein über die Erkenntnis in meine Arbeit und mein Familienleben integrieren?«

Offenbar existiert kein Patentrezept für die Anwendung der Erkenntnisse, das auf jede Person und jede Situation zutreffen würde. Auf alle Fälle sollten Sie innerhalb Ihrer Beziehungen zu Mitarbeitern und Familienangehörigen nach einem tieferen Sinn suchen. Für viele Menschen reicht es aus, sich ihrer Kontrolldramen bewußt zu werden, um sich vom unbewußt Reagierenden zum frei Handelnden zu entwickeln.

»Wieso hält meine Frau/mein Mann nichts von diesen Ideen? Sollte ich mehr erklären, oder wachse ich langsam aus dieser Beziehung heraus?«

Wie oft fühlen wir uns frustriert, weil jemand, der uns nahesteht, sich nicht für unsere neuen Interessen begeistern kann? Wechsel im Bewußtsein ziehen unweigerlich auch Veränderungen in den Beziehungen nach sich, die auf früheren, jetzt ungültig gewordenen Annahmen beruhen. Realisiert Ihr Ehepartner zum Beispiel, daß Sie sich in eine neue Richtung entwickeln, kann er auf verschiedene Arten reagieren. Vielleicht ist es ihm egal; vielleicht ist er interessiert; oder vielleicht fürchtet er, daß Sie ihn nicht mehr lieben, wenn er Ihnen nicht folgt. Jede dieser Reaktionen kann ein aus Angst resultierendes Bedürfnis nach Aufmerksamkeit oder Kontrolle von Ihrer Seite auslösen.

Selbst wenn Sie keinen Partner haben, werden neue Bewußtseinsebenen oft schnell auf die Probe gestellt. Zum Beispiel kann ein Freund unsere eigenen inneren Zweifel an der neuen Entwicklung verbal oder nonverbal zum Ausdruck bringen. Spiegeln die Worte dieses Menschen Ihre eigenen Zweifel über Ihre neuen Konzepte und Ideen wieder? Achten Sie darauf, ob Sie sich ungewöhnlich unnahbar verhalten, weil sie automatisch annehmen, Ihr Partner oder Ihre Freunde interessieren sich nicht für Ihre Entwicklung. Seien Sie ehrlich darüber, wie wichtig Ihnen die spirituelle Arbeit ist. Lassen Sie sich nicht von Ihrem Pfad abbringen, sondern Ihre Handlungen, Ihr wachsendes Mitgefühl und Ihre liebevolle Energie für sich sprechen, ohne zu versuchen, andere von Ihrer Meinung zu überzeugen. Jeder Mensch hat seinen eigenen Rhythmus, demzufolge er sich entwickelt. Und so sehr Sie sich auch wünschen mögen, daß Ihr Partner mit Ihnen kommt, so muß er doch seiner eigenen Intuition folgen. Urteilen Sie nicht vorschnell über das Schicksal Ihrer Beziehung, ohne mit einer Vertrauensperson oder einem Eheberater gesprochen zu haben. Und ganz wichtig: Vergessen Sie auf dem Weg zur Erleuchtung den Humor nicht.

»Mein Boß ist ein Einschüchterer! Wie kann ich damit umgehen, ohne meinen Job zu riskieren?«

Jeder von uns hat in seinem Leben schon einmal mit schwierigen Leuten zu tun gehabt, deren Persönlichkeit uns bedrohlich erschien. So erging es auch Frances. Sie hatte einen dominanten Chef, der von ihr erwartete, daß sie stets nach seiner Pfeife tanzte. Obwohl ihr die Arbeit eigentlich Spaß machte, hatte sie ständig das Gefühl, am Rande eines Nervenzusammenbruchs zu stehen, weil sie kaum je genügend Zeit hatte, ihre Aufgaben in Ruhe zu erledigen. Als sie sich ihren parentalen Überblick ansah, gelang es ihr, die Verbindung zwischen ihrem Vater und ihrem Boß herzustellen. Sie hatte starke Ehrfurcht vor ihrem Vater empfunden und sich jedes Mal innerlich gewunden, sobald er laut und fordernd wurde. Allmählich verstand sie, daß sie sich unbewußt eine

Arbeitsstelle mit ähnlicher Atmosphäre geschaffen hatte: »Ich habe es für normal gehalten, dominiert und verbal mißhandelt zu werden, weil ich daran gewöhnt war.« Frances fragte sich, wieso diese Situation ausgerechnet jetzt in ihrem Leben auftauchte und kam zu dem Schluß, daß sie eine Gelegenheit darstellte, mehr Selbstbewußtsein und Bestimmtheit in eigener Sache zu entwickeln.

Obwohl sie definitiv eine untergeordnete Stellung innerhalb der Firma hatte, setzte sie von nun an doch Grenzen, deren Überschreitung sie sich verbat. Eines Nachmittags, als gerade nicht viel los war, bat sie ihren Chef um eine kurze Unterhaltung und ließ ihn wissen, daß sie nicht ihr Bestes geben könne, weil sie Angst vor ihm habe. Einen Augenblick saß sie schweigend vor ihm und fügte dann hinzu: »Ich kann nicht mein Bestes geben, wenn ich dauernd angeschrien werde. Ich arbeite gern hier, und ich möchte flexibel genug sein, um überall einsatzfähig zu sein. Aber ich brauche zum Beispiel ein wenig mehr Vorbereitungszeit, bevor ich völlig neue Aufgaben übernehme. Ich möchte nicht jedes Mal Angst haben, von Ihnen angeschrien zu werden, nur weil ich hier arbeite.« Ihre Ehrlichkeit führte zu einer kurzen, aber klärenden Aussprache zwischen den beiden. Sie verließ sein Büro voller Energie, weil sie ihren eigenen Standpunkt ruhig und bestimmt vertreten hatte. Nach einigen Monaten erhielt sie ein attraktiveres Arbeitsangebot unter einem wesentlich sympathischeren Chef. Frances hatte gelernt, daß ihr Leben nicht nur eine Aneinanderreihung von schmerzhaften Erfahrungen zu sein hatte, lediglich weil sie daran gewöhnt war. Die Situation mit ihrem ehemaligen Boß gab ihr Gelegenheit, eine alte Sache zwischen ihr und ihrem Vater zu klären. Später realisierte sie außerdem, daß das selbstsüchtige Verhalten jenes Vorgesetzten eine deutliche Reflexion davon war, daß ein Teil von ihr ernsthafter Aufmerksamkeit bedurfte, anstatt lediglich als Werkzeug für die Interessen anderer zu fungieren.

Jede schwierige Situation bietet uns die Gelegenheit zu erkennen, wo wir gerade feststecken oder ob wir an Angstpunkte gekommen sind, die wir jetzt in Angriff nehmen können. Manchmal handelt es sich um die Möglichkeit, eine alte Wunde zu heilen, ein unbewußtes Verhaltensmuster zu erkennen und zu verändern, für uns selbst einzustehen, einen Traum zu verwirklichen oder eine Information zu erhalten, die sich für unseren weiteren Weg als lebenswichtig erweisen kann. Sobald wir unsere Lektion gelernt haben, sorgt das Leben schon dafür, daß wir uns weiterbewegen. Machen Sie sich deshalb keine Sorgen.

»Wenn ich wirklich meine Realität verändern kann, weshalb verändert sie sich nicht?«

Energie folgt Gedanken. Wenn Sie Ihr angestrebtes Ziel nicht erreichen, können Sie sich vier Fragen stellen, die Ihnen helfen werden, an die Wurzeln dieses Problems zu gelangen.

Erstens: Glauben Sie wirklich, daß Sie Ihr neues Ziel erreichen können und dies auch verdienen? Hegen Sie vielleicht unbewußt den Verdacht, daß Sie niemals imstande sein werden zu erreichen, was Sie wollen? (Armes Ich). Fragen Sie sich: »Auf welche Weise erzähle ich mir immer wieder die gleiche Geschichte meiner Unwürdigkeit?« Wenn Sie sich zum Beispiel etwas wünschen, was eine Stange Geld kostet, erzählen Sie dann anderen, daß Sie es sich nie werden leisten können? Sprechen Sie dauernd davon, wie hoch Sie bereits verschuldet sind? Die Wurzeln dieses Gedankens können Sie daran hindern, Intentionen für neue Zielsetzungen zu entwickeln und zu halten.

Zweitens: Vertrauen und folgen Sie intuitiven Eingebungen in bezug auf neue Schritte und Risiken, die Sie auf dem Weg zu Ihrem Ziel weiterbringen?

Drittens: Ist es der richtige Zeitpunkt für die Erreichung Ihres Ziels? Warten Sie ungeduldig auf Resultate bzw. sind Sie nicht bereit, länger zu warten und alle notwendigen Schritte zu unternehmen, die zum Erreichen Ihres Zieles erforderlich sind?

Viertens: Sind Sie sicher, daß die von Ihnen gehegten Wünsche wirklich in Ihrem besten Interesse sind? Sollte sich das erhoffte Resultat nicht einstellen, worin könnte die Botschaft bestehen, die sich dahinter verbirgt?

Manche Menschen erhalten die besten Resultate, wenn sie ihre Ziele mehrere Wochen lang fünfzehn Mal täglich auf einem Stück Papier formulieren, um sie dann für den Rest des Tages zu vergessen und darauf zu vertrauen, daß sich Gott darum kümmern wird.

Am wichtigsten ist es, Zugang zu unserer eigenen geistigen Energie zu haben und sie auf eine positive Intention zu richten. Wenn Energie sich auf alte Wunden und Versagen in der Vergangenheit bezieht, verfügen wir nicht über ausreichende Ressourcen, um die von uns gewünschte Zukunft zu kreieren. Indem wir jedes schmerzhafte Ereignis und jede unserer negativen Handlungen im Kopf endlos wiederholen, schaffen wir ein negatives Energiefeld; wir bleiben Opfer unserer

Vergangenheit. Es ist ganz gewiß nicht in unserem Interesse, die Ereignisse der Vergangenheit unter den Tisch zu kehren. Sie brauchen Anerkennung und einen angemessenen Zeitraum zur Verarbeitung und Integration. Identifizieren wir uns jedoch vorwiegend mit dem bereits Ertragenen und Erlittenen, reduziert das unsere Fähigkeit, darüber hinauszuwachsen. Eine vorzügliche Beschreibung dieses Prozesses wird von der Medizinerin und Autorin Caroline Myss auf ihrer Audiokassette *Weshalb Menschen nicht heilen* geliefert.

»Wie kann ich mir über meine augenblickliche Situation klar werden, damit es in meinem Leben weitergeht?«

Da wir wissen, daß alles im Leben einen Sinn hat, ist es hilfreich, auf die positive Intention hinter Ihrer augenblicklichen Situation zu achten. Was bringt es Ihnen, wenn Sie irgendwo »feststecken«? Was springt dabei für Sie heraus? Ein Mann erzählte uns: »Ich hatte eine Arbeit angenommen, die mir überhaupt nicht lag, aber ich brauchte das Geld. Ich fragte mich, warum um alles in der Welt ich diesen Job angenommen hatte. Auch mit meinen Kollegen kam ich nicht klar.«

> »Bitten Sie um Hilfe, so als wären Sie sich sicher, daß sie Ihnen gewährt wird. Darin besteht Glauben ... Suchen Sie nach Seinem Willen für Sie. Spüren Sie Seine Präsenz und achten Sie darauf, daß Ihre Bitte für den bestmöglichen Zweck ist, nicht zur Erfüllung einer selbstsüchtigen Laune. Gebete sind nutzlos, wenn sie dazu dienen, einem anderen Menschen zu schaden oder Ihnen einen Vorsprung vor Rivalen verschaffen sollen. Bitten Sie darum, daß Gottes Wille und nicht Ihr eigener erfüllt wird, und beten Sie in der Erwartung, daß Ihr Gebet augenblicklich erhört wird.«
>
> Ruth Montgomery,
> *A World Beyond*

Nachdem er über die Erste Erkenntnis nachgedacht hatte, die ihn dazu aufforderte, sein Leben als ein Geheimnis zu betrachten, das er verstehen kann, änderte er seinen Standpunkt: »Ich fing an, mit den anderen zu kommunizieren und achtete auf versteckte Botschaften, die sie für mich haben könnten. Diese neue Herangehensweise veränderte mein gesamtes Weltbild. Ich merkte mit einem Mal, daß viele Menschen ihre Träume geopfert hatten. Dadurch, daß ich diese verhaßte Arbeit verrichtete, brauchte ich mich nicht mehr als arbeitslosen Schauspieler zu sehen, doch erkannte ich, daß dieser Job mich daran hinderte, meinen eigentlichen Traum zu verfolgen. Dazu reichte einfach die Energie am Ende des Tages nicht mehr aus.«

Er zog schließlich nach Indiana zurück und beendete seine Studium mit dem Ziel, Schauspiellehrer zu werden.

Um weiterzukommen, müssen wir erst einmal unsere augenblickliche Situation verstehen und schätzen lernen. Achten Sie vor allem auf das Auftauchen von Synchronizitäten, die neue Optionen zu präsentieren scheinen (auch wenn sie noch so subtil sind). Strahlen Sie liebevolle Energie aus und vertrauen Sie darauf, daß das Universum Ihnen exakt das zukommen läßt, was Sie im jeweiligen Moment brauchen. Sie können sich in diesem Sinn auch den alten Grundsatz vor Augen halten: »Wer Widerstand leistet, wird auf Widerstand treffen«.

»Wie kann ich diese Konzepte benutzen, um meinen Teil zur Rettung des Planeten beizutragen?«

Sie sind bereits Teil einer kritischen Masse von Individuen, die daran interessiert sind, die Welt zu heilen. Der leidenschaftliche Wunsch und der Wille, wirklich zu wissen, wer Sie sind und worin Ihre Talente bestehen, sind erst einmal genug. Fühlen Sie sich noch nicht im Fluß, so ergeben Sie sich der höheren Energie des Universums und seiner Intelligenz. Es liegt an Ihnen, Ihren Standort zu bestimmen und zu entscheiden, wann Handlung notwendig ist. Eine Episode aus Kalifornien zeigt, wie die Determination finanziell minderbemittelter Eltern nicht nur eine bessere Zukunft für ihre Kinder schuf, sondern auch ein Modell für Gleichberechtigung wurde. Vor zehn Jahren wurde ein Stadtteil San Franciscos durch eine Durchgangsstraße in zwei Schuldistrikte unterteilt: der eine ausschließlich für schwarze Kinder, der andere für weiße. Margaret Tinsley, eine Afro-Amerikanerin, weigerte sich hinzunehmen, daß ihre Kinder eine Schule besuchen sollten, deren Niveau unter dem der Nachbarschule lag: »Ich war nicht der Ansicht, daß meine Kinder auf einer ausschließlich von Schwarzen besuchten Schule besser auf ihr Leben vorbereitet würden.«

Ihre Bemühungen gemeinsam mit denen anderer Eltern führte zu einem Präzedenzfall, in dem entschieden wurde, daß Kinder auch außerhalb ihres Schuldistrikts liegende Lehranstalten und Kindergärten besuchen dürfen. »Kinder werden nicht mit Vorurteilen geboren. Die lernen sie von Erwachsenen«, sagte einer der Verteidiger von Margaret Tinsley.

Achten Sie darauf, wo Ihr Platz im Leben sein könnte. Was können Sie an Ort und Stelle tun? Wie können Sie Ihre Sache in einen größeren Dienst stellen als nur Ihren eigenen?

»Kann ich lernen, die Effektivität meiner Intentionen zu verstärken?«

Ja. Hören Sie auf damit, Ihre Vergangenheit als Basis für Ihre Zukunft zu betrachten. Fragen Sie sich jeden Morgen vor dem Aufstehen: »Was ist heute meine dringlichste Aufgabe?« Wenn Sie Angst haben, einen Fehler zu begehen oder unsicher und verwirrt über ihre Optionen sind, so formulieren Sie Ihre Frage als positives Statement, das den von Ihnen gewünschten Ausgang bereits beinhaltet, wie z. B.: »Jede Wahl, die ich treffe, bringt mich vollkommener Gesundheit und innerem Frieden ein Stückchen näher!«

Stellen Sie sich vor, wie der Tag für Sie idealerweise verlaufen könnte, bevor Sie das Haus verlassen. Der Ausdruck von Dankbarkeit öffnet weitere Kanäle, die Gutes bringen werden. Sobald Sie einen Erfolg sehen, und sei er noch so klein, freuen Sie sich darüber. Dadurch energetisieren Sie sich und Ihr Umfeld.

Überfluß kommt aus einer offenen und vertrauensvollen Grundhaltung. Ebenso werden auch Sie durch die Grundhaltungen anderer beeinflußt. So einfach es vielleicht klingen mag, es ist hilfreich, Freundschaften mit Menschen zu entwickeln, die positiv und optimistisch sind. Verbringen Sie so wenig Zeit wie möglich mit professionellen Schwarzmalern und Pessimisten.

Trennen Sie sich von Ihrem Sperrmüll. Dies gilt für Ihre Wohnung ebenso wie für Ihren Arbeitsplatz. Wovon können Sie sich trennen? Was ist Ihnen zu klein geworden? Befreien Sie Ihr körperliches, emotionales und finanzielles Energiefeld von altem Gerümpel. Verschenken Sie, was Sie nicht mehr brauchen oder was Ihnen nichts mehr bedeutet. Schaffen Sie sich in einer Ecke Ihres Hauses einen kleinen Schrein, den Sie Ihrem Wunsch widmen, sich zu entwickeln und anderen zu helfen. Stellen Sie dort Photos von Menschen auf, die

Sie lieben und verehren, zusammen mit Naturgegenständen wie Blumen, Steinen, Muscheln und einer Kerze. Dann haben Sie einen besonderen Platz in Ihrem Umfeld, an dem Sie sich jederzeit zur Meditation oder zum Gebet zurückziehen können.

Hunderte von Studien und persönlichen Geschichten demonstrieren die Wirksamkeit von Gebeten jenseits der Grenzen von Zeit und Raum. Manchmal wissen wir allerdings nicht, wofür wir beten sollen. Wenn zum Beispiel jemand erkrankt, der uns nahesteht, wünschen wir uns, daß er möglichst bald genesen möge. Den Studien von Dr. Larry Dossey zufolge sind Gebete in solch einer Situation die beste Möglichkeit – und manchmal die einzige, die wir haben – und oft sehr effektiv. Jedem Menschen in einer schwierigen Lage hilft es, wenn Sie ihm liebevolle Energie senden. Auf diese Weise beten Sie zu einer höheren Weisheit, die für alle Beteiligten das Beste tun wird.

In seinem Buch *Healing Words*, das sich mit der praktischen Anwendung von Gebet beschäftigt, schreibt Dr. Larry Dossey: »Je mehr wir versuchen, Kontrolle und Druck auszuüben, desto mehr scheint die Welt uns zu entgleiten. Das Geheimnis scheint darin zu bestehen, konstant nichts zu versuchen und nichts zu tun und es der Welt dadurch zu gestatten, sich telesomatisch durch ihre eigene Weisheit und nicht durch unsere zu manifestieren ... Obwohl das Gebet in vielen Situationen ein effektives Hilfsmittel ist, können wir doch nicht davon ausgehen, daß es jedes Mal die gewünschte Wirkung erzielt. Wir sollten das Gebet deshalb auch als absichtsvollen Ausdruck der Intention verstehen, eine respektvolle Anfrage an die geistigen Kräfte des Universums zu richten mit der Bitte, sich auf eine gnadenvolle Weise zu manifestieren.«

»Ich weiß, daß ich eine Mission habe, aber wie kann ich erfahren, worin sie besteht?«

Auf der Seelenebene besteht unsere Mission darin, unsere Liebesfähigkeit zu entwickeln, obwohl wir dazu neigen, diese Sache zu komplizieren. Im wesentlichen gibt es vier Hauptideen, die wir im Hinblick auf unsere Lebensmission hegen. Die erste besteht in der Annahme, daß unsere Mission »irgendwo da draußen« darauf warte, von uns entdeckt zu werden. Die zweite besagt, daß unser Leben mit einer spezifischen, benennbaren Okkupation oder Aktivität identifiziert sein muß; und die dritte geht davon aus, daß unser Leben erst dann richtig beginnt, wenn wir diese gefunden haben. Viertens glauben wir, daß wir etwas unternehmen und uns verändern müssen, damit wir sie überhaupt finden bzw. verdienen. Ohne die Sicherheit, daß eine derartig festgelegte Beschäftigung existiert, neigen wir zu Behauptungen wie: »Ich bin so verwirrt. Ich weiß gar nicht, was ich hier soll.«

Die Antwort auf diese Frage liegt in der Erinnerung unserer originalen Intention oder Geburtsvision. In Kapitel 7 werden wir näher darauf eingehen. Untersuchen wir jetzt einmal die herkömmlichen, eben erwähnten Ansichten und verwandeln sie in praktische Schritte, die uns bei der Wiederentdeckung unserer Geburtsvision behilflich sein werden.

1. Interne Motivation

Fragen Sie sich einmal, was Sie gerne tun.

Listen Sie alle Tätigkeiten auf, die Ihnen als Kind Freude bereitet haben. Welche Tätigkeiten bereiten Ihnen Freude und Befriedigung? Nehmen wir einmal an, es handele sich bei dieser Tätigkeit um das Lösen von Kreuzworträtseln. Jetzt gehen Sie einen Schritt weiter und fragen sich, was Ihnen am Lösen der Kreuzworträtsel so viel Freude bereitet hat, daß Sie Stunden damit zubringen konnten? Vielleicht lieben Sie es, in einer ungestörten Atmosphäre zu leben, in der Sie viel Zeit zum Nachdenken haben und Worte nachschlagen können, die Sie nicht kennen. Vielleicht verfügen Sie auch über ein außergewöhnlich gutes Gedächtnis oder das Talent,

> »Ich setze meine Hoffnung auf diejenigen, die erwacht sind und jene, die über den Mut und die nötige Überzeugung verfügen zu erkennen, wieviele andere Menschen dieses Potential ebenfalls haben. Wenn dies passiert, werden wir eine Renaissance erleben. Hören Sie auf diejenigen, die Sie ermutigen, zu besseren Menschen zu werden; nicht auf jene, die mit Ihrer Angst spielen. Meiner Ansicht nach werden wir entweder ein rapides Absteigen in das schrecklichste aller Szenarios erleben, oder aber der Traum von einer besseren Zukunft wird wahr. Die Entscheidung liegt bei uns.«
>
> Larry Dossey, M.D., in
> *Towards A New World View*
> by Russell E. DiCarlo

die richtigen Worte schnell zu erraten. Möglicherweise lieben sie den befriedigenden Abschluß, den die Lösung eines Rätsels mit sich bringt. All diese Freuden sind motivierende Faktoren, die Ihnen Ihre Tätigkeit wertvoll erscheinen lassen.

Listen Sie nun jedes Ihrer Talente und Interessen auf und fragen Sie sich, weshalb Ihnen soviel daran liegt. Ihre persönlichen Gründe sind die motivierenden Kräfte hinter Ihrer Persönlichkeit. Wenn Sie in Einklang mit diesen Motivationen arbeiten, leben Sie automatisch einen Teil Ihres Lebenzwecks. Vielleicht haben Sie nicht vor, Ihren Lebensunterhalt mit dem Lösen von Kreuzworträtseln zu bestreiten, aber die Natur dieser Tätigkeit weist darauf hin, welche Form der Tätigkeit Ihnen prinzipiell zusagt. Der Sinn Ihres Lebens liegt in Ihnen; achten Sie sorgfältig darauf, wohin sich Ihre Aufmerksamkeit richtet.

2. *Das Finden und Realisieren Ihres Lebenszweckes ist ein Prozeß und kein Endresultat*

Bei der zweiten Idee handelt es sich um die Annahme, daß der Sinn des Lebens aus einer Beschäftigung bestehe – möglicherweise in Form einer Karriere als Pilot, Grundstücksmakler, Zahntechniker oder Sozialarbeiter. Ziehen Sie bitte für einen Augenblick die Möglichkeit in Betracht, daß Ihre Aufgabe darin bestehen könnte, mehr Mitgefühl mit den Empfindungen anderer zu entwickeln. Sie könnten ein Mentor für ein behindertes Kind werden, ein Geschäft mit eigenen Händen auf die Beine stellen oder innerhalb Ihrer Familie der Fels in der Brandung sein. Der Sinn Ihres Lebens wird Ihnen im Laufe der Zeit enthüllt werden. Das eigene Herz offen zu halten für alles, was Ihnen auf diesem Weg präsentiert wird, ist Teil Ihres Lebenszweckes; er beschränkt sich nicht auf die Art und Weise, wie Sie Ihr Geld verdienen.

3. *Warten Sie nicht*

Es ist in keinster Weise hilfreich, auf das Eintreffen Ihres Lebenssinnes zu warten und währenddessen die Hände in den Schoß zu legen oder das eigene Leben für unbedeutend zu halten. Der augenblickliche Moment ist der einzige, der Ihnen voll zur Verfügung steht und Ihr restliches Leben berühren wird. Keine noch so abstrakte Idee von Erfolg und Gewinn kann einen Ersatz für den Reichtum bieten, den ein voll gelebter Tag Ihnen beschert. Suchen Sie nach dem Sinn in den Ereignissen des Tages; vertrauen Sie darauf, daß Sie sich am richtigen Ort aufhalten. Hören Sie auf damit, sich selbst zu verwirren und folgen Sie der Intention, die Ihnen im Augenblick enthüllt wird. Sich dem Lauf der Dinge zu ergeben und den gegenwärtigen Moment in vollen Zügen zu genießen, kann zu den befreiendsten Dingen gehören, die Ihnen je widerfahren werden.

4. Sie sind ein sich selbst organisierendes System

Ihr Ziel besteht darin, sich zu entfalten. Es hat wenig Sinn, Dinge für falsch zu erklären oder sich selbst zu verändern, um die eigene Bestimmung zu finden. Ihre Führung liegt in Ihrem Inneren und arbeitet genau in diesem Augenblick mit Ihnen. Der Wunsch Ihrer Seele, Teil dieser Welt zu werden, wird Sie automatisch mit den entsprechenden Möglichkeiten zur richtigen Zeit in Verbindung bringen, damit sich Ihr Lebenszweck erfüllen kann. Ihre Aufgabe besteht darin,

- aufzupassen, daß Ihr innerer Energiefluß nicht abreißt;
- auf das zu achten, was ohne Widerstände in Ihr Leben tritt;
- Ihre Arbeit zu erledigen;
- darauf zu vertrauen, daß Sie alles erhalten werden, was zur Erfüllung Ihres Lebenszweckes notwendig ist. Eine Rose fragt sich nicht, ob sie die notwendigen Fähigkeiten besitzt, eine Rose zu sein. Ein Biber versucht nicht, zur Eule zu werden.

In seinem Buch *A Path With A Heart* erklärt der Buddhist Jack Kornfield: »In zahlreichen spirituellen Traditionen besteht die Kernfrage aus dem Satz: Wer bin ich? Sobald wir anfangen, diese Frage zu beantworten, werden wir von Bildern und Idealen förmlich überschwemmt – die Negativbilder unserer Persönlichkeit sorgen dafür, daß wir uns verändern und perfektionieren wollen, und die Positivbilder deuten auf ein großes geistiges Potential hin. Dennoch besteht der spirituelle Pfad nicht darin, daß wir uns verändern, sondern daß wir vielmehr auf das Fundament unserer Existenz hören.«

In einem Brief an das Celestine-Journal erklärt dazu ein Leser: »Manchmal sind die Resultate spirituellen Wachstums kaum sichtbar. Für jene unter uns, die ohnehin an einem geschwächten Selbstbewußtsein leiden, führt dies oft zu der Annahme, etwas falsch zu machen oder in diesem Leben nichts Gutes verdient zu haben. Ich bin einer von denen, dessen Leben sich langsam und sehr subtil entfaltet hat. Dabei waren mir zwei Techniken besonders hilfreich:

1. Nicht zu vergessen, daß jede meiner Handlungen heilig ist, solange ich sie im Sinne eines höheren Bewußtseins unternehme. Das ist der Teil, für den ich verantwortlich bin – nicht der Ausgang meiner Handlungen.
2. Jeden Freitagabend auf die vergangene Woche zurückzublicken und alle Synchronizitäten aufzulisten, die sich ereignet haben. Ohne diese bewußte Handlung wäre mir viel entgangen.«

Einzel- und Gruppenstudium

Fortschritte oder Probleme mit der Neunten Erkenntnis

Nehmen Sie sich einen Augenblick Zeit, um darüber nachzudenken, wie sehr sich Ihr Leben nach dem Lesen der Prophezeiungen von Celestine, dem Handbuch, der Zehnten Erkenntnis oder jedem anderen einflußreichen Buch verändert hat. Wenn Sie mit einer Gruppe arbeiten, wählen Sie bitte eine der folgenden Hauptfragen. Jeder sollte ungefähr fünf Minuten damit verbringen, seine Gedanken dazu niederzuschreiben und sie dann ohne Kommentar laut vorlesen. Lassen Sie dem Sprecher Ihre volle Aufmerksamkeit zukommen und senden Sie ihm liebevolle Energie, während Sie sorgfältig darauf achten, welche Intuitionen in Ihnen durch den Vortrag wachgerufen werden. Nachdem jeder an der Reihe war, kann die allgemeine Diskussion eröffnet werden.

Fortschritt

- Welche der Erkenntnisse hat Ihr Leben am meisten verändert?

- Verhalten Sie sich anders in Ihren Beziehungen zum Ehepartner, den Kindern, Freunden, Verwandten oder Mitarbeitern?

- Schreiben Sie jede der folgenden Qualitäten auf einer separaten Karteikarte nieder, bis Sie einen Stapel mit Karten vor sich liegen haben (vielleicht kann jemand aus der Gruppe diese Karten vor dem Treffen vorbereiten): **Mitgefühl, Determination, Führungsqualität, Gerechtigkeit, Kreativität, Schönheit, Zuverlässigkeit, die Fähigkeit zu vergeben, Hingabe, Abenteuer, Gleichgewicht, Kreuzwege, Kontrolle, Vertrauen, Überfluß, Transformation, Inspiration, Liebe, Spiel, Befreiung, Erfolg, Freude, Imagination, Verantwortlichkeit, Fokus, Harmonie, Weisheit** – oder alle andere Begriffe, denen Sie auf den Grund gehen wollen.
  Verteilen Sie die Karten mit der unbeschriebenen Seite nach oben, so daß niemand die Worte erkennen kann. Jeder Teilnehmer sollte ein bis zwei Begriffe wählen und beschreiben, welche Erfahrungen er in letzter Zeit mit dem betreffenden Begriff gemacht hat.

- Berichten Sie über die Tätigkeiten, die Ihnen als Kind Spaß bereitet haben. Üben Sie diese Tätigkeiten oder etwas Entsprechendes auch heute noch aus?

- Schreiben Sie Ihre Idealvorstellung von Ihrem Leben auf. Wo würden sie gerne leben? Welche Arbeit würde Ihnen Freude machen? Mit welchen Menschen umgeben Sie sich? Auf einer Skala von eins bis zehn: wieviele Punkte würden sie Ihrem jetzigen Leben geben? Überlegen Sie mit einem oder zwei anderen Gruppenmitgliedern einige Schritte, die Sie Ihrer Vision näherbringen könnten.

- Schreiben Sie die Dinge nieder, mit denen Sie gewöhnlich schamlos angeben! Erzählen Sie allen, was für eine großartige Person Sie sind.

Puzzles

- Welche Erkenntnisse verstehen Sie am wenigsten? Weshalb? Diskutieren Sie diese Fragen innerhalb der Gruppe.

- Schreiben Sie eine der drängendsten Fragen über die Erkenntnisse auf eine Karteikarte. Schließen Sie die Augen und meditieren Sie darüber, daß Sie in den nächsten Tagen eine Information erhalten werden, die Ihnen helfen wird, die Antwort auf Ihre Frage zu verstehen.

Literaturvorschläge für Kapitel 2:

James Redfield, *Die Zehnte Erkenntnis*
Dr. Alvin Stenzel, Brief an das *Celestine Journal*
Michael McCabe, *A Decade Of Opportunity*, erschienen im San Francisco Chronicle März 1996
Dr. Larry Dossey, *Healing Words: The Power Of Prayer and the Practice of Medicine*
Jack Kornfield Jack, *A Path With Heart: A Guide Through the Perils and Promises of Spiritual Life*

TEIL ZWEI

GEHEIMNIS

Kapitel 3

Intuition – Die Visualisierung des Pfades

Luchs
Geheimnisse

»Ich konnte mich beispielsweise mit Energie auffüllen und damit die momentan dringlichste Frage in meinem Leben aufspüren, worauf mir gewöhnlich ein klares Bild eingegeben wurde, das mir zeigte, was ich tun und wohin ich mich wenden sollte, um der Antwort auf die Spur zu kommen. Aber selbst wenn ich meinen Eingebungen entsprechend gehandelt hatte, geschah nur selten etwas Bedeutungsvolles, und ich konnte beim besten Willen keine Botschaft oder besondere Fügungen wahrnehmen ... Womöglich hatte ich einen bedeutenden Teil des Wissens wieder vergessen oder noch gar nicht entdeckt.«

Die Zehnte Erkenntnis

Intuitionen ernst nehmen

Wenn das Telefon klingelt und wir den Hörer abheben, erhalten wir eine Botschaft. Auf das Auftauchen einer Intuition sollten wir reagieren, indem wir sie ernst nehmen. Eines der Hauptprinzipien der Zehnten Erkenntnis besteht darin zu lernen, unsere Intuitionen ernst zu nehmen und aufrechtzuerhalten, um dadurch zu unserer Geburtsvision zu gelangen.

Der Held der Zehnten Erkenntnis erinnert sich aus der Neunten Erkenntnis daran, daß man »Intuitionen in Form von flüchtigen Ahnungen oder einem vagen Gespür für das Kommende erfährt. Aber wenn wir uns eingehender mit diesen Phänomenen vertraut machen, können wir die Grundlage unserer Intuitionen erfassen ... Hier, in diesem Tal, geschieht wieder genau dasselbe. Du hast im Geist das Bild eines möglichen Ereignisses empfangen – die Entdeckung der Wasserfälle, wo du jemanden triffst – und warst in der Lage, diese Vision auszuleben, die Fügung zu verwirklichen, die uns beide an diesem Ort zusammengeführt hat. Hättest du die Bilder als sinnlos abgetan oder den Glauben daran verloren, daß die Wasserfälle tatsächlich existieren, wäre dieses synchrone Zusammenspiel nie zustande gekommen, und dein Leben wäre unverändert geblieben. Aber du hast die Bilder ernst genommen; du hast sie festgehalten.«

Während wir unsere Bestimmung entwickeln und durch sie entwickelt werden, müssen wir nicht nur lernen, diese flüchtigen Intuitionen als solche zu erkennen, sondern sie auch aufrechterhalten, damit sie genügend Energie gewinnen, um sich zu manifestieren. Intuitionen fungieren als Führer und ziehen Kräfte an. In ihrer Eigenschaft als Führer geben sie uns Hinweise darauf, wie wir uns in schwierigen oder ungewohnten Situationen zu verhalten haben und zeigen uns neue, aufregende Möglichkeiten zur Gestaltung unseres eigenen Weges. Manchmal erhalten wir eine vollständige Vision, einen wiederkehrenden Tag- oder Nachttraum oder eine Aussage, die wiederholt in unserem Leben auftritt. Eine Frau sagte dazu: »Eines Tages wurde mir klar, daß ich Santa Fe verlassen und nach Kalifornien zurückkehren mußte. Eine innere Stimme sagte: Es ist an der Zeit, daß du wieder zur Schule gehst. Allerdings hatte ich nicht die leiseste Idee, was ich studieren sollte.« Sie folgte ihrer Intuition und zog nach Kalifornien. Eine Synchronizität nach der anderen führte sie schließlich zu einer neu eröffneten Schule für transpersonale Psychologie. »Ich wußte sofort, daß dies genau das war, wonach ich gesucht hatte«, fügte sie hinzu.

Gefühle, Tagträume und Vorstellungskraft werden in unserer Gesellschaft oft mit Faulheit oder Zeitverschwendung gleichgesetzt. Nichts könnte der Wahrheit ferner liegen. Vorstellungskraft ist der Schlüssel zur Arbeit mit dem menschlichen Verstand, der es uns erlaubt, den spirituellen Bereich zu betreten und uraltes Wissen wiederzuentdecken. Imagination ist die Kraft, die uns höhere Visionen und Prophezeiungen zugänglich macht.

Wenn unsere Gefühle und Ahnungen in gleichem Maße gültige Informationen liefern wie unsere Sinne, heißt es dann, daß sie immer richtig sind? Gerade in dem Augenblick, als wir diese Frage formulierten, klingelte das Telefon. Es war Blair Stellman. Er rief in einer anderen Sache an, hatte jedoch gleichzeitig eine wichtige Information betreffs der Wahrhaftigkeit von Intuitionen. Blair war zunächst Pilot bei der Luftwaffe gewesen und später Unternehmer, bevor er Seminare über Mythologie und persönliche Entwicklung in Florida zu leiten begonnen hatte. Er erzählte uns folgende Geschichte, die er zur Erklärung von Intuitionen benutzt: »Am Ende von *Dr. Schiwago* sprach der General mit einem kleinen Mädchen. Er fragte sie, auf welche Weise sie ihren Vater in den Wirren der Revolution verloren hatte. Sie erklärte ihm, daß sie sich beide in einer riesigen, aufgeregten Menschenmasse aus den Augen verloren hatten und sie allein zurückgeblieben war. Er fragte sie: ›Hast du dich wirklich von deinem Vater getrennt?‹ Sie antwortetet nicht, und als er die Frage erneut stellte, sagte sie schließlich: ›Mein Vater hat meine Hand losgelassen.‹ Der General erwiderte: ›Das ist es, was ich dir die ganze Zeit zu erklären versuche. Dies war nicht dein wirklicher Vater. Dr. Schiwago ist dein richtiger Vater, und er hätte deine Hand niemals losgelassen.‹«

»Seit Jahren ist Ernest Hilgard an der Universität von Stanford damit beschäftigt, einen mysteriösen Aspekt der menschlichen Persönlichkeit zu untersuchen, den er den versteckten Beobachter nennt. Egal in welchem Bewußtseinszustand wir uns befinden, ob wir schlafen, unter Narkose oder Hypnose stehen oder uns unter Drogeneinfluß befinden, es existiert ein Aspekt unseres Selbst, der immer wachsam und sich der Vorgänge bewußt ist und darauf intelligent reagiert ... Der versteckte Beobachter zeigt eine unemotionale, distanzierte Intelligenz, die stärker und entschlossener auftritt als unser Ego-Selbst ... Mir scheint, daß wir bis zum siebten Lebensjahr eins sind mit diesem versteckten Beobachter, dann beginnt sich unser Intellekt zu entwickeln, und die Spaltung setzt ein.«

Joseph Chilton Pearce,
Evolution's End

Blair erklärt den Teilnehmern seiner Seminare, daß jeder von ihnen einen »Vater« oder einen »Elternteil« in sich hat, der ihn unter keinen Umständen verlassen wird. Dieser Elternteil ist die leise Stimme der Intuition. Was auch immer uns im Leben zustoßen mag – sie wird uns nicht im Stich lassen. Doch wie kommen wir dann trotzdem vom rechten Pfad ab? »Weil wir die Hand unseres falschen Vaters halten, die unseres Egos oder unserer Sinne«, erklärt Blair. »Wir halten uns an Positionen, Formen und Rollen, die wir in unserem Leben spielen und die nichts mit der Wirklichkeit und unserer wahren Natur zu tun haben.«

Woher weiß man, ob es sich um Intuition handelt? »Für mich liegt das Kriterium im Resultat«, erklärt Blair. »Wenn ich eine Idee habe und danach handele, doch dabei nur auf Widerstand stoße, so bedeutet das für mich, daß ich vermutlich hinter etwas her bin, von dem nur ich der Ansicht bin, daß ich es brauche. Es hat nichts mit dem zu tun, was wirklich anliegt. Jedes Mal, wenn ich etwas nur wegen des Geldes unternehme, gibt es Probleme. Bleibe ich jedoch mit meinem inneren Zentrum verbunden und handele von diesem Punkt aus, kommt das Geld wie von allein. Ich erinnere mich dann daran, wer ich wirklich bin und vertraue darauf, daß auch in diesem Sinn für mich gesorgt werden wird.«

Blair erinnert uns an die natürliche Abfolge der Manifestation einer Vision:

1. Sein;
2. Handeln;
3. Haben.

»Normalerweise erzählt man uns, daß die Reihenfolge umgekehrt sei:

1. Haben;
2. Handeln;
3. Sein«,

fährt er fort. »Wir wollen ein Auto, eine Karriere, eine Beziehung. Dann gehen wir daran herauszufinden, wie wir das gewünschte Objekt bekommen können. Wir suchen uns die scheinbar besten Sachen oder Personen heraus und versuchen, uns durch sie oder mit ihrer Hilfe zu identifizieren.«

Vertrauen

Wenn wir Synchronizitäten wirklich als sinnvolle Ereignisse begreifen, verfügen wir damit über ein inneres Wissen, das größer ist als das einfache Verstehen einer Theorie. Die direkte persönliche Erfahrung erhöht unsere Fähigkeit, Vertrauen zu entwickeln, was uns wiederum in den Zustand »aufmerksamer Erwartung« versetzt. Es ist bekannt, daß diese Geistesverfassung das Auftreten von Intuitionen und neuen Möglichkeiten fördert.

In der Zehnten Erkenntnis sagt Wil: »Jetzt überleg dir, was bereits geschehen ist. Du bist auf der Suche nach Charlene in dieses Tal geführt worden und hast David getroffen, der dir erzählt hat, daß die geistige Wiedergeburt auf diesem Planeten in der Zehnten Erkenntnis von höherer Warte erklärt wird, von einem Standpunkt, den der Mensch erst erlangt, wenn er seine Beziehung zum Jenseits besser begreift. Er hat dir gesagt, daß die Zehnte uns Informationen über das Wesen der Intuition vermittelt, über das Aufrechterhalten der intuitiven Bilder und über die bessere Erkenntnis unserer synchronistischen Wege.

Daraufhin ist es dir gelungen, intuitive Bilder festzuhalten und mich somit bei den Wasserfällen finden zu können, wo ich dir gesagt habe, daß die Wesen im Jenseits auf dieselbe Weise mit dem Aufrechterhalten ihrer Intuitionen arbeiten und daß die Menschen sich dieser Existenzebene zur Zeit annähern. Bald darauf wurden wir Zeugen einer Lebensrückschau, bei der Williams schmerzlich bewußt wurde, daß er die Gelegenheit verpaßt hatte, mit der Gruppe zusammenzutreffen, die ihm bei der Überwindung seiner Angst geholfen hätte – der Urangst, die unser spirituelles Erwachen verhindert. Also müssen wir zuerst die Angst verstehen, um etwas dagegen unternehmen zu können, woraufhin du und ich prompt getrennt werden und dir ein Journalist über den Weg läuft, der dir einen langen Vortrag worüber hält? Über von der Angst bestimmte Zukunftsvisionen! Genaugenommen über die Angst vor der totalen Vernichtung der Zivilisation.

Und danach stolperst du sozusagen in die Arme einer Frau, die ihr Leben der Heilkunst widmet und den Menschen dabei hilft, ihre von Angst erzeugten Blockierungen durch Erinnerungen an die auslösenden Momente aufzubrechen und dabei mit eigenen Augen zu sehen, warum sie eigentlich auf der Welt sind. Diese Art der Erinnerung muß der Schlüssel sein.«

In diesem Abschnitt wird uns erklärt, daß wir uns auf das von uns gewünschte Resultat fokussieren müssen und das Vertrauen in dieses von uns gehaltene Bild nicht verlieren dürfen. Um uns daran zu erinnern, *weshalb* wir etwas tun, ist es von großer Wichtigkeit, das Bild unserer Originalvision nicht aus den Augen zu verlieren, sobald wir Angst bekommen oder dazu neigen, pessimistisch zu werden.

Ein gutes Beispiel für den Erfolg derartigen Durchhaltevermögens bietet die mittlerweile achtzigjährige Marjorie Stern, die von 1966 an zehn Jahre ihres Lebens ausschließlich der Errichtung einer neuen Bibliothek in San Francisco widmete. Es dauerte weitere dreißig Jahre, bis sich ihre Vision erfüllte. In der Zwischenzeit gelang es ihr, 33 Millionen Dollar von 17 000 Spendern zu sammeln, denen sie allen persönlich dankte. »Es existieren keine Abkürzungen zum Erreichen des Gemeinschaftswohls. So ist das Leben nun einmal. Ein Kampf, den man nicht aufgeben darf. Und geben Sie sich dabei nie mit weniger als dem Besten zufrieden.«

Träume

Das Streben der Intention nach Manifestierung der eigenen Vision stimuliert das Unterbewußtsein dazu, Informationen in Form von Träumen weiterzugeben. Vergessen Sie nicht: Das Mysterium hat den Wunsch, sich zu entfalten! Träume enthalten grundsätzlich Botschaften, die sich auf Ihr persönliches Wachstum beziehen und darauf, wie Sie besser mit der Welt interagieren können. Träume transportieren Einsichten, die Ihnen vorher nicht bewußt waren. In der Zehnten Erkenntnis sagt Wil: »Im Traum begeben wir uns unbewußt auf eine Ebene, wo andere Seelen uns beistehen können. Vergiß nicht, wozu Träume da sind: Sie machen uns klar, wie wir mit den momentanen Ereignissen in unserem Leben umgehen sollen. Die Siebte Erkenntnis erklärt, daß wir die Ereignisse in unseren Träumen interpretieren können, wenn wir die Traumhandlung auf die tatsächliche Situation in unserem derzeitigen Leben projizieren.«

Traumstudien zufolge unterteilen sich Träume in solche mit persönlicher Konnotation und solche, die das kollektive Unbewußte reflektieren. Zu den letzteren gehören die Träume, in denen für die Menschheit bedeutende Führer auftreten, und solche, die auf Strukturveränderungen für die Menschheit hinweisen. Während eine kritische Masse von Menschen mehr und mehr Erfahrungen mit spirituellen Bereichen sammelt, besteht die Möglichkeit, daß Träume verstärkt zum Träger von lichterfüllten Archetypen werden, die auf diese Weise in das kollektive Bewußtsein dringen. Es ist deshalb wichtig, daß wir unser Wissen um Träume durch folgende Informationen verstärken:

1. Wie wir uns besser an Träume erinnern können;
2. Wie wir aus Träumen Informationen gewinnen;
3. Wie wir Traumsymbole im Sinne persönlicher und kollektiver Mythen interpretieren können.

Joyce Petcheck, Autorin von drei Büchern über Träume – *The Silver Bird, Silver Birds,* und *Bedroom Chocolates* – gab uns in einem Interview Auskunft über den Alltag einer praktizierenden Träumerin, die nach den in Träumen versteckten Botschaften forscht.

Persönliche Träume

»Zunächst einmal existieren verschiedene Arten von Träumen. Die häufigsten sind die persönlichen Träume, die sich mit dem Leben des Träumers, seinen Ängsten und seinen Beziehungen zu anderen Menschen befassen. Diese Träume präsentieren niemals mehr, als der Träumer zu verarbeiten imstande ist. Die Botschaft kommt zu einem Zeitpunkt, an dem sie benötigt wird. Diese Träume dienen zur Hilfe bei der Klärung negativ empfundener Gefühlszustände und transformieren persönliche Energiemuster. Werden sie nicht beachtet, wiederholen sie sich ständig. Wie Lawinen werden sie zunehmend gewaltiger und produzieren schließlich große innere Unruhe. Dabei kann es durchaus vorkommen, daß ein und derselbe Traum immer wieder durch andere Sichtweisen wahrgenommen wird. Die meisten dieser Wiederholungsträume haben ihren Ursprung in ungelösten Kindheits-Träumen. Mit der Freisetzung der damit verbundenen Ängste und Negativität wird eine Barriere zum eigenen psychischen Potential und persönlicher Kreativität durchbrochen.«

Träume existieren im aurischen Feld des Menschen und dringen während des Schlafes in unser Bewußtsein. Wir integrieren die Traumenergie und ihre Botschaften, indem wir sie im Wachzustand niederschreiben, Zeichnungen oder Gemälde von ihnen anfertigen oder uns der spirituellen Botschaft bedienen, die sie präsentieren. Durch Traumarbeit wird eine höhere geistige Energie in unseren Wachzustand integriert, und die Grenzen zwischen den spirituellen und den physikalischen Dimensionen lösen sich auf.

Allan Ishac aus New York schrieb im Juni 1995 an das *Celestine Journal* und berichtete, daß er vor vielen Jahren eine Art Tagtraum gehabt habe, der im wesentlichen aus den Worten »25 Orte, an denen man in New York Ruhe und Frieden finden kann« bestand, die auf dem schwarzen Bildschirm seiner geschlossenen Augenlider zu lesen waren. Er schrieb den Satz auf einen Zettel und vergaß ihn wieder. Hin und wieder fiel ihm der Zettel in die Hände, und als er, überwältigt von der Großstadthektik und dem ständigen Lärm, New York schließlich verlassen wollte, dämmerte es ihm plötzlich, daß der Traum ihm auch gesagt hatte: »Du lehrst, was du zu lernen hast.« Ihm wurde klar, daß der Traum ihm einen Buchtitel geliefert hatte, und er begann, an den Wochenenden daran zu recherchieren und zu schreiben. Durch eine Folge von Synchronizitäten veröffentlichte er schließlich sein Buch mit dem Titel: »50 Orte, an denen man in New York Ruhe und Frieden finden kann.«

Träume helfen bei der Klärung augenblicklicher Lebenssituationen

In der Zehnten Erkenntnis sieht Wil, während er sich innerhalb der spirituellen Energie des Jenseits befindet, wie der Journalist Joel einen Traum hat – einen Traum, der ihm die Fehler seiner Vorleben vor Augen führt. Er erklärt unserem Helden die Bedeutung dieses Vorgangs: »Dieser Traum ist bedeutungsvoll. Im Traum begeben wir uns unbewußt auf diese Ebene hier, wo andere Seelen uns beistehen können. Vergiß nicht, wozu Träume da sind; sie machen uns klar, wie wir mit den momentanen Ereignissen in unserem Leben umgehen sollen. Die Siebte Erkenntnis erklärt, daß wir die Ereignisse in unseren Träumen interpretieren können, wenn wir die Traumhandlung auf die tatsächliche Situation in unserem derzeitigen Leben projizieren.«

Kollektive Träume

»Wenn ein Mensch seine persönlichen Interessen zu einem Interesse am Kollektiv der Menschheit erweitert, tauchen auch untypische Träume auf«, sagt Petschek. »Sie treten allerdings erst dann auf, wenn der Betreffende gelernt hat, sich hinzugeben und dem Unerwarteten positiv gegenüberzustehen. Diese Träume haben die Eigenschaft, auch andere Menschen zu berühren und erscheinen gleichzeitig präkognitiv und relevant für die Gegenwart. Dies deutet auf die Bereitschaft hin, Informationen aus unbekannter Quelle zu empfangen, Informationen, die auch das Leben anderer Menschen beeinflussen werden.« Petschek gibt dazu folgendes Beispiel: »Ich arbeitete mit einem Senator, der von einem langen Konferenztisch geträumt hatte, auf dem weißes Papier und ein Bleistift lagen. In seinem Traum hörte er eine Stimme, die ihm sagte ›unterzeichne nicht‹. Einige Monate später durchlebte der Mann das gleiche Szenario auf einer Konferenz in Island, in dem der gleiche Tisch mit Papier und Bleistift auftauchte. Wegen seines Traumes unterzeichnete er das zur Debatte stehende Dokument nicht.« Präkognitive Träume reflektieren die eigene Verbindung mit der kollektiven Energie. Selbst wenn jemand bis zu einem gewissen Grad persönlich von der Information betroffen sein mag, so ist ihre Bedeutung doch von größerer Signifikanz. »Sobald derartige kollektive Träume von einem Menschen empfangen werden«, fügt Petschek hinzu, »hat sich im allgemeinen der Schwerpunkt der Psyche von der Sorge um sich selbst auf die Sorge um andere verlagert.«

Viele Menschen beschreiben, daß ihre kollektiven Träume von goldenem, leuchtendem oder weißem Licht erfüllt waren. Die Betreffenden erinnern sich an diese Träume normalerweise sehr gut, und meistens vergessen sie sie nie. Durch ihre erweiterte Perspektive kommunizieren diese Träume eine tiefreichende spirituelle Erfahrung, die oft als Lehre empfunden wird. »Sobald jemand willens ist, intuitiv zu leben oder Risiken einzugehen«, sagt Petschek, »werden diese Träume oftmals zu den einzigen Bestätigungen, die er über den größeren Kontext seiner Lebensreise erfährt. Wer sich auf das Unbekannte einläßt, muß auf das vertrauen, was vor ihm liegt. Dann entfaltet das Leben seine unvorhersehbaren Lektionen, die man nicht mehr kontrollieren kann, von denen man aber eine Menge lernt.«

Nachtschule

Praktizierende Träumer bezeichnen eine bestimmte Sorte von Träumen als »Nachtschule«. Petschek ordnet diesen Träumen bestimmte Charakteristiken zu: »In den Träumen der Nachtschule findet der Träumer sich zum

Beispiel in einer anderen Dimension wieder, in einem kreisenden und schwebenden Zustand, gemeinsam mit anderen Dingen, die manchmal aus diesem Leben stammen, manchmal aber auch aus unbekannten Dimensionen und aus anderen Lebenszeiten. Die Stimmung dort ist immer zur gleichen Zeit befremdlich und sehr vertraut. Normalerweise erhält ein Individuum dort eine telepathische Schulung, ähnlich wie in einem Klassenzimmer. Ich selbst habe in solchen Träumen Menschen gesehen, die ich kannte, und ihnen später von meinem Traum erzählt. ›O ja. Ich war dort und habe dich auch gesehen‹, lautet normalerweise ihre Antwort. Mir ist dabei aufgefallen, daß die Traumschule unweigerlich in einer kristallklaren Sphäre stattfindet und die Träume gleichermaßen klar sind. Sie werden von einem brillanten, weißen Licht illuminiert, sind immer mit telepathischen Kommunikations-Erfahrungen verbunden und für den Träumer unvergeßlich. Eine weitere Form der Traumerfahrung wird als ›Parallelträume‹ bezeichnet, wenn zwei Individuen unabhängig voneinander den gleichen Traum träumen und den jeweils anderen in ihrem Traum sehen – und somit den gleichen Traum aus unterschiedlichen Perspektiven erleben.«

Wiederholungsträume

Präkognitive Träume können sich auch wiederholen und den Träumer auf bisher unbekannte Möglichkeiten hinweisen, die sich ihm öffnen könnten.

Prophetische Träume

Träume, die Kommendes voraussagen, haben die Menschheit seit Urzeiten fasziniert. Zum Beispiel haben viele Menschen den Untergang der Titanic in ihren Träumen vorausgesehen oder Flugzeugabstürze im voraus geträumt. Die Katastrophen existieren in der Aura des kollektiven Unbewußten, bevor sie sich in der Realität manifestieren. Solche Träume erscheinen auf unvorhersehbare Weise denen, die mit derartigen Informationen etwas anfangen können und danach auch zu handeln bereit sind. An diesem Punkt unserer Entwicklung sind die meisten von uns vermutlich noch nicht weit genug entwickelt, um zu einer Verminderung derartiger tragischer Ereignisse beizutragen. Einer der Gründe dafür liegt darin, daß wir glauben, unsere Fähigkeit zur

Veränderung physikalischer Vorgänge sei im kollektiven Unbewußten einfach noch nicht stark genug. Ein weiterer Grund ist die Tatsache, daß Traumprophezeiungen nur Einzelpersonen erscheinen und es kein Zentralbüro zur Erhebung dieser so gewonnenen Informationen gibt, damit diese Katastrophen durch die Fokussierung einer Gruppe von Menschen verhindert oder zumindest abgeschwächt werden können.

Katastrophenträume können auch auf einer persönlichen Ebene stattfinden. Diese dringlichen, telepathischen Träume haben meistens eine verzweifelte Komponente und drehen sich um drohende Schwierigkeiten. Jemand bedarf der Hilfe, und wie auf einer Funkfrequenz wendet er sich an einen aufnahmebereiten Menschen, der seine Botschaft aufnimmt und ihm im besten Falle hilft. Durch telepathische Kommunikation mit der Person, die in seinem Traum in Schwierigkeiten geraten ist, kann er ihr klare Anweisungen darüber geben, was sie zu tun hat und dadurch potentiellen Schaden wirklich abwenden. Eine Frau berichtete zu diesem Thema, daß sie von einer Freundin auf einem Schiff geträumt und dabei gesehen hatte, daß sie dort von einem Mann verfolgt wurde, der sie erwürgen wollte. »Ich spürte ihre Todesangst, als sie versuchte, ihm zu entkommen und gab ihr in meinem Traum Hilfestellung: ›Geh den Gang hinab. Jetzt nach links. Die Stufen hinauf.‹ Telepathisch schlug ich vor, daß sie eine der leerstehenden Kabinen aufsuchen und sich dort bis zum Tagesanbruch einschließen sollte. Dann endete der Traum.« Einige Wochen später, als sie ihre Freundin wiedersah, erzählte diese ihr, daß sie als Köchin auf einer Yacht gearbeitet und einen der Mitreisenden verärgert hatte, indem sie seine Avancen mehrere Male von sich gewiesen hatte. Der Mann hatte tatsächlich versucht, sie zu erwürgen, und von Angst erfüllt hatte sie es schließlich geschafft, sich in einer leerstehenden Kabine einzuschließen.

Offenbar wendet sich unser Unterbewußtsein in extremen Notsituationen telepathisch an jemanden, von dem wir glauben, daß er uns helfen kann. Derartige Träume weisen darauf hin, in welch enger Verbindung wir durch unsere seherischen Fähigkeiten mit anderen Menschen stehen.

Je mehr negative Stimmen aus dem Wirrwarr unseres Verstandes entfernt werden, desto häufiger tauchen im Traumzustand Lehrer-Persönlichkeiten auf. Diese Führer erscheinen entweder unerwartet oder auch auf Anfrage, wenn wir offen genug für deren Hilfe und Information sind. Petschek ist der Auffassung, daß Menschen, die behaupten, nicht zu träumen, sich im allgemeinen so überladen fühlen, daß sie sich nicht in der Lage sehen, weitere Informationen aufzunehmen. Sie weigern sich, einen tiefen Blick auf ihre eigene Lebensgeschichte zu werfen und blockieren auf diese Weise das Auftreten von Träumen. Eine derartige Geisteshaltung kann ebenfalls das Erkennen von intuitiven Botschaften und das Verstehen von Fügungen verhindern.

Eine Einladung zum Träumen

Zur besseren Erinnerung von Träumen schlägt Petschek vor, daß der Schläfer sich in die Königs-Position begibt, auf dem Rücken liegend, so daß sich die Zehen kreuzen. Die Finger werden dabei in Form eines Dreiecks über dem Solarplexus plaziert, die Augen geschlossen, und man lauscht auf den Rhythmus des eigenen Atems. Wenn Sie diesen Empfehlungen folgen, wird sich Ihr Verstand automatisch beruhigen. Lassen Sie jeden der auftauchenden Gedanken wieder gehen, ohne ihn halten zu wollen oder ihn nach seinem Inhalt zu beurteilen. Ihr Mund sollte dabei leicht geöffnet sein. Nach einigen Minuten, wenn der Verstand sich endlich beruhigt hat, stellen Sie im Geist eine kurze Frage, die Sie im Traum beantwortet haben möchten. Es kann sich dabei um Fragen der Selbstheilung, um ein kreatives Projekt, Anleitung oder Hilfestellung handeln. Erkundigen Sie sich in möglichst kurzer Form nach Informationen, die Sie anderweitig nicht erhalten können. Wiederholen Sie Ihre Frage dreimal, und schlafen Sie dann beruhigt ein.

Wenn Sie keine Antworten auf Ihre Fragen erhalten, fragen Sie in den folgenden drei Nächten noch einmal nach. Stellt sich immer noch keine Antwort ein, lassen Sie die Angelegenheit vorerst auf sich beruhen. In diesem Fall sind Sie noch nicht aufnahmebereit für die richtige Antwort.

Erinnerung am Morgen

Sobald Sie erwachen, halten Sie die Augen geschlossen und rollen sich auf den Rücken. Erinnern Sie sich an die letzte Szene in Ihrem Traum, dann lassen Sie die vorhergehende in Ihrem Bewußtsein aufsteigen und so fort – gerade so, als würden Sie sich einen Film von hinten anschauen. Dann lassen Sie den Film auf Ihrem Traumschirm von vorn abrollen und prägen sich jede Szene ein. Sobald Sie richtig wach sind, schreiben Sie die Szenen nieder. Es wird Sie überraschen, wie viele zusätzliche Fragmente aus Ihrem Traum dabei auftauchen werden. Es kann hilfreich sein, Ihrem Traum einen Titel zu geben und jedes Thema zu definieren, das in Ihrem Traum angesprochen wurde.

Symbole und Berühmtheiten

Ist der Traum in brillantes Weiß oder goldenes Leuchten getaucht, bedeutet dies, daß Sie sich an einer Wegkreuzung Ihres Lebens befinden und Ihnen der Pfad des Unbekannten nahegelegt wird. Je tiefer die Traumerfahrung, desto symbolträchtiger sind die damit verbundenen Inhalte. Arbeiten Sie mit jedem der Symbole und fragen Sie sich: »Was ist die Essenz, die Bedeutung dieses Symbols? In welchem Zusammenhang steht es mit meinem Leben?« Schauen Sie in Büchern über Traumsymbolik nach, aber vergessen Sie dabei nicht, daß Ihre Interpretation zwei Seiten hat: Das Symbol hat eine kollektiv-mythische Bedeutung und eine persönliche Konnotation, die nur Sie betrifft. Taucht in Ihren Träumen eine berühmte Persönlichkeit auf, achten Sie besonders darauf, welche ihrer Eigenschaften Sie am meisten bewundern und was Sie in Ihrem Leben erreichen möchten. Jede Person in Ihrem Traum repräsentiert einen Aspekt Ihres eigenen Wesens, der sich Ihnen auf diese Weise vorstellt.

Die Transformation des Traumes

Wenn ein Traum Sie tief verstört oder Ihnen innere Unruhe bereitet, so drückt sich darin ein Aspekt der Furcht aus, die Sie gerade jetzt in Angriff nehmen können. Die Angstträume Erwachsener stammen aus ungelösten Kindheitsträumen, oft jedoch auch aus ungelösten Vorleben, und sie hindern den Träumer daran, in seinem Leben voranzuschreiten und sich emotional zu entwickeln. Die Klärung der Furcht erhöht das Selbstbewußtsein und erweitert Ihr Potential zur Wahrnehmung neuer Horizonte.

Gehen Sie am Morgen noch einmal alle Elemente des Traumes

durch. Stehen Sie der Botschaft Ihres Traumes offen oder widerwillig gegenüber? Wenn Sie sich ein anderes Ende gewünscht hätten, so schreiben Sie die Schlußszene neu, bis Sie mit dem Ausgang zufrieden sind. Wenn Sie zum Beispiel geträumt haben, daß Sie einen Test nicht bestanden haben (ein sehr häufiges Thema in Träumen), bestätigen Sie sich mental und mit euphorischem Ausdruck: »Ich habe den Test mit fliegenden Fahnen bestanden! Meine Arbeit war so brillant, daß ich die beste Note in der Klasse erhalten habe und für meine Leistung applaudiert wurde. Ich fühle mich, als hätte ich im Lotto gewonnen!« Erfinden Sie die guten und großartigen Enden für Ihre Träume selbst, und achten Sie darauf, wie sehr sich Ihr Tagesablauf daraufhin verändert. Diese Form des Selbstgespräches unterstützt Ihren Energiehaushalt und reduziert Streß, besonders dann, wenn Sie dabei Ihren Humor nicht verlieren. Vergessen Sie nicht, daß innere Arbeit der äußeren Arbeit vorangeht. Ihre Träume zeigen Ihnen bereits die Qualität Ihrer inneren Realität, welche sich bald darauf auch im Außen manifestieren wird. Einfache Techniken wie die oben beschriebene helfen Ihnen dabei, negative Gedankenmuster zu brechen und sich unbekannte und multi-dimensionale Ebenen zu eröffnen.

Traum-Mechanismen

Bei dem Rückblick auf Ihren Traum sollten Sie besonders darauf achten, welche Entscheidungen Sie im Traum getroffen haben. Eine Frau erinnert sich an Folgendes: »Ich träumte, daß ich in einem mir unbekannten Haus erwachte. Ich fürchtete mich. Ich stand auf, sah mich um und bemerkte, daß die Haustür offen stand. In der Eingangshalle befand sich ein Mann. Ich blickte von außen in die Halle, und er verließ die Halle zu meiner Linken durch eine Tür. Ich begab mich wieder in das Innere des Hauses. Meine Angst war nun weniger stark. Ich wanderte im Haus herum und stellte fest, daß es mir gefiel, obwohl es in seiner Flachbauweise eigentlich nicht meinem Geschmack entsprach. Im hintersten Zimmer des Hauses hielt sich eine junge Frau auf ... Wir unterhielten uns ein Weilchen ... Dann bemerkte ich, daß die Katze ein halbzerkautes, halbtotes Tier ins Haus schleppte; es sah aus wie ein Iguana oder ein archaischer Dinosaurier. Der jungen Frau schien dies nichts auszumachen; ohne mit der Wimper zu zucken, wischte sie den Boden auf. Anstatt sich zu ekeln, berichtete sie mir von der aufsehenerregenden archäologischen Entdeckung einer alten Kultur wenige Meter vom Garten des Hauses entfernt. Weitere Menschen trafen im Haus ein ... Ich hörte zusätzliche Details über die untergegangene Kultur und die Lebensumstände ihrer Menschen. Die Bauweise ließ auf eine technisch hochstehende Kultur schließen.« Während die Träumerin den Ausgrabungsort besichtigt, wird ihr klar, daß die Menschen, die dort vor Tausenden von Jahren lebten, die gleichen Menschen waren, die jetzt die Ruinen entdeckten. Im Traum sagte sie: »Aber diese Menschen waren wir!«

Was ist die diesem Traum zugrundeliegende Struktur? Zunächst einmal wissen wir, daß es sich um einen kollektiven Traum handelt, weil die Umgebung eindeutig fremdartig ist und von einer seltenen, lebhaften Eindrucksfülle. Es gibt keine Referenzen zum Privatleben der Träumerin. Der Satz »Weitere Menschen trafen im Haus ein« läßt ebenfalls auf einen kollektiven Traum schließen. Er deutet darauf hin, daß auch andere Menschen als die Träumerin an den Ausgrabungen und Entdeckungen in diesem Traum interessiert sein werden.

Das Thema des Traumes stellt sich auf zwei verschiedene Arten dar. Zunächst bringt die Katze (ein Symbol für übersinnliche Kräfte) etwas Uraltes, mit der Zeit Entstelltes (halb Zerkautes) ins Eßzimmer. Das Eßzimmer ist das Symbol für gemeinsame Nahrungsaufnahme, Verdauung und Ideenaustausch. Dann beschreibt die Träumerin das Haus als einstöckigen Flachbau, was darauf hindeutet, daß der Traum nur eine Geschichte hat und es sich dabei um einen Informationstraum handelt.

Die andere Frau in dem Traum beseitigt die von der Katze angerichtete Unordnung, während die Träumerin sich nach den Ausgrabungen erkundigt. Dieser Themenwechsel zeigt, daß die Träumerin die Wahl getroffen hat, sich für den Informationscharakter des Traumes zu entscheiden.

Der Traum beginnt im Vorderteil des Hauses, bewegt sich dann in den hinteren Teil, in den mittleren Teil und schließlich in den Garten. Der männliche Eindringling repräsentiert den männlichen Schattenanteil der Träumerin, ihre logische und rationale Seite, der sie gern aus dem Weg gehen möchte, da diese unentwegt analysiert und sie sich dadurch gestört fühlt. Die Träumerin muß sich um ihre männliche Seite ebenso kümmern wie um ihre weibliche und darauf achten, was sich in Gegenwart und Vergangenheit ereignet (Vorder- und Hinterteil des Hauses). Die Entdeckungen finden im Garten statt, dem Ort der Ruhe und der Rituale. Die Traumsequenz bewegt sich vom Vorderteil, das für das Bekannte, steht zum hinteren Teil des Hauses, dem Unbekannten.

Nach Petschek handelt es sich bei der ersten Sequenz eines Traumes um das Grundthema, während im mittleren Teil die Handlung stattfindet. Neue Informationen werden zugeführt. Das Ende eines Traumes deutet auf den wahrscheinlichen Ausgang des betreffenden Energiestroms hin. Der obige Traum zeigte zum Beispiel ebenfalls Bilder von kunstvollen Artefakten aus einer unbekannten, bernsteinartigen Substanz, welche die Träumerin nicht identifizieren konnte. Im Verlauf des Traumes wurden ihr eine Reihe von Spielfiguren aus der untergegangenen Kultur sowie eine topographische Karte überreicht. Die Spielfiguren könnte man als Aufforderung verstehen, mit dem Informationsmaterial »zu spielen«.

Kollektive Träume dieser Art, die derartig detaillierte und reichhaltige Informationen liefern, werden ohne Zweifel zu Entdeckungen führen, die einem ähnlichen Themenkreis angehören wie das Thema des Traumes. In der letzten Szene dieses Traumes sieht die Träumerin einen Mann, der vor den Augen einiger Reporter und Photographen eine einflußreiche ältere Dame küßt. Diese Szene deutet darauf hin, daß die Träumerin – falls sie ihre neuen Entdeckungen kultiviert – mit der Zeit dafür anerkannt werden wird. Diese letzte Szene zeigt ebenfalls, wohin das Potential des Traumes in Zukunft gehen wird.

Die Träumerin hatte sich vor dem Traum Notizen zum Thema der menschlichen Wiedergeburt gemacht. Vielleicht hängt die Botschaft des Traumes, daß die Menschen der untergegangenen Kultur ebenfalls die Menschen in der Gegenwart repräsentierten, mit einer wachsenden Akzeptanz der Menschheit von der Idee der Reinkarnation zusammen.

Träume und Seelengruppen

Die Zehnte Erkenntnis suggeriert, daß sich in der spirituellen Dimension eine Gruppe von Seelen aufhält, die einen anderen Aspekt von uns repräsentieren. Uns wird gesagt, daß diese Seelengruppen sich immer in unserer Nähe aufhalten. Mit dem Wachsen unseres Bewußtseins warten sie darauf, uns mit Energie zu versorgen, sobald wir danach fragen, um diese zur Erfüllung eines höheren Zweckes zu verwenden. Im Traum ähneln sich die Seelen einer Gruppe ebenso wie die ihnen Zugehörigen, die gerade ihr Leben auf der Erde verbringen. Wil erklärt: »Im Traum vereinen wir uns wieder mit unserer Seelengruppe, und das ruft Erinnerungen an Dinge wach, die wir schon lange für die gegenwärtige Situation geplant hatten. Träume geben uns einen Einblick in unsere ursprünglichen Absichten. Und wenn wir uns danach auf die physische Ebene zurückbegeben, bleibt etwas davon im Gedächtnis hängen, obwohl manche Erinnerungen in verschlüsselter Form, beispielsweise in archetypischen Symbolen, ausgedrückt werden.«

Obwohl sich die meisten von uns nicht an derartige Begegnungen erinnern, sollten wir uns für die Möglichkeit offen halten, während unserer Traumzeit Unterstützung aus dem geistigen Bereich zu erhalten. Vielleicht handelt es sich bei den Seelengruppen nur um eine andere Art, die Auswirkungen übersinnlicher Energie zu beschreiben. Jung sah Träume als einen Fluß von Ereignissen, eine Bildersequenz, die einen bestimmten Energiefluß repräsentierte. Von Franz sagt: »Deshalb ist bei der Untersuchung von Träumen das Ende so wichtig, es deutet auf das Ziel des Energieflusses hin ... Ich behalte den letzten Satz eines Traumes im Gedächtnis und weiß dann, wie weit der Energiefluß gegangen ist, wohin der dem Bewußtsein zugrundeliegende Lebensfluß fließt und worauf er sich richtet. Der erste, die Beschreibung des Traumes eröffnende Satz ist wichtig, weil er einen Hinweis auf die augenblickliche Situation gibt; er zeigt, an welcher Stelle in seiner konfusen Welt sich der Träumer gerade befindet. Danach folgt eine Sequenz von Ereignissen, und der letzte Satz zeigt die Richtung an, in welche die Energie fließt.«

Tiere, Omen und Zeichen

Die Fähigkeit, Zeichen und Omen zu lesen, ist bei der Haltung einer positiven Weltvision von großer Hilfe. Sind wir verwirrt, kann ein Zeichen von außen den inneren Tumult stoppen. Es hilft dabei, das eigene Denken mit der Bedeutung zu vergleichen, die das Zeichen für uns hat. Sobald wir das Gefühl haben, die Bedeutung zu verstehen, erfahren wir einen Energiezuwachs. Wir erhalten wieder einen Begriff von einem umfassenderen Zusammenhang und sind in der Lage, uns vorwärtszubewegen.

Das Tier am Anfang einer Reise oder eines Traumes setzt den Akzent

In der Zehnten Erkenntnis beginnt der Held, Tieren Beachtung zu schenken, die an kritischen Stellen seines Lebens auftauchen, gerade wenn er sich richtungslos fühlt oder der Ermutigung bedarf. Als es zum Beispiel wichtig für ihn ist, eine höhere Perspektive zu gewinnen, erscheint ihm ein Adler. Traditionell stehen Adler für Weitsicht, Mut, Unabhängigkeit und bevorstehende spirituelle Prüfungen. Unser Held sieht außerdem Dutzende von Krähen, die zum Teil auf einem Baum sitzen und ihn umkreisen. Krähen, als Bewahrer der Gesetze des Geistes, waren für ihn eine Botschaft, sich zu öffnen und sich an die spirituellen Gesetze zu erinnern, die sich ihm offenbarten. Wie oft sind Sie schon bei dem lauten Krächzen eines Krähenschwarms zusammengezuckt? Der auf Schamanismus spezialisierte Anthropologe Carlos Castaneda beschreibt mehrfach das Auftauchen seines Lehrers Don Juan in Form einer Krähe.

In der Zehnten Erkenntnis stellt der Habicht ebenfalls ein bedeutendes Tier dar. David erklärt: »Der Habicht ist hellwach, aufmerksam, allzeit bereit, die nächste Information, die nächste Botschaft aufzuschnappen. Die Anwesenheit von Habichten bedeutet, daß wir jetzt besonders wachsam sein sollen. Oft heißt es auch, daß uns gleich etwas völlig Unerwartetes begegnen wird.«

In Kulturen mit schmananistischen Traditionen stellen Tiere Verbündete dar, die bevorstehende Veränderungen ankündigen, Hinweise geben und Geschenke darbringen. Als unser Held nach Richtung sucht, sich verängstigt fühlt und an den Erkenntnissen zweifelt, erscheint ein Hase aus dem Unterholz. Später versteht er mit Davids Hilfe, was das Zeichen bedeutete. Indem er sich daran erinnerte, daß der Hase für Überfluß (Fruchtbarkeit) aber auch Furcht (beliebtes Beutetier) steht, war der Held in der Lage, seiner Furcht offen ins Gesicht zu schauen (anstatt von ihr paralysiert zu werden) und sich über sie hinauszubegeben, wohl wissend, daß der Überfluß sich zum richtigen Zeitpunkt einstellen wird.

Die Tiere sind Aspekte unseres Selbst, mit denen wir Kontakt aufnehmen müssen

Im Verlauf traditioneller Initiationsriten gehört das Erscheinen von Tieren zu den Synchronizitäten der höchsten Rangordnung und symbolisiert oftmals den Lebenszweck des Initiierten. Marie-Louise von Franz sagt dazu: »In allen von mir studierten Mythen und Märchen habe ich niemals einen Fall erlebt, in dem ein Held, dem die Hilfe von Tieren zuteil wird, untergeht.« Ted Andrews, der Autor *von Animals Speak: The Spiritual & Magical Powers of Creatures Great & Small*, schreibt: »In den meisten Schriften und Mythologien habe ich Überlieferungen gefunden, die sich mit den Geistern von Tieren befassen und in denen die Überzeugung vertreten wird, daß Tier und Natur Botschafter des Göttlichen darstellen und mit den Menschen kommunizieren ... Alle Menschen werden von ihnen berührt.« In seinem Buch vertritt er den Standpunkt, daß wir durch unsere wissenschaftliche Herangehensweise an alle uns betreffenden Lebensbereiche die Natur lediglich in ihre Elemente zerlegt und studiert haben. Das Mysterium ist uns verloren gegangen, ebenso die Beziehung zu unseren Gefährten in der Tierwelt.

Die Zehnte Erkenntnis erinnert uns an die spirituelle Dimension unserer physischen Welt als eine reiche Quelle der Inspiration, wenn wir uns nur entscheiden, die Augen zu öffnen. Andrew schreibt: »Von der Tierwelt können wir viel lernen. Einige der Tiere sind Experten im Überleben und Anpassen. Es gibt Situationen, in denen wir die gleichen Fähigkeiten benötigen. Manche Tiere entwickeln unter keinen Umständen Krebs. Wäre es nicht wunderbar, ihr Geheimnis zu erfahren? Andere sind phantastische Ernährer und Beschützer. Manche sind von großer Fruchtbarkeit und andere von extremer Sanftheit ... Die Tierwelt zeigt uns ein in uns schlummerndes, entwicklungsfähiges Potential ... Jedes Tier stellt eine Schwelle in die phänomenale Welt des Geistes dar. Den meisten Menschen entgeht allerdings, daß ihre Meinung über Tiere ihre Meinung über sich selbst reflektiert.«

Andrews ermutigt seine Leser, sich der Natur zu öffnen, indem sie Tiere, Bäume und Blumen studieren, deren Energie sie sich besonders verbunden fühlen. Indem wir uns mit diesem Lebensborn verbinden, nehmen wir direkten Kontakt mit lebendigen Archetypen auf – essentiellen Qualitäten, die durch uns leben. Er sagt: »Das Tier wird zu einem Symbol für eine bestimmte Kraft des unsichtbaren, spirituellen Bereiches, der sich in unserem eigenen Leben manifestiert.«

Jedes Tier hat eine Besonderheit und einen starken Geist. Andrews und seine Frau haben beide eine ausgeprägte Vorliebe für Wölfe. In traditionellen Gesellschaften wurden derartige Vorlieben für ein bestimmtes Tier als persönliches »Totem« bezeichnet. Das Totemtier wird zum Lebensführer und hilft der Person in Krisensituationen, Lebensübergängen und bei Heilungsprozessen. In seinem Buch erinnert Andrews sich an einen Campingaufenthalt in den Wäldern von Ontario und daran, wie das Heulen der Wölfe aus allen Richtungen die ganze Nacht anhielt, obwohl Wölfe zu dieser Jahreszeit gewöhnlich nicht zu heulen pflegen. Auf einem anderen mehrtägigen Ausflug in die Wälder waren er und seine Frau sich sicher, daß irgendwann ein Wolf auftauchen würde. »Jedes Jahr kommen Hunderte von Menschen in die gleiche Gegend, ohne je einen Wolf zu sehen. Wir waren der festen Überzeugung, daß der Wolf unser Totemtier war und er sich uns zeigen würde. Gerade als wir das Gebiet ziemlich enttäuscht verlassen wollten, trat ein wunderschöner Wolf aus dem Wald und blieb in etwa zehn Meter Entfernung von uns stehen. Er wandte seinen Kopf, und für eine kleine Ewigkeit blickten wir einander in die Augen. Dann lief er in den Schatten des Waldes zurück. Wir hatten das Gefühl, gesegnet worden zu sein.«

Wenn unsere eigene Ausstrahlung positiver Energie niedrig ist, kann es sein, daß sich ein Tier nur zeigt, um seine normalen ökologischen Funktionen zu erfüllen. Wie der Indianer David in der Zehnten Erkenntnis erläutert: »Wenn ein skeptischer Biologe das Verhalten von Tieren auf rohen Instinkt zurückführt, sieht er die Beschränktheit, die er selbst auf diese Geschöpfe projiziert. Doch haben wir ein höheres Schwingungsniveau, gleichen sich die Tiere ringsumher zusehends den von uns ausgestrahlten Schwingungen an und sind in der Lage, uns den Weg zu weisen.«

Im Verlauf der Evolution haben wir selbst animalische Eigenschaften entwickelt. Als eine Lebensform, deren Vorfahren sich aus mysteriösen Wassern von Fischen zu Amphibien und von Reptilien schließlich zu Säugetieren entwickelt hat, ist die uralte Essenz unseres Wesens in all diesen Lebensformen zugegen gewesen. Ein vollkommenes, spirituelles Bewußtsein umfaßt daher ein Bewußtsein über die energetischen

Schwingungen von Tieren, Mineralien und dem Pflanzenreich ebenso wie eines über die Gattung Mensch.

»Die Entdeckung des Quantenbereichs ermöglichte es uns, den Einfluß der Sonne, des Mondes und der Ozeane auf unser tieferes Selbst nachzuvollziehen. Ich möchte Ihnen an dieser Stelle versichern, daß nirgendwo auf der Welt ein größeres Potential zur Heilung existiert. Wir wissen bereits, daß der menschliche Fötus sich entwickelt, indem er sich an die Formen des Fisches erinnert und sie ebenso imitiert wie die der Amphibien und frühen Säuger. Die Entdeckung der Quanten ermöglicht es dem Menschen, sich in ein Atom zu versenken und sich an den Anfang des Universums selbst zu erinnern.«

Dr. Deepak Chopra, *Quantum Healing*

Paul McLean, Vorstand des Laboratoriums für Gehirnevolution und Verhalten am National Institute of Mental Health, entwickelte ein dreiteiliges Modell des Gehirns, das auf seiner evolutionären Geschichte beruht. Jeder dieser drei Teile arbeitet an der Entdeckung und Feststellung der physiologischen und Verhaltens-Matrixen primitiverer Lebensformen. Jean Houston, Leiterin der Stiftung für Hirnforschung in Pomona, New York, schreibt in ihrem Buch *The Possible Human*: »Man könnte es als eine Art evolutionäre Polyphrenie bezeichnen, die aus der Tatsache resultiert, daß wir in Wirklichkeit über drei Rezeptoren mit unterschiedlichen Mentalitäten und Alter verfügen, mit deren Hilfe wir unsere Realität wahrnehmen. Zwei der älteren Hirne verfügen nicht über die Möglichkeit, verbal zu kommunizieren ... Wir haben zum Beispiel festgestellt, daß die Routine und das Ritualverhalten von Reptilien und Amphibien sich im menschlichen Kontext als obsessiv-kompulsives Verhalten äußern ... In unserem Mittelhirn sorgen die Überlebenskämpfe und das Ernährungsverhalten der Gattung Säugetier sowie deren elaborate Vorbereitungen zur Partnerwahl und Fortpflanzung für ein emotionales Momentum, das in Form der Familie und des Klans eine frühe Basis für die menschliche Zivilisation darstellt ... ebenso wie die neurochemischen Muster, die für Krieg, Aggression, Dominanz und Entfremdung verantwortlich sind ... Und schließlich gibt es noch unser neomammalisches Hirn ... ein teilweise kalter, berechnender Computer, der unter anderem ein Vehikel für Paradoxe, aber auch für Transzendenz darstellt. Dieser

Aspekt unseres Wesens bestimmt unser Schicksal und wird auch entscheiden, ob die menschliche Rasse sich weiterentwickeln oder aussterben wird.«

Zeigt sich uns ein bestimmtes Tier im Traum oder im Wachzustand, bedeutet dies, daß wir bereit sind, seine Bewußtseinsmerkmale wieder in unser Wissen zu integrieren. Indem wir unsere gemeinsamen Vorfahren und Verbindungen zu anderen Lebensformen anerkennen, kommen wir schließlich nicht umhin, für die Erhaltung aller Arten einzutreten. Oder wie David in der Zehnten Erkenntnis bemerkt: »Deshalb ist es so wichtig, alle Lebensformen auf der Erde zu erhalten. Wir brauchen sie – nicht nur, weil sie Teil eines ökologischen Gleichgewichtes auf dem Planeten sind, sondern weil sie Aspekte von uns selbst darstellen, die wir uns verzweifelt in Erinnerung zu rufen versuchen.«

Weitere Omen

Wenn wir um Führung oder Anleitung bitten, verfügen wir meistens über eine höhere Form von Bewußtsein. Es ist von großer Wichtigkeit, sich für die Aufgaben des Tages mit reichlicher und erwartungsfroher Energie zu rüsten und sie im Verlauf des Tages aufrechtzuerhalten. Manchmal bedarf es dazu nur eines im Vorbeigehen aufgeschnappten Satzes, den jemand äußert, oder einer scheinbar zufälligen Mitteilung in der Zeitung oder im Radio, die uns direkt zu betreffen scheint.

Orakel haben eine weit zurückreichende Tradition. Das *I Ching* zum Beispiel ist ein Orakelsystem, und seine Übersetzungen gehören zu den ältesten auf der Welt. Dieses Buch der Weisheit observiert alle Muster des Lebens von der Bewegung der Sterne bis hin zu den Beziehungen in Familien, von Geschäftspraktiken, ökologischen Zirkeln und dem Ausgang von Kriegen. Es vereint mythische Themen mit praktischen Hinweisen für den Alltag und bietet detaillierten Rat durch den synchronistischen Fall von Münzen oder Schafgarbenhalmen. Der Schweizer Psychologe Carl Jung war vom I Ching besonders fasziniert, weil er der Ansicht war, daß seine Hexagramme die Archetypen des kollektiven Unbewußten reflektierten. R. L. Wing, Autor mehrerer I-Ching-Arbeitsbücher, sagt dazu: »Jung war der Ansicht, daß die menschliche Natur und die kosmische Ordnung im kollektiven Unbewußten durch Symbole vereint wurden, die die Menschen jeder Zeit und jeder Kultur beeinflußt haben ... Das Ritual, mit einer bestimmten Frage die Zeit anzuhalten, ist eine Art, das eigene Selbst und die persönlichen Lebensumstände mit dem Hintergrund all dessen zu verbinden, was sich im Universum entfaltet.«

Zahlen stellen ebenfalls potente Symbole dar, die bedeutungsvoll werden können, wenn wir uns die Zeit nehmen, ihre Eigenschaften zu studieren. Die spirituellen Lehrer des Altertums lehrten, daß jeder Zahl bestimmte Qualitäten innewohnen, die uns im Leben behilflich sein können. Haben Sie sich erst einmal für intuitive Botschaften geöffnet, können viele Dinge Bedeutung annehmen, an denen Sie bisher achtlos vorübergegangen sind.

Dimensionale Öffnungen

Alice im Wunderland hat es vollbracht. Ebenso Indiana Jones und die alten Griechen. Schamanen tun es immer noch – durch einen geweihten Ort auf der Erde betreten sie eine andere Dimension. Allein die Vorstellung provoziert Bilder von windumtosten Bergspitzen, heulenden Wölfen, Wasserfällen, Höhlen, verzauberten Tälern, den prophetischen Steinen und Portalen unserer Vorfahren. Gott spricht zu uns durch seufzende Bäume; durch sonnengewärmte Felsen, die in der Hitze summen; durch uralte Handabdrücke auf den Wänden von Höhlenbehausungen; durch die lehmfarbenen, von Tausenden von Füßen ausgetretenen Pfade, auf denen sie liefen und rannten, um den Geist zu treffen – und wieder in ihm geboren zu werden.

Lange bevor die Kühnheit gotischer Turmspitzen unsere Herzen erfreute, haben Männer und Frauen an bestimmten Orten auf der Erde Inspiration und Verbindung mit dem Göttlichen gefunden. Wie oft hatten Sie das Glück, vor dem atemberaubenden Anblick eines Waldes zu stehen oder auf einem Felsenplateau, das tausend Meter steil nach unten abfällt; die Stille eines Urwaldes in sich aufzunehmen oder durch das Brüllen eines Wildwasserstrudels auf Granitfelsen zum Schweigen gebracht zu werden? Mit Sicherheit nicht oft genug. Geweihte Orte bedürfen keiner Erklärung, keiner Landkarte. Sie existieren. Der Betrachter fühlt es, und seine Wahrnehmung erweitert sich.

»Es gibt nur noch eine Handvoll Hopi, die wissen, wo diese Plätze sind. Wie ihre Brüder und Schwestern in aller Welt, welche die von diesen Orten ausgehende Kraft empfinden, sagen sie, daß die Macht dieser Orte tiefer reicht als ihre offensichtliche Schönheit. Sie geben zu, daß Geschichte wichtig ist, aber wichtiger ist der Geist. Er kann mit Menschen aller Rassen arbeiten, doch nur dann, wenn der Kopf klar und das Herz rein ist ... Bestimmte Orte in der Natur haben die Fähigkeit, Menschen in veränderte Bewußtseinszustände zu versetzen, die man als ›spirituell‹ bezeichnet. Dies ist ein Resultat direkter mentaler oder körperlicher Berührung mit diesen Orten.«

James A. Swan, *Sacred Places: How the Living Earth Seeks our Friendship*

Kevin Ryerson, Autor, Dozent und Experte für intuitives Verhalten und den meisten vermutlich durch seine Verbindung mit der Schauspielerin Shirley MacLaine bekannt, besitzt die seltene Fähigkeit, die Geister von Vorfahren zu kontaktieren. In den letzten Jahren hat er mehrere Menschen an geweihte Plätze auf der ganzen Welt geführt, um dort mit ihnen auf eine durch die Geister der Ahnen geleitete, persönliche Visionssuche zu gehen, die es ihnen ermöglichen soll, ihre eigene Traumlandschaft zu betreten. Er erklärte uns, der Grund für diese Reisen bestehe darin, die Vergangenheit zur Zufriedenheit des Suchenden aufzulösen, Einsichten über seinen Lebenssinn auf der Erde sowie über die Zukunft des Betreffenden zu gewinnen und die Intelligenz der Ahnen als eine lebendige Macht zu erfahren.

In den roten Felsformationen von Sedona im amerikanischen Bundesstaat Arizona befindet sich ein geweihter Canyon, der als Red Tank Draw bekannt ist. Dieser Canyon hat zu beiden Seiten die Form einer glatten, hohen Wand, auf der eine Reihe von Petroglyphen (gemeißelte Bilder) und Piktoglyphen (gemalte Symbole) zu finden sind. In Übereinstimmung mit dem Stand der Sonne begleitet dieser Canyon seinen Besucher durch eine vollständige schamanistische Reise, die bei Tagesanbruch beginnt und mit dem Sonnenuntergang endet. Durch seine Übereinstimmung mit den vier Himmelsrichtungen reflektiert er Ryersons Ansicht nach nicht nur die archetypische Intelligenz unserer Ahnen, sondern besitzt zudem die Fähigkeit, sie an uns weiterzugeben. Allein das Lesen der folgenden Beschreibung wird Sie mit dieser mythischen Erfahrung in Verbindung bringen.

Zu Beginn der Reise sehen Sie Bilder der Schöpfung, der Unschuld und der Geburt. Diese Primärbilder symbolisieren die Trennung von ewigem Bewußtsein und Form, können aber auch persönlich als die eigene Trennung von der ersten Wahrheit oder Unschuld betrachtet werden. Dies ist der Archetyp des Waisenkindes bzw. des Verlassenwerdens und entspricht nach Ryersons Auffassung der christlichen Vertreibung aus dem Garten Eden. Sie, als Waise, werden nun zum Wanderer, der auf schamanistische Weise durch wandernde Tiere repräsentiert wird. Die Petroglyphen zeigen eindeutig Tiere, die sich in bezug zum keltischen Kreuz bewegen, welches die vier Himmelsrichtungen und ein heiliges Ziel repräsentiert. An diesem Punkt Ihrer Reise befinden Sie sich zwischen den Ahnen und den Lebenden, auf der Suche nach einer Wahrheit, die Ihnen ähnlich ist, damit Sie in der Lage sind, sie zu erkennen.

Sobald Sie als der Initiierte auf eine Wahrheit stoßen, die Sie als für sich relevant erkennen, gewinnen Sie an Kraft, und Ihr Sinn für die eigene Bestimmung verstärkt sich. (Hier sehen wir, wie die Fügungen uns wieder in Verbindung mit unserer Mission bringen). Zu diesem Zeitpunkt wird der Initiierte nach Auffassung Ryersons zum Krieger. Möglicherweise fühlen Sie sich dann besonders verletzbar und versuchen, Ihre Wahrheit zu schützen – obwohl diese Wahrheit keines Schutzes bedarf. Dieses Stadium wird innerhalb des Canyons durch das Bild der Schildkröte repräsentiert. Der Schild des Tieres steht ebenfalls für göttliche Muster, die von Eingeweihten gelesen werden konnten und die den Krieger durch Prophezeiungen auf seinem Weg anleiteten.

Jetzt sind Sie der Krieger – repräsentiert durch den Schützen und den gespannten Bogen. Sie befinden sich am Ort der sieben Pfeile, Symbole für die sieben Chakren, die Energiezentren im menschlichen Körper, die den Sitz körperlicher und spiritueller Energien darstellen. Aus diesen übersinnlichen Bereichen beziehen wir unsere Charakteristiken und geben Energie an die Welt ab.

Tief unten im Canyon begegnen Sie dann Ihrer Mission.

Ihr Archetyp ist jetzt der Held. Kevin Ryerson erinnert uns daran, daß nach Meinung Joseph Campbells der Film »Der Krieg der Sterne« ein perfekter Heldenmythos gewesen sei. Stellen sie sich nur für einen Augenblick die Beschleunigung und die immense Fliehkraft vor, als sie mit Luke Skywalker durch die canyonartigen Eingeweide von Death Star flogen! Falls Sie sich erinnern, im Film sprach er davon, daß er daheim ebenfalls durch einen Canyon geflogen war. In Red Tank Dawn sind auch Sie auf der Reise des Helden.

In Ihrer Phase als Krieger realisieren Sie, daß Ihr Feind genauso aussieht wie Sie – hier handelt es sich um die psychologische Rückgewinnung und Integration der von Ihnen verdrängten Teile Ihrer eigenen Persönlichkeit. Sobald Sie sich dessen gewahr werden, erleben Sie eine enorme Energiezufuhr und werden in die nächste Phase Ihrer Reise initiiert, in der Sie zum Archetypen des Heilers werden. Das Symbol des Heilers ist die Spirale in der geöffneten Handfläche.

Der schwierigste Teil Ihrer Reise als Heiler beginnt, wenn Sie feststellen müssen, daß Sie sich eigentlich von dem Krieger, der Sie eben noch waren, kaum unterscheiden. Der Versuch zu heilen, indem man lediglich Krankheit oder Schmerz eliminiert, ist nur eine Variation des Vernichtungskampfs.

In einem ekstatischen Augenblick der Heilung (Verbindung) erkennen Sie spontan die ursprüngliche Unschuld des anderen. Ryerson sagt dazu: »Indem wir diese Unschuld erkennen, gelangen wir zu einer neuen Ebene der Wahrheit; einer Wahrheit, die nur in der Anwesenheit eines Kindes ausgedrückt werden kann.«

An diesem Punkt der Reise findet die Wiedergeburt statt. Hier kommen alle Ahnen zusammen, um den Neuankömmling (Sie) im Dorf aufzunehmen. »In diesem Augenblick treten Sie im Canyon um eine Ecke und erblicken eine spirituelle, alchimistische Tafel, die mit jener aus dem Film ›2001 – Odyssee im Weltraum‹ vergleichbar ist. Sie sehen den schwarzen, leeren Obelisk, der imstande ist, alles zu absorbieren, all den Schmerz, das Leid, die Irrtümer, die Auswirkungen der Identität. Dies ist der Augenblick, in dem die Schlange ihre Haut abstreift. Sie machen sich keine Sorgen mehr um Ihre Zukunft. Sie wissen, was Sie werden – ein Ahne. Der Archetyp des Ahnen löst sich in seiner eigenen und in der Geschichte der Welt auf, und Sie stellen fest, daß Ihr Leben nicht real ist, bevor Sie es nicht wie die vor Ihnen liegenden Petroglyphen als Geschichte begreifen und erzählen können.«

Am Ende der Wanderung durch den Canyon werden Sie mit einem monolithischen roten Felsen konfrontiert. Hier werden alle vorherigen Bilder in einer einzigen Vision zusammengefaßt. Dies ist der geweihte Ort der Kraft. Was lernt der Reisende hier? »Sie lernen, was Sie zu lernen haben«, sagt Ryerson. »Viele Menschen beginnen nach der

Wanderung sehr lebhaft zu träumen. Sie fühlen sich lebendiger. Sie erfahren innere Lösungen in ihren Beziehungen und Berufen. Die Intelligenz in diesem Canyon ist lebendig und beeinflußt weiterhin unser Leben. Die menschliche Familie ist ein Kontinuum. Was für die Ahnen galt, gilt auch für uns.«

James A. Swan schreibt in seinem Buch *Sacred Places: How The Living Earth Seeks our Friendship*: »Auf der ganzen Welt finden sich Orte, deren Namen allein tiefe Gefühle bei uns hervorrufen: Palenque, Mount Omei, der Berg Ararat, der Fuji, Lascaux, Iona, Jerusalem, Delphi, der Kilimandscharo, Mekka, Sinai, Mount McKinley oder ›Denali‹, Chartres, die großen Pyramiden, Stonehenge, der Krater von Haleakala, Mount Kailas, der Ganges, Mount Kathahdin, Machu Picchu, Lourdes, Fatima und der Sonnentempel der Mesa Verde gehören dabei zu den berühmtesten ...«

Wir können auch die Getreidezirkel in der Nähe von Salisbury besuchen, um unseren logisch denkenden Verstand zu verblüffen und eine in unserer Seele gespannte, mysteriöse Saite zum Klingen zu bringen.

Einzelstudium

Andächtige Meditation

Suchen Sie sich innerhalb Ihres Hauses einen ruhigen Platz, an dem Sie ungestört meditieren können. Wenn irgend möglich, versuchen Sie, diesem Ort etwas Besonderes, etwas Geweihtes oder Heiliges zu verleihen. Ein kleiner Tisch mit Blumen oder Gegenständen, die Sie daran erinnern, Ihren Verstand zu beruhigen. Wählen Sie zur Meditation eine feste Tageszeit, die Sie so gut wie möglich einhalten. Nehmen Sie eine aufrechte Haltung ein; die Hände liegen locker auf den Oberschenkeln, die Handflächen sind nach oben gekehrt. Im Schneidersitz empfiehlt es sich, zur Unterstützung ein Kissen unter das Hinterteil zu schieben. Zu Beginn der Meditation schließen sie die Augen, legen die Hände vor Ihrer Brust zusammen und verbeugen sich leicht nach vorn. Lagern Sie die Hände wieder auf die Oberschenkel und atmen Sie aus. Die Augen bleiben geschlossen bzw. der Blick wird nach unten gerichtet.

Achten sie auf Ihren Atem. Atmen sie ruhig ein und aus. Lassen Sie Ihre Gedanken kommen und wieder gehen, ohne sie festhalten zu wollen. Sobald neue Gedanken auftauchen, konzentrieren Sie sich wieder auf Ihren Atem. Spüren Sie, wie Ihr Atem durch die Nase eintritt, Ihr Brustkorb sich hebt, und wie Sie durch Mund oder Nase wieder ausatmen. Entspannen Sie sich mit jedem Atemzug. Lockern Sie Ihre Muskeln, Ihren Verstand, Ihre Sinne und atmen sie immer entspannter. Auftauchende Gedanken sollten Sie beobachten wie Objekte; geben Sie Ihnen Namen wie z. B. »Sorge«, »Denken«, »innere Kälte«, und kehren Sie immer wieder zur Konzentration auf Ihren Atem zurück, egal wie lange Sie von Gedanken geplagt werden. Seien Sie sanft und aufmerksam im Umgang mit sich und Ihrer Meditation. Zu Beginn ist es empfehlenswert, diese auf 10 Minuten täglich festzulegen. Wenn Sie wollen, können sie diese Zeitspanne auch auf dreißig Minuten ausdehnen. Beenden Sie Ihre Meditation ebenfalls durch eine leichte Verbeugung Ihres Kopfes und legen Sie Ihre Handflächen wieder zusammen. Die Verbeugung ist nicht nur ein Zeichen Ihrer Bereitschaft, sich nach innen zu kehren, sondern signalisiert Ihrem Ego, daß es sich für eine Weile entspannen und dem Zutritt einer höheren Energie öffnen kann.

Der Sinn der Meditation besteht darin, sich mit dem Augenblick zu verbinden; sich darüber klar zu werden, wo Ihr Verstand sich augenblicklich befindet und ihn zu beruhigen. Mit der Zeit werden Sie feststellen, daß Sie offener gegenüber Gefühlen werden und die Häufigkeit und Klarheit von Intuitionen sich erhöht, auch wenn Ihr Verstand weiterhin dazu neigt, in alle möglichen Richtungen abzuschweifen.

Andacht während des Tages

Um Ihre Energie anzuheben und den Verstand zu schärfen, können Sie sich selbst am Arbeitsplatz oder in der U-Bahn fünf Minuten gönnen, während derer Sie die Augen schließen und auf Ihren Atem achten. Dadurch wird es einfacher, das Augenblickliche zu erkennen. Sie können ebenfalls für fünf Minuten aus dem Fenster schauen oder still an Ihrem Arbeitsplatz sitzen und sich jedes Detail Ihrer Umgebung genau ins Bewußtsein rufen. Atmen Sie liebevolle Energie in den Sie umgebenden Raum.

Wichtig ist nur, daß Sie sich die Zeit nehmen und die Bereitschaft zur Meditation haben.

Andacht während der Autofahrt

Machen Sie es sich zur Angewohnheit, jedes Mal, wenn Sie den Zündschlüssel in Ihrem Wagen umdrehen, einen Augenblick der Andacht einzulegen. Machen Sie sich bewußt, daß Sie im Begriff stehen, sich mit einem Strom anderer Seelen zu verbinden, von der jede auf ihre Weise dort draußen ihrer Aufgabe nachgeht. Einmal im Verkehr, achten Sie verstärkt auf die Anwesenheit anderer Fahrzeuge, auf Fußgänger sowie andere wichtige Gegebenheiten. Richten Sie Ihre Intention darauf, Ihr Vehikel so geschickt und liebevoll wie möglich zu steuern, und vergessen Sie nicht, daß Sie mit dem Strom der Wesen dort draußen auf der Straße in einer Weise verbunden sein könnten, die Ihnen jetzt noch nicht bewußt ist. Senden Sie liebevolle Energie an die Seelen in diesem Strom, von dem auch Sie ein Bestandteil sind.

> »Als Novize in einem buddhistischen Kloster lernte ich, auf jede Tätigkeit zu achten, die ich während des Tages verrichtete. Seit mehr als fünfzig Jahren praktiziere ich das nun. Zu Beginn hielt ich dies für eine Anfängerübung und dachte, daß fortgeschrittenere Adepten wichtigere Dinge vollbringen würden. Doch heute weiß ich, daß bewußte Andacht eine Übung für jeden ist.«
>
> Thich Nhat Hanh, *Love in Action.*

Geht es langsamer voran, als Sie es sich wünschen, stellen Sie sich vor, daß Sie Ihr Ziel bereits erreicht hätten und glücklich darüber sind, pünktlich angekommen zu sein. Fällt Ihnen ein besonderes Nummernschild auf oder sticht Ihnen eine andere Botschaft ins Auge, so machen Sie sich eine kurze Notiz, sobald Sie an Ihrem Bestimmungsort angekommen sind. Taucht die niedergeschriebene Information mehrmals in Ihrem Bewußtsein auf, schreiben Sie assoziativ Ihre Gedanken dazu nieder.

Aktive Vorstellungskraft

Einmal in der Woche oder mehrmals im Monat sollten Sie es sich zur Gewohnheit machen, sich eine Meditationskassette anzuhören, um Ihre Intuition zu stärken. Es gibt eine Vielzahl guter Kassetten.

Erhalten Sie eine Intuition oder ein starkes Bild, das sich in Ihrem Bewußtsein festsetzt, verstärken Sie es, indem Sie einen Eintrag darüber in Ihr Tagebuch machen. Manchmal ist es einfacher, Dinge niederzuschreiben, als sie im Gedächtnis zu behalten. Um frei zu assoziieren, beginnen Sie mit Ihrer Intuition und erzählen davon ausgehend eine Geschichte. Schreiben Sie auf, was immer Ihnen einfällt. Halten Sie nicht inne und verändern Sie nichts; schreiben Sie weiter, bis zwei oder drei Seiten gefüllt sind. Schauen Sie sich das Geschriebene sofort wieder an oder lassen Sie es ein paar Tage liegen, bevor Sie es wieder zur Hand nehmen.

Totemtiere

Ein Totemtier ist Ihr Tiergeist. Das betreffende Tier »erwählt« Sie, indem es Ihnen in Ihren Träumen erscheint oder indem es Sie durch Geschichten oder Bilder, von denen Sie sich angezogen fühlen, fasziniert. Wenn Sie versuchen, Ihr Totemtier selbst zu wählen, werden Sie es vermutlich aus exotischen Gründen tun oder weil Ihnen das »glamouröse« Image des Tieres zusagt. Dies bedeutet, daß hier Ihr Ego involviert ist! Fangen Sie damit an, bei Ihren Spaziergängen auf Vögel oder Tiere zu achten, die sich in der Nähe Ihres Wohnortes aufhalten oder Ihnen in der Natur begegnen. Woran haben Sie gedacht, als Sie das Tier sahen? Vorausgesetzt, Sie hätten Sorgen, was würde das betreffende Tier Ihnen raten?

Sollten Sie bereits eine besondere Beziehung zu einem Tier verspüren, versuchen Sie, seine Energie näher an sich heran zu bringen, indem Sie ein Bild oder eine kleine Figur davon in Ihrem Haus aufbewahren. Informieren Sie sich über seine besonderen Eigenheiten und sprechen Sie mit dem Tier, wenn schwierige Entscheidungen anstehen. Die Verbindung mit der Medizin eines Tieres kommt durch Ihre eigene Vorstellungskraft zustande. Sie können sich außerdem die Medizin-Karten von Jamie Sams und David Carsons besorgen, um mehr über die Eigenheiten jeder Tierart zu erfahren. Auch Ted Andrews' Buch *Animal Speak* bietet eine Quelle von Informationen und Vorschlägen zur Arbeit mit Ihren Tierverbündeten.

GRUPPENSTUDIUM

Visualisierung

Für Frieden auf dem Planeten (kann ebenfalls individuell durchgeführt werden).

Wenn Sie etwas zum Weltfrieden beitragen wollen, aber nicht genau wissen, was Sie tun sollen, so nehmen Sie sich vor, jeden Tag oder jede Woche eine visuelle Meditation zu diesem Thema durchzuführen. Beginnen Sie zunächst mit Ihrer üblichen Meditation. Dann stellen Sie sich bildlich vor, wie ein Zustand des Friedens aussieht. Es könnte sich dabei zum Beispiel um einen Kreis von Menschen handeln, die sich um ein Feuer in der Wüste herum an den Händen halten. Oder um eine Menschenkette über Kontinente und Ozeane hinweg, freundlich lächelnde Menschen auf den Straßen, die ihrer täglichen Arbeit mit Liebe im Herzen nachgehen. Es könnte sich um ein Bild von vielen vorurteilsfrei miteinander kommunizierenden Kulturen handeln. Sobald Sie eine Vision gefunden haben, die Sie mit Liebe und Leben erfüllt, halten Sie sich in Ihrer Meditation daran. Sie können sicher sein, daß es weitere Gelegenheiten für Sie geben wird, Ihren Beitrag zum Frieden auf der Welt zu leisten.

Jene Aktivität oder soziale Tätigkeit zu visualisieren, zu der Sie den stärksten Bezug haben, ist ein kraftspendender Vorgang. Vergessen Sie nicht, daß Energie Gedanken folgt und daß diejenigen Dinge, auf die Sie sich fokussieren, einen breiteren Raum in Ihrem Leben einnehmen werden. Schaffen Sie ein kraftvolles Bild – ob es sich dabei um die Rettung des Regenwaldes handelt, um Liebe und Fürsorge für alle obdachlosen Kinder oder darum, Heime und Schulen zu errichten, die Pflege der Bedürftigen oder die Bewässerung von Wüstenflächen. Wählen Sie ein Bild und fokussieren Sie Ihre Aufmerksamkeit darauf, damit es sich verwirklicht. Erwarten Sie eine Gelegenheit, die Sie zu weiteren Schritten anleiten wird.

Themen zur Diskussion in der Gruppe

- Wie gehen Sie mit Zweifel und Furcht um, wenn Ihnen Ihre Intuition einen Richtungswechsel suggeriert?

- Welche Tiere sind Ihnen in besonderen Momenten Ihres Lebens begegnet?

Intuitionsübung

1. Wechseln Sie sich innerhalb der Gruppe damit ab, intuitive Botschaften von anderen Gruppenmitgliedern zu empfangen. Diese Übung kann pro Person fünf bis zehn Minuten in Anspruch nehmen und macht großen Spaß.

- Ein Mitglied der Gruppe sitzt den anderen mit geschlossenen Augen gegenüber. Alle Anwesenden konzentrieren ihre Energie auf diese Person und geben hinterher positive Informationen oder Bilder an sie weiter. Dabei spricht jeder spontan und ohne vorher lange zu überlegen. Ein Gruppenmitglied sollte alle Informationen über die jeweils betreffende Person niederschreiben. Fühlt sich der energetische Kreislauf geschlossen an, sollte die Einzelperson den anderen Gruppenmitgliedern ein Feedback über die Richtigkeit der Informationen geben.

2. Experimentieren Sie mit dem I Ching oder einem anderen Werkzeug der Intuition.
3. Jedes Gruppenmitglied schreibt eine besondere Frage auf einen Zettel. Vermischen Sie die Papierstücke und ziehen Sie eins heraus, ohne es zu lesen. Legen Sie den Zettel in die Mitte des Raumes. Dann schließen alle Anwesenden die Augen und fangen die hereinströmenden Botschaften und Bilder auf, ohne sie im Kopf zu zensieren. Nacheinander spricht jeder laut aus, was er empfindet, während ein anderer die Botschaften niederschreibt. Fühlt sich der energetische Kreis geschlossen an, öffnen Sie das Papier und schauen Sie nach, ob die empfangenen Botschaften zugetroffen haben!

Traumarbeit

Analysieren Sie den Inhalt eines Traumes. Versichern Sie sich vorher, daß jeder der Beteiligten damit einverstanden ist; Traumanalyse kann sonst zu einer zähen und langweiligen Angelegenheit werden. Achten Sie dabei besonders auf Botschaften, die etwas enthüllen könnten, dessen Sie sich im Augenblick nicht bewußt sind.

Literaturvorschläge zu Kapitel 3:

Redfield James, *Die Zehnte Erkenntnis*
Whiting Sam, *A Friend for Life*
Marie Louise von Franz *On Divination and Synchronicity*
Andrews Ted, *Animal Speak*
Houston Jean, *The Possible Human*
Wing, R. L. *Das I-Ching-Arbeitsbuch*
Swan, James A. *Sacred Places: How the Living Earth Seeks our Friendship*

Kapitel 4

Klärung

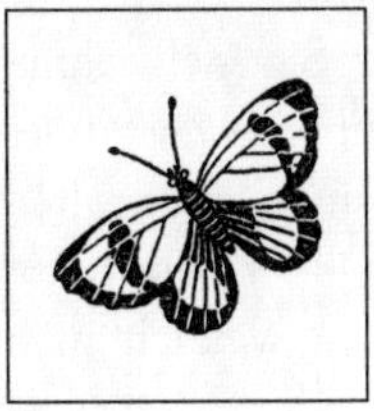

Schmetterling
Veränderung

»Mir fielen die vielen Gruppensituationen wieder ein, denen ich ausgesetzt gewesen war. Manche der Mitglieder hatten sich spontan gemocht, während andere beinahe automatisch und scheinbar ohne bestimmten Grund in Unstimmigkeiten geraten waren. Ich fragte mich: War die menschliche Kultur jetzt bereit, die ferne Quelle dieser unbewußten Reaktionen wahrzunehmen und zu verstehen?«

Die Zehnte Erkenntnis: Die Vision halten.

Durch die Erkenntnisse haben wir erfahren, daß es das Beste für jeden von uns ist, wenn er sich mit positiver, liebevoller Energie auftankt. Wenn wir im Fluß des Lebens bleiben wollen, müssen wir allerdings auch damit aufhören, unsere Energie in ständig sich wiederholende Muster und fruchtlosen Energieaustausch mit anderen zu investieren. Es wird uns nicht gelingen, genügend positive Energie freizusetzen, um das Leben zu erschaffen, das wir uns wünschen, wenn wir ständig Energie verlieren. Energie verlieren wir vor allem dann, wenn wir anderen gestatten, sie von uns abzusaugen und wenn wir uns unserer eigenen Kontrolldramen nicht bewußt sind.

Wir alle wissen, daß wir dazu neigen, uns Sorgen zu machen. Etwa zwanzig Mal am Tag hören wir uns selbst sagen: »Ich weiß gar nicht, wo die Zeit bleibt.« – »Das kann ich mir nicht leisten.« – »Das ist mir viel zu teuer.« – »Auf niemanden kann man sich verlassen.« Es gibt endlose Variationen zu diesem Thema. Jede davon ist ein Beweis für den negativen Umgang mit Energie. Wir wissen, daß wir uns von manchen Menschen leicht provozieren lassen und uns dann wütend, schuldig oder verärgert fühlen.

Auf der Wahrnehmungsebene der Zehnten Erkenntnis führt uns unsere Geburtsvision die Menschen zu, denen wir begegnen sollen und die Aufgaben, die für uns anstehen. Unsere Aufgaben befinden sich dann im Einklang mit der Weltvision, wenn wir uns der Wirkung unserer Handlungen auf andere Menschen bewußt sind und aktiv nach Möglichkeiten suchen, diese Welt zu einem besseren Ort für alle zu machen. Sind wir einmal zu diesem Bewußtsein gelangt, haben wir viele unserer früheren Probleme geklärt und damit aufgehört, andere Menschen kontrollieren zu wollen. Weshalb finden wir uns dennoch immer wieder in Situationen, in denen Menschen unsere »Knöpfe drücken«?

Beantworten Sie sich diese Frage selbst, indem Sie sich daran erinnern, daß die äußere Welt einer Reflexion Ihres inneren Zustandes darstellt. Fragen Sie sich: »Stecke ich immer noch in meinen alten Kontrolldramen fest? Filtere ich die Wahrnehmung meiner Selbst und der anderen durch ein altes Glaubens- und Wertesystem, weil ich mich bedroht fühle oder Angst habe? Welchen Intuitionen oder Synchronizitäten habe ich in der letzten Zeit keine Bedeutung beigemessen?« Befinden Sie sich in einem inneren Konflikt mit einer anderen Person, erhöhen Sie Ihre Meditationszeit. Achten Sie verstärkt auf Ihre Träume und darin verborgene Szenarios, die Ihnen weitere bildhafte Anhaltspunkte über Ihren augenblicklichen Zustand oder Ihre innere Verfassung geben können und wenden Sie die so gewonnenen Informationen auf Ihren Konflikt mit der betreffenden Person an.

Auf der Wahrnehmungsebene der Zehnten Erkenntnis angekommen, sind wir in der Lage zu sehen, daß die negativen Reaktionen anderer Resultate aus ungelösten Beziehungen sind, die auch aus Vorleben resultieren können. Die Zehnte Erkenntnis suggeriert, daß diese irrationalen Gefühle von Schuld, Verwirrung, vielleicht sogar Furcht oder Verrat Resterinnerungen von ungelösten Problemen aus Vorleben sein könnten, die wir mit den betreffenden Personen teilten. Selbstverständlich kann es sich dabei ebenfalls um irrationale Gefühle handeln, die gut sind und eine sehr positive Erfahrung mit der betreffenden Seele dieser Person anzeigen.

Da uns jedoch nicht positive, sondern negative Emotionen große Schwierigkeiten bereiten und uns nicht nur das Leben schwer machen, sondern uns oft auch daran hindern, unser Lebensziel zu erreichen, werden wir uns in dem folgenden Kapitel darauf konzentrieren, wie diese negativen Verwicklungen entwirrt und schließlich gelöst werden können.

Das Klären von Kontrolldramen im jetzigen Leben

Die Sechste Erkenntnis geht davon aus, daß wir als Kinder bestimmte Verhaltensweisen entwickelt haben, um in Verbindung mit unseren Eltern zu bleiben, welche für unser Überleben wichtig waren. Diese Verhaltensweisen erwuchsen direkt aus unserer eigenen Wahrnehmung unserer Eltern. Haben wir sie als furchterregend oder erdrückend empfunden, reagierten wir anders, als wenn wir sie als kritisch und aufdringlich empfanden. Haben wir sie als Opfer wahrgenommen, die sich ständig über ihre Rolle in der Welt beschwerten, erfolgte wieder eine andere Reaktion. Mit der Zeit bildeten sich diese Wahrnehmungen zu Kontrolldramen aus. Der *Kontroll-Aspekt* bedeutet in diesem Fall, daß wir versuchen, die zeitweilig ungewisse Liebe und Aufmerksamkeit unserer Eltern uns gegenüber zu gewährleisten, um unser nacktes Überleben zu sichern. Auf diese Weise haben wir gelernt, unsere Umwelt auf die einzige Weise zu kontrollieren, die uns zum Zeitpunkt unserer damaligen Entwicklung zur Verfügung stand. Der *Drama-Aspekt* bedeutet, daß wir diese Mechanismen in unser Leben als Erwachsene integriert haben und heute durch diese überkommenen, gewohnheitsmäßigen Verhaltensweisen limitiert werden.

Abhängig von unserer jeweiligen Veranlagung haben sich manche von uns in Schreianfälle oder Wutanfälle geflüchtet, um sich die unmittelbare Aufmerksamkeit der Eltern zu sichern. So sind wir zu Einschüchterern geworden. Andere haben ihre Eltern konstant mit Fragen genervt oder unentwegt gestört, weil sie unnahbar oder abwesend waren – so lernten wir, zu Vernehmungsbeamten zu werden, um ihre Aufmerksamkeit zu erzwingen. Wieder andere von uns versuchten, sich zu verstecken oder mit versteckten Streichen davonzukommen, weil unsere Eltern unsere Privatsphäre verletzten und unseren Aktivitäten kritisch gegenüberstanden – so lernten wir, unnahbar und unerreichbar zu werden. Und schließlich gab es unter uns einige, die als Reaktion auf bedrohliche oder einschüchternde Eltern fortwährend jammerten oder am Daumen lutschten und auf diese Weise lernten zu überleben – indem sie als hilfebedürftige *Arme Ichs* auftraten, die unablässiger Aufmerksamkeit bedurften.

Für Erwachsene sind diese Kontrolltaktiken nicht nur äußerst sinnlos und unbefriedigend, sie stellen auch den *wirklich realen Block zwischen ihrer Wahrnehmung und den Synchronizitäten dar, die es ihnen erlauben, neue Möglichkeiten zur Entwicklung Ihrer Geburtsvision zu entwickeln.* Oder anders gesagt: Wir werden einfach auf der Stelle treten, wenn wir uns diese reaktiven Muster nicht bewußt machen. Vielleicht versuchen wir, andere einzuschüchtern, um das zu erlangen, was wir wollen (Geld, Liebe, Aufmerksamkeit, Anerkennung, etc.), indem wir uns aggressiv, vorurteilsvoll, bedrohlich oder egoistisch verhalten. Als Einschüchterer besteht unsere Angst darin, nicht ernst genommen zu werden, deshalb wollen wir potentielle Gefährdungen unserer Freiheit und selbstangenommenen Größe von vorneherein ausschließen. Der Einschüchterer ist sich im übrigen vollkommen unbewußt darüber, wer er eigentlich ist und worin seine wahren Bedürfnisse und Gefühle bestehen.

Einschüchterer sehen die Welt als Schlachtfeld

Jedes Mal, wenn wir eine Handlung aus dem Bedürfnis zur Kontrolle heraus unternehmen, limitieren wir uns selbst oder schneiden uns von intuitiver Unterstützung ab. Solange der Einschüchterer das Leben für einen Kampf hält und der Ansicht ist, daß andere darauf aus sind, seine Macht zu unterminieren, wird er genau solche Situationen anziehen. Energie folgt dem Denken. Die Schlacht im Inneren wird sich in einer Schlacht im Äußeren der physischen Welt manifestieren.

Dieser Mensch ist nicht in der Lage, eine Vision für die Welt zu halten, da sein Interaktionsmodus vorwiegend aus Konfrontation und aggressivem Verhalten besteht. Jeder, der in seinem Leben die Rolle des Einschüchterers spielt, trägt zur allgemeinen Schlachtfeld-Mentalität auf einem allgemeinen Bewußtseinsfeld bei und dazu, die Alte Weltsicht zu stärken und weiter zu etablieren.

Vernehmungsbeamte betrachten die Welt als Spiel des Intellekts

In einem fort sind sie damit beschäftigt, andere Menschen zu observieren, um ihre Schwachpunkte ausfindig zu machen und diese zu ihrem Vorteil zu nutzen. Anstatt sich auf ein offenes Geben und Nehmen einzulassen, unterminieren sie ständig die Ideen anderer mit rhetorischen Fragen, die darauf abzielen, Distanz zu schaffen. Zu ihren Lieblingsbehauptungen gehören Sätze wie: »Ich werde jetzt mal den Advokaten des Teufels spielen.«

Obwohl Auseinandersetzung und Konfrontation gesunde Kommunikationsmethoden sind, handelt es sich bei einer legitimen Debatte nicht um das Kontrolldrama eines Verhörbeamten, das den gewohnheitsmäßigen Versuch darstellt, Energie von anderen Menschen zu stehlen und ein Gefühl der Kontrolle zu bewahren. Permanent anzukündigen, daß man den Advokaten des Teufels spielen wird, kreiert Distanz und schafft automatisch einander gegensätzliche Positionen. Die wirkliche Motivation des dauernden Advokaten des Teufels besteht darin, als wichtig und unabkömmlich erachtet zu werden, um sich einen in seine Richtung fließenden Energiestrom in Form von Aufmerksamkeit zu sichern. Stellen Sie Ihre Frage, so befinden Sie sich automatisch in der Position des Bedrängten, der Rede und Antwort stehen muß. Ihre Sucht danach, wichtiger zu sein als andere, kreiert ein trennendes und zersetzendes Element und trägt nicht dazu bei, eine positive Vision für ein Projekt, geschweige denn für die Welt zu schaffen. Ihr inneres Bestreben richtet sich nach der Demontage von Ideen und nicht danach, sich für die Weisheit anderer zu öffnen. Dieses Kontrolldrama sorgt in globalem Ausmaß dafür, daß Separatismus, Mißtrauen und Haß geschürt werden.

Unnahbare Menschen empfinden die Welt als bedrohlich oder überwältigend

Sie ziehen es vor, sich herauszuhalten und keinen aktiven, verantwortlichen Teil bei der Gestaltung der Welt einzunehmen. Sie haben Angst, Position zu beziehen oder einen Fehler zu begehen, von anderen kritisiert zu werden und als nicht gut genug zu erscheinen. Deshalb melden sie sich fast nie zu Wort. Der Unnahbare fühlt sich dadurch isoliert, hat wenig Vertrauen in andere Menschen und fühlt sich bestätigt, wenn Dinge mißlingen oder nicht zustandekommen. Er ist nicht in der Lage zu erkennen, daß er selbst es war, der diese Fehlleistungen unbewußt in die Welt rief, weil er sich nicht wirklich eingesetzt hat. Unnahbare Menschen sind oft schüchtern oder fürchten sich davor, anderen ihre Gefühle mitzuteilen, da sie Angst davor haben, daß ihre Bedürfnisse oder Gefühle von anderen zunichte gemacht werden (zum Beispiel durch Eltern als Vernehmungsbeamte oder Einschüchterer). Sich wertlos zu fühlen gleicht einer totalen Negation oder dem Tod und führt augenblicklich in den Überlebensmodus, den ursprünglichsten Instinkt der menschlichen Spezies.

Unnahbare erfahren andere Menschen als potentielle Eindringlinge. Oft wissen sie genau, wie die Welt zu einem besseren Ort gemacht werden könnte, können aber nicht handeln, da sie sich weigern, einen ersten Schritt zu unternehmen. Übervorsichtig und mißtrauisch gegenüber den Motiven anderer, vermeiden Unnahbare intuitive Begegnungen. Auf globaler Ebene werden sie zu »Unschuldslämmern« oder apathischen Zuschauern, anstatt eine gesunde Reaktion auf den Lauf der Welt zu zeigen.

Arme Ichs betrachten die Welt als unfair

Bei ihnen stellen immer andere Menschen oder Situationen das Problem dar. Für diese Menschen ist die Welt sichtlich außer Kontrolle geraten und muß um jeden Preis verteidigt werden. Man erkennt sie an Äußerungen wie: »Man kann ja eh nichts ändern.« – »Geld regiert die Welt.« – »Nie habe ich Zeit für mich.« – »Wenn es die Steuer nicht gäbe, ginge es mir besser.« – »Nie bekomme ich von euch, worum ich euch bitte.« – »Ich werde niemals im Leben weiterkommen.« Und so weiter und so fort. Arme Ichs erfahren sich als machtlos und lassen ihre Verletzungen und Probleme bei jeder Gelegenheit heraushängen. Sie definieren sich durch traumatische Erlebnisse in ihrer Vergangenheit und entziehen ihren Mitmenschen Energie und Aufmerksamkeit, indem sie sich konstant auf negative Aspekte konzentrieren, um andere in ihre Dramen miteinzubeziehen.

Genau genommen konzentriert sich unsere gesamte Kultur auf die Idee des Opfer-Daseins. Durch das Fernsehen sind wir mittlerweile in der Lage, jeden Tatort und jede Tragödie in die Wohnzimmer zu bringen. Die überwiegende Menge der Medien suggeriert ihren Konsumenten, daß sie sich extrem vorsichtig in ihrer Umwelt bewegen müssen, um nicht erschossen, zerstückelt, obdachlos oder bankrott zu enden. Die Aufmerksamkeit des Armen Ich ist auf die furchtbaren und negativen Aspekte einer limitierten Weltsicht gerichtet. Wenn sowieso alles den Bach hinabgeht, gibt es auch keine Möglichkeit, ihn aufhalten zu können.

Die Autorin und Wissenschaftlerin für medizinische Intuition, Caroline Myss, spricht auf ihrer Kassette *Weshalb Menschen nicht gesunden* ausführlich über diese Opfermentalität. Sie behauptet, daß wir unsere Wunden in Machtfaktoren verwandeln und süchtig nach der Identität und den Privilegien werden, die wir dadurch erhalten. Zum Beispiel ist es unvermeidlich, im Verlauf einer Konversation Bruchstücke unserer Vergangenheit mitzuteilen. Wir berichten anderen von dem uns widerfahrenen Leid, sei es Inzest, Alkoholismus, der Tod eines Kindes oder andere Schmerzen und Entbehrungen.

> »Das größte Desaster der Geschichte besteht in der Separation von Mutter und Säugling kurz nach der Geburt im Krankenhaus. Diese Erfahrung des Verlassenwerdens ist der vernichtendste Augenblick im Leben eines Menschen, der uns emotional und psychologisch verkrüppelt. Die Mutter erfährt hierbei oft ›postpartum Blues‹, eine Trennung von etwas, dem sie freudig entgegengesehen hat. Eine Weile wird sie trauern, Trauer wird zu Wut und Härte, und schließlich wird diese offene Wunde von einem Panzer bedeckt und hat so nie die Chance zu heilen. Die meisten Frauen sind sich dieser Wunde nicht einmal bewußt, denn sie wird auf die Umgebung des Krankenhauses projiziert und später leider allzuoft auf Kosten des ahnungslosen Kleinkindes ausgetragen.«
>
> Joseph Chilton Pearce, *Evolution's End*

Es besteht kein Zweifel daran, daß Sie im Falle eines negativen Erlebnisses Unterstützung und Zeit benötigen, um mit den daraus resultierenden Konsequenzen fertig zu werden. Mit der Zeit heilen dann die Wunden, und Ihr Leben bewegt sich weiter. Wenn Sie jedoch dafür sorgen, daß sich die Wunde nicht schließen kann und Sie fortan alles in Ihrem Leben dadurch filtern, fungiert die Wunde als Entschuldigung für Ihren Mißerfolg in der Welt.

Myss ist der Auffassung, daß wir einen Teil unserer Seele in diesen frühen Träumen aufbewahren und sie dort weiterhin nähren, da sie uns unvermindert als ungerechtfertigt erscheinen. Die Energie derer, die unseren Geschichten zuhören, verleiht uns Kraft. Aus diesem Grund sind wir nicht willens, diese alten Wunden heilen zu lassen. Natürlich verfügen wir alle über eine Vergangenheit und hatten Schwierigkeiten im Leben, die uns letztendlich gestärkt haben. Indem wir diese negativen Ereignisse in der Gegenwart am Leben erhalten, *sinkt unsere übersinnliche Energie, die wir brauchen, um einen neuen Pfad zu schaffen und unsere Geburtsvision zu erfüllen.*

Haben wir unsere Wahrnehmungsmuster einmal verändert, sind wir in der Lage zu erkennen, daß die betreffenden Ereignisse sich aus einem bestimmten Grund zugetragen haben. Dann können wir uns von der Vorstellung trennen, daß wir wirklich verletzt worden sind. Myss sagt: »Dadurch befreien wir uns von einer machtlosen Form der Wahrnehmung ... Die Konsequenz davon besteht im Zugang zu einer höheren Wahrnehmungsform ... Vergeben ist so wichtig und machtvoll, weil Sie dadurch Ihre Energie aus der Wahrnehmung von Schuld, Entschuldigung und Schwäche zurückgewinnen, die Sie ansonsten in einer Mentalität von Auge um Auge, Zahn um Zahn gefangenhalten.«

Mit diesem Wahrnehmungswechsel verändert sich Ihr Leben auf dramatische Weise. Sobald Sie damit aufhören, sich darauf zu fixieren, welches Leid andere Ihnen angetan haben, werden sich Ihre Beziehungen ändern. Myss sagt: »Sobald Sie damit aufhören, das Opfer zu spielen, hören Sie ebenfalls auf, die Gesellschaft von Opfern zu suchen. Sie werden sagen: ›Meine Güte, du hast dich überhaupt nicht verändert!‹ Ihre Mitopfer werden darüber nicht erfreut sein, sondern diese Äußerung als Verrat auffassen. Es liegt an Ihnen, die Kraft aufzubringen, nach außen hin zu zeigen, daß Sie sich verändert haben ... Sie können nicht die ganze Welt mitnehmen ... Furcht und Angst können sich einstellen ... Wie wird meine Welt aussehen, wenn ich gesund bin? Wie sieht eine Beziehung aus, die aus einer Position der Stärke zustandekommt? Solange Sie an alten Wunden festhalten, verfügen Sie auch über eine private Agenda:

1. Sie wollen Macht über die andere Person;
2. Sie haben die Absicht, die andere Person zu kontrollieren;
3. Sie rechnen auf deren Unterstützung im Falle bevorstehender harter Zeiten, was eine langfristig manipulative Planungsweise darstellt.«

Fall-Studie: Kontrolldramen des Armen Ich und des Einschüchterers

Eine Frau namens Jane wurde sich nach dem Lesen der Prophezeiungen von Celestine im Jahre 1993 darüber klar, daß sie sich von vielen Menschen in ihrer Umgebung einschüchtern ließ. Ausgelaugt und wütend über diese Behandlung fühlte sie sich dennoch zur gleichen Zeit schuldig und unsicher darüber, daß sie möglicherweise nicht genug unternahm, um den Erwartungen dieser Menschen zu entsprechen. »In meinem Leben gab es drei Einschüchterer, deshalb mußte ich davon ausgehen, daß ich es war, die diese Menschen aus irgendeinem Grund anzog. Mein erster Gedanke war, wie sehr sie in ihrem Verhalten meiner Mutter ähnelten«, berichtete die Frau. »Die Situation mußte sich fast zur Unerträglichkeit zuspitzen, bevor ich bereit war, tief genug zu gehen, um mein Muster in dieser Sache zu erkennen. Ich war absolut entschlossen, diese Kontrolldramen ein für allemal zu beenden.«

Kürzlich rief Jane an und berichtete über den Erfolg ihrer Bemühungen in den letzten sechs Monaten. »Ich fühle mich heute viel besser«, sagte sie. »Zum Beispiel habe ich meine Haltung gegenüber der Grundstücksmaklerei vollkommen verändert. Vor sechs Monaten dachte ich noch, der Beruf sei nichts für mich. Jetzt ziehe ich gute Kunden an, und es macht mir Spaß, mit ihnen zu arbeiten. Ich fühle mich kreativer und optimistischer, dadurch bin ich zu einer umgänglicheren Person geworden. Ich bin entspannter und leide nicht mehr unter diesen Anfällen panischer innerer Unruhe. Ich verdiene zwar gutes Geld, doch ist das Geld nicht die Hauptursache für mein Wohlbefinden, weil ich auch vorher schon über Geld verfügt hatte und trotzdem in konstanter Unruhe lebte. In den letzten Monaten habe ich hart an meinem ›Armen Ich‹ gearbeitet, und heute habe ich das Gefühl, als sei mir ein Gewicht von den Schultern genommen worden. Störungen haben nicht mehr den Lawineneffekt wie früher.«

»Was ist passiert?« fragten wir sie.

»Zunächst wurde mir klar, daß diese Menschen sich aus gutem Grund in meinem Leben befanden. Ich zog schwierige Leute an. Ich hatte das Bedürfnis, mich an sie zu binden – ich fühlte mich beinahe wie hypnotisiert. Obwohl ich es nicht genau erklären kann, wußte ich, daß hier ein altes Muster am Wirken war«, sagte Jane. »Zweitens fiel mir auf, daß es jedes Mal zu einem Wutausbruch kam, wenn ich meine

»Die Macht, die ein anderer Mensch hat, ist die Macht, die ich ihm gebe ... Sobald ich den anderen mit Macht ausstatte, die er nicht besitzt, stehe ich eigentlich meiner eigenen Kraft gegenüber. Meine eigene Kraft ist zu meinem Gegenspieler, meinem Feind geworden. In dem Maße, wie der andere Macht besitzt, ich diese jedoch nicht als effektiv empfinde, kann er sie nicht auf mich projizieren.«

Gerry Spence,
How To Argue and Win Every Time.

eigenen Bedürfnisse zu lange zurückgestellt hatte. Ich erkannte diese Menschen als fordernd und selbstsüchtig, akzeptierte jedoch die alleinige Schuld und versuchte, dafür übermäßig zu kompensieren. Wenn sich meine Wut darüber genügend angestaut hatte, wurde ich zu einem noch gewaltigeren Einschüchterer, als diese Menschen selbst es waren. Ich war wohl der Ansicht, sie nur im zustand äußerster Wut konfrontieren zu können, was mir endlich ein Machtgefühl vermittelte.

Meine Reaktionen wurden mir selbst schließlich so offensichtlich, daß ich mich mit meinem eigenen Verhalten konfrontieren mußte. Ich kam mir vor wie ein Automat. Erst verlor ich meine Energie, dann ging ich in die Luft. Danach fühlte ich mich schuldig. Ich hatte mich stets ausschließlich auf die Probleme der anderen konzentriert und meine eigenen Bedürfnisse komplett zurückgestellt.

Mein erster Schritt zur Veränderung bestand darin, ein intellektuelles Verständnis hinsichtlich meines Kontrolldramas zu entwickeln. Zusätzlich arbeitete ich mit einem psychologischen Berater. Während jeder Begegnung mit meinen Einschüchterern achtete ich sehr genau darauf, welche Gefühle sich bei mir einstellten. Dann fragte ich mich, welche Optionen ich in solchen Situationen hatte. Ich probierte unterschiedliche Möglichkeiten durch, z. B.: ›Ich muß das Gespräch jetzt leider beenden‹, oder ›Es gefällt mir nicht, wie Sie mit mir reden.‹

Zu Beginn spürte ich jedes Mal einen dicken Kloß im Magen. Da ich meine Intention, das Drama zu brechen, jedoch nicht aufgab und meine Macht behalten wollte, fingen meine Mitmenschen tatsächlich an, mich freundlicher zu behandeln. Schrien oder brüllten sie, ließ ich es einfach an mir abgleiten. Ich achtete konzentriert darauf, mich und meine Bedürfnisse ernst zu nehmen, anstatt mich um das Verhalten der anderen zu kümmern.

Ich habe ein Tagebuch geführt, in dem ich niederschrieb, was andere gesagt und was ich entgegnet hatte und wie ich mich dabei fühlte. Später las ich es durch und fragte mich, wie kann ich derartige Situationen weniger aufgeladen ablaufen lassen? Was kann ich beim nächsten Mal anders machen? Ich habe regelrecht geübt, weil ich keine Ahnung hatte, was ich da eigentlich tat! Ich fühlte mich wie auf Autopilot, die Anzeiger waren ausgefallen, und ich befand mich im Blindflug.«

Den Haken auswerfen

In Janes Geschichte finden sich einige Elemente, die in jedem gestörten Verhalten auftauchen, das auf Kontrolldramen basiert. Zunächst fiel ihr auf, daß sie sich immer wieder von schwierigen, einschüchternden Menschen angezogen fühlte und dort an »den Haken« biß. Dieser Haken hatte schließlich die Funktion, ihre Aufmerksamkeit soweit zu erregen, daß es ihr gelang, ihr altes Muster aufzugeben und ein gesünderes Verhalten zu entwickeln.

Die Projektion von Ärger färbt auf andere Entscheidungen ab

Als nächstes wurde ihr bewußt, daß sie sich das Ausmaß ihres wirklichen Schmerzes nicht eingestehen wollte und doch die ganze Zeit damit beschäftigt war, Ärger anzustauen. Schmerz und schließlich Wut projizierte sie auf ihre Arbeitssituation. Diese Gefühlsprojektion führte sie zu der Überzeugung, der Beruf des Grundstücksmaklers sei nicht die richtige Beschäftigung für sie. Außerdem ignorierte sie ihre wahren Gefühle und konzentrierte sich ausschließlich auf das Verhalten der anderen. Dadurch erfuhr sie einen Energieverlust, reagierte durch Verärgerung und fühlte sich schließlich schuldig – was natürlich heißt, daß sie eine Menge Energie mit dem Wiederholen ähnlicher Situationen und den daraus resultierenden Schuldgefühlen verbrachte.

Rückkehr in den Körper als die Quelle von Informationen

Jane veränderte ihr Kontrolldrama, indem sie sich zunächst einmal darüber bewußt wurde, auf welche Weise sie an dieses Drama gebunden war. Sie begann, sich mit den körperlichen Empfindungen in ihrem Nacken und in der Magengegend zu beschäftigen und war plötzlich in der Lage, sich sofort besser zu fühlen und nicht erst hinterher, bei der Rekapitulierung der Ereignisse. Sie experimentierte mit verschiedenen Formen der Entgegnung und ließ andere Menschen wissen, wo ihre Grenzen lagen und daß sie weder angeschrieen noch ständig kritisiert werden mochte. Vor allem aber konzentrierte sie sich auf ihre eigenen Gefühle und begann damit, sich die angsterregenden unter ihnen näher anzuschauen und vertraute darauf, daß die Welt ihr irgendwann eine Möglichkeit zur Befreiung präsentieren würde. Sie entwuchs dem reaktiven, regressiven Bedürfnis, sich zu verteidigen und zu kontrollieren und gewann statt dessen die Überzeugung, daß sie für sich selbst sorgen konnte, auch wenn andere versuchen sollten, ihre Energie zu stehlen.

Die Erkenntnis, daß andere Menschen ihr Leben nicht besser machen werden

Nachdem sie einmal erkannt hatte, daß ihre internen Konflikte innerhalb dieser problematischen Beziehungen ausgearbeitet wurden, stellte sie mit immer stärker werdender Klarheit fest, daß jede dieser Personen einen Teil von ihr repräsentierte, *den sie unbewußterweise als wichtig für ihr nacktes Überleben betrachtete.* »Mir wurde klar, daß ich an einer dieser Personen hing, weil sie eine Berühmtheit war. Ich hatte Angst, den Kontakt zu ihr zu verlieren, weil sie mich als meine Klientin zu etwas Besonderem machte. Ein anderer Klient war ausgesprochen wohlhabend und besaß ein wunderschönes Haus, das ich selbst gern gehabt hätte. Ich wollte, daß er mich mochte, und ich wollte ihm ein Fünfmillionendollarhaus verkaufen! Die dritte Person war außergewöhnlich intelligent und extrem erfolgreich. Sie war eine erfolgreiche Vortragsrednerin und verfügte über ausgezeichnete Verbindungen, beides Tatsachen, über die ich nicht verfügte. Ich beneidete sie um ihren Status und hoffte darauf, daß sie mich anderen Menschen aus ihrem Umfeld vorstellen würde. Nachdem ich die Natur unserer Dynamik erkannt hatte, erhielt ich ›zufälligerweise‹ Gelegenheit, an einem großen Ereignis teilzunehmen, bei dem ich für meine eigenen Vortragskünste große Anerkennung erfuhr. Mit einem Mal spürte ich, daß ich mit meiner eigenen Energie- und Kraftquelle verbunden war! Es war mir plötzlich sonnenklar, daß ich durch meine ständigen Versuche, mit diesen Leuten Kontakt zu halten, Energie verlor und nicht gewann.«

Wie sie sich die Energie, die sie anderen gegeben hatte, zurückholte

Psychologisch betrachtet holte Jane sich die Qualitäten zurück, die sie selbst auf die entsprechenden Personen projiziert hatte. Sie bekam Zugang zu ihrer eigenen Energie und hatte es nicht länger nötig, Einschüchterer anzulocken, um ihren Mangel an Selbstbewußtsein auszugleichen. Sie löste sich ebenfalls von der tiefverwurzelten Vorstellung, daß ihr Überleben davon abhing, schwierigen Menschen gefällig zu sein, wie sie es als Kind mit ihrer Mutter getan hatte.

Um die Verbindung zu ihrer eigenen Energie nicht zu verlieren, hält sie sich oft in der Natur auf, joggt und meditiert. »Ich suche nach der Schönheit in meinem Leben und meiner Umgebung oder höre Musik. Ich versuche, mich möglichst gesund zu ernähren. Ich habe endlich gelernt, mich nicht mehr von den Launen meiner Klienten abhängig zu machen. Ich weiß jetzt, wann ich nein zu sagen habe und daß ich nicht auf der Welt bin, um anderen zu gefallen, oder mich als Opfer anzubieten. Egal wie weh es tut, nein zu sagen, ich achte die von mir gesetzten Grenzen. Meine wahren Bedürfnisse kommen an erster Stelle, und ich lasse andere Menschen in Frieden, ohne mich ständig damit zu beschäftigen, was sie wohl im Schild führen mögen und ohne zu versuchen, sie zu verändern.

Wenn ich merke, daß meine Energie nachläßt, erinnere ich mich daran, daß es an mir liegt, mein Verhalten zu ändern. Mit mir selbst im Reinen zu sein kann unter Umständen bedeuten, daß ich meine Stimme erhebe und lauter werde, aber ich bleibe dabei mit meinem Zentrum, der Quelle meiner Energie verbunden.«

Ein paar Monate später sprach ich wieder mit Jane. »Ich bin total erstaunt darüber, wie sehr sich die Dinge verändert haben. Ursprünglich hatte ich daran gedacht, das Maklergeschäft aufzugeben. Statt dessen erhielt ich ein Stellenangebot von einer Firma, in der eine vollkommen andere Dynamik herrscht. Hier arbeiten alle zusammen. Das gefällt mir. Ich mag die Menschen hier. Und wenn ich ehrlich bin, dann habe ich dazu gar nichts weiter beigetragen. Die Dinge befanden sich einfach im Fluß.«

Janes Entschlossenheit, ihre schmerzlichen Muster zu verändern, führte sie mitten in das Kontrolldrama, das sie durchzuarbeiten hatte. Sie ignorierte dabei weder die betreffenden Personen, noch wechselte

»Sich die eigenen Kontrolldramen bewußt zu machen und sich dann von ihnen zu lösen, ist zunächst mit starker innerer Unruhe verbunden. Der Zwang muß sich lösen, bevor die innere Verlorenheit aufgehoben werden kann. Deshalb geht die ›dunkle Nacht der Seele‹ manchmal einer erhöhten Wahrnehmung und spirituellen Euphorie voraus.«

James Redfield,
Die Zehnte Erkenntnis

sie den Arbeitsplatz. Sie erkannte, daß hinter ihrem Muster, Einschüchterer anzuziehen, der Wunsch nach Heilung stand. Auf diese Erkenntnis stieß sie durch das Führen eines Tagebuches, in das sie jede Episode eintrug, und durch das Beachten ihrer Traumbotschaften. Sie fühlte sich nicht länger schuldig an den Problemen anderer. Sie achtete darauf, daß ihre Energie nicht absackte, und wenn sie es doch tat, ergriff sie energetisierende Gegenmaßnahmen. Ihr Wunsch, sich als vollständiges Wesen zu erfahren, brachte sie in die Nähe neuer, positiver Möglichkeiten und veränderte ihre Haltung sich selbst und ihrer Arbeit gegenüber. So schmerzhaft es für eine Weile gewesen sein mag, ihre Aufmerksamkeit und ihre innere Arbeit hoben sie auf eine neue Stufe spirituellen Wachstums.

»Mittlerweile erkenne ich die Warnzeichen rechtzeitig und trete vor den heranfliegenden Bällen einfach zur Seite, wie bei einem Fußballspiel. Ein rotes Tuch ist für mich jemand, der sich zu schnell auf mich zubewegt, oder wenn ich spüre, daß mir jemand die Schuld an etwas geben will oder übermäßig bedürftig ist bzw. sehr aggressiv auftritt. Ich spüre, wenn Menschen etwas von mir wollen. Ich nehme sie wahr, als seien sie im wahrsten Sinne des Wortes außer sich. Ich befand mich in genau dem gleichen Zustand – außerhalb von mir. Mittlerweile begreife ich mich als flexiblen Teil einer Organisation und nicht als das Zentrum des Universums. Zu einem Zeitpunkt, als ich völlig egozentrisch war, fiel mir gar nicht weiter auf, daß andere Menschen ebenfalls in ihren eigenen Realitäten lebten. Selbst wenn mich jetzt jemand auf ein Podest stellt, was dem Ego auf jeden Fall schmeichelt, handelt es sich dabei für mich um eine ungleiche Beziehung zwischen mir und anderen Menschen.«

Schwere Ausrüstung, schwere Energie

Jan E. aus Oklahoma erzählte uns eine weitere Geschichte, die deutlich macht, auf welche Weise Menschen, die dazu neigen, den Energiefluß anderer zu kontrollieren, ihr dabei behilflich waren, neue Methoden im Umgang mit aufsässigen Kunden zu entwickeln.

»Wir vermieten Sattelschlepper für Schwersttransporte«, begann sie, »und ich habe meistens mit Männern zu tun. Viele Männer in meiner Branche scheinen von Natur aus eine aggressive Grundhaltung im Umgang mit Frauen zu haben, vor allem, wenn es um sogenannte ›Männersachen‹ geht. Von vorneherein geben sie sich konfliktfreudig und angriffslustig. Wahrscheinlich meinen sie, auf diese Weise besser an ihr Ziel zu kommen. Früher hat mich das sehr gestört. Nachdem ich *Die Prophezeiungen von Celestine* und das Handbuch dazu gelesen habe, fühle ich mich nicht mehr wie ein Opfer. Ich erkenne jetzt die Spiele meiner Mitmenschen.

Zu verstehen, daß Kontrolldramen aus der Kindheit der jeweiligen Person herrühren, half mir dabei, mich nicht mehr so bedroht zu fühlen. Die Leute verhalten sich so, wie sie es gelernt haben. Manche Kunden versuchen es mit dem Drama vom ›Armen Ich‹, etwa nach dem Motto: ›Och, muß ich wirklich die Miete für den ganzen Tag bezahlen?‹ Mir ist klar, daß sie um Mitleid heischen und auf die Art versuchen, die Umstände zu ihrem Vorteil zu manipulieren. Manchmal ist dies so offensichtlich, daß ich darüber nur noch lachen kann.«

Genau wie Jane hat auch Jan ihre internen und externen Erfahrungen an ihrer Arbeitsstelle transformiert. Sie analysiert ihre Mitarbeiter und Kunden nicht mehr psychologisch, sie schwadroniert nicht über ihre eigene Spiritualität, und sie weist nicht auf die Fehler anderer hin. Sie hat ihre Wahrnehmungsweise verändert. Sie glaubt jetzt nicht mehr automatisch, daß sie der Anlaß für das unfreundliche Verhalten anderer ist und kämpft nicht mehr darum, ihre Position nach außen hin zu wahren. Durch dieses neue Bewußtsein hat sich sogar ihr Sinn für Humor wieder erholt.

Innere Harmonie

Brian Finigan, ein Jazzmusiker aus New Orleans, schrieb uns folgenden Brief: »Die Ideen aus den *Prophezeiungen von Celestine* haben einen enormen Effekt auf mein Leben gehabt. Die Fügungen häuften sich derartig, daß ich anfing, Tagebuch darüber zu führen. Ich hatte stets das Drama des Unnahbaren gespielt, doch jetzt ist mir klar geworden, daß sich im gleichen Maße, in dem ich anderen gegenüber eine freundliche Geste mache, Fügungen einstellen, die mir wiederum dabei behilflich sind, offen und aufnahmefähig zu bleiben.

Ich entwickelte das Drama des Unnahbaren als Reaktion auf meinen Vater, der ein Vernehmungsbeamter war. Er stammte aus Irland und war ein nach ausgesprochen pragmatischen Gesichtspunkten ausgerichteter Mann, ganz im Gegensatz zu mir. Für ihn stellte Musik etwas Unpraktisches, Nutzloses dar. Er redete mir aus, Musik als Hauptfach zu studieren, was für mich ein großes Opfer bedeutete. Er arbeitete mit logischen Gründen und sogenannten Fakten, und ich war unfähig, meinen Gefühlen ihm gegenüber Ausdruck zu verleihen. Ich wurde still und unnahbar, und diese Tatsache hinderte mich schließlich daran, größere Risiken einzugehen und zu wachsen ... Ich trug eine Maske, die meine Kreativität ungeheuer einschränkte und mich davon abhielt, ich selbst zu sein. Je mehr Kontakt ich heute mit anderen Menschen habe, desto öfter tauchen Synchronizitäten in meinem Leben auf.«

Das Anziehen von Vernehmungsbeamten

Anne, Besitzerin von zwei Geschäften, erzählte uns, daß sie gerade in einen Machtkampf mit ihrer Geschäftspartnerin Joanie verwickelt war, als sie etwas über die Kontrolldramen las. Mir ging augenblicklich ein Licht auf, als ich von der Dynamik zwischen Vernehmungsbeamten und Unnahbaren hörte. Ich erkannte, daß Joanie in die Kategorie der Vernehmungsbeamtin fiel. In einem fort war sie damit beschäftigt, mir über die Schulter zu spähen und mich bei irgendeiner Fehlleistung zu erwischen oder meine Arbeitsmethoden in Frage zu stellen. Es ging mir wirklich auf die Nerven und ich begann, mich zu fragen, ob ich für dieses Geschäft überhaupt taugte. Gleichzeitig war ich in der Lage, auch meine Rolle als Unnahbare in diesem Kontrolldrama zu erkennen.

Plötzlich wurde mir klar: »Hey, ich bin es, die diesen Vernehmungsbeamten in Joanie zum Vorschein bringt!« Ich wußte, daß ich mich ihr gegenüber unnahbar verhielt und z. B. ihre Anrufe erst nach ein paar Tagen erwiderte. Ich hielt sie im Unklaren darüber, was genau ich mit einigen unserer Klienten absprach. Ich zog meine Energie von ihr ab, weil ich im Grunde genommen wollte, daß sie mir vom Halse blieb. Dieses distanzierte Verhalten meinerseits löste bei ihr Verlassensängste aus. Ich kannte ihren Familienhintergrund und wußte, daß beide Eltern sie zu unterschiedlichen Zeitpunkten verlassen hatten und sie eigent-

»DAS SCHLOSS«: Wie bekommt man sie dazu, daß sie einem wenigstens zuhören? Wie öffnet man sich selbst ihnen gegenüber?

»DER SCHLÜSSEL«: Der Schlüssel ist ein ganz einfacher. Geben Sie ihrem Gegenüber Ihre ganze Aufmerksamkeit. Sagen Sie die Wahrheit. Stehen Sie dazu, wer Sie sind.

»Ist der andere bereit uns anzuhören, überzeugt oft das einfachste Argument. Andererseits können wir mit der geschicktesten Rhetorik der Weltgeschichte aufwarten – solange der andere nicht willens ist uns zuzuhören, können wir ebenso gut zusammen mit einem Rudel Kojoten den Mond anheulen.«

»Dem anderen die Macht zu verleihen, unsere Argumente entweder zu akzeptieren oder abzulehnen, nimmt ihm die Furcht; jene Furcht, die sich letztlich immer gegen uns selbst kehrt. Zum Beispiel können sie zu Ihrem Ehepartner sagen: ›Ich habe die Nase voll von dieser Arbeit, nächste Woche mache ich Urlaub. Du kannst dir entweder auch frei nehmen und mitkommen, oder ich fahre allein.‹«

»Oder Sie können sagen: ›Liebling, ich bin ziemlich fertig und weiß, daß es dir auch so gehen muß. Sobald du dir freinehmen kannst, würde ich gerne einen kurzen Urlaub mit dir machen.‹ Indem man klarstellt, daß die Entscheidungsgewalt ausschließlich beim anderen liegt, beziehen wir eine Stellung, in der wir nicht mehr verlieren können, da wir auf diese Weise keine Macht an den anderen delegieren.«

Gerry Spence, *How to Argue and Win Every Time*

lich niemals gelernt hatte, Vertrauen in andere Menschen zu entwickeln. Mir selbst fiel auf, daß ich aus Unsicherheit dazu neigte, mich still und geheimniskrämerisch zu verhalten und Joanie vermutlich annahm, daß ich sie von allen wichtigen Dingen ausschließen wollte.

Nachdem mir dies bewußt geworden war, erkannte ich, auf welche Weise mein unnahbares Verhalten jeden Aspekt meines Leben beeinflußt hatte. Es gab zum Beispiel eine Zeit, während derer ich die Entscheidungen meines Arztes hätte in Frage stellen sollen und es nicht tat. Unnahbar zu sein, hinderte mich auch daran, mein Geschäft entsprechend zu vertreten, was wiederum meine finanzielle Situation stark beeinflußt hat, von meinen Privatbeziehungen ganz zu schweigen.

Die Klärung niederer Emotionen

Jene Bestandteile, die allen Kontrolldramen gemein sind, nennen wir die niederen Emotionen. Was genau sind sie? Ob wir nun ein Einschüchterer oder ein Armes Ich sind – wir alle erfahren negative emotionale Zustände wie Ablehnung, Mißtrauen, Zynismus, Unsicherheit, Selbstherrlichkeit, Ärger, Eifersucht oder Neid. Diese Gefühle entstammen der Furcht oder dem Schmerz darüber, die Kontrolle über unser Leben aufgeben zu müssen. Da diese negativen emotionalen Zustände uns Energie entziehen und es nicht gestatten, daß wir uns unserer Geburtsvision erinnern, ist es notwendig, sich deutlich zu machen, in welchen Fängen wir uns während dieser Zustände befinden. Dabei ist es selbstverständlich, daß ein reiches und ohne Angst erfahrenes Leben alle menschlichen Gefühle einschließt, da jedes von ihnen eine Botschaft für uns trägt. Versinken wir jedoch in schwerfälliger Energie, sehen wir das Leben mit Scheuklappen und kreieren noch mehr von der negativen Energie, die unseren Verstand bereits besetzt hält. Die Schaffung einer positiven Weltvision setzt voraus, daß wir flexibel sind, anpassungsfähig und bereit zu lernen. Achten Sie einmal darauf, wie schwer und bedrückt Sie sich körperlich fühlen, wenn Sie das nächste Mal in einen Konflikt oder ein schwerwiegenderes Mißverständnis geraten.

Das Klären des Energiefeldes

Es gibt verschiedene Methoden, das eigene Energiefeld zu klären:

1. Kontrolldramen erkennen;
2. alte, reaktive Handlungsmuster durch kreative Lösungen ersetzen;
3. Frieden mit unserer Vergangenheit schließen und uns endlich weiterbewegen.

Barbara Brennan, Lehrerin, Heilerin, Therapeutin, Autorin und Wissenschaftlerin, hat sich seit zwanzig Jahren mit dem menschlichen Energiefeld beschäftigt. Sie gilt als eine der erfahrensten spirituellen Heilerinnen, und sie hält das menschliche Energiefeld für eine Matrix-Struktur, auf der die Zellen des menschlichen Körpers wachsen. Ihrer Ansicht nach befindet sich das Energiefeld in konstantem Wandel, da es fortwährend neu eintreffende Informationen verarbeitet. Geisteshaltungen sowie das Treffen von Entscheidungen führen zu Veränderungen der Energie-Dynamik. »Sobald Sie sich selbst vergeben, geschehen wunderbare Dinge. Solange Sie irgend etwas in Ihrem Inneren nicht als Teil Ihres Selbst akzeptieren, existiert in Ihrem Energiefeld eine mehr oder weniger starke Anspannung, und Ihr Energiefluß stagniert. Sie können das vergleichen mit einem Schleim, den Sie nicht abhusten. So kann es dazu kommen, daß Sie Verzerrungen innerhalb Ihres eigenen Energiemusters kreieren, die daher rühren, daß Sie sich selbst nicht vergeben. Diese Verzerrungen führen schließlich zur Manifestation von Krankheit. Sobald Sie sich selbst vergeben, befreien Sie den Energiefluß in Ihrem Feld, und es kann sich selbst reinigen ... Wenn Sie darauf beharren, einer anderen Person nicht zu vergeben, wird dies als deutliches Muster in Ihrem Feld sichtbar. Von außen wird es starr und brüchig, sobald Sie mit der betreffenden Person in Kontakt treten. Davon abgesehen gibt es allerdings noch andere Möglichkeiten, Ihre Lebensenergie nicht an den oder die Betreffende abzugeben. Wenn zwei Menschen interagieren, entstehen zwischen ihnen breite Energiebänder, sogenannte bio-plasmische Ströme. Dieser Austausch von Lebensenergie findet gewöhnlich zwischen allen Lebewesen statt ... Vergeben wir unserem Gegenüber jedoch nicht, verebben sie. Dieses Verebben ist ebenfalls bei der anderen Person zu beobachten. Beide sind davon gleichermaßen betroffen.«

Die Klärung persönlicher Problematiken ist Teil der Spiritualisierung der irdischen Dimension

Wie in der Dritten Erkenntnis bereits erklärt, befinden wir uns in einem Feld reinen göttlichen Bewußtseins (noch bevor es sich als menschliches Bewußtsein bemerkbar macht). Jeder Gedanke und jede Entscheidung beeinflussen nicht nur unser persönliches Energiefeld, sondern auch das jener Menschen, mit denen wir karmische Verbindungen haben sowie das universelle Energiefeld selbst. Klären wir unsere persönliche Energie, bewegen wir uns automatisch auf eine Vereinigung der spirituellen und materiellen Dimension in unserem Inneren zu. Da jeder von uns ein Funken Gottes ist, sorgt jede dieser Klärungen für das Freiwerden liebevoller Energie, die dem evolutionären Prozeß zugutekommt. Viele Lehrer sagen deshalb seit jeher: »Wenn du Frieden mit der Welt schließen willst, finde Frieden in deinem Inneren.«

> »Weder schaffen die Dinge einander, noch bilden sie im Sinn linearer Kausalität die Ursache füreinander; sie unterstützen einander, indem sie Gelegenheiten, Örtlichkeiten oder Zusammenhänge schaffen und sich dabei gegenseitig bedingen. Hier existiert eine Gegenseitigkeit, eine reziproke Dynamik. Diese Kraft residiert nicht innerhalb einer bestimmten Entität, sondern besteht in der Beziehung zwischen zwei Wesen.«
>
> Joana Macy,
> *World as Lover, World as Self*

Dankbarkeit öffnet den Kanal für das Eintreffen von Synchronizitäten

Brennan sagt: »Jedes Feld verfügt über unterschiedliche Grenzen. Die Grenzen des Feldes eines Menschen, der voller Liebe ist, werden sanft und nachgiebig. Deshalb fällt es ihm viel leichter, mit anderen zu kommunizieren.« Dankbarkeit zu empfinden, energetisiert die tieferliegenden Bereiche des göttlichen Seins, in denen auch die Geburtsvision verankert ist. »Diese intensive, aus der Kernessenz stammende Energie strahlt dann nach außen, so als würde sich ein Gang zur Kernessenz öffnen ... Dadurch kann die Energie in die ganze Welt fließen. Das

Empfinden von Dankbarkeit versetzt das betreffende Individuum außerdem in Synchronizität mit dem universellen Energiefeld ... bzw. den morphogenetischen Feldern des gesamten Planeten und des Sonnensystems. Fließt Ihre Energie einmal auf diese Weise, werden Sie vom gesamten Universum unterstützt.«

Obwohl viele von uns noch nicht in der Lage sind, diese Energieströme wahrzunehmen, erhöhen die Erfahrungen von Pionieren der Energiefeld-Forschung wie Myss und Brennan, um nur zwei Namen zu nennen, die Kapazität unserer kollektiven Fähigkeiten. Interessanterweise weisen die aus den neuen Wissenschaftsbereichen wie die aus der Bioenergetik stammenden Forschungsergebnisse ein großes Potential hinsichtlich der Lösung globaler Konflikte auf. Stellen Sie sich einmal vor, wir brächten dieses Wissen und Bewußtsein gemeinsam mit den herkömmlichen Verhandlungs-Strategien in unsere Friedensverhandlungen ein! Wie ein Tropfen roter Farbe das Wasser färbt, so kolorieren unsere Emotionen diese Welt. Je mehr Menschen sich in der Ausübung einer liebevolleren Haltung und Ehrlichkeit in ihren persönlichen Beziehungen üben, desto stärker wirkt auch die Energie dieser Menschen auf das Kollektiv. Ohne besondere Mühe schaffen wir so fruchtbare Angebote für andere Menschen, genau wie im Fall von Jane und Jan, die ihre Wahrnehmungsweise veränderten, was wiederum für eine Änderung ihres Verhaltens sorgte und so beinahe automatisch für eine Veränderung ihrer äußeren Umstände. Anstatt mittels einer linearen Vorgehensweise (A + B = C) danach zu suchen, »wie man die Welt besser machen« kann, können wir auf diese Weise die Konditionen unserer eigenen Existenz verändern und sehen, was sich uns als nächste Aufgabe, als Dienst am Nächsten offenbaren wird. Indem wir den evolutionären Prozeß als einen fortschreitenden, dynamischen Vorgang begreifen, der von den Beziehungen zwischen Ereignissen, Entdeckungen und Entscheidungen geprägt wird, verstehen wir auch, daß unsere Geburtsvision und die Weltvision sich auf natürliche Weise offenbaren und entwickeln werden, sobald wir den Weg dazu geebnet haben.

Widerstand

Jetzt sind Sie also dabei, über die Erkenntnisse zu lesen und freuen sich eigentlich darauf, Veränderungen in Ihrem Leben vorzunehmen. Sie hoffen, auf den Sinn Ihres Lebens zu stoßen. Sie sind bereit, mehr Liebe zu geben und Ihr spirituelles Verständnis von der Natur der Dinge zu verstärken. In letzter Zeit sind Ihnen sogar die ersten Schritte bewußt geworden, die nötig sind, positive Veränderungen einzuleiten. Sie haben sich einige der Übungen in diesem oder ähnlichen Büchern angeschaut und sie für sinnvoll befunden.

Aber einen konkreten Schritt haben Sie trotzdem bisher nicht getan.

Sie fühlen sich, als hätten Sie um Rat gefragt, wie Sie aus Ihrer augenblicklichen Zwickmühle herauskommen können, doch zu Ihrer Enttäuschung ist in dieser Angelegenheit bisher nichts geschehen.

Willkommen beim Widerstand! Widerstand ist eine Dynamik, die sich in vielen Verkleidungen manifestiert. Nehmen wir einmal an, ein Mensch, dem Sie nahestehen, hat Sie auf eine Ihrer Verhaltensweisen aufmerksam gemacht, die ein Problem in Ihrer Beziehung zu der betreffenden Person darstellt. Wenn Sie sich darüber aufregen, besteht eine hohe Wahrscheinlichkeit, daß die Bemerkung der Wahrheit entspricht. Trotzdem werden Sie sich aller Wahrscheinlichkeit nach weder für den Hinweis bedanken noch damit anfangen, an der Veränderung ihrer Verhaltensmuster zu arbeiten, um weiter wachsen zu können und zum besten Menschen zu werden, der sie nur werden können. Im Gegenteil. Vermutlich reagieren Sie genervt auf den aufdringlichen Einwand und halten sich für mißverstanden. Vielleicht werden Sie bei dieser Gelegenheit auch, stellvertretend für alle nervenden und aufdringlichen Einwände, die im Laufe der Beziehung durch Ihren Partner gemacht wurden, sogar wütend. In Ihrem Kopf beginnen Sie damit, alle dort gespeicherten und Ihrer Meinung nach unentschuldbaren Vorwürfe und Bemerkungen abzuspulen, weil jetzt endlich die Gelegenheit gekommen ist, Ihrem Partner endgültig zu erklären, wie großartig Sie *trotz* dessen kritischer und uneinsichtiger Betrachtungsweise Ihrer Person eigentlich sind. Dieser Zustand nennt sich Widerstand. Sobald Sie sich »ungerechtfertigterweise gekränkt« fühlen, und die negative Emotion Ihrer Wahl Ärger ist, handelt es sich bei Ihnen vermutlich um einen Anhänger der Maxime »Auge um Auge, Zahn um Zahn.« Diese Reaktion weist auf die Unfähigkeit hin, eine Kritik zu akzeptieren oder zu erkennen, wann bestimmte Muster in Ihrem Leben nicht mehr funktionieren. Solches Verhalten blockiert den Zugang zu Ihrer kreativen Energie.

Das Auftauchen von Widerstand kann bedeuten, daß eine Veränderung unmittelbar bevorsteht

Ein Mitglied der Celestine-Arbeitsgruppe in Boston spricht über seine diesbezüglichen Erfahrungen: »Ich habe herausgefunden, daß hinter jedem meiner Widerstände eine für mich wichtige Wahrheit verborgen liegt. Innerer Widerstand ist in Wirklichkeit ein Zeichen dafür, daß grundlegende Veränderungen in meinem Leben unmittelbar bevorstehen.«

Doch selbst wenn Sie bereits wissen, daß Sie Veränderungen in Ihrem Leben vornehmen sollten, heißt dies noch lange nicht, daß Sie dies auch tun werden. Stellen Sie sich die Frage, was Sie loslassen müssen, um einen neuen Schritt machen zu können. Beverly, eine Radiologin, erzählte uns, daß sie nach dem Lesen der Erkenntnisse vor allem vermied, an ihrem parentalen Überblick im Celestine Handbuch zu arbeiten, obwohl sie dort auf Informationen gestoßen war, die ihr hätten deutlich machen können, weshalb sie gerade ihre Eltern gewählt hatte. Die große Frage in ihrem Leben bestand damals darin, ob sie weiterhin im medizinischen Bereich tätig sein oder lieber eine Karriere als freiberufliche Autorin einschlagen sollte. »Mir wurde klar, daß mein Widerstand gegen eine Selbst-Analyse vor allem aus der Furcht herrührte, vor Augen geführt zu kommen, was für ein Kind ich damals war und wer ich heute bin. Es war schwierig, meine Eltern als ›neutrale‹ Personen wahrzunehmen. Ich war der festen Ansicht, die ›falschen Eltern‹ zu haben, und ich wehrte mich innerlich gegen die Tatsache, daß ihr Einfluß mich geformt hatte.« Beverlys Widerstand gegenüber der Absolvierung ihres parentalen Überblicks war ein Hinweis darauf, daß sie tief im Inneren der Überzeugung war, im Hinblick auf ihre Eltern »im Dunkeln« bleiben zu müssen, da sie ihr als Begründung dafür dienten, ihre Interessen als Autorin zu entwickeln und diese vor sich selbst zu vertreten. Sie meinte, zu alt für einen Berufswechsel zu sein. Es war einfacher für sie, ihren Eltern die Schuld daran zu geben, daß sie ihre Talente nicht frühzeitig gefördert hatten. Schließlich begriff sie, daß die elterliche Strenge ihr ein enormes Maß an Selbstdisziplin verliehen hatte und daß ihr Beruf als Radiologin ihr nicht nur Selbstbewußtsein, sondern auch materiellen Wohlstand beschert hatte. Ein Freund riet ihr dazu, die gleiche Energie und Sorgfalt, die sie auf ihre medizinische Karriere verwandt hatte, auf die Schriftstellerei zu übertragen. »Um ehrlich zu sein«, sagt sie heute, »hätte ich gar nicht viel zu sagen gehabt, als ich noch jünger war. Jetzt schreibe ich über neue Trends in der Medizin, und ich brauchte meine Erfahrung auf diesem Gebiet, um als Autorin überhaupt glaubwürdig zu sein.«

Finden Sie heraus, was Sie davon haben, sich nicht zu verändern

Sobald Sie einer intuitiven oder synchronistischen Möglichkeit nicht folgen, haben Sie eine Entscheidung getroffen. Der Grund für diese Entscheidung liegt entweder in einer tiefen Furcht oder in einer Gegebenheit, die in Ihrem augenblicklichen Leben eine höhere Priorität einnimmt als das neue Leben, das Sie sich angeblich wünschen. Stellen Sie sich einmal die Frage, vor welchen Aspekten Ihrer Persönlichkeit Sie eigentlich Angst haben bzw. was Sie dort nicht sehen wollen. Was gewinne ich durch meinen Widerstand gegen Veränderung? Was habe ich davon, mich klein zu machen und zu beschränken? Weshalb vertrete ich solch einschränkende Meinungen?

Dabei hilft es, jeden auftretenden Widerstand als Zeichen für etwas bereits Überkommenes zu betrachten. Verurteilen Sie sich nicht für Ihre scheinbaren Limitationen; verstehen Sie Widerstand als einen Platz in Ihrem Inneren, der Liebe und Licht braucht. Die Buddhisten schlagen vor, daß Sie in den Widerstand hineinatmen und gleichsam zuschauen, wie er sich durch Ihr Herz bewegt. Stellen sie sich vor, daß er sich dort in Liebe und Licht auflöst und einer höheren Bestimmung zugeführt wird.

Die Klärung verbliebener Emotionen aus vorherigen Leben

> »Die Achte Erkenntnis beschreibt, wie man anderen Menschen Kraft gibt, indem man sich auf ihre innere Schönheit und ursprüngliche Weisheit besinnt. Durch diesen Vorgang können Kreativität und Energieniveau der Gruppe potenziert werden. Doch haben viele Gemeinschaften Schwierigkeiten, sich auf diese Weise sozusagen ›Flügel zu verleihen‹, auch wenn es den einzelnen Mitgliedern bei anderen Gelegenheiten ohne weiteres gelingt. Das gilt besonders für Arbeitsgemeinschaften, wie z. B. Gruppen von Angestellten oder Teams, die ein bestimmtes Projekt verwirklichen sollen. Das Problem ist, daß alte Gefühle aus früheren Lebenszeiten dabei aufsteigen und die Funktionsfähigkeit der Gruppe untergraben.«
>
> James Redfield, *Die Zehnte Erkenntnis*

Nachdem wir jetzt erfahren haben, wie wir Energieblockaden beseitigen können, die ihre Wurzeln in der Vergangenheit *dieses* Lebens haben, wollen wir einen Blick auf eine tiefer in uns verborgene Schicht werfen. Warum? Mehr und mehr Menschen inkarnieren sich gemeinsam, um in dieser Zeit grundlegender Veränderungen zusammen an der Schaffung einer positiven Weltvision zu arbeiten. Harmonisch mit anderen zu arbeiten ist nicht nur effektiv, sondern eine Voraussetzung dafür, positive Veränderungen in Umwelt und Kultur zu bewirken. Da keine dieser Menschengruppen in den Besitz ihrer wirklichen kreativen Kraft gelangen kann, bevor sie nicht bewußt daran geht, ihre Energie zu klären und zu verstärken, müssen wir willens sein, an Dingen zu arbeiten, die sich nicht nur auf dieses Leben beschränken.

Das in der Zehnten Erkenntnis angesprochene Wahrnehmungsniveau verleiht uns eine umfassendere Perspektive, zu der unter anderem der Begriff der Reinkarnation gehört, ein Konzept, das in unserem Kulturkreis erst langsam bekannt wird.

Als im Verlauf des Romans sieben Hauptfiguren versuchen, das Energie-Experiment im Tal zu stoppen, stoßen sie unvermittelt auf irrationale Wut gegenüber Maya. In der anschließenden Meditation erkennen sie Bruchstücke eines gemeinsamen Vorlebens, in dem David und Curtis durch einen Fehler Mayas ums Leben gekommen waren.

Die negativen Emotionen aus diesem Vorleben waren Teil der gegenwärtigen Inkarnation, in der den Beteiligten eine weitere Möglichkeit geboten wurde, ihr Ziel gemeinsam zu verwirklichen.

Die Erkenntnis erinnert uns daran, daß wir trotz grundlegender Arbeit an unseren Kontrolldramen und den damit verbundenen Tendenzen auf Menschen stoßen werden, die uns unerklärlicherweise irritieren oder verärgern. Wir müssen in Betracht ziehen, daß derartige Animositäten eventuell aus gemeinsamen Vorleben resultieren. Dies kann sich durch Schuldgefühle, Scham, Neid, Wut oder Eifersucht gegenüber einem anderen Gruppenmitglied ausdrücken, selbst wenn es keinen rationalen Grund für derartige Gefühle zu geben scheint. Anstatt diese Gefühle jedoch einfach zu ignorieren, kann es sehr aufschlußreich sein, sich den Grund für das gemeinsame Vorleben ins Bewußtsein zu rufen, weshalb Sie damals zusammengekommen waren und was Sie in diesem Leben anders machen können. Dazu bedienen Sie sich des gleichen Prozesses wie zur Klärung negativer Emotionen und Verhaltensweisen. Die in Vorleben gelernten Lektionen können Ihnen so dabei behilflich sein, Ihre jetzigen Lebensumstände zu klären. Haben Sie jedoch Geduld! Im Verlauf des Romanes verdichten sich die Einsichten und Erkenntnisse. Wenn es innerhalb Ihres Lebens einen wichtigen Konflikt gibt, den Sie unbedingt lösen wollen und Sie es bereits mit den üblichen Methoden versucht haben, versuchen Sie es einmal mit Rückführungstherapie. Versichern Sie sich vorher, daß Sie bei dem Therapeuten in guten Händen sind.

Es kann unter Umständen sehr hilfreich sein anzunehmen, daß Sie dieses Mal auf die Welt gekommen sind, um an ungelösten Problemen aus Vorleben zu arbeiten und um Ihre Mission zu erfüllen (zu der ganz gewiß das Abgelten karmischer Schuld gehört, indem Sie die gleichen Fehler nicht dauernd wiederholen). Die Menschen, denen Sie heute begegnen, haben sich bereit erklärt, Ihnen beim Ausgleich Ihrer Schulden zu helfen.

Wenn Sie sich der gegenwärtigen Ereignisse bewußter werden, kann es passieren, daß Ihre Intuition Sie mit Botschaften versorgt, die emotional scheinbar in keinem Zusammenhang mit Ihrem Leben stehen. Vielleicht haben Sie durch Heirat einen Verwandten bekommen, den Sie von Anfang an nicht ausstehen konnten. Oder Sie müssen mit jemandem an einem Projekt arbeiten, dessen Anwesenheit Sie ohne besonderen Grund ständig irritiert. Um Ihre ursprüngliche

Geburtsvision zu erfüllen, wird es Ihnen helfen herauszufinden, woher diese verwirrenden Gefühle stammen.

Innerhalb einer projektbezogenen Gruppe kann ein »Querkopf« durchaus als Reflexion einer bisher verdeckten Thematik angesehen werden, von deren Aufdeckung die gesamte Gruppe profitiert, wenn sie sich selbst im Verhalten der scheinbar unkonstruktiven Person erkennt und bereit ist, daran zu arbeiten.

Gruppen, die mit der Zehnten Erkenntnis umgehen, müssen wissen, wie man Energie von Themen oder Problemen durch eine Atmosphäre der Liebe in den Augenblick bringt. »Dies kann nicht beginnen, bevor wir vollständig zur Liebe zurückgekehrt sind ...«

Der bekannte Heiler und Wahrsager Edgar Cayce hat wiederholt betont, daß wir zunächst unsere Feindseligkeit gegenüber anderen Menschen klären müssen – wir verbinden uns sonst Leben für Leben mit ihnen, bis die Feindseligkeit gelöst ist. Feinde wie Freunde können gemeinsam entscheiden, auf der Erde Familien zu gründen, um karmische Probleme auszuarbeiten.

Manchmal tritt ein Mensch mit ganz anderer Schwingung als der Ihrigen in Ihr Leben, um durch die Interaktion mit Ihnen geheilt zu werden. In seinem Buch *Many Lives, Many Masters* berichtet Dr. Brian Weiss von Informationen, die aus höheren Bewußtseinsdimensionen stammen und durch eine Rückführungs-Session mit seiner Klientin Catherine zugänglich wurden. Eine dieser Informationen bestand darin, daß wir jeden unserer charakterlichen Mängel und alle unsere Schwächen klären müssen, um sie nicht mit in unser nächstes Leben zu nehmen. Haben wir einmal entschieden, unsere externen Probleme zu lösen, werden sie in unserer nächsten Inkarnation nicht mehr auftauchen. Da wir uns auf die Inkarnation mit Menschen geeinigt haben, die uns dabei behilflich sein wollen, unsere Schuld abzutragen, müssen wir lernen, unser Wissen mit anderen zu teilen. Die Botschaft des höheren Bewußtseins lautet: »Es ist wichtig, nicht nur Umgang mit Menschen zu pflegen, die unserer Bewußtseinsstufe entsprechen. Normalerweise fühlen wir uns zu Personen hingezogen, die sich auf der gleichen Ebene befinden wie wir selbst. Aber Sie müssen genauso Menschen aufsuchen, deren Schwingungen anders sind. Das Wichtige dabei ist, den Menschen zu helfen.

Wir sind mit intuitiven Fähigkeiten versehen worden, auf die wir vertrauen und denen wir nicht widerstehen sollten. Nicht jeder kehrt

> »Der Imperativ der Natur besteht darin, daß Intelligenz sich nicht ohne Stimulus durch eine entwickelte Form eben dieser Intelligenz entwickelt. Alles weist darauf hin, daß das ausgewachsene Herz der Mutter das junge Herz des Säuglings beeinflußt und dadurch einen Dialog zwischen dem kindlichen Hirn und seinem Herzen aktiviert. Auf diese Weise erfährt das Neugeborene, daß alles in Ordnung ist und die Geburt erfolgreich vollzogen wurde ... Diese Kommunikation von Herz zu Herz aktiviert in der Mutter ebenfalls eine korrespondierende Intelligenz.
> Indem sie ihren Säugling an der linken Brust nährt und so den Herzkontakt herstellt, wird ein riesiger Komplex von bis dahin ruhender Intelligenz in der Mutter entwickelt, die zu präzisen Veränderungen in der Hirntätigkeit und zu dauerhaften Verhaltensänderungen führt.«
>
> Joseph Chilton Pearce, *Evolution's End*

mit den gleichen Fähigkeiten ausgestattet zurück. Einige von uns verfügen über größere Macht als andere, weil wir sie in vorherigen Leben angesammelt haben. Die Menschen sind nicht alle gleich. Doch irgendwann werden wir einen Punkt erreichen, an dem dies der Fall sein wird.«

Allmählich begreifen wir, daß unsere Kindheit und frühe Familienerfahrungen auf tiefster Seinsebene von uns gewählt wurden, um uns auf eine Neigung unserer Seele aufmerksam zu machen und unsere Liebesfähigkeit zu steigern. Wie wir in den folgenden Kapiteln sehen werden, ist es sehr wahrscheinlich, daß unsere Seele den Ort unserer Geburt und die jeweiligen elterlichen Dynamiken gewählt hat, um uns von mangelhaften Tendenzen – wie dem Mangel an Respekt anderen Menschen gegenüber, Haß, elitäres Verhalten, Kritik, Überheblichkeit, mangelndes Selbstwertgefühl, Arroganz, Gier, Verbohrtheit, Ungeduld, Wut, Rache, Vorurteile oder Selbstgerechtigkeit – zu heilen. Viele spirituelle Schulen gehen davon aus, daß miteinander verbundene Seelen übereingekommen sind, zusammen an einem zu überwindenden Komplex zu arbeiten und deshalb ein gemeinsames Leben in dieser Form führen.

Einzel- bzw. Gruppenstudium

Die folgenden Übungen können Sie entweder allein für sich machen oder als Basis für die Arbeit in der Gruppe benutzen. In diesem Fall sollten Sie noch ein paar Themen dazunehmen und zu Hause oder vor dem Beginn des Treffens zehn Minuten lang etwas zu dem betreffenden Thema niederschreiben.

Da die Themen privater Natur sind, ist es von großer Wichtigkeit, daß Sie innerhalb Ihrer Gruppe für ein sicheres Ambiente sorgen. Sie können viel dabei lernen, wenn Sie zuhören, wie andere Menschen mit ihren Problemen umgehen.

Wechseln Sie sich beim Vorlesen oder Diskutieren Ihrer Gefühle ab, ohne daß die Gruppe eingreift. Nachdem jeder an der Reihe war, beginnt die Diskussion bzw. es wird ein positives Feedback gegeben. Achten Sie besonders darauf, wer eine Botschaft für Sie hat, die Ihnen helfen kann, Ihre Probleme zu bewältigen!

Überprüfen Sie, ob Sie alte Wunden schwären lassen

Für die Dauer von fünf Minuten schreiben Sie einfach auf, was Ihnen in den Sinn kommt; nichts davon müssen Sie der Gruppe mitteilen, wenn Sie nicht wollen.

1. Beschreiben Sie jedes Gefühl, jede Person oder Situation, von der Sie in der Vergangenheit besessen gewesen sind. Können Sie sich vorstellen, Energie an diese alten, schwärenden Wunden zu schikken? Wie oft tun Sie es? Stündlich? Täglich? Hin und wieder? Wie groß ist der Anteil Ihrer geistigen Energie, der dort gebunden ist und nur dazu dient, diese Wunden offen zu halten?
2. Über welche Formen von Kindesmißhandlung, Krankheit, Verletzungen, Charakterfehlern oder anderen negativen Begebenheiten kommunizieren Sie regelmäßig mit anderen Menschen? Sind Sie in der Lage zu erkennen, daß Sie sich dadurch wichtig fühlen? Gewinnen Sie daraus eine ganz subtile Form von Macht?
3. Haben Sie den Eindruck, in Ihrem Leben festzustecken? Wie steht es mit Ihrer Beziehung, dem Familienleben? Vor welchen notwendi-

gen Schritten haben Sie Angst? Wieviel Zeit verbringen Sie damit, verwirrt zu sein? (Versuchen Sie an dieser Stelle nicht, die Fragen zu beantworten.)

4. Beschreiben Sie genau, auf welche Weise Ihr augenblicklicher Hauptkonflikt den exakt gleichen Grad von innerer Anspannung kreiert, der bereits in Ihrer Kindheit existierte.

Freude am Leben

1. Beschreiben Sie, was Sie sich in Ihrem Leben am meisten wünschen.
2. Beschreiben Sie ein Szenario, das als Beispiel für die Erfüllung dieses Wunsches gelten kann.
3. Was wäre das Angenehmste und Erfüllendste, das Sie mit dem morgigen Tag beginnen könnten?
4. Werden Sie es tun? Wenn nicht, weshalb nicht? Was steht Ihnen im Weg?
5. Welche Grundhaltung steht hinter Ihrer Antwort? Wessen Stimme spricht da? Mutter? Vater? Gott?
6. Welche Priorität spricht aus Ihrer Wahl für den morgigen Tag?
7. Was werden Sie unternehmen, um sich Freude zu bereiten?

Überprüfen Sie die Kontrolldramen

1. Zu welchem Kontrolldrama neigen Sie in Momenten von Streß?
2. Beschreiben Sie die Hauptkontrolltendenzen Ihrer Eltern oder Beziehungspersonen.
3. Mit welcher Art von Menschen haben Sie die meisten Probleme? Welche Gefühle rufen diese in Ihnen hervor? Denken Sie für einen Augenblick an eine oder zwei dieser Personen und beschreiben Sie Ihr Körpergefühl, wenn Sie im Konflikt mit diesen Personen stehen.
4. Sind Sie in der Lage, das Drama zu benennen und mit den betreffenden Personen über Ihre Gefühle zu sprechen? Was geschieht dann? Falls nicht, was fürchten Sie, könnte geschehen, wenn Sie mit ihnen sprechen würden?
5. Stellen Sie sich eine Unterhaltung mit der Person vor, die sich mit

Ihnen in einem Machtkampf befindet. Stellen Sie sich vor, daß Sie sich beide völlig entspannt an einem neutralen Ort, z. B. in einem Café oder auf einer Parkbank befinden. Schreiben sie nieder, auf welche Weise Sie Ihren Gefühlen Ausdruck verleihen könnten, ohne dem anderen Schuld zuzuweisen.

Klärung von negativer Energie innerhalb von Beziehungen

Bevor Sie eine problematische Beziehung im Außen austragen, ist es ratsam, sich innerlich von negativer Energie zu reinigen.

Denken Sie einen Augenblick über die folgenden Fragen nach, um festzustellen, an welcher Stelle Sie an negativen Gefühlen anderen gegenüber festhalten. Diese ungelösten Gefühle können sehr wohl die Ursache für Ihnen unbewußte Energieblockaden in anderen Lebensbereichen sein: Kreativität, Finanzen oder Entscheidungsfähigkeit. Schreiben Sie jeweils *Ihre ersten und spontan auftretenden* Gedanken nieder.

Wie Sie die Person wahrnehmen

- Schließen Sie die Augen und fragen Sie sich: »Wer regt mich am meisten auf?« **Schreiben Sie den Namen der betreffenden Person oben auf die Seite.**

- »Wie gelingt es dieser Person, meine Energie abzusaugen?« Schreiben Sie zwei oder drei Sätze.

- Drücken Sie in wenigen Worten die Emotionen aus, die Sie diesem Menschen gegenüber haben. Fühlen Sie sich irritiert, sind Sie wütend, voller Vorurteile oder neidisch? **Kreisen Sie das vorherrschende Gefühl ein.**

- Schließen Sie wieder die Augen und stellen Sie sich vor, daß Sie sich in Gegenwart der betreffenden Person befinden. Welche körperlichen Empfindungen verspüren Sie, woran erinnern Sie sich aus Ihrem letzten Zusammentreffen? Spüren Sie eine Verengung in Ihrer Brust, im Magen, in der Kehle oder im Nacken? **Kreisen Sie das dominierende Körpergefühl ein.**

- Treffen Sie sich mit anderen, um die Probleme, die Sie mit der betreffenden Person haben, zu diskutieren? Äußern Sie sich dabei sarkastisch oder zynisch über die Person?

- Schreiben Sie vier oder fünf Worte nieder, die Sie verwandt haben, um die betreffende Person zu beschreiben, z. B. dämlich, starrköpfig, bedrohlich, verrückt, verletzend, einschüchternd, ängstlich oder bösartig. **Kreisen Sie das zutreffendste Wort ein.** Inwieweit trifft dieses Wort – eventuell in abgeschwächter Form – auf Sie selbst zu?

- An welchem Projekt arbeiten Sie mit der betreffenden Person? Schreiben Sie den bestmöglichen Ausgang dieser Zusammenarbeit nieder und weshalb es wegen der anderen Person nicht zu dieser positiven Lösung kommen wird.

Lassen Sie zu, daß sich die Geschichte entfaltet

Schritt eins: Schreiben Sie den Namen der betreffenden Person oben auf ein leeres Blatt.

Schritt zwei: Schreiben Sie die drei eingekreisten Worte nieder, die am ehesten Ihren Emotionen, körperlichen Empfindungen und Ihrer Sicht der betreffenden Person wiedergeben, unter den Namen der Person.

Schritt drei: Wählen Sie eines der Worte, um Ihren ersten Satz damit zu beginnen.

Schritt vier: Beginnen Sie mit dem Schreiben und verwenden Sie die beiden anderen Worte im ersten Absatz. Schreiben Sie für die Dauer von ungefähr drei Minuten ohne abzusetzen und lassen Sie alles heraus, solange Sie die drei eingekreisten Worte dabei verwenden.

Schritt fünf: Reflektieren Sie für einen Augenblick die intuitiven Botschaften, die Sie während des Schreibens empfangen haben. Indem Sie Ihrer inneren Stimme auf dem Papier Ausdruck verleihen, gelangen Sie möglicherweise zu einem tieferen Verständnis der Beziehung, die Sie mit der betreffenden Person verbindet.

TEIL DREI

RÜCKSCHAU AUF DEN WEG

Kapitel 5

Heilung, Transformation und Kreation

»Wir sehen immer deutlicher, daß unsere körperliche Gesundheit in hohem Maße von geistigen Vorgängen bestimmt wird: was wir über das Leben und besonders über uns selbst denken – und zwar sowohl bewußt als auch unbewußt. Damit befinden wir uns in einer fundamentalen Umwandlung. Früher war der Arzt der Fachmann und Heiler und der Patient ein passiver Empfänger, der hoffte, daß der Doktor wußte, was er tat. Heute wissen wir, daß die innere Einstellung des Patienten ausschlaggebend ist. Einer der wichtigsten Krankheits-Faktoren ist Angst, verknüpft mit Streß, und die Art, wie wir damit umgehen. In manchen Fällen wird die Angst bewußt erlebt, aber vielfach wird sie vollkommen unterdrückt. Das ist die tapfere Macho-Haltung. Du leugnest dein Problem, weist es von dir und gibst dich heroisch. Mit dieser Einstellung frißt die Angst uns unbewußt immer weiter auf. Eine positive Sichtweise ist sehr wichtig, wenn wir gesund bleiben wollen, aber diese Haltung muß mit vollem Bewußtsein eingenommen werden und kann nur durch Liebe, nicht durch aufgesetzte Furchtlosigkeit zu einem vollen Heilerfolg führen. Ich glaube, daß unsere uneingestandenen Ängste den Energiefluß in unserem Körper blockieren und daß diese Blockierungen letztlich zu Gesundheitsproblemen werden.«

James Redfield, *Die Zehnte Erkenntnis*

Schlange
Transformation

Die Energie der menschlichen Erwartungshaltung

In der Zehnten Erkenntnis schlägt Maya – von Beruf Ärztin – vor, Visualisierungstechniken zur Heilung von körperlichen Leiden einzusetzen. Sie bringt dem Helden bei, daß Heilung sich durch den gleichen Prozeß vollzieht, durch den sich unser Leben manifestiert.

»Wenn die Wissenschaft einen Wirkstoff entdecken würde, der sich so positiv auf die menschliche Gesundheit auswirkt wie Liebe, würde er als medizinischer Durchbruch gefeiert und über Nacht auf den Markt gebracht werden. Insbesondere wenn er so wenige schädliche Nebenwirkungen hätte wie die Liebe und zudem wie sie kostenlos wäre. Eine Untersuchung von zehntausend Männern, die an Herzerkrankungen litten, zeigte eine 50prozentige Reduktion in der Häufigkeit des Auftretens von Schmerzen im Brustbereich bei denen, die ihre Frauen als liebevoll und hilfreich empfanden.«

Dr. Larry Dossey, *Healing Words*

Sie sagt außerdem: »Unsere Geburtsvision enthält nicht nur unseren jeweiligen, individuellen Plan, sondern auch Elemente der großen Vision, der die gesamte Menschheit von Beginn an gefolgt ist. Wir müssen uns an diese übergeordneten Elemente erinnern.«

Maya macht uns darauf aufmerksam, daß wir durch die Erinnerung an unsere ursprüngliche Mission auch unsere Gesundheit wiedererhalten können. Wenn wir in der Lage sind zu erkennen, worin die Aufgabe der Menschheit besteht – ein spirituelles Leben in einer materiellen Welt zu führen – heilen wir die negative Wirkung, die wir aufeinander und auf die Natur haben.

Techniken zur Heilung des Körpers

Ein sich rasch entwickelnder Aspekt alternativer Medizin ist die bioenergetische Heilung, die die Ursachen von Krankheit und Gesundheit in den »inneren« Dynamiken des Körper/Geist-Komplexes sucht.

In seinem Buch *Healing Words* liefert Dr. Larry Dossey zahlreiche Beweise aus wissenschaftlichen Studien, die die Heilkraft von Gebet oder andächtiger Intention beweisen. In einer Zeit der »Ära III Medizin«, wie er sie nennt, können in traditioneller Schulmedizin ausgebildete und praktizierende Ärzte es sich nicht länger erlauben, uralte Heilungsmethoden wie beispielsweise intuitive Diagnosen zu ignorieren. Dossey hält die tiefe Verbindung zwischen Seele und

Körper/Verstand für den vermutlich wichtigsten Gesundheitsfaktor. In seinem Buch erläutert er die menschliche Fähigkeit, sich durch Zugang zu den eigenen körperlichen, mentalen, emotionalen und spirituellen Quellen selbst zu heilen.

Ebenso erforscht er, inwieweit das Bewußtsein einer Person in der Lage ist, »das körperliche Substrat einer anderen Person zu beeinflussen.« Obwohl wir nicht wissen, wie es funktioniert, verbindet die andachtsvolle Absicht, einem anderen Menschen heilende Energie zu senden, den jeweiligen Sender mit dem Feld des Empfängers. Zeit und Raum spielen dabei keine Rolle.

Während wir für die Genesung einer von uns geliebten Person beten, wissen wir dennoch nicht, was wirklich im Interesse der Seele der Leidenden ist. Manchmal schreitet die Heilung eines Menschen nur langsam voran und vermittelt ihm dabei tiefe Einsichten. Es kann sogar sein, daß der Tod für die betroffene Seele der nächste, sinnvolle Schritt ist.

»An der Universität von Ohio wurde in den siebziger Jahren eine Studie über Herzerkrankungen durchgeführt, in deren Verlauf relativ ungesunde, cholesterinreiche Nahrung an Kaninchen verfüttert wurde mit dem Ziel, ihre Arterien zu blockieren und festzustellen, ob diese Diät zu ähnlichen Resultaten führt wie beim Menschen. Mit Ausnahme einer Versuchsgruppe produzierten alle konsistente Resultate. Die Ausnahmegruppe zeigte 60 Prozent weniger Erkrankungen. Nichts an der Physiologie der betroffenen Versuchstiere ließ auf einen triftigen Grund für diese hohe Toleranzschwelle schließen, bis man schließlich durch Zufall entdeckte, daß der mit der Versorgung der Ausnahmegruppe betraute Student die Kaninchen streichelte und für einige Minuten liebkoste, bevor er sie fütterte. Dieser Umstand allein schien den Tieren zu ermöglichen, die gesundheitsschädliche Nahrung ohne Probleme zu verarbeiten. Eine Wiederholung des Experimentes brachte ähnliche Resultate. Der Mechanismus, der derartigen Immunitäten zugrunde liegt, ist kaum erforscht – es ist in hohem Maße erstaunlich, daß die Evolution einen Immunauslöser in das Kaninchenhirn installiert hat, der durch menschliche Zuneigungsbeweise ausgelöst wird.«

Dr. Deepak Chopra, *Quantum Healing*

»So wie unser Herz den Körper in Gang hält, existiert eine nicht-lokale Intelligenz, die dafür sorgt, daß unser Herz sich in Synchronizität mit einem universellen Bewußtsein befindet. In diesem Sinn haben wir ein Herz des Körpers sowie ein höheres ›universelles Herz‹, und unser Zugang zu letzterem ist im wesentlichen abhängig von der Entwicklung des ersteren. So wie die im menschlichen Hirn bestehenden Intelligenzen zu spezifischen Fähigkeiten führen, bezieht das Herz Kraft von einer höheren Ordnung aus dem Bereich der Erkenntnis-Intelligenz. Diese höherstehenden Ordnungen haben keine bestimmte Form, sondern äußern sich als allgemeine Bewegung zum Wohlergehen und zur Ausgewogenheit des Hirn-Geist-Körper-Komplexes und seiner Tätigkeiten.«

Joseph Chilton Pearce,
Evolution's End

Dosseys Recherchen ergaben ebenfalls, daß angenehme Zusammenkünfte mit unseren Lieben oder Mitarbeitern einen positiven Effekt auf das Immunsystem haben, der tagelang anhalten kann. Negative Interaktionen schwächen unser Immunsystem, wirken jedoch nicht so lange nach wie die positiven.

Leben und Gesundheit

In keinem anderen Lebensbereich sind die gegenwärtigen Bewußtseinsveränderungen so offensichtlich wie auf dem Gesundheitssektor. Natürlich verlassen wir uns immer noch auf den Rat medizinischer Autoritäten, doch hat sich unsere Beziehung zu ihnen verändert. Wir sind immer weniger gewillt, ihre Diagnose als letzte Weisheit oder einzige Möglichkeit zu akzeptieren. Wir erkennen, daß unsere Gesundheit ebenfalls der eigenen Verantwortung unterliegt. Wir wissen nun, daß uns eine breite Palette von Heilmöglichkeiten zur Verfügung steht, die mit einem holistischen Körper/Geist-System arbeiten und nicht einfach isolierte Symptome »reparieren«. Da wir uns mehr und mehr unserer wahren Natur als spirituelle Wesen bewußt werden und feststellen, daß wir aus Energie bestehen, sind wir auch in der Lage, uns effektiver mit unserer inneren Grundhaltung auseinanderzusetzen, anstatt nach einer externen Autorität oder medizinischen Heilmethode zur Kurierung unserer Symptome zu suchen.

Während dieser Paradigmenwechsel stattfindet, fühlen wir uns alle bis zu einem gewissen Grad gestreßt. Die Art und Weise, wie wir mit Streß umgehen, stellt eines der wichtigsten Barometer für unsere zukünftige Gesundheit dar und wird beim Halten der Weltvision von größter Bedeutung sein. Am tödlichsten ist Streß, wenn wir glauben, keine oder nur wenig Kontrolle über die Umstände zu haben – zum Beispiel in einer unflexiblen Arbeitswelt (oder mitten in einem Paradigmenwechsel).

Während wir uns immer weiter von unseren alten Kontrolldramen und den damit verbundenen Einstellungen und Aussichten entfernen, stellen wir fest, daß unsere internen Reaktionen auf externe Situationen sich verändern und das Leben sich besser »anfühlt«. Wenn wir zusätzlich noch nach dem Sinn hinter dem schauen, was sich in unserem Leben ereignet – sei es Krankheit, Verletzung oder Bankrott – haben wir das Bedürfnis nach Kontrolle unserer äußeren Umstände in den Wunsch der Kooperation mit ihnen verwandelt, was wiederum unsere Energien zum Fließen bringt. Deshalb hat die spirituelle Arbeit, die wir leisten, um uns der mysteriösen Natur des Lebens bewußt zu werden und die wahre Natur von Synchronizitäten zu erkennen, einen direkten und positiven Einfluß auf unseren physischen und emotionalen Körper. Mehr Neugier und weniger Schuldzuweisung, und schon eröffnen sich uns neue Möglichkeiten – dieser Geisteszustand ist der Gesundheit am zuträglichsten. Je mehr wir erkennen lernen, daß wir unsere Lebenssituationen zum großen Teil selbst schaffen, desto mehr Kraft werden wir erhalten, die uns bei der Erfüllung unserer ursprünglichen Geburtsvision helfen wird.

Ein tibetischer Mönch erklärte uns, daß Gesundheit nicht nur davon abhängt, wie der Mensch sich ernährt und seinen Körper fit hält. Trotz einer exemplarischen Lebensführung können wir ernsthaft erkranken. Und obwohl manche Menschen berüchtigt sind für ihren ungesunden Lebenswandel, verlieren sie doch ihre Vitalität nicht. Der Mönch erklärte, daß die körperliche Gesundheit des Menschen eine Reflexion des Karmas sei, mit dem der Betreffende in diesem Leben arbeite. Stößt uns etwas zu, kann es sein, daß die Seele auf diese Weise etwas lernen will, was der gesunde Verstand nicht zu begreifen imstande ist.

Die innere Kraft

In der Zehnten Erkenntnis erinnert Maya uns daran, daß unser eigener körperlicher und emotionaler Beitrag zur Genesung Kräfte in uns weckt, die auch in anderen Bereichen motivierend wirken und produktiv eingesetzt werden können: »Das ist meine Botschaft: die Idee, daß wir tief im Inneren wissen, wie und was wir zu unserer Selbstheilung beitragen müssen, sowohl physisch als auch emotional. Die Inspiration kann uns beflügeln, eine idealere Zukunft zu gestalten, und wenn wir das tun, dann geschehen Wunder. Mit ausreichender Energie kann alles geheilt werden – der Haß, die Gewalt, alles. Man muß sich nur auf die richtige Vision besinnen.«

Sie hat leicht reden. Sie lebt in einem Roman. Aber wie können wir diese Energie erlangen? Auf welche Weise sollen wir eine neue Vision von unserem Leben gewinnen? Wir wissen, daß Bücher und Arbeitsgruppen eine große Hilfe dabei sein können, uns Erkenntnisse über den gegenwärtigen Paradigmenwechsel zu vermitteln. Was aber können wir tun, um Tag für Tag klug mit unserem Energiehaushalt umzugehen?

Diese Frage stellten sich auch Michaela Murphy und George Leonard, zwei der Gründungsmitglieder des *Human Potential Movement*. Sie entwarfen eine experimentelle Technik, die dazu dienen sollte, Körper, Verstand, Herz und Seele zu integrieren. Sie sind der Ansicht – und vermutlich werden die meisten von Ihnen

> »Da sie ursprünglich aus derselben Quelle stammen, verfügen sämtliche der transformativen Übungen sowie die Welt der Evolution über identische Muster. Bei beiden gibt es Perioden sogenannter Stasis – Plateaus auf der Lernkurve – denen Ausbrüche beschleunigter Entwicklung folgen. Innerhalb der persönlichen Transformation sowie der allgemeinen Evolution wird dem Neuen etwas Überkommenes geopfert. Bei beiden integrieren neue Bewußtseinsstufen Vergangenes, und sie dienen der Vollendung der latenten Göttlichkeit des Menschen. Und innerhalb beider Prinzipien gibt es Zeiten, wenn sich der Vorgang der Veränderung auf ein höheres Niveau bewegt. Wir befinden uns im Augenblick, so scheint es, mitten in solch einem für die Menschheit bedeutenden Übergang.«
>
> Michael Murphy und George Leonard, *The Life We Were Given*

dem zustimmen –, daß wir eine Technik entwickeln müssen, die sowohl einen stabilisierenden Effekt auf uns hat als auch dazu dient, die hereinkommenden Informationen zu integrieren – und dazu noch Spaß macht.

In ihrem Buch *The Life We Are Given* beschreiben Murphy und Leonard eine Evolution des Denkens, die in den Sechziger Jahren ihren Anfang nahm und die Entwicklung des Menschen unter modernen wissenschaftlichen Methoden und uralten Praktiken in einen neuen Zusammenhang zu stellen suchte. Ihre Arbeit war eine treibende Kraft beim Auftauchen unserer neuen Weltsicht und hat dazu geführt, daß sich die Hitze in der alchimistischen Küche des höheren Bewußtseins beträchtlich verstärkte.

Sie schreiben: »Jede spirituelle Tradition hat auf das globale Dorf einen prägenden Einfluß und stimuliert durch ihre Vielzahl zahllose Leute, einen spirituellen Weg zu wählen und zu beschreiten. Dieser weltweite Trend hat zu einer wichtigen neuen Stufe bei der Entwicklung transformativer Praktiken geführt. Heutzutage sind wir mehr als je zuvor in der Lage, die längerfristige Entwicklung des Menschen mit Hilfe der Wissenschaft zu verstehen und zu steuern. Und es spricht einiges für diese neue Möglichkeit, darunter die Fortschritte im Verständnis von Psychodynamiken durch die moderne Psychologie; deutliche Demonstrationen für unsere Fähigkeit, Veränderungen in der Psycho-Neuro-Immunologie zu bewirken, Sportmedizin, Biofeedback Training, Placebo-Studien und Hypnose-Forschung; neue Entdeckungen über die Fähigkeit des menschlichen Verstandes, über Motivationen und Emotionen. Währenddessen führen uns die Soziologen vor, daß jede soziale Gruppe nur einige unserer Entwicklungsmöglichkeiten fördert, andere jedoch unterdrückt.

Nie zuvor hat es einen derartigen Reichtum an wissenschaftlich fundiertem Wissen über das Wandlungsvermögen der menschlichen Natur gegeben. In Kombination mit den Überlieferungen und der Inspiration aus den Quellen spiritueller Traditionen erhält die menschliche Rasse zum ersten Mal die Möglichkeit, in ihrer Evolution einen riesigen Sprung nach vorn zu machen. Unserer Auffassung nach ist es wahrscheinlich, daß die Menschheit ihrem Schicksal mit größerer Klarheit als je zuvor entgegensteuert.«

Ihrem Gründungsprogramm mit dem Namen *Integrale Transformations-Übungen* liegt die These zugrunde, daß selbst Durchschnittsmenschen mit hektischem Alltagsleben in der Lage sind, außergewöhnliche Fähigkeiten zu entwickeln, solange sie

1. regelmäßig praktizieren;
2. die Bedürfnisse des Körpers, des Geistes, der Emotionen und der Seele durch entsprechende Ernährung, sportliche Betätigung, Lesen und Gemeinschaftsaktivitäten, Gruppenprozesse und Meditation befriedigen;
3. imstande sind, die wesentlichen Vorteile, die eine derartige Praxis bietet, zu genießen.

Im Jahre 1992 wurde das Programm im kalifornischen Mill Valley mit einer Gruppe von Leuten begonnen, die sich auf eine langfristige Verpflichtung eingelassen hatten.

Von den Gruppenmitgliedern wurden zu Beginn des Programmes vier positive Affirmationen verlangt. Die erste war eine *meßbare* Veränderung des Körpers, die mit den üblichen Meßmethoden erfaßbar sein sollte – zum Beispiel die Reduzierung des Hüftumfangs um ein paar Zentimeter. Die zweite bestand in einer *außergewöhnlichen Veränderung* des Körpers, des Verstandes, oder von Veränderungen spiritueller oder emotionaler Natur, die *nicht* mit herkömmlichen Meßmethoden erfaßbar waren. Die dritte Affirmation bestand in einer *vollkommen außergewöhnlichen* Leistung oder einem Resultat, das gewöhnliche menschliche Kapazitäten übertraf. Die letzte Affirmation war für jedes Gruppenmitglied die gleiche. Sie lautete: »Mein ganzes Wesen ist ausgeglichen, vital und gesund.« In allen Fällen handelte es sich bei den Affirmationen um innere Vorgänge. Anstatt um einen Lottogewinn zu bitten, sollten positive Veränderungen der eigenen Funktionsfähigkeit erreicht werden.

Die Studien der ersten beiden Gruppen sind faszinierende Dokumente für die Wirksamkeit und den Wert von dauerhafter Intention und disziplinierter Praxis, da sie eine deutliche Korrelation erkennen ließen. Die persönlichen Statements waren sogar noch ermutigender. Eine neununddreißigjährige Psychologin formulierte zu Beginn des Programmes die Affirmation: »Mein Wille befindet sich im Einklang mit dem göttlichen Willen des Universums. Es gibt keinerlei Blockierungen. Alles fließt in meine Richtung und durch mich hindurch; Liebe Gesundheit, Wohlstand, Erfolg und Kreativität.« Ihren eigenen Zustand zum

Zeitpunkt des Programmbeginns faßte sie mit folgenden Worten zusammen: »Ich habe häufig Geldprobleme, Schwierigkeiten mit dem Schreiben und Probleme in meinen Beziehungen (besonders mit einem ehemaligen Lehrer).« Gegen Ende des Jahres schrieb sie: »Mein Leben hat sich zu meiner Freude von Grund auf positiv verändert. Mein Einkommen hat sich verdreifacht, weil ich heute anders mit Geld umgehe. Der intensivste meiner Privatkonflikte hat sich komplett gelöst ... ich habe eine vollkommen andere Haltung gegenüber dem Leben. Früher versuchte ich, Dinge in die Welt ›zu zwingen‹, heute akzeptiere ich, was kommt und meine entsprechenden Gefühle. Meine innere Energie fließt spürbar kräftiger, ohne die üblichen Blöcke, die mich oft traurig stimmten. Ich habe nicht mehr das Gefühl, daß ich feststecke.«

> »... Mit jedem Kreislauf, den Sie aus sich heraus verlegen, erhöhen Sie den Zeitaufwand, dessen es bedarf, irgend etwas in Ihrem Leben zu manifestieren. Mit jedem Kreislauf, den Sie in sich behalten, erhöht sich die Häufigkeit von Synchronizitäten und spontaner Kreativität.«
>
> Caroline Myss in *Toward's a New World View* von Russel E. DiCarlo

Andere Gruppenmitglieder berichteten von verbesserter Sehkraft, dem Verschwinden von Katarakten, der Reduzierung von Körperfett, einer besseren Fähigkeit im Umgang mit traumatischen Erfahrungen, Zuwachs an Brustumfang und sogar an körperlicher Größe sowie generellen Verbesserungen, an die sich nicht so einfach eine Meßlatte anlegen ließ.

Über unsere Gefühle schreiben

Eine weitere interessante Studie stammt von James W. Pennebaker, Professor an der Universität von Dallas und Autor von *The Healing Power of Confession,* in der er Einblick verschafft in die transformierenden Eigenschaften des Schreibens über Gefühle. Pennebaker hat wiederholt demonstriert, welchen Nutzen das Schreiben über traumatische Erlebnisse für die betreffende Person hat. Die Leute in seiner Studie fühlten sich nach dem emotionalen Aderlaß auf Papier nicht nur wohler, auch ihre Gesundheit verbesserte sich wesentlich.

Pennebaker studierte drei Gruppen von Menschen, die alle ihren Job verloren hatten. Er bat die Mitglieder der ersten Gruppe darum, für die Dauer von vier oder fünf Tagen für zwanzig Minuten täglich über ihre Pläne und Terminvorstellungen, die zur Arbeitsbeschaffung führen sollten, zu schreiben. Die zweite Gruppe notierte fünf Tage lang zwanzig Minuten täglich nur Belangloses. Die dritte Gruppe bat er darum, ebenfalls fünf Tage lang zwanzig Minuten am Tag *ihre tiefsten Gedanken und Gefühle* niederzuschreiben.

Nach vier Monaten hatten 35 Prozent derer, die ihre Gefühle aufgeschrieben hatten, wieder Arbeit, verglichen mit lediglich fünf Prozent aus der Gruppe, die nur über Triviales geschrieben hatte. Keines der Mitglieder aus der »Zeit-Management«-Gruppe hatte eine neue Stelle gefunden. Pennebaker ist der Ansicht, daß Schreiben den Menschen dabei hilft, »sich in Vorstellungsgesprächen besser zu präsentieren, da sie sich durch ihre Bitterkeit und ihren Ärger gearbeitet haben und dadurch zu einer ausgewogeneren Wahrnehmung und Erscheinung gelangt sind.« Auf der anderen Seite erwiesen sich die Zeit-Management-Übungen als destruktiver Einfluß, eine Art »Obsession«. Indem sie sich erbarmungslos und Tag für Tag auf alltäglichen Kampf vorbereitete, verblieb die Grundhaltung der Gruppe negativ und voll innerer Unruhe. Diese Studie unterstützt die Dritte Erkenntnis, die uns an das Paradox erinnert, daß wir eine starke Intention aussenden und *uns dann von den Kontrollmustern, die über den von uns bestimmten Ausgang der Situation herbeiführen sollen, lösen müssen.*

EINZELSTUDIUM

Schreiben Sie es auf

Wenn Sie vor einer besonderen Herausforderung stehen, weshalb versuchen Sie es nicht einmal mit der Methode von Pennebaker? Schreiben Sie alles nieder, was an Gefühlen über die betreffende Situation in Ihrem Inneren auftaucht. Achten Sie jedoch dabei darauf, jeweils nur eine Herausforderung bzw. ein Problem zu beschreiben. Schreiben Sie für zwanzig Minuten am Tag, fünf Tage lang. Dann denken Sie nicht mehr über die augenblickliche Situation nach – überlassen Sie es dem Universum, Ihnen bei der Lösung zu helfen. Achten Sie darauf, was sich in den nächsten Monaten verändert.

Verletzungen und Krankheiten

Auf die Botschaft hinter den Umständen zu achten, die zu einer Krankheit oder Verletzung geführt haben, erhöht nicht nur Ihre Fähigkeit zur intuitiven Wahrnehmung, sondern hilft Ihnen dabei, im Einklang mit dem Universum gesund zu bleiben.

Die folgenden Praktiken sind in leicht abgewandelter Form der Zehnten Erkenntnis entnommen. Vielleicht wollen Sie die Fragen nacheinander mit Raum für eine Antwort oder Meditation dazwischen auf eine Kassette aufnehmen. Ein Freund kann Ihnen die Fragen ebenfalls stellen.

1. Beruhigen Sie Ihren Verstand, indem Sie mehrere Minuten tief durchatmen.
2. Erinnern Sie sich an Ihre letzte Krankheit oder Verletzung.
3. Als Sie die ersten Symptome vernommen oder von Ihrer Erkrankung das erste Mal gehört haben, für wie ernst hielten Sie Ihre Krankheit? (Ihre Antwort auf diese Frage könnte Ihnen darüber Aufschluß geben, wieviel Angst Sie allgemein mit sich herumtragen oder inwieweit Sie Ihren Zustand als Reaktion auf Ihre Umwelt betrachten.)
4. Weshalb haben sich Krankheit oder Unfall Ihrer Meinung nach ereignet? (Ihre Haltung gegenüber dieser Frage kann einen Effekt auf Ihre Heilung haben.)
5. Womit waren Sie direkt vor dem Unfall oder der Krankheit beschäftigt?
6. Woran haben Sie gerade vor dem Auftreten des Gesundheitsproblems gedacht?
7. Welche anderen Erinnerungen haben Sie in bezug auf Krankheit oder Verletzung? Werden Sie an Probleme aus der Vergangenheit erinnert? (Schreiben Sie Ihre Erinnerungen auf, egal wie unwichtig sie Ihnen erscheinen mögen.)

8. Woran hindert Sie diese Verletzung oder Krankheit? Am Tun, Sein oder Haben?
9. Wozu wird Ihnen die Krankheit verhelfen?
10. Welchen Nutzen ziehen Sie aus diesem Vorfall?
11. Auf welche Weise beziehen Sie Kraft und Energie aus diesem Problem? (Ich erhalte Mitleid. Ich fühle mich besonders oder wichtig. Ich muß nicht arbeiten, kann mich um die Kinder kümmern usw.)
12. Welche Furcht verbindet sich für Sie mit dem betreffenden Problem? (Ziehen Sie bei der Beantwortung dieser Frage durchaus in Betracht, daß tiefverwurzelte Furcht auch das Resultat aus einem Vorleben sein kann. In diesem Fall sollten Sie eine/n Fachmann/-Frau auf diesem Gebiet aufsuchen.)

Sollten Sie zum jetzigen Zeitpunkt immer noch Schmerzen durch diese Krankheit oder Verletzung haben, können Sie folgendes versuchen:

13. Visualisieren Sie die Furcht als dunklen Energieblock, der sich irgendwo in Ihnen oder Ihrem Energiefeld befindet. Richten Sie Ihre Aufmerksamkeit auf diesen Punkt.
14. Umgeben Sie sich mit so viel Licht und liebevoller Energie wie möglich und richten Sie beides auf den genauen Punkt der Blockade.
15. Senden Sie bewußt heilende Energie an die schmerzende Stelle in Ihrem Körper. Richten Sie Ihre Intention dabei darauf, daß die Liebe sämtliche Zellen an dieser Stelle transformieren und in einen Zustand versetzen wird, der es Ihnen wieder ermöglicht, perfekt zu funktionieren.
16. Erfühlen Sie den Schmerz mit Ihrem ganzen Wesen und stellen Sie sich vor, daß liebevolle Energie direkt in den Kern des Schmerzes dringt und die Atome an genau dieser Stelle Ihres Körpers in eine höhere Schwingung versetzt.
17. Schauen Sie zu dabei, wie die Partikelchen den Quantensprung zu ihrer ultimativen Erfüllung, in ihren optimalen Zustand vollziehen. Fühlen Sie die kribbelnde Energie an der betreffenden Stelle.

Die wahre Heilung findet statt, wenn wir eine neue, aufregende Zukunft für uns voraussehen. Es ist die Inspiration, die uns bei guter Gesundheit hält.

Übung für Intention und Aufmerksamkeit

Denken Sie an die Dinge, die Sie gerne noch erleben und die Aufgaben, die Sie gerne noch erledigen möchten und überlegen Sie, was Sie dieser Welt am liebsten hinterlassen würden.

Versuchen Sie, einige Ihrer Träume in Form von Nachrufen auf einen besten Freund zu verfassen.

Schreiben Sie einen kurzen Artikel für die Zeitung, so als hätten Sie eine Auszeichnung für herausragende Verdienste gewonnen.

Ihre Träume und Ziele helfen Ihnen dabei, sich daran zu erinnern, wer Sie sind. Lesen Sie Ihre Aufzeichnungen alle paar Tage wieder durch und achten Sie verstärkt auf Entwicklungen, die auf das Auftauchen neuer Möglichkeiten zur Verwirklichung Ihrer Lebensziele hindeuten könnten.

Gebetsarbeit

Denken Sie jeden Tag an diejenigen unter Ihren Bekannten, die der Hilfe bedürfen. Machen Sie es sich zur Angewohnheit, liebevolle Energie an diese Menschen zu senden, die diese dann zu ihrem größten Nutzen verwenden werden. Richten Sie diese Form des Gebetes danach an alle Bedürftigen auf dem Planeten und an alle Lebensformen in den materiellen und spirituellen Dimensionen.

Folgendes Gebet zitieren wir, weil es uns durch einen Freund zukam, als wir gerade dabei waren, dieses Kapitel zu schreiben. Er hatte es in einer kleinen Zeitung in Neu-Mexiko gefunden und beschlossen, es mal damit zu versuchen. Er wünschte sich nichts sehnlicher, als ein bestimmtes Musikstück mit einem Orchester spielen zu dürfen. Nach einmaligem Lesen des Gebetes, in dem er an seinen Wunsch dachte, verlegte er es jedoch. Nach drei Tagen erhielt er einen Anruf von seiner Agentin, die ihm von einer Einladung zu einem Gastspiel im Mittleren Westen der USA berichtete. Das von ihm so sehnlich gewünschte Musikstück – ein selten gespieltes Werk – gehörte zum Programm des Abends.

Falls Sie sich entschließen sollten, dieses Gebet zu verwenden und Ihr Wunsch in Erfüllung geht, sollten Sie dafür sorgen, daß es auf irgendeine Weise nach der Danksagung veröffentlicht wird.

Bitte um Zuwendung durch den Heiligen Geist

Heiliger Geist, der alle Probleme löst, der alle Wege erleuchtet, so daß ich mein Ziel erreichen kann. Du, der Du mir das göttliche Geschenk des Vergebens und Vergessens gegeben hast allem Bösen gegenüber, das mir je geschehen ist und der Du in jeder Sekunde meines Lebens bei mir bist. Ich danke Dir mit diesem kurzen Gebet für alle Gaben und möchte Dir noch einmal versichern, daß ich trotz aller materiellen Illusionen auf dieser Welt niemals von Dir getrennt sein möchte. Mit Dir möchte ich sein in ewiger Glorie. Ich danke Dir für Deine Gnade mir und meinen Mitmenschen gegenüber.

Der Bittsteller muß dieses Gebet an drei aufeinanderfolgenden Tagen aufsagen. Nach drei Tagen wird sein Wunsch, so schwierig er auch erscheinen mag, erfüllt werden. Danach muß dieses Gebet umgehend veröffentlicht werden, ohne daß der Wunsch dabei erwähnt werden darf; lediglich Ihre Initialen sollten am Ende des Textes stehen.

ARBEITSGRUPPE

Heilkreise

Kreise schaffen kraftvolle Energien, solange sie für das Wohlergehen anderer eingesetzt werden. Ihre Gruppe könnte gegen Ende jeder Zusammenkunft einen Kreis bilden, um friedliche und liebevolle Energie an Freunde und Familienmitglieder zu senden. Vielleicht wollen Sie ebenfalls eine Intention in Form eines Gebetes senden, das zur Heilung der Gemeinschaft, des Landes oder einer besonderen, von Ihnen zu bestimmenden Situation dienen wird. Machen Sie es zum festen Bestandteil Ihrer Zusammenkünfte, diese Heilarbeit zu leisten. Sprechen Sie den Namen einer bestimmten Person laut aus, während die anderen meditieren und liebevolle Energie senden.

Integral-transformative Übung

Interessiert sich Ihre Gruppe für eine längerfristige Zusammenarbeit, sollten Sie dem Programm aus *The Life We Were Given* von George Leonard und Michael Murphy folgen. Mit einer Gruppe von Gleichgesinnten zu arbeiten, kann sich als sehr hilfreich erweisen.

Diskussionsvorschläge:

- Wer oder was innerhalb innerhalb Ihrer Gemeinschaft bedarf der Heilung? Wie könnten Sie als Gruppe daran arbeiten, einen neuen Dienst anzubieten, oder etwas bereits Existierendes zu verbessern?

- Welches scheinbare Handicap in Ihrem persönlichen Leben hat Sie auf das Verstehen eines besonderen sozialen Problemes vorbereitet? (Jugendkriminalität, Drogen etc.)

- Gibt es innerhalb Ihrer Gemeinde Kinder, die noch niemals einen Wald gesehen haben? Einen Zoo? Wie könnten Sie ihnen bei Besuchen in der Natur behilflich sein?

- Ist Ihre Gruppe daran interessiert, einen Gemeinschaftsgarten anzulegen? Würden Sie Teenager dazu bewegen können, an einem derartigen Projekt freiwillig mitzuarbeiten?

- Stellen Sie innerhalb Ihrer Gruppe die Frage, welche Heiltätigkeit der einzelne innerhalb seiner Gemeinde zu leisten imstande wäre. Jeder soll über dieser Frage fünf bis zehn Minuten meditieren und dann seine Ideen aufschreiben. Gibt es Übereinstimmungen?

- Schreiben Sie über ein Ziel, das sich außerhalb des von Ihnen als normal erachteten Rahmens befindet. Arbeiten Sie mit zwei oder drei anderen Gruppenmitgliedern an einem Plan, wie Sie dieses Ziel erreichen könnten. Diese Arbeit erfordert Geduld und Zeit; legen Sie also Ihr Ziel fest, aber bereiten Sie sich auf einen langwierigen Prozeß vor. Hier sind einige gute Bücher, die Ihnen dabei helfen könnten, aus Ihrem Leben ein Abenteuer zu machen:

Literaturvorschläge zu Kapitel 5

Barbara Sher: *Wishcraft: How To Get What You Really Want* und *Live The Life You Love*
Barbara Sher und Anie Gottlieb: *Teamworks!: Building Support Groups that Guarantee Success*
Julia Cameron und Mark Brian: *The Artist's Way*
Deepak Chopra, MD: *The Seven Spiritual Laws of Success*
Arlene Bernstein: *Growing Season: A Healing Journey into the Heart of Nature*

James Redfield, *Die Zehnte Erkenntnis*
Dr. Larry Dossey, *Healing Words*
Rosemary Altea, *The Eagle and The Rose*
George Leonard und Michael Murphy, *The Life We Were Given*
Henry Dreher, *The Healing Power of Confession*, erschienen im Magazin »Natural Health«, Juli/August 1992
Joseph Chilton Pearce, *Evolution's End.*

Kapitel 6

Aktivitäten im Jenseits und ihre Einflüsse

»Zuerst möchte ich dir etwas über meine Erfahrungen mit der anderen Dimension erzählen – dem Existenzbereich des Jenseits, wie ich ihn nenne«, begann er. »Sobald es mir gelang, mein Energieniveau in Peru beizubehalten, ungeachtet der Tatsache, daß der Rest von euch Angst bekam und sich nicht auf der höheren Schwingungsebene halten konnte, fand ich mich in einer Welt von unglaublicher Schönheit und klarer Formgebung wieder. Wohlgemerkt, ich befand mich weiterhin am selben Platz, und doch war alles anders für mich. Die Welt war illuminiert ... auf eine Weise ehrfurchtgebietend ... Ich konnte mich überall auf diesen Planeten hinwünschen ... Dort konnte ich alles erschaffen, was mir in den Sinn kam, und zwar einfach, indem ich es mir vorstellte.«

Die Zehnte Erkenntnis

Rabe
Magie

Was ist das Jenseits?

Das Jenseits ist unser Zuhause; dorther kommen wir, und dorthin werden wir zurückkehren. Allen uralten Weisheiten und Philosophien zufolge und entsprechend vieler Nahtoderfahrungen und Rückführungsstudien handelt es sich bei dem Jenseits um einen »Ort« oder eine Dimension, in der unser individuelles Bewußtsein zwischen unseren Leben auf der Erde fortgesetzt existiert. Wir erkennen, daß unser Bewußtsein, unsere Seele nicht sterblich ist. Nach dem Sterben des physischen Körpers begeben sich diese Elemente unseres Seins in das Jenseits – einem Ort nicht etwa oben in einem göttlichen Himmel, sondern direkt hier auf der Erde, in einer Dimension, die mit Hilfe unserer fünf Sinne nicht erfaßbar ist. Das Jenseits, im christlichen

Sinne oft als Himmel oder Hölle bezeichnet, ist das Heim unserer Seele, solange sie keinen Körper bewohnt.

Was genau das Jenseits ist, hängt davon ab, wer Sie sind, was Sie selbst darüber denken, und was Sie sich davon erwarten. Die Initialbegegnung mit dem Umfeld, dem sie in der spirituellen Ebene begegnen, scheint stark durch den Glauben geformt zu sein, nach dem Sie hier auf Erden gelebt haben. Während wir keine materiellen Objekte mitnehmen können, so nehmen wir doch unser Bewußtsein und unseren Glauben mit. Sie werden das erleben, was Sie erwarten. An Ihrem neuen Aufenthaltsort im spirituellen Bereich werden Sie zu Anfang immer noch an den Fixierungen des Lebens hängen, das sie gerade hinter sich gelassen haben. Mit Hilfe Ihrer Seelengruppe und dem Willen »zu erwachen« werden Sie zu höheren Ebenen fortschreiten und an dem enormen Wissen teilhaben, das im Jenseits gelehrt wird.

Den Berichten Robert Monroes zufolge, der Reisen in diese Bereiche unternommen hat, existiert dort zunächst einmal ein Rastplatz, mit Bäumen, Flüssen, Blumen und Gras, der der physikalischen Welt entspricht, welche die Seele soeben hinter sich gelassen hat. Den Berichten zufolge ist diese Landschaft im Jenseits geradezu vibrierend vor Schönheit und von Musik erfüllt. Daneben existieren allerdings auch lichtlose Bereiche des Leidens, die von denen geschaffen wurden, deren dunkle Gedanken und noch dunklere Taten sie in ihre eigene Version der Hölle geführt haben.

In seinem Buch *Journeys Out of The Body* beschreibt Robert Monroe einen Teil des Jenseits als eine vitale und kreative Kraft, die Energie produziert, »Materie« zu Form gestaltet sowie Kanäle der Wahrnehmung und Kommunikation schafft.

»Was Sie denken, das sind Sie ... Ihr Bestimmungsort bei der Reise ins Jenseits durch eine Außerkörpererfahrung scheint vollkommen auf Ihren tiefsten, konstanten Motivationen, Emotionen und Wünschen zu beruhen. Vielleicht möchten Sie nicht unbedingt ›dorthin‹, aber Sie haben keine Wahl. Ihre Seele ist stärker und trifft gewöhnlich die Entscheidungen für Sie. Gleiches zieht gleiches an.«

Monroe ist der Auffassung, daß drei Quellen für die Kreation der erdenähnlichen Zustände im Jenseits verantwortlich sind: »Das simulierte, naturhafte Umfeld ist das geistige Produkt derer, die einmal auf der Erde gelebt haben und deren Muster hier immer noch wirken. Die zweite Quelle stammt von jenen, die noch an bestimmten materiellen Dingen in der Welt der Materie hängen, die sie hier wiedererschaffen haben, um ihre Umgebung und ihren Aufenthalt im Jenseits zu verschönern.

> »Sich für das Jenseits zu öffnen bedeutet, das Heilige in allem, auch in den kleinsten Dingen, zu erkennen. Es bedeutet zu wissen, daß jede Wahl, die Sie hier treffen, Konsequenzen hat. Sie werden keine materiellen Reichtümer mit sich nehmen können, kehren aber in den spirituellen Bereich mit Ihrem Glauben und Ihren Taten aus dieser Welt zurück.«

Die dritte Quelle stammt meines Erachtens von einer höheren Intelligenz, von Wesen, die sich der im Jenseits existierenden Umgebung bewußter sind als die meisten der anderen Bewohner. Ihre Aufgabe scheint darin zu liegen, für eine kurze Dauer zumindest eine physikalische Umgebung zu simulieren, die jenen zugute kommt, die soeben ›gestorben‹ sind und die materielle Welt gerade hinter sich gelassen haben. Dies dient der Reduzierung von traumatischen Erlebnissen sowie der Linderung von Schock für die Neuankömmlinge, indem man ihnen bekannte Formen und Gegebenheiten zeigt, bis sie sich an ihre Umwandlung gewöhnt haben.«

An dieser Stelle des Jenseits wird Ihre Erfahrung aus Ihren tiefsten Wünschen und Ängsten bestehen. Denken bedeutet handeln, und Sie können vor den anderen nichts verbergen. Die sozio-psychologische Konditionierung, durch die wir gelernt haben, unsere Emotionen in der materiellen Welt zu unterdrücken, existieren in der spirituellen Dimension nicht mehr!

Der Übergang

Neuankömmlinge, die bereits auf Erden eine spirituelle Sicht der Dinge entwickelt haben, sind sich dessen auch hier bewußt und möglicherweise sofort bereit, sich an den unbeschränkten Aktivitäten in der spirituellen Dimension zu beteiligen. Und sollten wir nicht so ohne weiteres in der Lage seine, unsere neue spirituelle Existenz zu akzeptieren, können wir uns dafür so viel Zeit nehmen, wie wir benötigen. Offenbar helfen uns die liebevollen Gebete derer, die auf der Erde zurückgeblieben sind, in großem Maße während der Transformation vom materiellen zum spirituellen Leben.

Im Jenseits steht uns ausreichend Zeit zur Verfügung, um die Gewinne und Verluste unserer Seele zu betrachten, unsere Fehler und Leistungen deutlich zu sehen und Vorbereitungen für das nächste Leben zu treffen. Entsprechend dem Grad unserer Reife, der wiederum davon abhängig ist, inwieweit wir den wirklichen Sinn unseres Aufenthaltes auf der Erde verstanden und gelebt haben, wird es uns gestattet, auf andere Ebenen vorzurücken und mit Führern und Meistern zu arbeiten.

In den letzten hundert Jahren ist unter dem dominanten Paradigma der Wissenschaft das Leben oft zu dem reduziert worden, was sich in der physikalisch meßbaren Realität ereignet. Der Tod wird als das Ende des Lebens betrachtet und meistens als tragisches Ereignis verstanden. Die materialistische Welt bietet wenig Hinweise darauf, daß wir mehr sein könnten als ein Klecks von Chemikalien und ein wenig Spiritualität hier und da, um gerade eben so zurechtzukommen, durchzukommen, während wir auf der Erde unsere Zeit absitzen. Jedes spirituelle Phänomen – wie z. B. Spontanheilungen, Kommunikation mit Verstorbenen oder andere Wunder, die die Wissenschaft nicht erklären kann, wird als Halluzination oder Fälschung abgetan. Das Ereignis wird als zu untypisch abgetan und nicht für wichtig genug erachtet, den wissenschaftlichen Forschungsapparat zu aktivieren und daher zur Ruhe gebettet, damit wir uns endlich den »wichtigen und heroischen Dingen« zuwenden können, nämlich wie man Leben künstlich verlängert und Krankheiten bekämpft. Die meisten unter uns haben sehr wenig Einsicht in den Vorgang, der stattfindet, wenn der Geist die körperliche Hülle verläßt und sich in eine andere Dimension begibt – das Jenseits. Unsere Kultur und die daraus resultierende Weltsicht hat eine feste Grenze zwischen dem mit den Sinnen Wahrnehmbaren und dem Unsichtbaren gesteckt. Die Furcht vor dem Tod ist zu einem lukrativen Zweig in vielen Bereichen der Industrie geworden.

Wissen, nicht glauben

Die Zehnte Erkenntnis und der durch sie beschriebene Grad von Bewußtsein zeigt sich gegenwärtig in einer wachsenden Zahl von selbsterfahrenen Informationen über die spirituelle Dimension, die zunehmend in den Hauptstrom des kulturellen Glaubens unserer Zeit einfließen. Spirituelle Ereignisse wie Nahtod- oder Außerkörpererfahrungen erweitern den Begriff, den wir noch vor kurzem als Allgemeinwissen angenommen haben. Die Hochzeit zwischen dem Weltlichen und dem Sakralen stellt den ersten Schritt bei der Verbindung des materiellen und spirituellen Bereiches dar. Durch veränderte Bewußtseinszustände wie ESP oder außerkörperliche Erfahrungen, transzendentale Meditation und parapsychologische Vorgänge (das Sehen von Geistern oder Kommunikation mit den Toten) bringen wir die spirituelle Dimension in die materielle, und auf diese Weise wird sie zu einem Teil *dieses Lebens.*

> »Der Wahrsager Arthur Ford, der durch Kommunikation mit seiner verstorbenen Freundin, der Journalistin Ruth Montgomery, aus dem Jenseits berichtete, gab einige interessante Kommentare über einige der Seelen ab, die ihm besonders aufgefallen waren: ›John F. und Robert Kennedy sind ein besonderes Beispiel für den Erfolg der Anwendung von Gebeten. Als der Präsident ermordet wurde, ergoß sich spontan eine derartige Welle von Gebeten, daß er niemals wirklich das Bewußtsein verlor. Beinahe augenblicklich wußte er, was um ihn herum geschah, denn die Gebete trugen ihn weiter und nach oben, und nicht einen Augenblick lang hatte er zu erdulden, was die Priester seiner Religion das Fegefeuer nennen würden: ziellos und verloren herumzuwandern, bis irgend etwas sie zu dem Potential ihres neuen Zustandes erweckt.‹«
>
> Ruth Montgomery,
> *A Search for Truth*

Die Bereitschaft, die Dimension des Jenseits in unsere materielle Welt zu integrieren, verleiht uns ein vollständigeres Vokabular über unsere wahren Fähigkeiten und wird für einen Quantenwechsel innerhalb unserer Evolution sorgen.

> »Ich dachte an Huston Smith, den Philosophen, der behauptete, daß wir Menschen wissenschaftlich nur dazu in der Lage sind, etwas zu studieren, was sich unterhalb unseres Bewußtseinszustandes befindet, niemals jedoch etwas oder jemanden, der darüber steht.«
>
> Kyriacos C. Markides, *Riding With The Lion*

Wir sind ewig

Was könnte das Leben eines Menschen stärker verändern als das Wissen – nicht nur der Glauben – darüber, daß unser Bewußtsein unseren körperlichen Tod intakt überleben wird? Wie ein Schmetterling steigen wir nach unserem Tod aus dem Kokon des menschlichen Körpers, haben Flügel und sind von unbeschreiblicher Schönheit – vorausgesetzt, wir haben auf der Erde keine besonders schwerwiegenden Fehler begangen, die uns in eine lange und schmerzliche persönliche Wiedererfahrung des Leidens senden wird, das wir anderen Wesen zugefügt haben. Der Tod, so wie wir ihn definiert haben, ist nicht die große Leere. Innerhalb dieses neuen Bewußtseins werden Leben und Tod als zwei Zustände eines ewigen, mysteriösen Prozesses verstanden.

Kommunikationen mit Seelen aus dem Jenseits werden aus vielen seriösen Quellen gemeldet. Einer der faszinierendsten Berichte stammt von der Journalistin Ruth Montgomery, einer Expertin auf diesem Gebiet. Obwohl sie ihren unsichtbaren Führern anfangs skeptisch gegenüberstand, schrieb sie im Laufe der letzten dreißig Jahre mehrere Bücher, die ihr von diesen Führern diktiert wurden; ebenso kommunizierte sie mit ihrem alten Freund, dem bekannten Hellseher Arthur Ford, mit dem sie nach seinem Tod weiterhin in Verbindung blieb. Unter Anleitung der Führer führten die Kontakte von Ruth Montgomery zu einer aufsehenerregenden Menge von Informationen aus dem spirituellen Bereich.

Ein nächster Schritt in dem Wunsch, die Erfahrung des menschlichen Lebens vollständig zu erfassen, kann darin bestehen, nicht nur die Tatsache des Jenseits zu bejahen, sondern sich bewußt Zugang dazu zu verschaffen, um auf diese Weise eine positive Weltvision besser halten zu können. Unser intuitives Wissen darüber, daß wir zu einem bestimmten Zweck auf diese Welt gekommen sind, wird dadurch Teil unserer Realität.

Weshalb bleiben wir nicht drüben?

Im Jenseits – oder der spirituellen Dimension – können wir uns alles vorstellen und es auch kreieren, doch ist diese Form non-physikalischer Kreation nicht so erfüllend wie eine Schöpfung in dieser Welt. Wir selbst haben die Wahl getroffen, in dieser dichteren Vibration der Erde Form anzunehmen, damit wir uns daran erfreuen und die Konsequenzen unserer Handlungen hier erfahren dürfen. Das Leben auf der Erde ist notwendig, damit die Seele sich entwickeln kann. Die Zehnte Erkenntnis verschafft uns Zugang zu der Erinnerung daran, *weshalb* wir ursprünglich gekommen sind.

In der Zehnten Erkenntnis sagt Wil: »Wir lernen, unsere Fähigkeit zu visualisieren und sie auf die gleiche Weise zu verwenden, wie wir es im Jenseits tun würden. Sobald wir dies tun, verbinden wir uns mit der spirituellen Dimension und helfen dadurch, Himmel und Erde miteinander zu verbinden.« Jeder von uns ist das alchimistische Gefäß, das Energie in Aktion verwandelt und diese beiden Dimensionen vereinigt.

Die Vereinigung der Ebenen

Bei den Recherchen zu diesem Kapitel waren wir überrascht über die Übereinstimmungen zwischen einigen der Erkenntnissen aus der Zehnten Erkenntnis und den Botschaften, welche die Führer Ruth Montgomery vor über zwanzig Jahren mitgeteilt hatten. Sie machten ihr gegenüber unmißverständlich klar, daß ihre Botschaften zu ihrem eigenen Nutzen wie auch dem der Menschheit wichtig seien – was ebenfalls in der Zehnten Erkenntnis angesprochen wird. Sie verlangten von Ruth, daß sie die Wichtigkeit der Entwicklung unserer hellseherischen Fähigkeiten im menschlichen Körper betonte, damit wir in der Lage sind, unsere Lebensqualität zu verbessern sowie die Seelen anderer zu bereichern.

Über das Jenseits als Dimension des Unbekannten teilten sie ihr mit: »Der erste Schritt der Menschen muß darin bestehen, einen Kontaktversuch mit dem Unbekannten aufzunehmen, damit diese Kraft für sie zu arbeiten beginnen kann. Bei dieser Kraft handelt es sich um eine der stärksten im gesamten Universum. Vereinigen sich die Seelen auf der unsichtbaren Seite mit denen, die wirklich dem Fortkommen anderer

Wesen dienen wollen, fällt die imaginäre Grenze zwischen den beiden Bereichen und die Kraft wird beinahe unerschöpflich.«

Genau dies wird uns auch durch die Zehnte Erkenntnis über die Vereinigung der Dimensionen mitgeteilt.

Weiterhin wurde ihr erklärt, daß die Kommunikation zwischen den Dimensionen nicht möglich ist, wenn sie nicht dem Guten in der Menschheit dient. Sie nicht anzuwenden, stellt eine unglaubliche Verschwendung von Energie dar.

»... Gott wünscht, daß sie zur höchsten Möglichkeit entwickelt wird, damit sie, wie es in den Schriften vorausgesagt wird, den Schleier zwischen den beiden Welten zerreißen kann und alles eins sein wird. Obwohl manche zu diesem Zeitpunkt noch im Fleische leben werden, werden sie in der Lage sein, nach freiem Willen zu jenen überzuwechseln, die bereits auf der anderen Seite sind. Die Zeit dafür kann schnell oder langsam kommen; es hängt davon ab, wie sehr der Mensch in der Lage ist, seine Probleme mit einem offenen Verstand wahrzunehmen.«

Die Führer machten ebenfalls deutlich, daß jeder Augenblick unseres irdischen Lebens von großer Wichtigkeit ist, da er uns die Möglichkeit gibt, die gesamte Vielfalt dieser Welt am eigenen Leib zu erfahren, und weil jeder Moment eine Möglichkeit darstellt zu lieben. Unsere Chance besteht darin, dem Weltplan zu dienen und uns selbst auf eine feinstofflichere, spirituelle Schwingung zu erheben. Wiederholt wiesen sie Ruth darauf hin, ihr Leben nicht mit fruchtlosen Bestrebungen zu vertun: »Das Leben auf der Erde stellt lediglich eine Präparation für das Leben in unserer Phase dar, und desgleichen bereiten wir uns eine nächste Stufe vor. Deshalb sind wir so ungeduldig dabei, anderen durch eure Welt zu helfen. Es gehört zum Teil unserer spirituellen Entwicklung im Jenseits und ihr behindert uns, wenn ihr euch nicht erkenntlich zeigt und euch weigert, dies anzuerkennen.« Obwohl es sich bei den jenseitigen Seelen um die Träger unserer Geburtsvision handelt, kann die Vereinigung der beiden Bereiche ohne eine bewußte Anstrengung von seiten unseres materiellen Bereiches nicht erfolgen. Es liegt an uns auf der Erde, diesen historischen Schritt zu vollziehen. Möglicherweise ist dieses archetypische Konzept der Non-Dualität die treibende Kraft hinter der Spiritualisierung der materiellen Welt, hinter unserem neuen Bewußtsein, den neuen Denksystemen und holistischen Konzepten. Sobald unsere Kultur die Notwendigkeit der Integration der materiell/spirituellen Einheit verstanden hat, ist endlich auch die Realisierung der Weltvision gesichert.

Der Übergang zum Tod

Unser Wissen über die Todeserfahrung stammt aus zahlreichen Quellen. Eine der ältesten Beschreibungen der Todeszustände ist das Tibetische Totenbuch. Geschrieben von mehreren Asketen, die behaupten, sich an die Zustände ihrer Seelen zwischen Tod und Wiedergeburt erinnern zu können, enthält das Buch genaue Beschreibungen über die Vorgänge bei der Reinkarnation, den abschließenden Lebensüberblick und über mehrere nichtmaterielle Welten. Das Buch sollte ursprünglich dazu dienen, Menschen beim Sterben zu helfen. Es wurde dem Sterbenden als eine Art Landkarte vorgelesen, mit deren Hilfe er die bevorstehende Reise in die jenseitige Welt besser überstehen sollte. Es wurde ebenfalls als Dienst an den Lebenden geschrieben, »um positive Gedanken zu halten und die Sterbenden nicht durch ihre Liebe und andere emotionale Zustände zurückzuhalten, damit sie imstande sind, den Nahtodbereich in einem angemessenen Geisteszustand und frei von allen Bindungen des Körpers aufsuchen zu können.«

Typische Erfahrungen von soeben Verstorbenen

Dr. Kenneth Ring ist einer der Pioniere auf dem Gebiet der Nahtoderfahrungen. In seinem Buch *Heading Towards Omega: In Search of the Meaning of the Near-Death Experience* gibt Ring die Beschreibung eines Mannes wieder, der bei einem Unfall beinahe zu Tode gekommen war. Seine Bericht steht stellvertretend für eine Abfolge von Erfahrungen, die so oder in ähnlicher Weise auch von Tausenden anderer Menschen wiedergegeben wurden.

> »... Zuallererst merkte ich, daß ich gestorben war ... Ich schwebte über meinem Körper in der Luft ... dies schien mir in keiner Weise verwunderlich. Die Tatsache, daß ich wirklich tot war, bereitete mir keine emotionale Schwierigkeiten ... Ich stellte fest, daß ich in der Lage war, mühelos herumzuschweben ... ich konnte mit rasender

Geschwindigkeit fliegen, was mir außerordentliche Freude bereitete ... Dann bemerkte ich vor mir etwas Dunkles, das ich im Näherkommen für eine Art Tunnel hielt. Ohne weiter darüber nachzudenken, verschwand ich darin und flog dort mit noch größerer Freude weiter. In einiger Entfernung bemerkte ich ein kreisförmiges Licht oder Leuchten, das ich für das Ende des Tunnels hielt ... Es schien sich dabei in jeder Hinsicht um einen unwahrscheinlich hellen und lichten Ort zu handeln, an den ich mich sehnlichst gern begeben wollte ... Meine Umgebung auf dem Weg dorthin wechselte ständig, alles war jedoch von dem gleichen ehrfurchtgebietenden Licht erfüllt ... Ich sah auch noch andere Wesen ... einige Personen ... Ich erkannte meinen Vater, der seit über fünfundzwanzig Jahren tot ist ... Ich spürte und sah natürlich auch, daß jeder der dort Anwesenden mit vollendetem Mitgefühl für alles andere erfüllt war ... es schien, als sei Liebe der Grundsatz, dem jeder dort automatisch folgte. Diese Erkenntnis erweckte in mir die wunderbarsten Gefühle ... weil ich plötzlich wußte, daß außer Liebe nichts anderes existiert.«

Identische Elemente des Überganges in das Totenreich finden sich ebenfalls im Tibetischen Totenbuch und in den Erinnerungen von Menschen, die unter Hypnose Rückführungen in ihre Vorleben erfahren haben. Dem uralten Text zufolge sind junge Seelen im Frühstadium ihrer Inkarnation sich noch nicht gänzlich darüber bewußt, daß sie wiedergeboren wurden. Reifere Seelen mit mehreren bereits auf der Erde durchlebten Inkarnationen werden sich der hier angesprochenen Reise durch die nichtmaterielle Welt zunehmend bewußter und versuchen, dort bewußt zu lernen und zu wachsen. Alte Seelen werden zu Lehrern und Meistern, die den jungen Seelen dabei helfen, sich ihrer spirituellen Natur bewußt zu werden.

Wie bitte?

Viele Menschen berichten davon, daß sie unmittelbar nach dem Eintritt ihres Tod nicht wahrhaben wollen, daß sie tot sind. Dies ist besonders dann der Fall, wenn der Tod plötzlich und unvermittelt eintrat. Ein gutes Beispiel dafür bietet der Film *Ghost*, in dessen

Handlung der Schauspieler Patrick Swayze derartig in einen Kampf mit seinem Mörder verwickelt ist, daß er nicht realisiert, daß er seinen Körper bereits verlassen hat. Wenn wir sterben, haben wir offenbar noch eine mehr oder weniger länger andauernde Identifizierung mit dem Körper, die durch die Kraft unserer Denkweise zu erklären ist. Menschen, die ihren Tod durch Rückführungen in Vorleben wieder erfahren haben, sprechen darüber, wie sie sich in diesem körperlosen Zustand durch Imagination oder Intention an jeden beliebigen Ort versetzen konnten.

Herumlungern

Manche Menschen »lungern« nach ihrem Tod noch für einige Tage an den ihnen vertrauten Orten auf der Erde herum oder halten sich während ihrer Beerdigung in der Nähe ihrer Familie und Verwandten auf. Durch übertriebene Verlustgefühle oder starke Anhänglichkeit zu ungelösten Bindungen schaffen es manche Seelen nicht, sich vollständig von der irdischen Welt zu lösen. Sie wandern, geistern und lungern herum – was den Antritt ihres abschließenden Lebensüberblicks verzögert. Innerhalb von Rückführungsprozessen berichten Menschen manchmal von chaotischen Szenen – einer Welt des Zwielichts, die von jenen bevölkert wird, die durch ihre ungelöste Verbindung zur materiellen Welt noch nicht in der Lage sind, sich weiterzubewegen.

Wie sehen wir im Jenseits aus?

Den meisten Berichten zufolge, sehen wir direkt nach dem Tod genau so aus wie vor dem Tod. Später können wir die Form unseres Körpers annehmen, als er sich auf dem Höhepunkt seiner Vitalität befand. Unser geistiger Körper ist formbar, entsprechend unseren Erfahrungen, Emotionen und Gedanken. Wie die Frau im folgenden Abschnitt bemerkt, sah ihr Körper zunächst aus wie ihre Leiche, doch während sie sich durch die einzelnen Bereiche fortbewegte, wurde sie zusehends stärker von Licht und Energie durchdrungen.

Phasen und Bereiche

Nach einiger Zeit verspürt jede Seele den Drang, sich auf die Reise durch die verschiedenen spirituellen Bereiche zu machen, um etwas zu erfahren.

In seinem Buch *Lifetimes: The Accounts of Reincarnation* untersucht Dr. Frederick Lenz insgesamt 127 Menschen, die ihren Übergang in den spirituellen Bereich mit Hilfe von Rückführungen noch einmal durchlebt hatten. Er stieß dabei auf viele ähnliche oder gleichklingende Beschreibungen der Fortschritte, die eine Seele in den verschiedenen Stadien der nichtmateriellen Welt unternimmt. Dabei bestimmt die jeweilige Entwicklungsstufe unserer Seele, auf welchen Ebenen wir verweilen und für wie lange wir uns dort aufhalten.

Eine der von ihm befragten Frauen erkannte innerhalb ihrer Rückführung vier deutlich unterschiedliche Abschnitte:

»Ich befand mich in einer anderen Welt. Um mich herum waren schreckliche Geräusche zu hören, ein konstantes Donnern und Heulen, laute Detonationen und unmenschliches Kreischen. Viele der Stimmen schienen im Kampf miteinander zu liegen. Ihr Geheule und Gekreische wurde schließlich so laut, daß ich fliehen wollte ... Es handelte sich um gräßlich aussehende, deformierte Menschen, die versuchten, mich aufzuhalten und zu belästigen. Ich merkte, daß sie verschwanden, sobald ich sie ignorierte.

Nachdem ich diese Welt hinter mir gelassen hatte, befand ich mich im Reich der Ideen. Hier gefiel es mir wesentlich besser. Es war erfüllt von Stimmen, Gesang, Musik und ähnlichem Wohlklang. Ich selbst hatte mich in dieser Welt verändert. Das heißt, in der vorherigen, verzerrten Welt hatte mein Körper immer noch jenem entsprochen, den ich nach meinem Tod auf der Erde bewohnt hatte ... Hier war ich leichter und durchlässiger. Ich fühlte mich eher wie eine Essenz ... Ich blieb eine Weile dort und gelangte dann in eine noch schönere Welt, die von vielen herrlichen Lichtern durchflutet war ... Alles dort existierte in perfekter Harmonie ... mein eigenes Wesen wurde zusehends lichterfüllter. In dieser Welt traf ich auf Menschen, die ich vor meinem Tod gekannt hatte und die vor mir gestorben waren, unter anderem mein Vater. Sie begrüßten mich. Sie sahen anders aus, als ich sie von ihrem Leben auf der Erde her kannte; sie waren wie Lichtwesen. Doch wußte ich immer, wen ich vor mir hatte. Sie begrüßten mich mit überschwenglicher Freude und hießen mich willkommen.

Danach begab ich mich in eine noch ›höherstehende‹ Welt. Sie bestand aus Millionen von Ebenen. Ich erkannte, daß die Wesen auf den Ebenen unter mir auch unter meiner Bewußtseinsstufe standen. Hier ruhte ich aus. Ich wußte, daß es sich um einen Ruheplatz handelte.« Wie in vielen anderen Berichten vom Übergang ins Jenseits durchwanderte auch diese Frau zunächst einen ersten Bereich des Chaos und der Verzweiflung, bis sie in den ruhigeren Bereich der abstrakten Ideen gelangte, und vom freudeerfüllten Lichtbereich, in dem sie ihre Geliebten und die Mitglieder ihrer Seelengruppe wiedertraf, gelangte sie schließlich an einen Rastplatz des reinen Lichtes und der puren Freude, an dem sie verweilte.

Einsicht in unsere Vorleben ist essentiell zum Verständnis des jetzigen Lebens

Hunderten von Berichten von Nahtoderfahrungen zufolge haben Menschen ihr ganzes Leben in kürzester Zeit vor ihren Augen ablaufen sehen. Mit großer Klarheit erkannten sie jeden bedeutenden Aspekt ihres Lebens. In scheinbar nur wenigen Sekunden oder Minuten Erdenzeit überschauten sie Jahrzehnte von wichtigen Augenblicken ihres eigenen Lebens. Diese sofortige Rückschau dient nur einem Zweck – zu erkennen, wie gut wir das Lieben erlernt haben. Meistens berichten Menschen von einer tiefen Sehnsucht danach, im spirituellen Bereich verweilen zu dürfen. Doch wegen ihrer Kinder und Geliebten, dem Wunsch, noch mehr zu lieben oder der Einsicht, daß sie ihren Zweck auf Erden noch nicht erfüllt haben, entscheiden sie sich, ihr irdisches Dasein fortzuführen.

Einsicht verändert alles

In fast allen Berichten von Nahtoderfahrungen, erfährt die betroffene Person eine dramatische Veränderung ihrer Persönlichkeit. In seinem Buch *Life After Life* beschreibt Raymond A. Moody, wie selbst ein kurzes Wiedererleben eines signifikanten Augenblickes die Vorstellungen und

> »Es handelte sich dabei nicht gerade um exakte Bilder, mehr um eine bestimmte Form von Gedanken. Ich kann es nicht genau beschreiben, aber es war alles vorhanden ... alles zur gleichen Zeit. Ich dachte an meine Mutter, daran, was ich falsch gemacht hatte. Nachdem ich die vielen kleinen Untaten sah, die ich als Kind begangen hatte, wünschte ich mir, sie nicht getan zu haben und die Möglichkeit zu haben, zurückzukehren und sie ungeschehen zu machen.«
>
> Raymond Moody, M.D., *Life After Life*

Werte der betreffenden Personen für den Rest ihres Lebens veränderte. Meistens, wenn auch nicht immer, ist die Rückschau auf das eigene Leben mit einer Lichterfahrung verbunden, damit, »Licht zu sein«. Moody sagt: »Bei den Erfahrungen, in denen der Beteiligte die Rückschau offensichtlich selbst steuert, handelt es sich gewöhnlich um noch überwältigendere Erlebnisse als sonst. Trotzdem werden sie gewöhnlich als lebhaft, rapide und akkurat erfahren, egal, ob sie im Verlauf des wirklichen ›Todes‹ auftreten (im Fall eines wiedererlebten Todes bei einer Rückführung) oder lediglich durch eine nahe Begegnung mit dem Tod zustande kommt.«

Menschen, die unter Hypnose eine Rückführung in eines oder mehrere ihrer Vorleben unternehmen, kehren oft mit einer sehr klaren Botschaft von diesen Erfahrungen zurück, die sie direkt auf ihr augenblickliches Leben anwenden können. Die Unterschiede zwischen diesen Botschaften sind so reichhaltig wie die Persönlichkeiten und Seelen der Reisenden. Manche hatten in diesem Leben den Eindruck, »lachen lernen zu müssen«, weil sie in Vorleben zu ernst gewesen waren. Andere, ehemals reiche Menschen durchleben Existenzen der Armut, um zu verstehen, daß Menschlichkeit nicht in Besitz meßbar ist.

Direktes Wissen

In fast allen dokumentierten Fällen handelt es sich bei dem Kontakt mit der spirituellen Dimension und den damit verbundenen Einsichten um ein direktes, inneres Verstehen und Wissen. Menschen werden sich der Tatsache ihrer Seele bewußt und dürsten danach, bestimmte Erfahrungen zu machen und bestimmte Dinge in einem Leben zu erreichen.

Das Verständnis des jetzigen Lebens vor der Geistwerdung

Der Zehnten Erkenntnis zufolge werden sich mehr und mehr Menschen in nächster Zeit mit dem Wachstumsprozeß ihrer eigenen Seelen befassen, und zwar *während* sie sich noch auf dieser Welt und in ihrem Körper befinden. Durch stille Meditation, das Führen eines Tagebuches, das Empfangen von aufschlußreichen Träumen oder eine spontane Erleuchtungserfahrung erkennen mehr und mehr Menschen ihren Anteil am großen Bild der Entwicklung unserer Seelen. Für tiefergehende Arbeit zu diesem Themenbereich sollten sie einen guten Therapeuten oder eine Therapeutin wählen, die imstande sind, diese spirituelle Dimension in ihre psychologische Arbeit zu integrieren. Mit wachsendem Bewußtsein über unsere bisherigen Lernerfahrungen und den Inhalt unserer ursprünglichen Lebensvision erhöhen wir auch unseren Begriff davon, was in Wirklichkeit möglich ist und wer wir tatsächlich sind. Dann erst wird unser Sein zur Quelle, der unsere Handlungen und Aktivitäten auf natürliche Weise entspringen.

> »Ein Mann namens Henry realisierte folgendes: ›Ich erkannte eine mir vollkommen neue Dimension des menschlichen Daseins. Im Verlauf dieser paar Minuten lernte ich mehr über das Leben als durch meine gesamten Wahrnehmungen und Ideen, denen ich mein ganzes langes Leben lang Ausdruck verliehen hatte. Mir wurde klar, daß jedes Konzept und jede Idee, die ich über mich selbst gehabt hatte, falsch gewesen war. Dies konnte ich mit absoluter Klarheit erkennen. Mein Leben kam mir nicht mehr grau und trostlos vor. Allein die Tatsache, am Leben zu sein, hielt ich für ein außerordentlich kostbares Geschenk.‹«
>
> Dr. Frederick Lenz, *Lifetimes*

Wir selbst haben irgendwann beschlossen, die spirituelle Dimension zu verlassen und ein Leben anzunehmen, um reiche Erfahrungen zu sammeln, die unsere Seele auf die nächsthöhere Ebene transportieren werden. Die Geburtsvision jedes einzelnen stellt dabei nur eine Facette der Weltvision dar. Ohne die Furcht vor dem Tod und vor der Trostlosigkeit einer ewigen Leere sind wir imstande, fröhlicher und befreiter zu leben als jemals zuvor. Neugier und eine spielerische Abenteuerlust im Umgang mit dem Leben, die uns in unserer Kindheit ganz natürlich waren, werden uns dabei ermutigen, mit noch größerer Freude nach intuitiven Bildern zu forschen und ihnen zu folgen oder unser Leiden in einem ganz anderen Licht zu betrachten. Die Weltvision manifestiert sich jeden Tag wieder neu und ist ein Resultat der kollektiven Schwingungen unseres Daseins und unserer Handlungen.

Anerkennung des Jenseits durch eine kritische Masse

In den vorwiegend durch die Wissenschaft dominierten Kulturkreisen der westlichen Welt werden Menschen mit Nahtoderfahrungen oftmals durch Desinteresse, schlecht verhohlenen Unglauben oder mit der Aussage abgefertigt, sie ständen unter Trauerstress. Dies gilt für Familienmitglieder, Freunde, Krankenschwestern und Ärzte. Obwohl die Existenz einer spirituellen Welt zum integralen Bestandteil von beinahe jedem Kulturkreis auf der Welt gehört, hat der westliche Verstand die Spiritualität weitgehend auf Sonntage und in den Bereich des Aberglaubens verlegt.

Die Zehnte Erkenntnis vertritt den Standpunkt, daß die Erinnerung an die Existenz einer spirituellen Dimension in diesem Leben das höchste Ziel der irdischen Evolutionsspirale darstellt. Bill und Judy Guggenheim, die Autoren von *Hello from Heaven*, schätzen, daß »50 Millionen Amerikaner – ca. 20 Prozent der Gesamtbevölkerung – Kontaktaufnahme mit dem Jenseits hatten.« Für viele von ihnen stellt es eine große Erleichterung dar, jetzt mit anderen über ihre Erfahrungen kommunizieren zu können.

In der Ersten Erkenntnis wird enthüllt, daß eine kritische Masse von erweckten Individuen erreicht werden muß, um die Transformierung des gesamten Bewußtseins der Menschheit einzuleiten. Die Realität einer spirituellen Dimension muß auf breitester Ebene anerkannt werden. Werfen wir einen Blick auf die Glaubensgrundlagen unserer Kultur, so wissen wir, daß mit dem Verständnis über eine spirituelle Dimension notwendigerweise auch noch andere, scheinbar neuartige Ideen akzeptiert werden müssen, zum Beispiel das Überleben des physischen Todes. Ein Konzept, das vielen scheinbar aufgeklärten

Mitgliedern unserer westlichen Gesellschaft immer noch als atavistisch erscheint und in unserer wissenschaftsorientierten Gegenwart weitgehend in den Bereich unserer abergläubischen Vergangenheit verdrängt wurde.

Ist die Furcht vor diesen Dingen auf der Welt jedoch zu groß, tritt der Wahrnehmung dieser göttlichen Prinzipien damit ein Hindernis entgegen. Für den Fall, daß Sie beim Lesen dieser Zeilen selbst ein wenig skeptisch werden sollten, vergessen Sie nicht, daß sich Bewußtsein in Wellen ausbreitet. Der Mensch ist gleichzeitig Teil der Welle und die Welle selbst. Wir werden erreichen, was wir in dieser Zeit erreichen können.

Über Wiedergeburt

Das Konzept der Reinkarnation – Wiedergeburt – geht davon aus, daß unsere Seele, unser ewiges Bewußtsein wieder und wieder Form annimmt, um zu lernen, zu wachsen und sich zu entwickeln. Das Wissen über Reinkarnationen erreicht uns durch Religionen und esoterische Lehren, spontane Erinnerungen an Vorleben, wird durch Rückführungen in andere Inkarnationen erreicht und durch Menschen kommuniziert, die eine erhöhte Sensibilität oder Begabung für das Hellseherische haben.

Die Spontanerinnerung an frühere Lebenszeiten

Im Verlauf einer Spontanerinnerung erinnert sich der Betroffene schlagartig bei der ersten Begegnung mit einer Örtlichkeit oder einer Person an diese zurück. Ein sogenanntes *Déjà vu* – das Gefühl, einen bestimmten Augenblick schon einmal durchlebt zu haben, reicht allerdings nicht, um von einer Erinnerung an ein Vorleben zu sprechen. Außergewöhnlich spontane Bindungen wie Liebe auf den ersten Blick – solange es sich dabei um wahre Liebe handelt – deuten allerdings auf eine Beziehung hin, die sich bereits auf gemeinsame Vorleben bezieht.

Eine Spontanerinnerung an frühere Leben kann ebenfalls durch einen Gegenstand, Bilder, Bücher oder vergleichbare Situationen ausgelöst werden. Häufig werden sie unter großer Anstrengung bzw. unter außergewöhnlichen körperlichen oder emotionalen Zuständen erfahren. Ein Glauben an Reinkarnation ist dazu nicht vonnöten.

Körperliche Merkmale, Gewohnheiten und Neigungen

Hinweise auf ein Vorleben können sich auf vielfältige Weise bemerkbar machen. Körpermale, besondere Lebensgewohnheiten, außergewöhnliche Fähigkeiten oder Talente bzw. feste Lebensvorsätze und Vorstellungen, die nicht auf den Familienhintergrund in diesem Leben zurückzuführen sind, gehören dazu. Manchmal erinnert sich jemand an eine tödliche Wunde aus einem Vorleben, die einem besonderen Muttermal in diesem Leben entspricht. Bei stark ausgeprägten körperlichen Merkmalen handelt es sich vermutlich um Hinweise auf bestimmte Erfahrungen oder Lektionen, die es in diesem Leben zu lernen gilt.

So können uns auch gewisse Neigungen Hinweise auf unsere Vorleben liefern. Eine Leidenschaft für Antiquitäten aus einer bestimmten Epoche oder eine besondere Vorliebe für eine bestimmte Landschaft deuten unter Umständen auf eine positive Erfahrung in einer früheren Inkarnation hin. Die eindeutige Erinnerung an Vorleben ist in der Geschichte der Menschheit durch viele historische Dokumente belegt worden.

Die Zeit zwischen den Leben

Die Pausen zwischen den einzelnen Inkarnationen in der menschlichen Form reichen von wenigen bis zu Hunderten oder sogar Tausenden von Jahren. Die durchschnittliche Zeit zwischen zwei Leben liegt nach den Forschungen von Hans Ten Dam bei ungefähr 60 bis 80 Jahren. Ältere Seelen wählen den Zeitpunkt ihrer Reinkarnation sorgfältig und nur aus bestimmten Anlässen, die in engem Zusammenhang mit der Entwicklung auf der Erde stehen.

Bevölkerung I, II, und III

Basierend auf Berichten über Rückführungen und seinen eigenen Untersuchungen mit Menschen, die Rückführungen unternommen haben und sich dabei der Übergänge zwischen den einzelnen Dimensionen bewußt waren, hat Hans Ten Dam drei wesentliche Gruppen unterschieden und festgestellt, daß jeweils verschiedene Gründe zu einer Wiedergeburt führen. Menschen der ersten Gruppe (Bevölkerung I) kehren demnach mit geringer oder gar keiner Erinnerung an ihren Übergang in die spirituelle Dimension auf die Erde zurück. Offensichtlich wissen sie nicht, weshalb sie wieder hier sind. Dies ist besonders dann der Fall, wenn das vorherige Leben unvermittelt abgebrochen wurde. Ausgehungert vor allem nach primären Lebenserfahrungen ist diese Gruppe vor allem damit beschäftigt, die einfachsten Lektionen zu lernen, die das Leben zu bieten hat, ohne sich eines tieferen Sinnes für die eigene Seele bewußt zu sein. Selten nur verfügen sie über individuelle Lebenspläne oder einen weiterreichenden Begriff von ihrer möglichen Bestimmung. Mitglieder dieser Gruppe werden im Abstand von ungefähr acht Jahren wiedergeboren, und zwar häufig am selben Ort wie vorher.

Bevölkerung II

Mitglieder dieser Gruppe entscheiden freiwillig, wann sie auf die Erde zurückkehren wollen und verwenden bei ihrer Planung große Sorgfalt auf die damit verbundenen Umstände und die Wahl ihrer Eltern. Mit der fortschreitenden Entwicklung der Seele erwirbt sich diese das Recht, während der Pausen im Jenseits einen Lebensplan zu entwickeln. Dieser Plan, auch Geburtsvision genannt, setzt der Seele gewisse Entwicklungsziele zur Auflösung karmischer Verbindungen. Innerhalb dieser Gruppe sind Rückblicke auf Vorleben möglich, Konsultationen mit Führern im Jenseits und anderen Seelengruppen sowie ein Bewußtsein über die Transformation selbst. Mitglieder dieser Gruppe werden ungefähr in Abständen von achtzig Jahre wiedergeboren.

Auf dieser Entwicklungsstufe der Seele hat der Betreffende den Großteil seiner karmischen Schuld beglichen. Ausgestattet mit größerer Freiheit im Anwenden seiner meistens ausgezeichnet entwickelten Fähigkeiten und Talente, die aus einer Akkumulation von Hunderten oder Tausenden von Inkarnationen herrühren, leisten diese Seelen einen enormen Beitrag zur Weiterentwicklung der Menschheit. Getrieben von einem inneren Wissen über den Sinn ihres Lebens auf der Erde und ihre Verbindung mit dem Göttlichen, ziehen sie Gelegenheiten ebenso an wie starke Herausforderungen. Es kann sein, daß sie durch extreme Bedingungen gezwungen werden, sich noch tiefer in ihr Inneres zu versenken, als sie es ohnehin schon tun. Durch Schmerz, Leiden, Ekstase oder schieren Überdruß über den Gang des Weltlichen erhalten sie verstärkte Anleitung durch ihre Seelengruppen, ihr höheres Selbst und durch Gott. Es kann sich bei diesen Menschen dabei um ganz gewöhnliche, aktive und wohlmeinende Individuen handeln, die nicht weiter auffallen, aber auch um Menschen, die schließlich zu charismatischen Lehrern und Führungspersönlichkeiten aufsteigen. Der Philosophie der Buddhisten zufolge tauchen diese Boddhisattvas nach einem festen Zeitplan auf der Erde auf. Die Pause zwischen den Lebenszeiten dieser Gruppe beläuft sich auf ungefähr 230 Jahre.

Der Einfluß der Seelengruppen

Die sieben Hauptpersonen in der Zehnten Erkenntnis versuchen, gemeinsam ein gefährliches Experiment zu stoppen. Die Notwendigkeit dieser Aufgabe dient sowohl als Katalysator dafür, sich ihrer Verbindungen aus der Vergangenheit bewußt zu werden, als auch zur Lösung gegenwärtiger Schwierigkeiten innerhalb der Gruppe beizutragen. Durch das Verständnis der Neunten Erkenntnis gelingt es ihnen, sich in eine feinstofflichere Schwingung zu versetzen und Anleitung von jenen Seelen aus dem Jenseits zu bekommen, die ihre Geburtsvision halten; sie hoffen, sie auf diese Weise selbst zu erfahren. Mit unseren Seelengruppen sind wir verbunden. Sie kennen uns. Sie teilen unsere Geburtsvision, begleiten uns durch unser Leben und bleiben nach

TEIL VIER

IN DER DUNKELHEIT

Kapitel 7

Die Erinnerung an die Geburtsvision

»Als ich diese Individuen näher in Augenschein nahm, fiel mir plötzlich auf, daß ich ihre Geburtsvision wahrnehmen konnte. Sie waren mit einer ganz bestimmten Absicht zur Erde gekommen; sie hatten die Aufgabe, die erste existentielle Erweckung der Menschheit auszulösen. Und obwohl mir der Gesamtumfang ihrer Vision noch verborgen blieb, erkannte ich, daß sie von einer weitaus gewaltigeren Inspiration dazu bewegt wurden: der globalen Vision. Vor ihrer Geburt hatten sie den langen Entwicklungsweg der Menschheit vorausgesehen und wußten, daß jeder Fortschritt mühsam verdient werden mußte, von jeder Generation erarbeitet – denn mit dem zunehmenden Bewußtsein über unsere höheren Ziele verloren wir gleichzeitig den friedlichen Zustand der Unbewußtheit. Das Hochgefühl des bewußten Lebendigseins brachte gleichzeitig auch die Angst und die Ungewißheit eines Lebendigseins ohne erkennbaren Sinn oder Zweck mit sich.«

James Redfield, *Die Zehnte Erkenntnis*

Pferd
Kraft

Das Erwachen zur eigenen Identität

Worte, zumal geschriebene, sind kein Ersatz für persönliche Erfahrungen mit den Mysterien des Lebens. Sie kennen bereits das aufregende Gefühl, einen Teil der von Ihnen gesuchten Wahrheit am eigenen Leibe erfahren zu haben. Es gibt keine Grundregel oder Theorie darüber, wie die Türen, die Sie durchschreiten wollen, zu öffnen sind – dabei bereit sind, den Schritt zu machen.

Ihre Frage kann lauten: »Wer bin ich? Worin besteht die Vision meiner Geburt?« Und als Antwort kann ein inneres »Ja!« erscheinen, das tief aus einem inneren Wissen aufsteigt, wenn sich etwas richtig anfühlt – wenn eine Beziehung blüht, oder wenn Sie einem anderen Menschen ohne großes Federlesen geholfen haben.

In seinem Buch *Soul Mates* schreibt Thomas Moore: »Es ist meine tiefe Überzeugung, daß leichte Verschiebungen in der Vorstellungskraft eines Menschen mehr Einfluß auf sein Leben haben als ein konzentrierter Versuch, etwas zu verändern … und … daß tiefgreifende Veränderungen den Bewegungen innerhalb der Imagination folgen … Es ist von großer Wichtigkeit, daß wir uns von erstarrten und althergebrachten Ideen und Vorstellungen darüber trennen, was es bedeutet, zu lieben, verheiratet zu sein, einen Freund zu haben oder in einer Gemeinschaft zu leben.«

Das Erwachen erhöht die Energiezufuhr und die Häufigkeit des Auftretens von Erkenntnissen

Bei der Geschichte der Menschheit handelt es sich um die Geschichte, die wir einander erzählen, weil wir glauben, daß sie sich so ereignet hat. *Geschichte* ist die Geschichte unserer Glaubensvorstellungen und eine Aufzeichnung der von uns gewählten Optionen, doch ist sie nicht die einzige Grundlage für unsere Zukunft. Der Held in der *Zehnten Erkenntnis* sagt: »Endlich begriffen wir unsere Vorgeschichte nicht mehr als den blutigen Kampf des menschlichen Tieres, das von Selbstsucht getrieben danach strebt, die Natur zu bezwingen und ihr angenehmere Lebensbedingungen abzuringen, indem es sich aus dem Dschungel herauskämpft und eine unüberschaubare, komplexe Zivilisation schafft. Jetzt sahen wir die gesamte Menschheitsgeschichte als einen spirituellen Prozeß, bei dem der Mensch Generation für Generation, Leben für Leben einem einzigen Ziel entgegenstrebt: der Erinnerung an das, was wir im Jenseits bereits gewußt haben, und der Verbreitung dieses Wissens auf der Erde.« Geburtsvisionen – obwohl je nach Bedürfnis der einzelnen Seelen verschieden – enthalten immer das kollektive Ziel, zu Bewußtsein zu werden. *Geburtsvisionen sind die treibende Kraft, wodurch jeder einzelne die Evolution der Menschheit beschleunigt.*

Die Wahl der Eltern und der äußeren Umstände

Den meisten spirituellen Schulen zufolge erwirbt sich die Seele von einem bestimmten Stadium der Entwicklung an das Recht, sich die Vehikel (die Eltern) für die Rückkehr auf die Erde selbst auszusuchen. In der *Zehnten Erkenntnis* werden wir Zeugen, wie Maya, die Heilerin, in tiefer Meditation versunken zusieht, wie sie sich im Jenseits mit Hilfe ihrer Seelengruppe die Eltern für ein neues Leben auf der Erde aussucht. Sie achtet auf die Wahl bestimmter Eltern, die geeignet wären, ihre seit vielen Inkarnationen bestehenden negativen bzw. unentwickelten Tendenzen und Neigungen zu exponieren. Im Verlauf der gleichen Vision wird ihr ebenfalls bewußt, wie ihre Geburtsvision in die Weltvision paßt und auf welche Weise ihre Seelengruppe ihr dabei behilflich ist, die Erinnerung daran auf Erden zu behalten. Sie sieht außerdem alle Menschen, denen sie in ihrem Leben begegnen wird und die ihr dabei behilflich sein werden, zu lernen und zu wachsen. Sie erkennt, daß sie zu einem bestimmten Zeitpunkt durch die Entdeckung der Erkenntnisse auf eine Gruppe von Menschen stoßen wird, mit denen gemeinsam sie sich daran erinnern wird, wer sie wirklich sind und wie sie zusammen mit anderen unabhängigen Gruppen an einer Verminderung der »Polarisierung der Furcht« auf dieser Welt arbeiten werden. Das Wissen um ihre ursprüngliche Geburtsvision verstärkt ihren Enthusiasmus und hilft ihr dabei, bereits getroffene Entscheidungen im nachhinein als richtig zu akzeptieren. Sie sieht, daß ihr bisheriges Leben im Einklang steht mit der tiefen Weisheit hinter ihrer ursprünglichen Intention, wenn es auch durchaus nicht vorherbestimmt war. In der *Zehnten Erkenntnis* sehen die anderen, wie Maya durch das Portal zwischen den Dimensionen schreitet und sich von der orgasmischen Energie beim Liebesakt ihrer neuen Eltern anziehen läßt.

Verabredungen, Pläne und Vorhaben

Nicht jeder von uns denkt im Leben voraus. Oft nähern wir uns neuen Ideen, ohne auch nur einen Schimmer davon zu haben, wohin sie uns führen mögen. Für manche trifft dies auch auf die Frage der Wiedergeburt zu. Wie wir im letzten Kapitel bereits gesehen haben, scheint es drei Hauptgruppen von Seelen zu geben: jene, die über keinen Plan für ihr bevorstehendes Leben verfügen; jene, die wie Maya über einen Plan verfügen; und jene, die eine fundamentale Mission zu erfüllen haben.

Bei den Untersuchungen der Psychologin und Expertin für Reinkarnation, Helen Wambach, gaben 11 Prozent der Personen, die nach Erfahrungen mit ihren Vorleben befragt worden waren, an, daß sie Widerstände oder sogar Angst davor verspürten, erneut einen menschlichen Körper zu wählen. 55 Prozent berichten zumindest von einem Zögern. 8 Prozent der Befragten gaben an, nichts von ihrem Geburtsplan gewußt zu haben. 23 Prozent sagten, daß sie einen Plan hatten und im Verlauf der Rückführung imstande waren zu visualisieren, wie sie sich mit ihren Führern im Jenseits besprochen hatten, bevor sie erneut eine menschliche Form annahmen. 3 Prozent hatten überstürzt oder gegen den besseren Rat ihrer Seelengruppen gehandelt. Diese unterschiedlichen Haltungen gegenüber der Wiedergeburt reflektieren eine breite Spannbreite, die sich auch hier auf der Erde erkennen läßt.

Denken Sie einen Augenblick über die Ihnen wichtigen Menschen in Ihrem Leben nach. Können Sie sich vorstellen, daß Sie sich hier verabredet haben? Erinnern Sie sich daran, wie Sie Ihren besten Freud getroffen haben? Ihren Ehepartner? Jemand, der an einer Wegkreuzung in Ihrem Leben auftauchte? Waren Sie sich damals dem »Spiel des Schicksals« bzw. der Synchronizität bewußt?

Nicht zu ambitioniert, aber auch nicht zu bescheiden

In seinem Buch *Exploring Reincarnation* berichtet der Autor Hans Ten Dam von Menschen, die ihre Vorleben aus der Perspektive des Jenseits wahrzunehmen imstande waren, und erteilt einige Ratschläge, die wir uns vor der Planung eines neuen Lebens in der spirituellen Dimension schon heute gut zu Herzen nehmen sollten. »Seien Sie extrem vorsichtig bei der Prägung fester Ansichten oder Urteile – diese können offenbar durch mehrere Reinkarnationen hindurch wirksam sein. Seien Sie bei der Planung Ihres neuen Lebens nicht zu ambitioniert, aber auch nicht zu bescheiden. Betrachten Sie sich zuvor Ihre bereits entwickelten Tendenzen und Ansichten und planen Sie davon ausgehend Ihre weitere Entwicklung.«

Können wir alles bekommen, was wir uns wünschen?

Unsere Wahl der Inkarnation scheint sich nach dem Entwicklungsstand der Seele zu richten. Möglicherweise haben sich jüngere, weniger entwickelte Seelen noch nicht das Recht erworben, einen Lebensplan zu entwerfen und müssen mit den Eltern vorlieb nehmen, die ihnen präsentiert werden! Seelen, die ungewöhnlich viel Leid oder Schaden verursacht haben, können Äonen in lichtlosen Bereichen verbringen, wo sie jedes von ihnen verursachte Leid noch einmal durchleben und um ihr spirituelles Erwachen kämpfen müssen. Obwohl es keinen zürnenden Gott oder ein Jüngstes Gericht gibt, das uns bestraft, können wir den Nachwirkungen unserer Untaten doch nicht entgehen. Bitten wir jedoch um Hilfe, stellen sich erfahrene Seelen freiwillig zur Verfügung, um uns spirituell zur Seite zu stehen.

Mit Hilfe ihrer Führer oder ihrer Seelengruppe wird die Seele die Wahl der Eltern und äußeren Umstände treffen; danach findet dem Glauben der Hindus zufolge jedoch noch ein »Interview« mit Gott statt. »Gott bewilligt oder verneint dann den Wunsch der Seele. Verneint er ihn, hat die Seele die Wahl, einen anderen Geburtsort und eine andere Familie zu wählen oder aber auf ihrer ursprünglichen Wahl zu bestehen. Gott zwingt nie einer Seele seinen Willen auf«, schreibt Frederick Lenz in seinem Buch *Lifetimes*.

Offenbar macht die Seele eine »Reservierung« bei der auserwählten Mutter und kann den wachsenden Fötus von da an zu jedem Zeitpunkt vor der Geburt aufsuchen, in manchen Fällen sogar erst nach der Geburt.

Trotz unseres Planes verfügen wir über einen freien Willen

Diese Visionen von Vorleben entsprechen dem Idealfall, der jedoch nur dann eintritt, wenn wir all unseren Intuitionen genau folgen. Obwohl wir uns von vorne herein für unseren Pfad entscheiden und uns mit anderen Seelen im Laufe unseres Lebens verabreden, existiert kein Hinweis darauf, daß das Leben in Gänze vorbestimmt ist. Der Sinn des Lebens besteht darin zu lernen, Entscheidungen zu treffen und am eigenen freien Willen zu wachsen. Diese Vorstellung eines Lebensplans mit freiem Willen entspricht in etwa einer Verabredung zum Abend-

> »Aus freien Stücken entscheidet sich der Mensch, in eine bestimmte Familie geboren zu werden, weil sie ihm bei der Erreichung seines Zieles behilflich sein wird. Noch im Bauch der Mutter erfährt er, was er nicht vergessen soll. Würden Sie diesen Ratschlägen Folge leisten? Würden Sie darauf vertrauen, wenn Sie sie jetzt hören würden? Sie würden es nicht, denn sobald wir die menschliche Form angenommen haben, hängen wir unsere Fahnen nach dem Wind. Wer nicht weiß, was seine wahre Identität ist, folgt dem Wissen des Windes.«
>
> Malidomo Patrice Some,
> *Of Water and the Spirit*

essen, bei dem wir dann selbst entscheiden, welches Gericht wir uns bestellen. Ob es sich bei dem Restaurant um einen Imbiß, eine Kantine oder ein Luxusrestaurant handelt und ob chinesische, deutsche oder französische Küche serviert wird, hängt sowohl von Ihnen als auch vom Angebot ab. Haben Sie sich einmal für ein Restaurant entschieden, verfügen Sie nicht mehr über die völlige Kontrolle, sondern müssen im Moment entscheiden. Wollen Sie eine Vorspeise? Fleisch oder etwas Vegetarisches? Sie können ein Gespräch mit dem Kellner beginnen, durch Zufall andere Gäste kennenlernen oder allein essen. Genauso verhält es sich im Leben. Sie erhalten Gelegenheiten, und einige davon nehmen Sie wahr, andere wiederum nicht. Und manche werden Ihr Leben verändern.

Geburtsvision

In der *Zehnten Erkenntnis* erkennen die Protagonisten, daß sie vor der Geburt offenbar eine Vision davon hatten, wie ihr Leben verlaufen wird, inklusive einem Ausblick auf die Eltern und der Tendenz, sich mit ihnen in bestimmten Kontrolldramen zu involvieren. Auf diese Weise präparieren wir uns für die kommenden Aufgaben.

Interessanterweise erinnern sich sechzig Prozent aller Menschen, die Erinnerungen an die Zeit vor ihrer Geburt haben, an den Grund für ihr erneutes Erscheinen auf der Erde und an ihr Lebensziel. Die anderen vierzig Prozent, die über keine Vorstellung von ihrem Lebensziel verfügen, gehören zu der Gruppe derer, die nicht freiwillig auf die Erde zurückgekehrt sind. Beruhend auf seinen Untersuchungen über die Erinnerung von Menschen an ihren Lebensplan, erstellte Ten Dam folgende Statistik:

- 27 Prozent kamen, um anderen zu helfen und selbst spirituell zu wachsen.
- 26 Prozent kamen, um neue, ergänzende oder korrigierende Erfahrungen zu sammeln.
- 18 Prozent kamen, um ein geselligeres Leben unter Menschen zu führen.
- 18 Prozent kamen, um an karmisch bedingten Beziehungen zu arbeiten.
- 12 Prozent kamen aus anderen Gründen.

Dabei ist es interessant zu sehen, wie viele der Menschen, die sich mit ihren Vorleben befaßt hatten, zu einer klaren Vorstellung über den Sinn ihres Lebens gelangt waren. In Helen Wambachs Studie finden sich Gründe wie: »Ich hatte noch viel an der Beziehung zu meiner Mutter zu arbeiten.« – »Ich mußte die losen Enden aus meinen vorherigen Leben miteinander verknüpfen.« – »Ich wollte mich einer gefährdeten und dekadenten Existenz aussetzen, um diese Tendenzen ein für alle Mal zu überwinden.« – »Ich kam zurück, um mehr zu fühlen.« – »Ich wollte zurück, weil ich im letzten Leben so früh gestorben bin.« – »Ich wußte, daß meine Eltern mich brauchten, weil ihre anderthalbjährige Tochter bei einem Brand ums Leben gekommen war.«

Der schwierige Weg

Es hat den Anschein, daß manche Seelen sich selbst fordern, indem sie sich dafür entscheiden, in einer brutalen, verständnislosen oder extrem einschränkenden Umgebung Form anzunehmen. Es ist möglich, daß gerade diese Seelen vor ihrer Geburt am optimistischsten über die Handhabung ihres Lebens im menschlichen Körper gewesen sind,

> »Es gibt keinen Zaubertrank, der uns Weisheit verleiht ... Nur durch unsere eigenen Erfahrungen – und nur dann – werden wir lernen. Wir können unzählige Bücher lesen, deren Worte uns inspirieren und uns in eine bestimmte Richtung lenken. Doch nur die eigene Erfahrung kann dem geschriebenen Wort eine wahre Bedeutung verleihen.«
>
> Rosemary Altea,
> *The Eagle and the Rose*

davon überzeugt, stark genug zu sein, ihre Wut und ihren Ärger über die ihnen widerfahrenen Beschränkungen zu verarbeiten und ihre Familie zu heilen – all dies, um ihre Mission zu erfüllen. Dr. Frederick Lenz zufolge haben Seelen noch einen anderen Grund dafür, sich schwierige Lebensumstände zu wählen: »Eine fortgeschrittene Seele inkarniert sich in einen Familienzusammenhang, der nicht so weit entwickelt ist, gerade als wolle sie den anderen Seelen dort beim Erwachen behilflich sein oder einfach nur die Erfahrung machen, wie es ist, sich in der Gesellschaft solcher Seelen zu inkarnieren.«

Wie hoch ist der Anteil des Wunsches einer Seele an einem traumatischen Ereignis, das den Menschen befällt? Wird eine Frau vergewaltigt, heißt dies, daß ihre Seele diesen Vorfall gewählt hat? Wenn ein Mann seinen Sohn verliert, heißt dies, daß seine Seele dies geplant hat? Anhand der Aussagen jener, die durch Rückführungen Zugang zu ihrer Existenz im Jenseits hatten, läßt sich sagen, daß derartig spezifische Vorkommnisse im allgemeinen nicht vorher geplant wurden. Allerdings kann eine Seele sehr wohl beschließen, ihre eigene Entwicklung zu beschleunigen, indem sie sich für das zu lösende Karma öffnet, ohne den genauen Zeitpunkt und die Umstände das Ereignisses bestimmen zu können.

Stirbt ein Kind, so geschieht dies im Einvernehmen mit den Seelen seiner Eltern, dieses Ereignis zum Vorteil der Entwicklung aller Beteiligten geschehen zu lassen. Verursacht eine Seele absichtlich den Tod eines anderen, so müssen die Konsequenzen für diese Handlung ausgeglichen werden. Eine Seele kann sich zum Beispiel entschließen, sich zur Abgeltung karmischer Schulden in einem Leben zu opfern. Manchmal gibt es Seelen, die nicht im Körper bleiben wollen und die sich freiwillig in Situationen begeben, in denen ihr Körper stirbt, um einem anderen das Leben zu ermöglichen.

Einen schweren Weg wählen

Manche Babys sterben, weil ihre Körper nicht stark genug sind, erwachsen zu werden, oder weil sie, aus welchen Gründen auch immer, von Anfang an nicht die Absicht hatten, ihr Leben zu vollenden. Ein Kind kann lange genug leben, um seinen Eltern Freude zu bereiten, und sein früher Tod kann den Eltern eine Chance zum spirituellen Erwachen bieten, die sie sonst nicht erhalten hätten. Gewöhnlich gibt es tiefere Bedeutungen für alle wichtigen Begebenheiten in unserem Leben, als wir auf den ersten Blick glauben oder zu verstehen imstande sind.

Der Lebensüberblick Jetzt

Niemand von uns wird seine Geburtsvision vollständig erfüllen. Doch je bewußter wir werden, desto einfacher wird es uns fallen, offen zu bleiben und unseren Intuitionen zu folgen. In Verbindung mit unserer Quelle sind wir in der Lage, mehr Liebe zu geben und unsere Kontrolldramen durchzuarbeiten. Mit Hilfe verstärkter Selbstreflexion nehmen wir die Dinge nicht mehr so persönlich und können die Achterbahnfahrt des Lebens in volleren Zügen genießen. In der *Zehnten Erkenntnis* sagt Wil: »Siehst du nicht, daß es sich hierbei um einen wichtigen Bestandteil der Zehnten Erkenntnis handelt? Wir entdecken nicht nur, daß unsere Intuitionen und Vorahnungen tatsächlich Erinnerungen an unsere vorgeburtliche Intention sind, sondern auch, wann und wo wir vom Wege abgekommen sind bzw. Gelegenheiten verpaßt haben. Dank dieser Erinnerung können wir dann den Weg wiederfinden, den wir von vornherein gehen wollten. Mit anderen Worten, wir bringen diese Vorgänge immer mehr in unser weltliches Bewußtsein. In der Vergangenheit mußten wir sterben, um unser Leben in einer Rückschau dieser Art betrachten zu können; doch heute können wir schon früher aufwachen und den Tod letzten Endes überflüssig machen, wie es in der Neunten Erkenntnis vorausgesagt wird.«

In Ruth Montgomerys Buch *A Search For Truth* erklären die Führer ihr: »Die Zeit eines Menschen, an seine Zukunft zu denken, ist dann, wenn er sich in seiner zukünftigen Vergangenheit befindet. Betrachten

Sie jeden Tag als makellose Seite im Buch Ihres Lebens. Lassen Sie es nicht zu, daß diese Seiten beschmutzt oder verunreinigt werden. Nehmen Sie diese Seiten so makellos mit auf die andere Seite hinüber, und ihre wildesten Träume werden bei weitem übertroffen werden. Am besten rufen Sie sich folgenden Satz täglich ins Gedächtnis: *Begrüße jeden Tag als unbefleckte Zukunft und gehe so sorgfältig mit ihm um, als handele es sich dabei bereits um einen veröffentlichten Bericht aus Deiner Vergangenheit.*«

Den Zweck des eigenen Lebens annehmen

Die beste Methode, das anzuziehen, was Sie sich wünschen, besteht darin, starke Intention und Fokus auf die Manifestation der betreffenden Sache zu verwenden und dann den Gedanken daran loszulassen, ohne den genauen Ablauf oder Ausgang der Angelegenheit zu planen und kontrollieren zu müssen. Je weniger sie kämpfen und sich Mühe geben, desto schneller wird sich der vor Ihnen liegende Weg zu erkennen geben.

Doch allzu oft erzählen wir uns selbst, daß wir »hart arbeiten« müssen, um den Sinn unseres Lebens zu finden. Das Resultat ist meistens eine ernste, beinahe grimmige Haltung, mit der wir versuchen, »gut abzuschneiden«, weil wir befürchten, anderenfalls hinter unsere eigenen Ansprüche zurückzufallen. In dem Buch *Discovering Your Past Lives* von Glenn Williston und Judith Johnstone berichtet eine Frau nach ihrer Rückführung, die sie in ein leiderfülltes Vorleben im alten Ägypten geführt hatte: »Aus einem solchen Leben zieht man vielerlei Gewinn, sehr viel sogar, z. B. Ausdauer und Geduld. Vielleicht erscheint dies anderen banal und wertlos – aber die Seele lernt viel dabei.« Die Frage, ob im Jenseits alle Seelen über ein Bewußtsein über das im Leben Gelernte verfügen, bejaht sie. Selbst Menschen, die keinen Begriff vom eigentlichen Grund ihrer Inkarnation zu haben scheinen, verfügen als Seele über ein Bewußtsein darüber.

Übung ist Perfektion

Es ist hilfreich, sich auf das Eintreffen des Glücks durch die Schaffung harmonischer Bedingungen vorzubereiten, indem Sie sich jeden Tag in bestimmten Schwingungszuständen wie Dankbarkeit, Vergebung, Loslassen (von der Notwendigkeit, einen Wunsch erfüllt zu bekommen), Humor, Liebe und Offenheit üben. Der zu sein, der Sie wirklich sind und sich Ihrer Talente dankbar und großzügig zu bedienen wird Ihnen dabei helfen, sich im Fluß zu befinden. Zusätzlich ist es wichtig, sich in der Zirkulation von Vermögen und Wohlstand zu üben und das Beste in anderen zu sehen. So leben Sie in fließender Übereinstimmung mit dem Gesetz von Geben und Nehmen.

»Kann jemand seine Weltsicht einfach durch das Lesen eines Buches verändern?«
»Generell lassen sich insbesondere die Menschen des westlichen Kulturkreises nicht allein durch das Lesen von Büchern von der Bedeutung der spirituellen Dimension überzeugen. Einer wahren spirituellen Öffnung geht immer eine direkte persönliche Erfahrung voraus ... auch wenn zu Anfang Bücher gelesen, Vorträge angehört oder spirituelle Gruppen besucht und durch Meditation sowie andere geistige Übungen behutsame Transformationen eingeleitet werden können.«

Stanislav Grof, M.D. aus *Towards a New World View* von Russell E. DiCarlo

Dienst am Nächsten ist der Weg

In dem Buch *A Search For Truth* von Ruth Montgomery betonen die jenseitigen Führer die Wichtigkeit des Dienstes am anderen zur Erfüllung des eigenen Lebenszweckes. Immer wieder weisen sie darauf hin, daß die wichtigsten und unserem eigenen Wachstum dienlichsten Handlungen in der

»Wenn Ihre Zeit gekommen ist, die Welt zu verlassen, wird das einzige, das Sie mitnehmen werden, das Wissen Ihres Herzens sein.«

Grey Eagle in *The Eagle and the Rose* von Rosemary Altea

Hilfe gegenüber anderen Menschen besteht. »Wir müssen mehr am Wohlergehen anderer als an unserem eigenen interessiert sein. Damit dienen wir automatisch unserer eigenen Sache. Dies war die Botschaft, die vor Jahrtausenden von Christus und anderen spirituellen Führern verbreitet wurde. Diese Botschaft ist nach wie vor gültig. Wie zu Jesus Zeiten lautet sie auch heute noch: *Liebt einander*. Dies ist nicht einer von vielen Wegen, spirituell zu evolvieren, sondern der einzige.«

Das Mysterium des Lebens will sich enthüllen. Während Sie diese Zeilen lesen, entfaltet es sich vor Ihren Augen.

Einzelstudium

Betrachten Sie Ihre Eltern von einem spirituellen Standpunkt aus und denken Sie eine Zeit lang über die tiefere Bedeutung der Wahl Ihrer Eltern oder Fürsorge-Personen nach.

Der Vater

- Wenn es eine Bildunterschrift unter einem Photo Ihres Vaters geben würde, die sein Leben in einem Satz zusammenfaßt, wie würde sie lauten?

- Was hat im Leben Ihres Vaters gefehlt? Gab es etwas, das er wollte, jedoch nicht erreicht hat? Welche Charaktereigenschaften waren schwach oder gar nicht entwickelt?

- Was war die wichtigste Lektion, die Sie von Ihrem Vater gelernt haben?

- In welcher Hinsicht ähneln Sie ihm?

- Welchen Einfluß hatte er auf Ihren Weg?

Die Mutter

- Wenn es eine Bildunterschrift unter einem Photo Ihrer Mutter geben würde, die ihr Leben in einem Satz zusammenfaßt, wie würde sie lauten?

- Was hat im Leben Ihrer Mutter gefehlt? Gab es etwas, das sie wollte, jedoch nicht erreicht hat? Welche Charaktereigenschaften waren schwach oder gar nicht entwickelt?

- Was war die wichtigste Lektion, die Sie von Ihrer Mutter gelernt haben?

- In welcher Hinsicht ähneln Sie ihr?

- Welchen Einfluß hatte sie auf Ihren Weg?

Reflexion Ihrer eigenen spirituellen Philosophie

Nehmen Sie sich einen Augenblick Zeit, um sich folgende Fragen zu stellen und zu beantworten:

- Wie standen Ihre Eltern zu Gott?
  Vater
  Mutter

- Was war die Ansicht Ihrer Eltern über das Leben nach dem Tod?
  Vater
  Mutter

- Welche drei Wertvorstellungen waren Ihren Eltern am wichtigsten?
  Vater
  Mutter

- Durch welche Ideen oder Konzepte haben Ihre Eltern Sie am meisten geprägt?
  Vater
  Mutter

- Was haben Ihre Eltern der Welt hinterlassen?
  Vater
  Mutter

- Was werden Sie anders machen, nachdem Sie Gelegenheit hatten, das Leben Ihrer Eltern aus nächster Nähe zu betrachten? Was haben Sie von Ihren Eltern gelernt?
  Vater
  Mutter

- Was sind die herausragenden Merkmale im Leben Ihrer Eltern? (z. B. gute Gesundheit, Erfolg, Liebesfähigkeit, Sinn für Humor, kreative Erfüllung)
  Vater
  Mutter

- In welcher Hinsicht sind Sie genau wie Ihre Eltern?
  Vater
  Mutter

- In welcher Hinsicht unterscheidet sich Ihr Leben wesentlich von dem Ihrer Eltern?
  Vater
  Mutter

- Angenommen es gäbe einen Grund, weshalb Ihre Eltern perfekt für Sie in diesem Leben gewesen wären, worin bestände er?
  Vater
  Mutter

Das Entdecken Ihrer Geburtsvision

Schließen Sie für einen Augenblick die Augen und atmen Sie ein paar Mal tief ein und aus. Entspannen Sie Ihren Körper. Stellen Sie sich vor, Sie befänden sich auf einem Hügel und blickten auf einen Pfad hinab. Sie sehen sich selbst auf diesem Pfad wandeln. Welche Bilder steigen an bestimmten Stellen auf diesem Pfad in Ihnen auf? Welche Bilder und Botschaften warten am Ende des Pfades auf Sie? Vervollständigen Sie die folgenden Sätze mit den entsprechenden Bildern oder Intuitionen, die Sie empfangen:

Am Anfang meines Pfades sehe ich ....

In der Mitte meines Pfades sehe ich ....

Am Ende meines Pfades sehe ich ....

Wie würden Sie sich selbst jemand anderem gegenüber in den folgenden Kategorien beschreiben? Datieren Sie Ihre Antworten und lesen Sie sie noch einmal in sechs Monaten, einem Jahr, fünf Jahren.

- Meine Stärken sind ....
- Ich habe ein Talent zum ....
- Meine liebste und mich am meisten erfüllende Tätigkeit besteht in ....
- Ich habe zum Lauf der Welt beigetragen, indem ....
- Die drei größten Herausforderungen meines Lebens waren .....
- Diese Herausforderungen haben mir dabei geholfen ....
- Ich betrachte das Leben als...............................
- Am wertvollsten ist mir am Leben ....
- Am meisten freue ich mich an ....
- Ich bin am glücklichsten, wenn ....
- Ich bin stolz, wenn ....

- Mein Beruf ist ....
- Was mir niemand nehmen kann, ist ....
- Als nächstes würde ich gern erleben ....
- Am liebsten würde ich als Erbe hinterlassen ....
- Ich habe das Gefühl, daß meine Geburtsvision ....
- Meine Weltvision ist ....

Das Folgen der Vision

Wir wissen, daß uns Aspirationen und Vorstellungen von einem idealen Leben durch unsere tiefere Geburtsvision vermittelt werden. Akzeptieren Sie Ihre Tagträume als wirkliche Wünsche, die auf irgendeine Weise durch Sie Erfüllung suchen. Vielleicht werden Sie niemals an der Oper singen, aber solange Sie es sich zutrauen, können Sie es wenigstens versuchen. Vielleicht bereitet es Ihnen sogar noch mehr Spaß (und darum geht es ja unter anderem auch ...), einen Chor in Ihrer Gemeinde zu leiten. Irgendwann sollten Ihre Visionen einen Ausdruck in Ihren Handlungen finden, die der Weg zur Erfüllung Ihrer Träume sind. Menschen sind nicht nur mechanische Reaktionswesen, die man darauf trainiert hat, aus Überlebensgründen die bestehenden Konditionen zu überlisten. Menschen sind ebenfalls Träumer, die sich ihre Träume erfüllen können.

Visions-Spiel

- Welches Bild taucht immer wieder in Ihrem Kopf auf? Was wünschen Sie sich?
- Was besitzen Sie, das Sie nicht verlieren möchten?

- Stellen Sie sich vor, daß Sie morgen unter idealen Lebens- und Arbeitsbedingungen aufwachen und in der Lage sind, Ihren besten Qualitäten Ausdruck zu verleihen. Schreiben Sie ein paar Sätze zu diesem Thema.

- Beschreiben Sie sich mit einem einzigen Wort. Auf welche Weise ist dieses Attribut der Allgemeinheit von Nutzen? Wie bedienen Sie sich dieser Qualität? Schreiben Sie ein paar Zeilen zu diesem Thema. Zensieren Sie sich dabei nicht.

- Machen Sie es sich zur Angewohnheit, die Nachrufe in Ihrer Zeitung zu lesen. Als Lebensrückschau vermitteln sie uns die Höhepunkte und die Herausforderungen eines ganzen Lebens. Selbst die Todesanzeigen vermitteln oft einen Eindruck von verantwortungsvoll gelebten Leben, von Erfindungen, Talenten und vor allem von maßloser Liebe.

Gegenwärtige Fortschritte, Probleme und Pläne

Greifen Sie pro Tag oder Woche eine der folgenden Fragen auf und denken Sie darüber nach. Versuchen Sie nicht, mit allen Fragen auf einmal zu arbeiten.

Schreiben Sie ein paar Zeilen oder Absätze zu der Frage, die Sie im Augenblick am meisten beschäftigt.

Die folgenden Fragen können ebenfalls als Grundlage für eine Diskussion innerhalb der Arbeitsgruppe verwandt werden.

- **Gibt es in Ihrem Leben irgendeine Situation oder Beziehung, die Sie für ungelöst halten oder die Ihnen innere Unruhe bereitet?** Wenn wir wissen, daß wir jemandem eine Entschuldigung, Erklärung oder einen Anruf schuldig geblieben sind, so ziehen diese Versäumnisse in einem fort kleine Mengen von Lebensenergie ab. Das gleiche gilt, wenn wir uns entschlossen haben, etwas zu tun, sich diese Entscheidung jedoch nicht richtig anfühlt. Die eigenen Gefühle zu begraben oder Anstehendes zu verschieben, verstärkt zusätzlich den Abzug von Energie. Machen Sie sich diese Dynamik bewußt. Bitten Sie um Hilfe durch das Universum bei der Lösung dieser Problematik. Folgen Sie Ihren Intuitionen. Achten Sie darauf, welche Dinge Ihre Entwicklung beschleunigen.

- **Gibt es irgendwelche Gegebenheiten in Ihrem Leben, die Ihnen Energie abziehen, selbst wenn es nur wenig sein sollte?**
  Erstellen Sie eine Liste all der Dinge, die Sie gern verändern würden (z. B. »Ich würde gern meinen Zahnarzttermin nächste Woche verschieben«; »Ich würde gern wissen, was mit dem Hund nicht stimmt, dem Computer, dem Auto etc.«). Nachdem Sie einmal festgestellt haben, was den Verlust von Energie verursacht, könnte es sein, daß sich Ihre Frage bald beantwortet oder Sie eine Veränderung der Umstände erfahren bzw. herbeiführen können.

- **Welche Hindernisse gibt es gegenwärtig in Ihrem Leben?**
  Hindernisse zwingen uns, tiefer auf Dinge einzugehen und kreativer zu werden. Was ist der versteckte Segen solcher Hindernisse? Wovor haben Sie möglicherweise Angst? Wenn Sie zum Beispiel denken, Geldmangel hindere Sie daran, Ihr Geschäft zu erweitern, haben Sie vielleicht in Wirklichkeit Angst davor, den nächsten Schritt zu wagen?

- **Was funktioniert in Ihrem Leben gut?**
  Bei diesen Dingen handelt es sich um Teile Ihrer Geburtsvision. Denken Sie an die Zeit zurück, als diese Gegebenheiten in Ihrem Leben auftraten. In welcher Geistesverfassung befanden Sie sich, als Sie diese Dinge anzogen? Stellen Sie fest, wieviel Sie erreicht haben, wie erfolgreich Sie sind. Verleihen Sie täglich Ihrem Dank dafür Ausdruck.

- **In welchen Situationen erfahren Sie zur Zeit eine Energiezufuhr?**
  Dies ist ein sicheres Zeichen dafür, daß Sie einer inneren Notwendigkeit folgen, die Sie mit Ihrer Geburtsvision verbindet.

- **Welches Fernziel scheint sich am Horizont anzubahnen?**

- **Wenn Sie eine Vorhersage darüber treffen sollten, was in den nächsten drei Monaten geschieht, welche drei Dinge würden Sie vorhersagen?** Tragen Sie das heutige Datum hier ein ....

- **Was ist im Augenblick Ihre wichtigste Frage?**
Nachdem Sie die Frage niedergeschrieben haben, definieren Sie das der Frage zugrundeliegende erhoffte Lebensresultat. Fragen Sie sich zum Beispiel, ob Sie »Michael heiraten sollen«, besteht das Lebensresultat in einer glücklichen Ehe mit einem perfekten Partner (egal ob es sich dabei um Michael handelt oder nicht). Formulieren Sie deshalb Ihre Frage neu in Form eines positiven Statements, das den von Ihnen gewünschten Ausgang bereits enthält. Zum Beispiel: »Ich bin jetzt mit dem für mich perfekten Partner verheiratet.«

Literaturvorschläge zu Kapitel 7:

James Redfield, *Die Zehnte Erkenntnis*
Robert Monroe, *Journeys Out of the Body*
Ruth Montgomery, *A Search for Truth*
Raymond Moody Jr., *Life After Life*
Kenneth Ring, *Heading Towards Omega*
Frederick Lenz, *Lifetimes: True Accounts of Reincarnation*
Bill und Judy Guggenheim, *From Hell or From Heaven!*

Kapitel 8

Die innere Hölle

Eule
Dunkelheit

»Dieses Verhalten ist eine Reaktion auf die Furcht. Die Leute, die du dort unten gesehen hast, wären absolut gelähmt vor Angst, wenn sie nicht Mittel und Wege fänden, sie abzuwehren und irgendwie aus ihrem Bewußtsein zu verbannen. Deshalb wiederholen sie immer dieselben Dramen, dieselben alten Strategien, und können nicht mehr damit aufhören.«

James Redfield, *Die Zehnte Erkenntnis*

Gott oder Gott und Teufel?

Wie die ursprünglichen Philosophien dieser Welt, so vertritt auch die Zehnte Erkenntnis den Standpunkt, daß nur eine Kraft existiert, ein alles umfassendes Energiefeld, die Kraft Gottes – das Alles. Es existiert keine zweite Macht, kein Teufel, keine personifizierte Form des Bösen, die die Kraft hätte, Bestrafungen in diesem Leben oder nach unserem Tod gegen uns auszuführen. Der Teufel als Konzept erweist sich allerdings seit jeher als hilfreiche Instanz, sobald es einer Hierarchie von Autoritäten darum geht, irdische Macht auszuüben und Menschen durch Furcht zu kontrollieren. In der Geschichte der Religion hatte die Figur des großen Roten Teufels mit seiner spitzen Gabel und den hypnotisierenden, glühenden Augen vor den lodernden Schwefelflammen ursprünglich die Aufgabe, uns am Überschreiten bestimmter Grenzen zu hindern, was ihm auch oft gelang. Der Teufel ist der große, schlimme, allesverzehrende Daddy, der brennende Finger des Bösen, der uns dazu überreden will, ihm für immer unsere Seelen zu überschreiben, und der uns mit saftigen, dicken Lippen die Kraft abzieht. Der Teufel macht uns zu seinen Sklaven, hält unsere Herzen fest in seinen sündigen Pratzen, während er vor Lachen über unser Grauen schier platzt. Wir werden zu seinem ewig brennenden Besitz, ohne die geringste Hoffnung auf Erlösung. Wo ist in dieser Vorstellung die allesvereinende Macht Gottes?

Die Frage nach Gut und Böse hat den menschlichen Verstand seit Jahrtausenden beschäftigt. Auch auf das Risiko hin, ein wenig unbedarft zu erscheinen, möchten wir Ihnen an dieser Stelle ein paar Gedanken präsentieren, die Sie mittels Ihrer Intuition selbst einmal in Betracht ziehen sollten. Wenn Sie Ihr philosophisches Mittagessen von einer Speisekarte ordern könnten, welche der drei folgenden Möglichkeiten erschiene Ihnen am verlockendsten?

1. **Der Schwarzweiß-Teller:** Diese dualistische Philosophie geht davon aus, daß auf der Welt zwei Kräfte wirken. Ein guter, aber zuweilen zorniger Gott und dessen Widersacher, der Teufel. Mit Hilfe dieser Weltsicht können Sie jene, die anderer Meinung sind als Sie, den Kräften des Bösen zurechnen, und Sie könnten der Überzeugung sein, daß alle Kriminellen, Menschen anderer Nationalitäten oder Glaubensauffassung im Bunde mit dem Teufel stehen. Alles mit dem Teufel in Verbindung Stehende ist im Auftrag eines selbstgerechten Krieges für die göttlichen Werte zu zerstören. Die dualistische Philosophie vertritt eine Idee der Trennung und reduziert die Menschheit entweder zu guten oder schlechten Kindern.
2. **Angenehmes unter Glas:** In dieser Philosophie existiert das Böse eigentlich nicht. Das Böse ist etwas, das wir nicht verstehen, weil alles so läuft, wie wir es uns wünschen. Diese Philosophie ist der Versuch zu verleugnen, was wir nicht wahrhaben wollen. Innerhalb dieses Weltbildes haben unsere Handlungen niemals wirkliche Konsequenzen, weil sie alle gottgewollt sind, selbst wenn sie anderen Menschen Leid und Schmerzen bereiten. Sie verweigert uns das Recht und die Macht der freien Entscheidung.
3. **Der »So-wie-ich-es-mache-ist-es-recht-Teller« mit Gott als Beilage:** Da nur eine allumfassende Kraft existiert, kann das Böse in Ruhe betrachtet und als Auswuchs einer Person erkannt werden, die sich von ihrem göttlichen Selbst entfernt hat. Gott hat uns nach seinem Bild geschaffen; das heißt, er liebt uns so sehr, daß er uns einen freien Willen gegeben und uns zu seinen Mitschöpfern gemacht hat. Durch unsere Ignoranz und Torheit geraten wir jedoch

in einen Machtrausch und rebellieren gegen unseren Schöpfer. Nicht Gott, sondern die Menschen schaffen das Böse.

Um uns weiter zu entwickeln und unsere Göttlichkeit zu erkennen, müssen wir lernen, unseren freien Willen zu gebrauchen, ohne uns dadurch von Gott zu entfernen. Wir schaffen Gutes, wenn wir im Einklang mit unseren göttlichen Qualitäten wie Liebe, Mitgefühl, Freude, Dienst am Nächsten und Kreativität handeln, die alle einem höheren Zweck dienen. Das Böse wird durch unsere Furcht genährt und durch den Glauben daran, daß alle Menschen unweigerlich schlecht sind und Spiritualität eine Art Rauschmittel darstellt, um von der erschreckenden Realität abzulenken.

Die Innere Hölle

Wenn tatsächlich keine von der allumfassenden Macht getrennte Kraft in der Welt existiert, kann es dann eine Hölle geben? Abbildungen der Hölle zeigen uns Prozessionen von verdammten, nackten Seelen, die – jeder Hoffnung auf Erlösung beraubt – in die Flammengruben marschieren und mit vor Grauen verzerrten Gesichtern schreien. Während wir mit unserem aufgeklärten Verstand über dieses Bild lachen mögen und glauben, vor einem derartigen Schicksal bewahrt zu sein, hat jeder von uns doch mindestens einen Tag oder eine Stunde seines Lebens in der selbstgefertigten, lichterloh brennenden Hölle seines Geistes zugebracht, gefangen und bis zur Besinnungslosigkeit verwickelt in Wut, Grauen, Schuld, Neid, Eifersucht oder Angst. Wer von uns ist nicht in der Lage, diese selbstgeschaffenen Höllen zu kreieren?

Manche Menschen sind bereits seit der Zeit vor ihrem ersten Atemzug in der Hölle gewesen, als unerwünschte, abgelehnte Kinder im Bauch ihrer Mutter. Die innere Hölle beginnt auf der Erde; schon im Säuglingsalter werden manche Seelen gekniffen und getreten, geschlagen, gekratzt, in Schränke gesperrt und müssen in Angst vor denen leben, die eigentlich über sie wachen sollten. Mißbraucht und ausgebeutet, in ihrer Intimsphäre bedrängt, geschlagen, ignoriert und aufgerieben durch den Drogenkonsum ihrer Eltern, wachsen diese Seelen im schlimmsten Fall zu Erwachsenen heran, die wenig oder gar keine Vorstellung über die Güte Gottes und ihrer Verbindung mit ihm haben. Trotz unvorstellbarer Hindernisse gelingt es jedoch manchen dieser Seelen wie durch ein Wunder, aus dem Bösen herauszuwachsen, das sie von frühester Kindheit an umhüllt hat. In anderen Fällen erweist sich das Trauma als zu gravierend. Als sei in ihnen alles Menschliche verbrannt, leben sie scheinbar nur, um die von ihnen erfahrene Hölle anderen angedeihen zu lassen. So setzt der Kreis sich fort. Die innere Hölle besteht in der Gewißheit, daß es keine Liebe gibt und daß Macht nur durch das Leid des anderen zu gewinnen ist. Wenn es tatsächlich so etwas gibt wie die in der Bibel erwähnte »Erbsünde«, dann ist es dieser Kreislauf des Leidens.

Bei unserer eigenen inneren Hölle kann es sich auch um Unsicherheit und Starrköpfigkeit handeln, die uns von der Liebe abschneidet. Die Hölle kann grenzenlose Gier, Lust, Neid, Paranoia, geistige Krankheit, Furcht, Wut, Selbsthaß, Besessenheit oder Stolz heißen. Wir wissen, daß diese Fixierungen uns vom Fluß des Lebens abschneiden, unsere Kreativität lähmen und uns zu sich ständig wiederholender, selbstvernichtender Unerfülltheit verdammen. Hölle ist dunkel und schwer, kalt, endlos, einsam und hoffnungslos.

Bringen Sie Ihre eigenen Vorstellungen mit

Gilt der Ausspruch »Wie im Himmel, so auf Erden«, so gilt auch die umgekehrte Maxime »Wie auf Erden, so im Himmel«. Dadurch verstehen wir, daß wir das Bewußtsein, das uns zur Zeit unseres Todes erfüllt, jenem entspricht, mit ins Jenseits hinübernehmen – *und mit diesem Bewußtsein, werden Sie auch Ihre Realität dort drüben kreieren.* Sie sind tatsächlich in der Lage, Ihr Bewußtsein und die Fähigkeit, Ihre Welt selbst zu schaffen, auf die andere Seite mitzunehmen. So wie wir mit bestimmten Fähigkeiten und Neigungen aus unseren Vorleben auf die Welt gekommen sind, werden wir mit den jüngst erworbenen Vorstellungen und Fähigkeiten ins Jenseits »geboren«. Da es eine personifizierte, externe Kraft des Bösen – den Teufel – nicht gibt, existiert auch keine andere Hölle als jene, die wir in Form unserer negativen Energie in die spirituelle Dimension mitbringen.

Wenn wir darüber hinaus nicht unmittelbar nach dem Verlassen der materiellen Welt erkennen, daß wir wirklich »tot« sind, setzen wir diese mentalen Besessenheiten auch in der spirituellen Dimension fort, da sich dort Gedanken augenblicklich manifestieren. Wenn Sie daran denken, Sex zu haben, werden Sie sich sofort bei der Ausübung dieser Tätigkeit wiederfinden. Wollen Sie jemanden besuchen, den Sie kennen, werden Sie augenblicklich in das betreffende Energiefeld transportiert (falls die betreffende Person Ihrem Besuch zustimmt). Die Hölle ist also ein Gebilde aus mentalen Bauteilen, das von Seelen mit geringer Fähigkeit zur Selbstreflexion errichtet wird, die nach ihrem physischen Tod nicht realisieren, daß sie sich in der spirituellen Dimension befinden.

Die Furcht ist nicht mehr zu verbergen

In seinem Buch *The Ultimate Journey* spricht Robert Monroe von der Furcht, der er auf seinen Reisen in der spirituellen Dimension begegnet ist. Durch direkte Erfahrung lernte er, daß sich jeder seiner Gedanken einschließlich all seiner Ängste im Jenseits augenblicklich manifestierte. Dort drüben kann niemand seine Urteile und Gefühle hinter einer sozialen Maske verbergen, wie es uns auf der Erde möglich ist. Jede Seele ist dort splitternackt. Monroe beschreibt, wie er lernte, seine auf der Erde unterdrückten Gefühle im Jenseits an einem Ort, den er *Locale II* nannte, zu handhaben: »Eines nach dem anderen, schmerzlich und gewissenhaft, mußten die explodierenden emotionalen Muster gezähmt werden ... Geschieht dies nicht während der Zeit im Körper, (so nehme ich an), ist dies die erste Aufgabe, die nach dem Tode anliegt.«

»... Die Gegend von Locale II ist vorwiegend mit Wahnsinnigen oder beinahe Wahnsinnigen, durch Emotionen getriebene Wesen bevölkert ... Unter ihnen befinden sich auch jene, die noch lebend, aber schlafend oder unter Drogeneinfluß in ihren Zweitkörpern hausen (jenen Körpern, die wir in der spirituellen Dimension haben) und höchstwahrscheinlich auch jene, die zwar ›tot‹, aber dennoch emotional getrieben sind.«

Der Tag des jüngsten Selbst-Gerichtes

Nach Angaben der Führer aus dem Jenseits und Berichten von Nahtoderfahrungen zufolge werden wir alles Leid, das wir auf der Erde anderen Menschen zugefügt haben, selbst erfahren, sobald wir in die spirituelle Dimension zurückkehren. Obwohl es kein »jüngstes Gericht« vor Gott geben wird, müssen wir für alle Schmerzen, die wir anderen während unseres Lebens verursacht haben, durch eigenes Erleiden zahlen. Erfahrene Seelen im Jenseits helfen uns dabei zu verarbeiten, was wir in unserem eben vollendeten Leben gelernt haben und eine stärkere Liebesfähigkeit zu entwickeln, damit wir in der nächsten Inkarnation in der Lage sind, in unserer Entwicklung voranzuschreiten.

> »Wenn wir uns entscheiden, in Dunkelheit zu leben – auf der Erde oder nach unserem Tod –, wenn wir es zulassen, daß das Licht schwächer wird, dann sind wir es, die freiwillig einen dunklen Ort aufsuchen. Wir haben in allen Fällen die Wahl. Ich will damit sagen, daß es keine Höllenfeuer gibt, außer denen, die wir uns selbst bereiten.«
>
> Rosemary Altea,
> *The Eagle and the Rose*

Haben wir im Laufe unseres Lebens auch nur eine gute Tat getan, kann diese Handlung viele negative Taten aufheben und unser Leiden im nächsten Leben verringern. Anstatt sich über die negativen Dinge zu sorgen, die wir in der Vergangenheit angerichtet haben, ist es deshalb viel wichtiger, sich darauf zu konzentrieren, wie wir von jetzt an nur Gutes tun können.

Auf der Stufe der Zehnten Erkenntnis übernehmen wir bereits Verantwortung für unsere Glaubenssätze und Verhaltensweisen; wir versuchen aufzuwachen. Sowohl durch unsere fehlgeleiteten, krankhaften Kontrolldramen als auch durch unsere Verdienste erhalten wir die Gelegenheit, unsere innere Mythologie – unsere Geschichte – zu erkennen. Wenn wir in dieser Welt nicht aufwachen, werden wir es möglicherweise auch im Jenseits nicht schaffen.

Hier und jetzt

Mehr oder weniger schaffen wir uns während unserer Zeit im menschlichen Körper eine persönliche Hölle, indem wir unseren Kontrolldramen verhaftet bleiben oder uns weigern, sie uns bewußt zu machen. Vergessen wir unsere Verbindung zur göttlichen Quelle, so sind wir gezwungen, eine sehr limitierte Verhaltens- und Denkweise zu entwickeln, um die Welt überschaubar und begreifbar zu halten. In diesem durch Furcht begrenzten Todesstreifen können wir uns unmöglich für die volle mysteriöse Erfahrung öffnen, die das Leben bedeutet. Wir ziehen uns zusammen, werden defensiv, voller Angst und sondern uns ab. Unsere Sprache zeigt unsere Begrenzungen. Äußerungen wie »Ich tauge nichts«, »Ich werde es niemals zu etwas bringen« und »Niemand liebt mich«, legen davon Zeugnis ab.

Sobald wir vergessen, daß wir es waren, die diese Begrenzungen in unserem eigenen Verstand geschaffen haben, beginnen wir damit, sie in die Außenwelt zu projizieren. Jede Lebenserfahrung aus der Vergangenheit führt zu einer Einschätzung der Gegenwart. Dabei gehört es zur Natur des Wünschens, daß wir begehren, was wir nicht haben, seien es Körpermerkmale oder innere Qualitäten. Auf einem bestimmen Bewußtseinsstand haben wir ständig Furcht davor, die Kontrolle zu verlieren, unseren Lebensunterhalt nicht mehr verdienen zu können, ein ungeliebter Verlierer zu sein und nie Erfolg oder Glück zu haben. Wie passend, daß Jesus Christus das Bild vom Hirten wählte. Denn die menschliche Grundfurcht besteht darin, verloren zu gehen. Sobald wir uns auf eine bestimmte Weise definieren, begrenzen wir damit auch unseren Erfahrungsspielraum. Wir werden zum mißverstandenen Künstler oder zum unkreativen Ignoranten. Wir können den hilflosen Versager spielen oder den effizienten Experten. Wir erschaffen uns selbst und erzählen dann allen, daß Gott es so gewollt hat.

Die Leere mit Gott füllen

Sind diese vorgefaßten Selbstbilder einmal in Kraft, werden sie in unserem Verstand zur Realität, die wir nicht aufgeben können, ohne starke innere Anspannung zu empfinden. Kein noch so positives Denken ist in der Lage, uns groß und dünn zu machen, wenn wir klein und fett sind. Kein Gedankenvorgang allein wird uns zum Fußballhelden machen. Kein noch so gut geschriebener Lebenslauf macht uns zu einem besonderen Menschen. Solange Sie sich selbst erzählen, daß Sie ein wertloser und träger Wurm sind, werden Sie nicht in der Lage sein, Ihre Geschichte und Ihre Situation zu verändern. Es ist unmöglich, Furcht aus der Persönlichkeit eines Menschen zu entfernen, ohne das dadurch entstandene Loch mit etwas anderem zu füllen – Vertrauen, neues Wissen und eine Verbindung zu Gott.

Angst als Nährboden

Die Wurzeln von Dogmen und Ideologien gedeihen in einem Nährboden aus Angst. Hölle bedeutet, im eigenen Dogma und den eigenen Unzulänglichkeiten gefangen zu sein, ohne das Geschenk der Liebe, des Mitgefühls und eines umfassenderen Verständnisses davon, wer wir wirklich sind. Ein hoher Angstanteil im Leben ist wie ein schleichendes Fieber, das unser Denken durchdringt, unsere Wahrnehmung verzerrt und unsere Entscheidungsfreiheit einschränkt. Angst muß entfernt werden, damit es überhaupt zur Wahrnehmung neuer Wachstumsmöglichkeiten kommen kann. Selbstgeschaffene Hindernisse und Stolpersteine sind reine Zeitverschwendung. Es gibt genug davon, ohne daß wir selbst noch zusätzlich welche schaffen müßten.

Alles ist Gott

In unserem rein spirituellen Dasein zwischen den Leben auf der Erde befinden wir uns in der wahren Schwingung des Universums – inmitten liebevoller Energie. Gelingt es uns jedoch nicht, diese liebevolle Energie wahrzunehmen, weil wir süchtig nach unserer eigenen verzerrten Wahrnehmung sind, werden wir zu Goldfischen, die man aus ihrer Glaskugel in den Ozean gesetzt hat und die dort weiterhin kleine und kleinste Kreise ziehen, als wären sie nach wie vor durch die Wände ihres Aquariums eingeschränkt. Echte Befreiung stellt sich dann ein, wenn wir unseren Begriff vom Getrenntsein verlieren, unser Bedürfnis zu kontrollieren aufgeben und unsere Furcht vor dem Tod des Körpers überwinden. Wahre Befreiung bedeutet, den Geruch von Erbrochenem ebenso ertragen zu können wie den von Schwefel, Geld, Rosen, dem Hals eines Neugeborenen, Knoblauch, frischen Tomaten, Pfirsichen und Sperma und zu wissen, daß all dies Gott ist.

»Es gibt keinen Teufel außer dem, den wir uns selbst schaffen. Wir sind unsere eigenen Teufel, durch unsere Gedanken und die daraus folgenden Handlungen ... Dieses Böse gewinnt mit jeder Generation, die ihren eigenen Stempel böser Taten hinterläßt ... Wenn das Böse zerstört werden kann, dann nur durch das Erwachen der Menschheit und die Entwicklung eines Bewußtseins darüber, daß Gedanken bereits Taten sind und daß der Teufel jedes Mal ein wenig schrumpft, sobald wir einen häßlichen Gedanken oder eine schlechte Tat durch liebevolle Zuneigung ersetzen. Während wir uns der Jahrtausendwende nähern, wird auf diese Art das Gute in den Herzen unserer Erben verstärkt, und zwar nicht nur im Fleisch, sondern auch im Geiste.«

Arthur Ford und Ruth Montgomery, *A World Beyond*

Weder tot noch lebendig

Auf seinen zahlreichen Ausflügen in die nichtphysischen Dimensionen begegnete Robert Monroe vielen Beispielen von Menschen, die sich ihres eigenes Todes nicht bewußt waren und deren obsessive Agenda auch im Jenseits zur Fortsetzung ihrer irdischen Dramen führte. Er beobachtete einen jungen Soldaten, der seinen Kampf weiterführte, ohne zu bemerken, daß ein Speer ihn bereits durchdrungen hatte und er außerdem von einem anderen Toten gewürgt wurde. Später stellte Monroe fest, daß es sich bei dem jungen Soldaten um eine frühe Inkarnation seiner eigenen Seele handelte, wodurch er wertvolle Einsichten in seine eigene Natur erlangte.

Bei anderer Gelegenheit begegnete er einer toten Frau, die nicht imstande war zu akzeptieren, daß ihre Erdenzeit abgelaufen war. Sie weigerte sich, das von ihrem Ehemann für sie errichtete Haus zu verlassen. Dieses Haus stellte ihr Leben dar. Es war ein Symbol seiner Liebe für sie, und sie klammerte sich daran. Monroe half ihr dabei zu erkennen, daß sie gestorben war und daß ihr Ehemann auf sie wartete, um sich wieder mit ihr zu vereinen. Daraufhin ließ sie von ihren Illusionen ab und setzte ihre Reise zur Quelle der Liebe fort. An anderer Stelle versucht Monroe, einem wütenden Mann behilflich zu sein, der weder Himmel noch Hölle finden konnte, so wie er es erwartet hatte. Der Mann war voller Widerstände, die er während seines irdischen Lebens aufgebaut hatte (»Verschwinde hier, mach, daß du weiter kommst! Jedes Mal, wenn mir jemand helfen will, gerate ich in noch größere Schwierigkeiten!«).

Dies ist ein perfektes Beispiel dafür, wie ein immerwährender Ärger in dieser Welt sich im Jenseits verfestigen kann. In seinem Fall lautete das Postulat: »Jedes Mal, wenn mir jemand helfen will, gerate ich in noch größere Schwierigkeiten.«

In der Grauzone des niederen Bewußtseins sieht Monroe eine Gruppe von Seelen, die ihrer Sucht nach Sex erlegen ist und wieder und wieder den gleichen Zirkel von Erregung und scheinbarer Befriedigung durchläuft. Schließlich versteht er, daß die festen Glaubenssätze eines Menschen sich auch auf der anderen Seite fortsetzen und dort mentale Konstrukte schaffen, die scheinbar »echtes Leben« darstellen. Diejenigen, die nicht in der Lage sind, ihren Tod zu akzeptieren, schaffen sich unweigerlich die gleichen Konditionen, an die sie während ihrer Zeit im Körper gewohnt waren. Wie sollen sie auch ohne spirituelles Fundament mit ihrer Furcht vor der Ungewißheit und dem Mysterium des Lebens umgehen? Bei diesen illusorischen Realitäten handelt es sich um sehr gravierende Formen der Kontrolldramen, die dort noch intensiver und unreflektierter ablaufen als auf der Erde.

Ein Mensch, der in Kontrolldramen verwickelt ist, um Energie von anderen abzuziehen, beweist sich und der Welt in einem fort, daß er in einem gefährlichen Umfeld lebt und andere nur darauf aus sind, ihn zu übervorteilen. Aufgrund des Gesetzes von Ursache und Wirkung ist es verständlich, daß unsere Glaubensvorsätze und Erwartungen exakt jene Situationen und Menschen anziehen, die notwendig sind, um die entsprechende geistige Vision zu erfüllen. Ohne ein Bewußtsein von weitreichender Freiheit und größeren Möglichkeiten reproduzieren wir die gleichen Konstrukte im Jenseits wie hier auf Erden. Innerhalb dieser mentalen Gebilde wähnen wir uns sicher, deshalb wiederholen wir das, was uns vertraut ist, selbst wenn wir dadurch nicht bekommen, was wir uns eigentlich wünschen.

Da das Gesetz von Ursache und Wirkung unsere Welt regiert, brauchen wir keine externalisierte Kraft wie den Teufel; wir verrichten seine Aufgabe selbst und weitaus effektiver.

Von Geistern verfolgt

In der *Zehnten Erkenntnis* wird erklärt, daß es hilfreich ist zu wissen, daß es sich beim Auftauchen eines Geistes um verlorene Seelen handelt und es nicht nötig ist, Angst vor ihnen zu haben oder sich verletzbar zu fühlen. Am besten ist es, ihnen liebevolle Energie zu senden, die ihnen dabei behilflich ist, sich weiter dem Licht zu nähern. Diese Geistwesen versuchen, Energie von Menschen auf der Erde abzuziehen, während sie sich eigentlich von hier fortbewegen sollten, um mit ihrer wirklichen Energiequelle Kontakt aufnehmen zu können. Wir dürfen diese Seelen nicht entmenschlichen, indem wir sie zu Dämonen oder Teufeln erklären. Genau wie wir sind auch sie Seelen, die sich in einem Wachstumsprozeß befinden und immer wieder die gleichen Dramen ausspielen, weil sie sich nicht vom Irdischen lösen können.

Der *Zehnten Erkenntnis* zufolge versuchen Seelen, die mit der göttlichen Quelle in Verbindung stehen, niemals, Sie in ihr Energiefeld zu ziehen. Wenn Sie während Ihrer Meditation oder einer spontanen Erfahrung mit dem Jenseits Kontakt mit dortigen Führern haben sollten, so öffnen Sie sich und hören Sie zu, ohne sich ihnen auszuliefern, so als besäßen sie alle Antworten auf Ihre Fragen.

Selbstmord

Eine der schwerwiegendsten Handlungen, die ein Mensch begehen kann, ist Selbstmord. Welches Problem auch immer für eine solche Tat verantwortlich sein mag, es wird auch im Jenseits nicht gelöst werden. Nach den Aussagen aller Führer aus der spirituellen Dimension ist es offensichtlich, daß ein Selbstmord ohne triftigen Grund – wie z. B. ein schweres Leiden, Gefangenschaft oder Folter – in der spirituellen Dimension gravierende Folgen haben wird. Da das Geschenk des Lebens vorzeitig weggeworfen wurde, sorgt Selbstmord offenbar auch für einen verlängerten Aufenthalt im Jenseits, bevor die betreffende Seele erneut die Möglichkeit erhält, auf der Erde Form anzunehmen.

In seinem Buch *Lifetimes: True Accounts of Reincarnation* schreibt

Frederick Lenz: »Selbstmörder müssen lange warten, bevor sie sich wieder reinkarnieren können, viel länger als Menschen, die unter natürlichen Umständen gestorben sind. Außerdem erfuhr ich, daß sie sich nach ihrem Selbstmord rückentwickeln und durch zahllose, extrem schmerzhafte Leben gehen mußten, um wieder jenen Status zu erreichen, den sie zur Zeit ihres Selbstmordes besaßen.«

Wenn der Selbstmörder jedoch echte Reue über seine Tat erkennen läßt, vergibt ihm die göttliche Energie, und alte Seelen nehmen sich seiner an, um ihm seine wahre Existenz zu offenbaren und ihm bei seiner spirituellen Entwicklung zur Seite zu stehen. Außerdem können Gebete von jenen, die noch auf der Erde sind, seiner Seele während ihrer dunklen Zeit liebevolle Energie senden, die ihr guttun wird.

Wenn jemand aus Ihrem Umfeld Selbstmord begangen hat, beten Sie täglich für ihn, damit er in der geistigen Dimension erwachen kann. Beten Sie darum, daß er von jenen Seelen gehört und gesehen wird, deren Aufgabe es ist, zu heilen und zu führen. Innerhalb unserer spirituellen Existenz ist nichts unmöglich, solange wir einander mit liebevoller Energie begegnen. Eine Entfernung zwischen Ihnen und den Ihnen Nahestehenden existiert dank liebevoller Intentionen nicht.

Menschen, die anderen Schmerzen zufügen

Vom spirituellen Standpunkt aus besteht der wahre Kern eines jeden Menschen aus der göttlichen Essenz. Weshalb begehen manche Menschen dann so unglaublich grauenvolle Taten? Die folgende Äußerung Wils in der *Zehnten Erkenntnis* stellt diese Frage, die so alt wie die Menschheit zu sein scheint: »Sie lassen sich von der Angst verrückt machen und dabei zu gräßlichen Fehlern hinreißen ... Wir müssen unbedingt verstehen lernen, daß schreckliche Taten wenigstens zum Teil auf unsere Neigung zurückzuführen sind, einige Menschen als von Grund auf schlecht anzusehen. Weder die eine noch die andere Seite kann sich vorstellen, daß menschliche Wesen zu ihren oft furchtbaren Handlungsweisen fähig sind, ohne von Natur aus böse zu sein, und so entmenschlichen sich beide Seiten in zunehmendem Maße. Jede Seite glaubt, daß die andere an einer unheilvollen Verschwörung beteiligt und die Verkörperung alles Negativen ist. Ich glaube, daß wir die Polarisierung nicht aufheben und die globale Vision nicht überzeugend vortragen können, ohne die wahre Natur des Bösen und die tatsächliche Beschaffenheit der Hölle zu verstehen.«

Keinerlei Schuldzuweisungen – Arbeit für Gott

Wenn unser kollektiver Wunsch darin besteht, eine harmonische und liebevollere Welt zu schaffen, müssen wir uns offensichtlich von unserem tiefsitzenden Glauben trennen, daß das Böse in jenen Menschen schlummert, die nicht unserer Meinung sind. Im Alltag können wir damit beginnen, das automatische Kategorisieren anderer Menschen zu unterlassen. Anstatt Konservative, Liberale, Fundamentalisten, New-Ager oder Bauarbeiter zu sehen, sollten wir uns bemühen, die Seele hinter der handelnden Person zu erkennen.

Wenn wir einmal wirklich verstehen, daß Energie dem Denken folgt, werden wir keine dieser negativen Gedanken in bezug auf andere Menschen mehr haben wollen. Ohne große Anstrengung verändern wir so die Welt, indem wir uns dafür entscheiden, niemanden mehr zu verdammen. Die andere Wange hinzuhalten, kann in diesem Fall etwas anderes heißen, als zum nächsten Schlag einzuladen. Es kann heißen, sich für die andere Seite der jeweiligen Situation zu öffnen.

Wann immer wir automatisch mißtrauisch werden und uns von Menschen abgrenzen, die scheinbar anders sind, verlieren wir ein wenig Kontakt zu Gott. Da wir alle den Konsens unserer gemeinsamen Realität schaffen, würzt jeder einzelne Gedanke den großen Eintopf mit. Der Teufel wird dann wieder zu jener Metapher, für die er ursprünglich stand – ein menschliches, von Furcht getriebenes Ego, das sich von der göttlichen Quelle entfernt hat. Die Hölle, die wir fürchten, ist nicht ein Ort, an den uns ein zorniger und listiger Teufel verbannt, sondern ein Platz, dessen Erschaffung wir uns sparen können. Wenn die Schöpfung der Hölle das Resultat unseres eigenen Bewußtseins ist, sind wir auch in der Lage, unseren kompulsiven und negativen Denkprozeß zu unterbrechen ... und zwar am besten sofort.

Einzelstudium

Das jüngste Nicht-Gericht

Vorurteile uns selbst und anderen gegenüber abzubauen, ist eine der höchsten geistigen Aufgaben, die wir uns stellen können. Jedes Mal, wenn wir einen Menschen negativ beurteilen, haftet dieses Urteil in unserem Unterbewußtsein und verunreinigt unseren Energiehaushalt. Normalerweise sind wir in dieser Hinsicht selbst unsere ärgsten Feinde. Und weshalb? Uns selbst zu verurteilen bewirkt nichts Gutes, sondern schmälert lediglich unser Selbstwertgefühl. Versuchen Sie einmal, einen ganzen Tag lang ohne Vorurteile über andere oder sich selbst zu verbringen. Wenn Sie sich dabei erwischen, wie Sie ein vorschnelles Urteil fällen wollen, so sagen Sie sich, daß Sie nicht länger gewillt sind, Ihren inneren Garten mit negativem Dünger zu versorgen. Welche Äußerungen könnten Sie tun, und auf welche Weise könnten Sie Ihr Bewußtsein verändern, um Ihre Neigung zu Vorurteilen zu vermindern?

Sich auf die gleiche Seite stellen

Sollten Sie anderer Meinung als Ihr Gegenüber sein, so versuchen Sie, ihm oder ihr auf der Herzensebene zuzuhören. Achten Sie darauf, was die Seele hinter den Worten zu sagen versucht. Ihr Ziel dabei besteht darin, einen Aspekt in Ihrem Gegenüber zu finden, der Sie mit ihm oder ihr verbindet, ohne dabei etwas zuzustimmen, an das Sie nicht glauben. Finden Sie einen Aspekt an der betreffenden Person, mit dem Sie ohne Schwierigkeiten übereinstimmen können. Wenn jemand zum Beispiel der festen Überzeugung ist, daß die Umweltschützer unrealistische Vorstellungen in bezug auf die Anforderungen der Wirtschaft haben, könnten Sie ihn z. B. nach den Schwierigkeiten fragen, die er oder sein Gewerbe mit der Umweltproblematik hat. Vermutlich steckt der betreffende Mensch in einer Zwickmühle zwischen seinen Idealvorstellungen und der Fähigkeit, eine Lösung zu finden. Tief im Inneren ist er ohne Zweifel in vielerlei Hinsicht an den gleichen Dingen interessiert wie Sie selbst.

Stellen Sie sich vor, wie es wäre, in der Haut des anderen zu stecken, seine Ängste, Hoffnungen und Träume zu empfinden. Wenn er versucht, mit Ihnen zu streiten, achten Sie auf die in Ihnen aufsteigenden Gefühle. Teilen Sie ihm mit, daß seine Worte oder Vorstellungen Ihnen Angst machen, Sie traurig, ärgerlich oder unterlegen stimmen. Vermeiden Sie es, Schuld zuzuweisen, indem Sie behaupten: »Sie regen mich auf.« Geschickter ist es zu sagen: »Wenn wir streiten, fühle ich mich wirklich frustriert und verärgert. Möglicherweise sind diese Probleme zu groß, als daß wir beide sie lösen könnten. Wie fühlen Sie sich?« Sich jemandem gegenüber zu öffnen bedeutet nicht, daß Sie dem anderen die Genehmigung erteilen, Sie über den Haufen zu stoßen.

Lassen Sie Ihr Gegenüber wissen, daß Sie ihm wirkliches Interesse entgegenbringen. Ein Satz, der mit den Worten »Ich stelle es mir auch schwierig vor ...« beginnt, bekundet automatisch Sympathie für die Position Ihres Gegenübers. Deshalb müssen Sie der Person noch lange nicht zustimmen. Üben Sie sich darin, nach Gemeinsamkeiten anstatt nach Unterschieden zu suchen. Vergessen Sie nicht, daß Sie beide Liebe und Respekt wollen. Wenn Gott vor Ihnen erscheinen würde, wären Sie beide dankbar und voller Ehrfurcht.

Spaziergang mit Gott

Stellen Sie sich vor, daß Sie an der Seite Gottes, begleitet von Christus, Buddha oder Mohammed durchs Leben gehen würden und stellen Sie sich weiter vor, welche sanfte Herangehensweise diese Menschen bei schwierigen Situationen an den Tag legten. Bitten Sie sie, Ihnen bei auftretenden Schwierigkeiten Beistand zu leisten.

Im Leiden atmen

Wenn Sie von Tragödien erfahren oder etwas Negatives in den Nachrichten hören oder sehen, atmen Sie das Leiden in Ihr Herz, fühlen Sie, wie die Energie in Ihrem Herzen gereinigt und friedlich wird. Senden Sie diese friedliche und liebevolle Energie an jene, die draußen leiden oder trauern. Vergessen Sie nicht, daß genügend Gott für alle Menschen vorhanden ist.

Professionelle Hilfe oder Selbsthilfe?

Es gibt keinen Grund anzunehmen, daß Sie mit Ihren Problemen allein sind. Fühlen Sie sich hilflos oder einer Obsession ausgeliefert, so lassen Sie es andere Menschen wissen. Behalten Sie Ihr Elend nicht für sich. Machen Sie es sich zur festen Absicht, jemanden zu finden, der in der Lage ist, Ihnen zu helfen. Sollte es nicht gleich auf Anhieb mit einer bestimmten Gruppe oder Beratungsstelle funktionieren, so suchen Sie so lange, bis Sie das finden, was Ihnen zusagt.

Seien Sie ehrlich. Was würden Sie gern an sich verändern?

Ein Tag des Schweigens

Sind Sie in der Lage, einen ganzen Tag mit sich alleine in der freien Natur zu verbringen? Versuchen Sie, alle paar Monate einen Tag ohne Telefon, Fernsehen, Radio oder Lektüre zu verbringen. Sollten Sie sich entscheiden, an diesem Tag auch nicht zu sprechen, so vergessen Sie nicht, daß Sie sich auch durch Lächeln und Kopfnicken verständlich machen können. Was dann passiert? Es klingt so einfach, könnte aber Ihr ganzes Leben verändern.

GRUPPENSTUDIUM

Es braucht Zeit, bis sich eine Gruppe zusammengefunden hat, in der alle Mitglieder einander vertrauen. Wir haben an dieser Stelle wiederholt erwähnt, daß es empfehlenswert ist, wenn sich die Mitglieder der Gruppe als Leiter abwechseln, anstatt einen festen Gruppenleiter zu wählen. Die Gruppen der Achten Erkenntnis funktionieren auf energetisch höherer Ebene, wenn alle Mitglieder ihre Einsichten miteinander teilen, sobald die individuelle Energie dies zuläßt. Sobald die Teilnehmer einer Gruppe miteinander vertraut sind, entsteht eine Dynamik, die Erkenntnisse vermittelt, die ohne Gruppe nicht zustande kommen würden. Durch Arbeit in einer Gruppe ist es einfacher, Vorurteile und kritisches Verhalten gegenüber anderen abzubauen.

Die folgenden Übungen sollten nur von Gruppen unternommen werden, die sich bereits gut kennen.

Das Heilen der Hölle

Jeder Teilnehmer soll für ein paar Minuten beschreiben, wie er sich die Hölle vorstellt. Wäre es die Hölle, für zwei Wochen in einem Süßwarenladen eingesperrt zu sein oder in einem Fahrstuhl mit den kritischsten Verwandten? In einer Kriegszone zu leben? Auf einem Planeten ohne Bäume? Jeder soll seine Version der Hölle vortragen und den anderen mitteilen, was er oder sie für furchterregend, gefährlich, undenkbar und unverzeihlich halten. Lassen Sie jeden ohne Unterbrechung oder Diskussion vortragen, was ihm oder ihr auf dem Herzen liegt. Lassen Sie das Gesagte auf sich einwirken und die angesprochenen Ängste in das Licht der göttlichen Liebe weiterreisen. Hören Sie mit dem Herzen zu, und achten Sie dabei auf Ihre Gefühle. Unter Umständen kann sich die Energie in der Gruppe während dieser Übung stark verdichten, deshalb ist es nach Beendigung der Sitzung angeraten, leichte, inspirierende Musik zu spielen oder sich gegenseitig eine Nackenmassage zu verabreichen, um den energetischen Schwerpunkt zu verlagern.

Höllenwoche

Wechseln Sie sich dabei ab, all die höllischen Ereignisse der vergangenen Woche zu beschreiben oder sich gegenseitig mitzuteilen, wovor Sie am meisten Angst haben. Vermeiden Sie im Anschluß daran jegliche Diskussionen. Hören Sie mit dem Herzen zu, atmen Sie in die Äußerungen und das Leiden der anderen Gruppenmitglieder, schicken Sie Licht zu ihnen und überlassen Sie alles Gott. Bieten Sie weder Ihr Mitleid noch Ihren Rat an, schicken Sie der betreffenden Person einfach nur liebevolle Energie. Gönnen Sie sich gegenseitig den Luxus, offen zu sein, ohne sich erklären oder rechtfertigen zu müssen.

Nachdem Sie alle höllischen Dinge miteinander geteilt haben, gehen Sie dazu über, die guten Ereignisse der Woche miteinander zu teilen, die Segnungen und die unerwarteten Freuden. Noch einmal: keine Diskussion, keine Kommentare. Entscheiden Sie gemeinsam, was sich zum Abschluß der Sitzung am besten eignet, um das Treffen auf einer positiven Note ausklingen zu lassen. Musik? Plätzchen? Nackenmassagen? Umarmungen?

Gemeindedienst

Finden Sie heraus, ob innerhalb Ihrer Gruppe genügend Energie vorhanden ist, um mit einer örtlichen Institution, wie z. B. einer Jugendstrafanstalt, einem Altersheim oder einem Gefängnis, eine Diskussionsrunde zu veranstalten. Wie wäre es, wenn Sie sich mit den Angehörigen von Häftlingen treffen würden? Unternehmen Sie nichts, solange Ihr Herz Ihnen nicht dazu rät, und versuchen Sie nicht, andere zu »reparieren«. Unternehmen Sie nur dann etwas, wenn Sie der Ansicht sind, daß Sie den Kontakt brauchen und Ihre Liebe mit anderen teilen wollen!

Literaturvorschläge zu Kapitel 8:

James Redfield, *Die Zehnte Erkenntnis*
Robert Monroe, *The Ultimate Journey*
Frederick Lenz, *Lifetimes: True Accounts of Reincarnation*

Kapitel 9

Die Überwindung der Angst

Hase
Furcht

»Weshalb braucht dann jemand so lange, um die Zehnte Erkenntnis zu verstehen? ... Es hat mit der in einer Kultur aufsteigenden Angst zu tun, die sich von der materiellen Realität zu einer spirituellen Sicht der Welt transformiert.«

James Redfield, *Die Zehnte Erkenntnis.*

Wie wir uns selbst Angst einjagen

In der *Zehnten Erkenntnis* taucht ein zynischer Journalist namens Joel auf und stellt einige der Ideen und Konzepte vor, die auf der ganzen Welt für Angst sorgen. Joel steht für den Teil in uns allen, der glaubt, die Welt sei bereits außer Kontrolle geraten und ihr Zustand werde sich unaufhaltsam weiter verschlechtern. Aus Joels Perspektive ist positives Denken das gleiche wie utopisches Wunschdenken. In Anbetracht seiner Realitätsauffassung ist positives Denken naiv und sinnlos. Für ihn existiert nur die »Tatsache«, daß alle sozio-ökonomischen und kulturellen Systeme auf ihren Untergang zusteuern.

Ist Ihnen selbst jemals aufgefallen, daß Sie unter Angsteinfluß dazu neigen, vorschnelle Entschlüsse zu fällen? Echte Angst hat die Eigenschaft, mit Ihnen davonzugaloppieren und Ihnen eine scheinbar logische Schlußfolgerung zu präsentieren, die in Wahrheit nichts weiter zeigt, als daß Sie Angst und sich von Ihrer göttlichen Quelle abgeschnitten haben. Getrennt von jedweder Hoffnung empfinden Sie sich wie gelähmt, unfähig, etwas zu bewirken. Aufgrund von Vorhersagen, die auf Angst beruhen, gelangen Sie immer zu voreiligen Folgerungen. Die dunkle Seite einer Glaubenssache besteht im Akzeptieren vorschneller Schlüsse, die gezogen werden, um Kontrolle zu erhalten oder zu bewahren. Joel – wie alle Menschen, die dieses Denkmuster vertreten – gründet seine pessimistische Version der Geschichte auf die folgenden Hauptpunkte. Nehmen wir die ihnen zugrundeliegenden Glaubensvorstellungen und Ängste, die uns so erfolgreich von anderen, kreativen Handlungsmöglichkeiten abschneiden, einmal genauer unter die Lupe.

- **Die Erdbevölkerung explodiert.** Angst: »Wir werden von einem gesichtslosen Mob verschluckt, und alle Ressourcen werden vernichtet.« Glauben: »Sex und Fortpflanzung sind außer Kontrolle geraten.«

- **Die Mittelklasse schrumpft, und wir verlieren unseren Glauben in das von uns geschaffene System.** Angst: »Sie oder wir.« Glauben: »Nur eine gute sozio-ökonomische Situation und das Anhäufen von Geld kann uns schützen.«

- **Die Ausbildung hält den Anforderungen nicht stand.** Angst: »Wir verlieren die Vorherrschaft.« Glauben: »Wir haben nicht genügend Geld, um uns ein gutes Erziehungssystem leisten zu können, weil es zu viele Schmarotzer in der Gesellschaft gibt. Kinder lernen nicht, es sei denn, man zwingt sie dazu.«

- **Wir müssen noch härter arbeiten, nur um am Leben zu bleiben.** Angst: »Die puritanische Ethik hatte Recht, und wir haben selbst Schuld, wenn wir nicht mithalten können.« Glauben: »Obwohl es bereits nicht funktioniert, sollten wir noch härter daran arbeiten.«

- **Kriminalität und Drogenkonsum werden zunehmen, während die normale gesellschaftliche Ordnung zugrunde geht.** Angst: »Der Schwarze Mann wird uns holen.« Glauben: »Verbrechen stellt die dunkle, von ohnmächtigen Menschen ausgelebte Seite unserer eigenen Gier dar. Sie ist eine andere Version unserer Urangst vor dem Dunklen. Drogen repräsentieren das Verlangen, sich von einem sinnentleerten Leben abwenden zu wollen. Wir alle tun dies, jeder auf seine Weise.«

- **Religiöse Fanatiker werden die Macht haben, den Tod jener zu rechtfertigen, die sie für Ungläubige halten.** Angst: »Ich bin machtlos.« Glauben: »Fundamentalismus ist der zornige Ausdruck eines Gottes in der Rolle des Einschüchterers. Die Angst vor Fanatikern ähnelt unserer Furcht davor, uns nicht vor unserem Vater durchsetzen zu können und auf eigenen Beinen zu stehen.«

- **Ein neidischer und rachsüchtiger Mob wartet nur darauf, uns alles wegnehmen zu können.** Angst: »Ich bin allein, unbedeutend und machtlos.« Glauben: »Mein Bruder will mir all mein Spielzeug wegnehmen. Niemand kann ihn daran hindern.«

- **Politiker sind nur daran interessiert, wiedergewählt zu werden.** Angst: »Hilfe, Vati kann uns auch nicht helfen!« Glauben: Er entspricht der Entwicklungsstufe, auf der wir feststellen, daß unsere Eltern auch nur Menschen sind und wir auf uns selbst angewiesen sind.

- **Die Welt verändert sich zu schnell.** Angst: Sie entspricht unserer Urfurcht vor dem Fallen. Diese Angst appelliert an unseren Überlebenstrieb. Glauben: »Es gibt keinen Gott, es gibt keinen Plan. Du mußt dran bleiben. Nimm dir, was du kannst.«

- **Wir maximieren Kurzzeit-Profite anstatt vorauszuplanen, weil wir bewußt oder unbewußt der Ansicht sind, unser Erfolg könne nicht lange anhalten.** Angst: »Die Zeit wird knapp.« Glauben: »Was zählt, ist Geld.« Dieser Standpunkt reflektiert unsere kollektive Unfähigkeit, auch verzögerte Belohnungen zu akzeptieren.

- **Alle feingeistigen Vorsätze und Vereinbarungen, die unsere Gesellschaft zusammenhalten, werden nihiliert.** Angst: »Das Chaos wird mich verschlucken.« Glauben: »Die Zivilisation muß von einer externen Macht kontrolliert werden. Wir können nicht darauf vertrauen, daß die Gesellschaft sich selbst organisiert, weil die Menschen ihrer Natur nach böse sind.«

- **Spiritualität ist bloße Rhetorik.** Angst: »Am Ende ist doch jeder allein. Nach dem Tod verschwinden wir.« Glauben: »Wir sind nur Tiere. Wir müssen sterben, und unser Leben hat keinen Sinn.«

- **Vielleicht ist alles nur ein göttlicher Plan, um die Spreu vom Weizen zu trennen.** Angst: »Ich stehe draußen.« Glauben: »Das Böse ist ebenso mächtig wie Gott.«

Warnungen aus der Bibel:

- **Die Bibel sagt, daß dies die letzten Tage vor der Rückkehr des Heilands sind.** Angst: »Unsere Vernichtung ist vorherbestimmt.« Glauben: »Die Bibel ist wörtlich zu nehmen und stellt eine genaue Vorhersage unserer Zukunft dar. Nichts von dem, was wir bisher unternommen haben, hat dies zu ändern vermocht.«

- **Wir müssen Kriege, Naturkatastrophen und andere apokalyptische Ereignisse wie Klimaveränderungen, Unruhen und Chaos über uns ergehen lassen.** Angst: »Wir werden bestraft.« Glauben: »Wir haben gesündigt.« Diese Furcht reflektiert das kollektive »Arme Ich/Opfer«-Syndrom, das jede kreative Handlungsmöglichkeit stoppt.

- **Es wird ein letzter, furchtbarer Krieg kommen, den die Engel Gottes beenden werden, um ein spirituelles Utopia zu errichten, das tausend Jahre dauern wird.** Angst: »Unsere dunkle Seite wird sich durchsetzen, und wir werden bekommen, was wir verdient haben.« Glauben: »Es gibt nichts Gutes ohne das Schlechte.« Diese Geisteshaltung geht davon aus, daß Dunkelheit und das Böse unumgänglich sind. Sie verneint den co-kreativen Aspekt von Gott und Mensch und überläßt alle Macht den Engeln Gottes.

Konspirative Warnungen

- Ein Politiker wird auftauchen, der mit Hilfe einer zentralisierten, elektronischen Ökonomie alle Macht an sich reißen wird. Angst: »Der große Bruder wird über das Individuum regieren; Verlust des Selbst.« Glauben: »Wir alle werden durch elektronische Implantate in unseren Körpern überwacht.« Diese globale Vernehmungsbeamten-Phantasie geht davon aus, daß eine zentrale Autorität jede unserer Bewegungen überwacht bzw. kontrolliert und wir alle Freiheit verloren haben.

Der individuelle Schatten

> »Was wir nicht als Bewußtsein in unser Leben rufen, erscheint in unserem Leben als Schicksal.«
> C. G. Jung

Zu Beginn des zwanzigsten Jahrhunderts, während der westliche Kulturkreis damit beschäftigt war, die Naturkräfte zu kontrollieren und eine heroische Zukunft aufzubauen, warf der Tiefenpsychologe Carl Jung einen Blick auf den dunkelsten Platz des menschlichen Unbewußten, den er den Schatten nannte. Der Schatten ist jener Ort, an dem wir alle Dinge über uns verstecken, die unser Ego als unerträglich zurückgewiesen hat. Das Füttern des Schattens beginnt schon in frühester Kindheit. Möglicherweise hat Ihre Mutter zu Ihnen gesagt: »Schsch! Du bist immer zu laut!«, und so lernten Sie, daß ein Teil von Ihnen andere zu stören imstande ist. Oder Ihre Großmutter sagte: »Iih! Jetzt hast du schon wieder in den Schlafanzug gepinkelt. Böser Junge!« und Sie verspürten Scham angesichts Ihres Kontrollverlustes. Oder Ihr Bruder sagte: »Du bist zu fett, um tanzen zu lernen.« Und da er älter und viel cooler war als Sie, haben Sie ihm geglaubt, und das Tanzen fällt Ihnen seitdem schwer. Oder Vater knurrt: »Hey, Doofmutz! Hör auf so anzugeben!«, während Sie dachten, daß Ihre Fähigkeit, ein Gedicht zu rezitieren, einen Lernerfolg darstellte, auf den Sie stolz waren.

Durch Familienhintergrund, Erziehung, Religion und soziales Umfeld werden wir lächerlich gemacht, gehänselt und für zahllose Fehlverhalten geschimpft. Außerdem lernen wir, daß ein bestimmtes Verhalten sich nicht auszahlt oder uns in den Augen anderer lächerlich macht; also unterdrücken wir unseren Wunsch, Gedichte zu schreiben, zu schauspielern oder in den Tag hinein zu träumen, weil wir nicht anders sein wollen. Man sagt uns, daß wir zu kritisch, schwächlich, unkoordiniert, zu groß, zu schwer, zu langsam oder irrational seien, und natürlich wollen wir die Zuneigung der anderen nicht verlieren. Entweder leugnen wir unsere nichtakzeptablen Merkmale oder nehmen die gegen uns gefällten Urteile hin und verdrängen sie in den Schatten, damit wir den dadurch entstandenen Schmerz nicht spüren müssen.

In den Schatten schlüpft ebenso unsere Gier, unsere Wut über die Ungerechtigkeit der Welt, unser Stolz und unsere Vorurteile. An diesem Ort befindet sich all das, was wir nicht sein wollen – selbstsüchtig, beschränkt, dumm, lustvoll, häßlich, gemein oder furchtsam.

Hierhin haben sich die Entscheidungen verkrochen, die wir selbst über uns und unsere nicht vorhandenen Fähigkeiten gefällt haben: »Ich bin nicht kreativ.« – »Ich war noch nie gut in Mathematik.« – »Ich kann keine belanglosen Unterhaltungen führen.« – »Ich bin auf der falschen Straßenseite aufgewachsen.« – »Gott, wenn ich bloß nicht diese riesige (winzige, spitze, platte oder hochstehende) Nase hätte.« In diesem verschütteten Warenhaus des Schattens liegen unsere unentwickelten Talente, unsere infantilen Bindungen und die Wurzeln unserer Besessenheiten. Alle dort begrabenen kleinen Ängste und Vorurteile sind Bestandteile eines umfassenderen, kollektiven Schattens, unsere Furcht vor dem Unbekannten – die Furcht und das Mißtrauen gegenüber jenen, deren Ideen, Verhalten oder Aussehen anders ist als das unsere und die uns weh tun oder kontrollieren wollen. In den Schatten gehört unsere Angst vor dem Tod und davor, für immer zu verschwinden, ohne ein Spur zu hinterlassen.

Aufbewahrungsraum und Projektor

Hinter unserem Wachbewußtsein agiert der Schatten in zwei wesentlichen Funktionen. Die erste ist eine Art Aufbewahrungsraum für unsere unerwünschten Gaben und für unseren Müll – eine Schrotthalde von Dingen, die wir nicht wahrhaben wollen. Hier befinden sich ebenfalls unsere unentwickelten Fähigkeiten und uneingestandenen Wünsche wie »Eigentlich habe ich immer Fotograf werden wollen, aber ...« oder »Im Alter von drei war ich eine gute Steptänzerin, aber ...« Kommt Ihnen das bekannt vor?

Zweitens fungiert der Schatten als eine Art Filmprojektor, der unsere Ängste und Unzulänglichkeiten nach außen auf die anderen Menschen projiziert. Damit ist der Schatten ein Ort in unserer Psyche, der Energie hält, die wir selbst als unbrauchbar oder unerwünscht erklärt haben. Es kann vorkommen, daß der Schatten so vollgestopft wird, daß er überläuft. Fast jeder von uns hat schon einmal den Moment erlebt, in dem diese gestaute Energie durch einen Ausrutscher oder unerwartete Gefühlsausbrüche wie Wut und Trauer an den Tag tritt. Sobald wir ein wenig dieser dunklen Innenwelt-Energie nach außen abgeben – Energie, die häufig durch Schuld oder Selbsthaß verunreinigt ist – so spüren wir, wie unsere innere Spannung nachläßt und es uns für kurze Zeit besser geht. Sind wir uns dieses Energietransfers von innen nach außen jedoch nicht bewußt, so wissen wir auch nicht, daß dieser Prozeß überhaupt stattgefunden hat. Haben wir unsere eigenen Unvollkommenheiten erst einmal nahtlos nach außen projiziert, werden sie in Form von Fehlern oder als etwas Böses *bei anderen* wahrgenommen. Von nun an befinden sich diese Emotionen und Urteile in der Welt und stellen plötzlich Realität dar – so denken wir zumindest. Da wir uns immer noch nicht darüber im Klaren sind, daß wir die Welt nur durch einen inneren Filter wahrnehmen, erkennen wir das Böse nicht in uns selbst, sondern in anderen und schaffen uns ein Feindbild. Darauf trainiert, diese nun offensichtliche Bedrohung unseres bloßen Überlebens oder unserer Lebensauffassung zu überwinden, gehen wir daran, das Böse zu bekämpfen und die Untaten anzuprangern, die um uns herum geschehen. Ein ganz offensichtliches Beispiel für diesen projizierten Schatten ist der Politiker oder Religionsführer, der sich gegen bestimmte sexuelle Praktiken oder sonstige Verhaltensformen ausspricht, insgeheim selbst aber an diesen Dingen teilnimmt. Wir alle kennen jemanden, der eines sagt und das andere tut oder der genau das tut, wogegen er sich sein ganzes Leben lang ausgesprochen hat.

Warnzeichen

Auch wenn Sie niemals in der Lage sein werden, den ganzen Inhalt Ihres Unbewußten zu verstehen, ist es wichtig zu realisieren, daß Ihre Welt sich aus Dingen zusammensetzt, die Sie identifizieren können und aus Glaubenssätzen und Vorurteilen, die Sie ohne weiteres akzeptiert haben. Was sind die Warnzeichen für das Auftreten des Schattens?

Ihr eigener Schatten könnte auftreten, wenn:

- Sie sich über das Verhalten eines anderen besonders aufregen, wie zum Beispiel: »Er ist der kontrollbesessenste Mensch, dem ich je begegnet bin!« Wie steht es mit Ihrem eigenen Kontrollbedürfnis?

- Die Leute erzählen Ihnen Dinge über Sie, die Sie verärgern, wie etwa: »Du läßt dich zuviel herumschubsen. Du mußt Dich besser behaupten!.« Ist vielleicht ein Körnchen Wahrheit dabei?

- Die Zunge rutscht Ihnen aus, oder Sie treffen falsche Entscheidungen. »Wie konnte ich nur den Witz über Dicke in der Gegenwart meiner Schwiegermutter erzählen, wo sie den ganzen Tag über nichts anderes als ihre Hungerkuren redet!« Oder Sie haben etwas für Sie vollkommen Uncharakteristisches getan: »Ich hätte mir niemals das rote Kleid mit dem Schlitz an der Seite kaufen sollen!« Der unfreiwillige Kommentar über die Schwiegermutter könnte versteckte Feindseligkeit als Ursache haben. Bei der zweiten Äußerung versucht sich ein Teil von Ihnen Bahn zu brechen, den Sie in Zukunft vielleicht besser berücksichtigen sollten – es kann sein, daß Sie Ihrer Individualität mehr Ausdruck als bisher verleihen sollten. Vielleicht können Sie einige Ihrer Lebensgrundsätze verändern bzw. solche zurücklassen, die nicht mehr relevant sind.

- Sie denken: »Evelyn ist so kreativ. Ich wünschte, ich hätte ihr Talent.« Wer hat Ihnen gesagt, daß Sie nicht kreativ seien?

- Sie treffen Allgemeinaussagen über eine Person oder eine ganze Gruppe von Menschen: »Kleine Menschen sind arrogant.« Oder »Obdachlose wollen ihren Lebensunterhalt nicht verdienen.«

Im Sack

Bei seiner Beschreibung vom Entstehen des Schattens in frühester Kindheit benutzt der Dichter Robert Bly das Bild vom großen Beutel, in den wir alles hineinstopfen, was uns an uns selbst nicht gefällt und was wir an Kritik von anderen zu unserer Person einstecken. Im Verlauf der ersten Jahre lernen wir den Familienschatten kennen, alle die unbewußten Gefühle und Handlungen, denen wir im Familienzusammenhang keinen Ausdruck verleihen dürfen. Bly schreibt: »Bis zum Alter von etwa zwei Jahren verfügten wir über eine vollkommene Persönlichkeit. Energie strömte aus all unseren Körperteilen und unserer Psyche ... Eines Tages bemerkten wir, daß unseren Eltern bestimmte Teile unseres Wesens mißfielen. Sie machten Bemerkungen wie: ›Kannst du nicht still sein?‹ oder ›Man versucht nicht, seinen kleinen Bruder umzubringen.‹ Auf unserem Rücken tragen wir einen unsichtbaren Beutel, und dorthinein warfen wir jene Aspekte von uns, die unseren Eltern mißfielen, weil wir ihre Liebe nicht verlieren wollten ... Unsere Lehrer sagen: ›Gute Kinder regen sich wegen solcher Kleinigkeiten nicht auf.‹ Also nehmen wir unseren Ärger und stopfen ihn in den Sack ... Durch die ganze Oberschule hindurch habe ich gelogen, um so zu sein wie die Basketballspieler. Alles, was langsam an mir war, verschwand hinter mir im Beutel.«

Konflikte in der Umwelt sind Abbild einer inneren Spaltung

Solange wir unser Leben nicht selbst untersuchen und unseren individuellen Schatten nicht als den eigenen anerkennen, wird unsere Weltsicht eine Polarisierung zwischen einer »guten« und einer »schlechten« Zukunft kreieren. Der Zwiespalt zwischen dem, was wir in unserem Inneren noch als gut bzw. nicht mehr gut ansehen, wird von der Welt auf uns zurückgeworfen. Wie Sie die Welt sehen, hängt zum großen Teil davon ab, wie Sie sie bisher erfahren haben. Der Zwiespalt verhaftet uns mit einem fortwährenden Kampf zwischen Gut und Böse. Sobald wir merken, daß diese Verhaftung selbst das eigentlich Böse ist, müssen wir uns um eine neue moralische Dynamik bemühen, die dem Frieden gerecht wird, nach dem wir angeblich streben. Fühlen wir uns bedroht, werden wir starr und neigen zu übereilten Reaktionen, wir fliehen oder schlagen zurück, und das alles nur, um die Kontrolle nicht zu verlieren.

Was lebt durch mich?

Vermutlich handelt es sich bei dem Schatten um einen unumgehbaren und notwendigen Teil der menschlichen Psyche – zumindest in diesem Stadium menschlicher Entwicklung –, da wir uns sonst konstant mit Dingen beschäftigen müßten, für die wir entweder noch nicht reif genug sind oder zu wenig innere Kraft besitzen. Genauso wie wir jede Nacht das Licht löschen und ins Bett gehen, um acht Stunden zu schlafen, brauchen wir einen Ort, an dem wir jene Dinge unseres Lebens sicher aufbewahren können, mit denen wir uns erst zu einem späteren Zeitpunkt beschäftigen können. Mit zunehmendem Verständnis unserer eigenen Person entwickeln wir ganz automatisch auch neue Facetten, die dazu dienen, uns in Richtung unserer ursprünglichen Vision zu lenken. Je mehr wir uns der

> »Denn das Unbewußte versucht in einem fort, unmögliche Situationen zu kreieren und damit das Individuum zu zwingen, sein Bestes zu geben. Wäre dem nicht so, würde man unter Umständen kurz vor dem Erreichen des Besten innehalten, sich nicht verwirklichen und sich folglich selbst nicht erkennen. Daher ist eine Situation notwendig, in welcher der Mensch gezwungen ist, seinen Willen und seinen Intellekt an den Nagel zu hängen und der unpersönlichen Kraft von Wachstum und Entwicklung zu vertrauen. Wenn Sie mit dem Rükken an der Wand stehen, so bleiben Sie ruhig und lassen Sie Ihre Wurzeln wachsen wie ein Baum, bis sich Klarheit aus tieferer Quelle einstellt und Sie imstande sind, über die Mauer zu schauen.«
>
> C. G. Jung

Schattenexistenz unserer Ängste bewußt werden, desto weniger werden wir uns von ihnen niederziehen lassen. Je bereitwilliger wir unsere unentwickelten Kapazitäten anerkennen, desto begieriger werden wir, spielerisch mit ihnen umzugehen.

Nur Gedanken – keine Gefühle, keine Intuition

Am ehesten erliegen wir dem Schatten, wenn wir darüber nachdenken, wie wir etwas kontrollieren können. Solange wir uns vorwiegend auf unsere Denkfunktion verlassen, erleben wir das Leben nicht in seiner Gänze und Fülle. Denken stellt nur eine von vier Lebensfunktionen dar – Gefühl, Intuition und Sinne sind die anderen drei. Zusammen zeigen uns diese vier Funktionen, daß wir lebendig sind und uns voll mit dem Leben identifizieren – im Gegensatz dazu, dissoziiert bzw. im Schatten zu leben. Solange wir denken: »Ich bin neugierig, was sich durch mich hindurch Ausdruck verschaffen wird«, befinden wir uns in konstanter Ehrfurcht vor allem, was das Leben uns präsentiert. In diesem Zustand ist es möglich, daß wir uns mit unserer Geburtsvision verbinden. Wir werden zu einer Art Radioempfänger für die Signale unserer Sinne, unserer Intuition, unseres Verstandes und unserer Gefühle.

Denken Sie an den Schatten als etwas, das Ihre Wahrnehmung verzerrt und Ihre Auffassung von Ihrem eigenen Potential limitiert. Ein großer Schatten, in dem viel ungenutzte Energie steckt, kann den Eintritt und Fluß von Synchronizitäten behindern, die uns zu unserer Geburtsvision führen sollen.

Den Schatten zurückgewinnen

Sich den eigenen Schatten zurückzuerobern ist ein stärkendes, aber auch herausforderndes Unterfangen. Anstatt dem Weltall unsere geballte Faust entgegenzuschütteln, sollten wir daran denken, daß es unsere Denk- und Handlungsweisen sind, die einen großen Teil unserer Welt ausmachen. Oft werden gute Vorsätze getroffen, die in äußerem Chaos zu ersticken drohen. Wann immer Sie versuchen, eine neue Entscheidung durchzusetzen, achten Sie darauf, was sich Ihnen dabei in den Weg stellt. Genau das ist es nämlich, womit Sie sich im Augenblick beschäftigen sollen und das sie aller Wahrscheinlichkeit nach übersehen oder zu lange verdrängt hatten. Doch besteht kein Grund zur Sorge. Es handelt sich dabei lediglich um den nächsten Schritt, und es bedeutet keinesfalls, daß Ihr neuer Entschluß oder der Versuch, Ihre Träume zu verwirklichen, unrealistisch ist. Jedes Hindernis ist Teil des Prozesses. Es kann sich als hilfreich erweisen, Hindernisse als Hilfen zur inneren »Feinabstimmung« zu betrachten.

»Ich empfinde es als selbstsüchtig, wenn ich etwas für mich haben will«

Unsere verdrängten Aspekte werden uns oft durch einen Mitmenschen präsentiert, den wir als feindselig und kindisch wahrnehmen – weil *wir selbst* wütend darüber sind, daß wir uns Dinge versagen, nur um anderen zu gefallen. Nehmen wir einmal an, Ihr Ehepartner spielt zu oft Golf oder verbringt zuviel Zeit mit Fortbildungskursen. Stammt Ihre Verärgerung über Ihren Partner vielleicht aus dem Empfinden, daß Sie selbst gerne mehr für sich unternehmen würden, es sich aber nicht getrauen? Statt dessen projizieren Sie Ihren Schatten auf Ihren Partner und gestehen sich nicht Ihre eigenen Bedürfnisse ein. Egal welchen Aspekt oder Teil unserer Psyche wir verdrängen, er wächst nicht, solange wir ihn unterdrücken – unser innerer Künstler oder Tänzer ist winzig und verkümmert, weil er keine Übungsmöglichkeit hat. Die enteigneten Teile unserer Persönlichkeit bleiben unentwickelt, wie Kinder, die man in einem Schrank eingesperrt hält. Vielleicht besteht ein Teil unserer Geburtsvision aus einer von uns unterdrückten Facette unserer Persönlichkeit, die wir verschwinden ließen, um anderen zu gefallen bzw. um uns dem gegebenen physischen oder emotionalen Umfeld anzupassen.

Der kollektive Schatten

Der Schatten existiert nicht nur in unserer persönlichen Psyche, sondern auch in der kollektiven Psyche der Menschheit. Jede Siedlung oder Ansammlung von Menschen besitzt eine kollektive Energie. Denken Sie einmal an die Gemeinde, in der Sie leben. Gibt es dort eine vorherrschende Geisteshaltung? Wie beschreibt sich Ihre Gemeinde selbst? Empfinden sich die Menschen dort z. B. als »gottesfürchtig« oder »hart arbeitend« oder als »gebildete Intellektuelle«?

Unsere Faszination für Gewalt, für die wir als Unterhaltung auch noch bezahlen, führt uns deutlich vor Augen, wie tief unsere kollektiven Gefühle der Machtlosigkeit und Wut reichen. Auf irgendeiner Ebene fühlen wir uns alle als Opfer von irgend etwas; und auf einer anderen wissen wir sehr wohl, daß wir selbst es sind, die durch unser tägliches Verhalten zu den existierenden Problemen beisteuern, indem wir auf vielfältige Weise

> »Jede Minderheit und jede Gruppe, die anderer Meinung ist als die Mehrheit, trägt die Schattenprojektion der Mehrheit, ob es sich dabei um Schwarze, Weiße, Juden, Nichtjuden, Araber, Italiener, Iren, Chinesen, Franzosen etc. handelt.
> Da der Schatten den Archetyp des Feindes darstellt, ist seine Projektion außerdem dazu geeignet, uns gerade in Zeiten großer Selbstzufriedenheit und scheinbarer Friedfertigkeit in die blutigsten Kriege zu verwickeln.
> Der Feind und der Konflikt mit ihm sind archetypische Faktoren, Projektionen unserer eigenen inneren Gespaltenheit, die daher nicht durch Gesetze aus der Welt geschafft oder einfach weggewünscht werden können. Man kann sich mit ihnen nur befassen, indem man den eigenen Schatten konfrontiert und die individuelle Spaltung heilt.
> Die gefährlichsten Zeiten, kollektiv und individuell, sind jene, in denen wir meinen, den Schatten eliminiert zu haben.«
>
> Edward C. Whitmont in *Meeting The Shadow*

zur Umweltverschmutzung beitragen und Produkte benutzen, die Menschen und Tieren schaden. Die kollektive Opfermentalität wird durch eine ständige Flut von Nachrichten über nationale und internationale Katastrophen genährt. Wenn wir uns als Opfer empfinden, bestätigen wir damit die Vorstellung, daß es jemanden gibt, der uns einschüchtert; daß wir machtlos sind und daß wir ein »Wir-und-sie«-Modell geschaffen haben, das durch fortwährende Machtkämpfe aufrechterhalten wird. Vielleicht versuchen wir, diese Opfermentalität wegzurationalisieren und uns selbst zu erzählen, daß wir die Sache »schon durchstehen werden« – als sei es nicht vollkommen in Ordnung, sich hoffnungslos zu fühlen, und als sei es nicht normal, Leiden zu sehen und dabei Schmerzen zu empfinden. Um unserer Menschlichkeit nicht verlustig zu gehen und um in der Lage zu sein, weiterhin vom Herzen aus kommunizieren zu können, dürfen wir es uns nicht mehr länger leisten, unsere Verzweiflung in den Schatten zu verdrängen. Die Verzweiflung verbindet uns mit dem, was uns wichtig ist. Nur durch diese Verbindung sind wir in der Lage, mit unserer Kreativität und Intuition im Fluß zu bleiben und diese Probleme anzugehen.

Einander Widerstrebendes

Wir alle haben die Wahl, uns durch Angst lähmen und blockieren zu lassen, Feinde und feindselige Umstände zu schaffen – oder uns dem Leiden gegenüber zu öffnen und darauf zu vertrauen, daß unsere Geburtsvision uns zeigen wird, wohin wir gehen müssen. Wir alle wollen Erfolg haben; Angst zu empfinden heißt nicht, daß wir zum Untergang verdammt sind und auch nicht, daß wir unspirituell sind. Es bedeutet lediglich, daß wir uns im Augenblick getrennt und allein fühlen und uns nicht sicher sind, ob wir mit dem Anstehenden fertig werden. Sobald wir meinen, das Gesicht eines Helden tragen zu müssen bzw. unser perfektes Vorzeigegesicht, werden wir so sicher wie das Amen in der Kirche auf unser menschlichstes Antlitz reduziert werden – das mit all seinen Unreinheiten, Narben, Sorgen- und Lachfalten. Am ehesten werden wir versagen wenn:

a) wir uns darauf konzentrieren, uns vor dem anderen oder Unbekannten zu schützen;

b) unser eigentliches Ziel aus den Augen verlieren;
c) in einem Zustand innerer Unruhe Entscheidungen treffen;
d) uns von anderen Menschen und Gott getrennt empfinden;
e) um Macht kämpfen;
f) Energie voneinander stehlen;
g) Veränderungen Widerstand entgegensetzen;
h) uns gegenüber neuen Informationen verschließen, weil sie unseren alten Denkvorstellungen nicht entsprechen.

Die Zehnte Erkenntnis erinnert uns daran, daß wir unsere Angst überwinden können, indem wir:

a) Gott um Führung bitten;
b) unseren Intuitionen vertrauen;
c) feste mentale Bilder von unseren Idealvorstellungen haben;
d) uns mit mutigen und weisen Menschen verbinden, die uns inspirieren;
e) uns an Zeiten erinnern, zu denen wir uns verbunden und inspiriert gefühlt haben;
f) uns daran erinnern, daß wir trotz unserer Unsicherheit nicht allein sind;
g) nicht vergessen, daß hinter dem Mysterium unserer Existenz ein höherer, spiritueller Sinn steht.

Die Polarisierung unserer Standpunkte ist unsere größte Gefahr

Was denken Sie über die Zukunft? Sind Sie Optimist? Weshalb? Sind sie Pessimist? Weshalb? Die Polarisierung unserer Auffassung darüber, in welche Richtung sich die Welt und unser Schicksal entwickelt, ist mehr als jeder andere Faktor entscheidend für das Eintreffen jener Zukunft, die wir unter allen Umständen zu vermeiden suchen. In der *Zehnten Erkenntnis* sagt der Held: »In einer kulturellen Übergangsperiode brechen die alten Lebensanschauungen zusammen und bringen neue Sichtweisen hervor, was zunächst einmal Furcht und Unsicherheit auslöst. Während manche Menschen dabei aufwachen und eine direkte Verbindung zu der ihnen innewohnenden Liebe finden, die sie trägt und ihre Gesamtentwicklung beschleunigt, stellen andere fest, daß sich für sie alles viel zu schnell verändert und sie den Halt verlieren. Um ihr reduziertes Energieniveau anzuheben, steigen sie nun immer tiefer auf die Angst ein und klammern sich an etwas, das sie kontrollieren können. Diese Hinwendung zur Angst kann gefährliche Ausmaße annehmen, weil Menschen in extremen Angstsituationen auch extreme Gegenmaßnahmen rechtfertigen können.

Jede Form der Gewaltanwendung macht alles nur noch schlimmer ... Wenn wir diese Menschen mit Zorn und Haß bekämpfen, bestätigen wir ihr Feindbild. Das verstärkt ihre Abwehr. Es erzeugt nur noch mehr Angst ... Wir müssen uns voll und ganz an unsere Geburtsvision erinnern, dann erinnern wir uns irgendwann auch an etwas viel Größeres – die *globale* Vision.«

Die Erinnerung an unsere Vision verschafft uns genügend Energie, um mit der Furcht fertigzuwerden

Erinnern Sie sich noch daran, wie aufgeregt Sie waren, als Ihre Eltern mit Ihnen in eine neue Stadt zogen? Oder als Sie den ersten Tag an der Universität verbrachten, eine Prüfung bestanden bzw. eine neue Arbeitsstelle antraten? Damals schienen Sie in Übereinstimmung mit Ihrer Vision zu sein, und Sie fühlten sich energetisch und furchtlos genug, um sich nicht ins Bockshorn irgendwelcher Ängste jagen zu lassen. Der gleiche Zuwachs an Energie (als Optimismus spürbar) wird erfolgen, sobald wir uns an unsere Weltvision erinnern. Vergessen Sie nicht, daß wir alle miteinander verbunden sind und jede Hebung unseres Energieniveaus den Gesamtlevel an Energie anhebt, selbst bei jenen, die mit starker Angst belastet sind. Weise Seelen hier auf der Erde und im Jenseits haben seit jeher gewußt, daß eine Polarisierung der eigenen Standpunkte einen ebenso unbedachten wie destruktiven Schritt darstellt. Angst ist ein kraftvolles Mittel zur Trennung und das genaue Gegenteil von Vereinigung. Voller Angst verfangen wir uns in Rechthaberei und vergessen, daß alle Menschen nach Freiheit und

Glück streben, etwas, das nur durch eine konzertierte Aktion zu erreichen ist. Erliegen wir der Verlockung, uns zu den Siegern zählen zu wollen, fühlen uns insgeheim jedoch zu schwach, um eine Transformation zu bewirken, werden wir unsere Verantwortung bald völlig abgeben. »Vergiß es«, werden wir denken. »Soll sich doch ein anderer darum kümmern. Ist doch eh alles umsonst. Egal was ich tue, verändern wird sich nichts.«

In seinem neuen Buch *Gewalt und Mitgefühl: Unterhaltungen mit den Dalai Lama*, befragt der Drehbuchautor und Schriftsteller Jean-Claude Carriere das geistige Oberhaupt der Tibeter danach, welcher Weltsicht er den Vorzug geben würde – der pessimistischen oder der optimistischen?

»In jedem Fall der optimistischen, und zwar aus mindestens drei Gründen. Vor allen Dingen hat sich meiner Ansicht nach das Konzept der Menschheit vom Krieg seit einiger Zeit geändert. Über einen Großteil des zwanzigsten Jahrhunderts hinweg haben wir immer noch gedacht, daß die letzte und endgültige Entscheidung auf der Welt durch einen Krieg getroffen werden würde. Dies entspricht einem uralten Gesetz: Die Gewinner haben Recht. Der Sieg ist ein Zeichen Gottes oder der Götter, daß der Sieger auf seiner bzw. ihrer Seite steht. Konsequenterweise zwingen die Sieger den Verlierern ihr Gesetz auf, oftmals mittels eines Vertrages, der noch niemals etwas anderes darstellte als eine Rechtfertigung für spätere Rache. Daher die Wichtigkeit vor allem nuklearer Waffen. Das Wettrennen um die Bombe hat auf der Welt für die reale Gefahr der Ausrottung gesorgt. Ich bin heute der festen Überzeugung, daß diese Gefahr sich vermindert hat und das auch weiterhin tun wird.

Was den zweiten Grund für meinen Optimismus angeht, so bin ich der Auffassung, daß trotz vereinzelter gegensätzlicher Erscheinungen die Idee von *ahimsa,* oder Gewaltlosigkeit, immer mehr Befürworter findet. Zu Zeiten Mahatma Gandhis, den ich bewundere, wurde Gewaltlosigkeit vorwiegend als Zeichen der Schwäche, als Weigerung zu handeln, beinahe als Feigheit verstanden. Dies trifft nicht länger zu. Die Wahl der gewaltlosen Lösung gilt als positiver Akt, der eine reale Kraft hervorbringt ... Ich denke, daß als Resultat der Mediengesellschaft und der beinahe allumfassenden, weltweiten Kommunikation religiöse Gruppierungen einander häufiger besuchen und sich besser kennenlernen, als dies je zuvor der Fall war.«

Befragt nach der Tendenz einzelner moslemischer Staaten, sich von anderen Ländern zu isolieren, antwortete der Dalai Lama: »Isolation ist niemals gut für ein Land und wird früher oder später unpraktisch. Selbst wenn einige der moslemischen Länder ihre Grenzen geschlossen halten und die Politik ihrer Isolation verstärken, verliert Isolation auf der ganzen Welt an Boden. Seit zwanzig Jahren besuche ich fremde Länder. Überall berichten mir die Menschen davon, daß sie sich nun besser verstehen ... Ich selbst treffe mich so oft wie möglich mit Führern anderer Religionen. Wir machen gemeinsame Spaziergänge, besuchen zusammen religiöse Stätten, egal welcher Glaubensrichtung, und meditieren dort gemeinsam. Wir teilen einen Augenblick der Stille. Dies verschafft mir jedes Mal ein Gefühl außerordentlichen Wohlbefindens. Ich glaube weiterhin daran, daß wir auf dem religiösen Sektor im Vergleich zum Anfang dieses Jahrhunderts Fortschritte machen.«

Den dritte Grund für seinen Optimismus beschreibt er wie folgt: »Wenn ich mit jungen Leuten – vor allem in Europa – zusammentreffe, sehe ich, daß das humanitäre Konzept heutzutage stärker zum Tragen kommt als je zuvor. Ein Gefühl, das in der Vergangenheit kaum existierte. Der ›andere‹ war der Barbar, der gefürchtet wurde und den es zu besiegen galt.« Achten Sie bitte darauf, daß der Dalai Lama nicht nur in bezug auf die Zukunft der Menschheit optimistisch ist, sondern auch im gegenwärtigen Alltag nach Beweisen für positive Veränderungen sucht. Lesen Sie seine Worte noch einmal, und achten Sie darauf, ob sich an Ihren Gefühlen etwas ändert.

In seiner Gestalt finden wir einen der bedeutendsten Führer unserer Zeit, der Andersgesinnte nicht mit Verdammung bedroht oder zurechtweist, wenn es ihnen nicht gelingt, aufzuwachen. Er unternimmt einfache Dinge, wie Spaziergänge und Besuche religiöser Stätten; er hört zu und meditiert, unabhängig davon, ob er sich mit Führungskräften oder einfachen Menschen trifft. Auf die Frage nach der Isolationspolitik bestimmter Staaten angesprochen, antwortet er, daß »Isolation unpraktisch« sei, anstatt sie zu verurteilen oder ihre Politik zu kritisieren. Friedfertigkeit zeigt sich seit jeher in seinen Worten und Taten. Der Dalai Lama lebt uns vor, wie wir mit der Vision unseres größten Wunsches täglich umgehen können und auf diese Weise dafür Sorge tragen, daß sie sich manifestiert.

»Wir denken, daß wir einen Feind brauchen. Unsere Regierungen arbeiten hart daran, uns in Angst und Schrecken zu versetzen und Haß zu erzeugen, damit wir uns hinter ihnen verstecken. Wenn wir keinen konkreten Feind haben, werden sie einen erfinden, um uns zu mobilisieren.
Es ist falsch anzunehmen, daß die Weltlage in den Händen der Regierungen liegt und daß es Frieden geben würde, wenn die verantwortlichen Regierenden über die korrekte politische Einstellung verfügten.
Am meisten hat unser persönlicher Alltag mit der Weltlage zu tun. Wenn wir unseren Alltag verändern, können wir auch unsere Regierungen verändern und damit die ganze Welt.
Unsere Präsidenten und Regierungen sind unser Spiegelbild, in dem wir unseren Lebensstil und unsere Denkweise erkennen können. Die Art und Weise, wie wir unsere alltäglichen Dinge verrichten, stehen in direktem Zusammenhang mit dem Frieden auf der Welt.«

Thich Nhat Hanh, *Love in Action: Writings on Nonviolent Social Change*

Die kraftvollen Strahlen liebevoller Energie

In der Achten Erkenntnis haben wir gelernt, wie wir anderen Menschen bei der Anhebung ihres Energieniveaus helfen können, indem wir ihnen liebevolle Energie senden, die ihnen dabei hilft, ihre höheren Qualitäten an den Tag zu bringen. Durch die Zehnte Erkenntnis senden wir die gleiche liebevolle Energie, während wir visualisieren, daß der Empfänger sich daran erinnert, was er wirklich mit seinem Leben vorhat. Es ist eine bewiesene Tatsache, daß das Denken positiver Gedanken über einen Menschen den Betreffenden stärkt. Wenn wir denken, daß wir etwas schaffen können, dann schaffen wir eine der besten Voraussetzungen dafür, daß uns dies auch gelingt.

Der Pfad zwischen Zynismus und Naivität

Sich mit dem »Feind anzufreunden« ist keine einfache Lösung und funktioniert nicht in allen Fällen. Die Frage bleibt, wie wir mit unserem Ärger dem Feind gegenüber verfahren. Sind wir in der Lage, zwischen haßerfüllten Taten und den Menschen hinter den Taten zu unterscheiden? Unterminieren wir, wenn wir Mitgefühl mit unseren Feinden beweisen, unseren eigenen Entschluß, etwas zu verändern? Ganz gewiß bedeutet die Bereitschaft, unsere Gegenspieler als zukünftige Verbündete zu behandeln, nicht, daß wir ihre Handlungsweise unreflektiert gutheißen. Unsere Herausforderung wird darin bestehen, den humanitären Aspekt in jedem unserer Gegenspieler anzusprechen und in den Vordergrund zu bringen, während wir uns gleichzeitig auf die volle Bandbreite möglicher Reaktionen vorbereiten. Unsere Herausforderung wird darin bestehen, einen Pfad zwischen Zynismus und Naivität zu finden. Jeder Versuch, im sozialen Bereich etwas zu verändern, hilft uns allen dabei, den Weg für Neuerungen zu ebnen.

Die Auflösung von Angst in der spirituellen Dimension

Lange bevor wir das Flugzeug erfanden, hatten wir den Wunsch zu fliegen. Bevor wir mittels Telefon miteinander in Verbindung treten konnten, verfügten wir über die Fähigkeit der telepathischen Kommunikation. Wer weiß, welche Möglichkeiten, welche Magie sich aus der Zwillingsevolution von Technik und den uns angeborenen, noch unentwickelten Kapazitäten ergeben werden! Während wir lernen, Reisen in die spirituelle Dimension zu unternehmen, werden unsere heutigen Ängste vielleicht bald restlos vergehen, indem wir neuartige, intuitive Methoden entwickeln, um zu heilen oder an der Weisheit der universellen Intelligenz teilzuhaben.

Robert Monroe hatte nach jahrelangem Kontakt mit dem spirituellen Bereich festgestellt, daß er dort an der Auflösung von Ängsten arbeiten konnte – Ängste, von denen er bis dahin nicht einmal wußte, daß er sie hatte. »Ich entdeckte, daß ich keinesfalls so furchtlos war, wie ich angenommen hatte. Obwohl mir diese Ängste nicht bewußt waren, tauchten sie in Form häßlicher und roher Energiefelder auf, denen ich mich stellen mußte ... Zum einen handelte es sich dabei um alte Ängste, zum anderen aber auch um einen endlosen Fluß neuer Befürchtungen. Das Spektrum reichte dabei von Kleinigkeiten – wie innere Unruhe über einen verregneten Tag, der die Bauarbeiten an meinen Haus verzögern könnte – bis hin zu großen Sorgen über den Zustand der Welt.«

Mit den Jahren merkte er, daß diese Ängste sich allmählich auflösten. »Ich begann, mehr Furcht zu verlieren, als ich durch meine neuen Aktivitäten aufbaute. Durch diese Erkenntnis gelangte ich zu einer wesentlichen Einsicht: Solange ich mich in der spirituellen Dimension aufhielt, begann ich den Auflösungsprozeß meiner Ängste und arbeitete nach meiner Rückkehr an ihrer vollständigen Eliminierung. Niemand half mir dabei, wie ich ursprünglich angenommen hatte. Ich half mir selbst.«

Sich traurig oder entmutigt zu fühlen, wütend oder besorgt zu sein, vor allem was den Zustand unseres Planeten angeht, sind ein wichtiger Ausdruck unserer Energie. Menschen versuchen, Veränderungen zu vermeiden und setzen ihr Widerstand entgegen. Solange bestimmte Sachverhalte nicht als schmerzhaft empfunden werden, gelingt es uns oft nicht, die notwendigen Handlungen zur Beseitigung dieser Zustände herbeizuführen. Unsere Gefühle sind dabei der Pfad, der uns zu unserer Ganzheit führt. Verlieren wir vor Angst unsere Menschlichkeit, verstricken wir uns in einen Kampf, der selten zu dem von uns gewünschten Resultat führt. Wenn wir nicht mit unseren Gefühlen in Kontakt sind, wenn wir jemand anderen entmenschlichen oder abschreiben, verlieren wir unsere Verbindung mit dem wirklich Wichtigen – einen Nachmittag mit unseren Kindern in der Sonne zu verbringen, einen Segeltörn auf dem Meer zu genießen oder die Hand unserer Großmutter bei Sonnenuntergang zu halten.

Einzelstudium

Schattenübung

Der Sinn dieser Übung besteht darin, sich in die Lage eines anderen Menschen zu versetzen. Das eigene Mitgefühl zu entwickeln ist eines der höchststehenden spirituellen Aufgaben auf dem Weg zur Erhaltung der Weltvision.

Schritt 1

Schreiben Sie die Namen von drei oder vier Menschen auf, die Sie nicht mögen oder mit denen Sie nicht übereinstimmen. Schreiben Sie unter jeden dieser Namen alles, was Sie an der betreffenden Person stört und worin diese mit Ihnen anderer Meinung ist. Carl, ein Geschäftsmann, schrieb zum Beispiel:

»Ich mag nicht:

1. **Meinen Schwager George.** Weil er in einem fort davon spricht, wie gut sein Geschäft läuft und wie sehr er auf dem neuesten technischen Stand ist. Er meint, ich sollte meinen Betrieb modernisieren.
2. **Politiker.** Weil sie unaufrichtig sind. Man kann ihnen nicht vertrauen. Sie sind außerstande, wirkliche Veränderungen zu bewirken.
3. **Liberale Jammerlappen**. Weil sie jeden Kontakt zur Realität verloren haben.«

Schritt 2

Gehen Sie jetzt daran, jede der Personen so zu beschreiben, als wären Sie in der Lage, Ihre höhere Vision zu erkennen. Benutzen Sie Ihre Vorstellungskraft, um darüber zu spekulieren, welcher tiefere, positive Aspekt hinter den von Ihnen wahrgenommenen und verurteilten äußeren Merkmalen des betreffenden Menschen liegen könnten. Carl schrieb zum Beispiel:

1. **George** scheint sehr daran interessiert zu sein, welche Wirkung die neue Technologie auf das Zwanzigste Jahrhundert hat. Er ist wild entschlossen, in dieser Welt etwas zu erreichen. Vielleicht hatte er in seinen Vorleben wenig Gelegenheit dazu. George erzählt gern anderen, was er weiß. Er ist ein geborener Lehrer.
2. **Politiker** sind Menschen, die von idealistischen Ideen ausgehen, welche sie für realisierbar halten. Sie sind ausdauernd und riskieren es, sich der Kritik der Öffentlichkeit auszusetzen. Sie wollen Teil des herrschenden Systems sein. Es sind Menschen, die lernen wollen, sich ständig wechselnden Gegebenheiten anzupassen, damit sie in

der Lage sind, ihre Macht und ihren Dienst an der Gesellschaft kompetent einzusetzen.

3. **Liberale Jammerlappen** sind Menschen, die anderen helfen wollen. Sie haben eine ausgeprägte Auffassung davon, was richtig und falsch ist. Sie widmen ihr Leben der Veränderung von Zuständen, die sie für ungerecht halten. Vielleicht haben sie in anderen Leben viel gelitten und sich geschworen, in diesem Leben so viel Gutes wie möglich für andere zu tun.

Der *zweite Schritt* besteht darin, daß Sie sich von Ihrer normalen Wahrnehmung anderer Menschen lösen und sich Gedanken über deren Originalintention machen. Indem Sie Ihren eigenen Standpunkt verändern, suchen Sie nach einem positiven Grund für die Eigenheiten dieser Menschen, was Ihnen die Möglichkeit gibt, selbst zu wachsen und eine kreativere Interaktion mit der betreffenden Person zu haben.

Schritt 3

Gehen Sie jetzt zurück zu Schritt 1. Streichen Sie den Namen der Person, die Sie nicht mögen, und setzen Sie statt dessen Ihren eigenen Namen ein. Beschreiben Sie etwas in sich, das der von Ihnen kritisierten Eigenschaft der anderen Person ähnelt. Wie fühlen Sie sich, wenn Sie den Satz jetzt laut vorlesen? Versuchen Sie, die von Ihnen auf andere projizierten negativen Wahrnehmungen und Empfindungen auf sich selbst anzuwenden und sich auf diese Art Ihren Schatten wieder zu eigen zu machen. Dadurch öffnet sich unsere Seele für eine allumfassende Erfahrung. Je mehr Energie wir darauf verwenden, unsere negativen Qualitäten im Dunkel zu halten, desto mehr Kraft steht uns zur Verfügung, um unsere ganzheitliche Existenz wieder herzustellen.

Es können wahre Wunder geschehen, sobald Carl z. B. bereit ist, seine Verbitterung über die eigene frühe Armut aufzugeben; wenn er akzeptiert, daß auch ein Erfolg in der Geschäftswelt Teil seiner Geburtsvision ist; und wenn er sich selbst gestattet, einen Dienst an der Menschheit zu vollbringen, der etwas Größerem dient als seinem Ego. Dadurch wird er nicht nur einen Beitrag zur Haltung der Weltvision leisten, sondern sich besser fühlen, mehr Freude haben sowie ein erfüllteres Leben führen.

Arbeitsgruppe

Das Sprechen mit der Furcht

Wenn die Mitglieder Ihrer Gruppe gut miteinander bekannt sind und Sie sich in der Gruppe sicher aufgehoben fühlen, können Sie daran gehen, über die tiefersitzenden Ängste und Vorsätze zu sprechen, die wir zu Anfang dieses Kapitels erwähnt haben. Lassen Sie dabei jeden zu Wort kommen, ohne den Betreffenden zu unterbrechen, ihm zu antworten oder Rat zu erteilen, bevor es angeraten scheint, die generelle Diskussion zu dem Thema zu eröffnen.

Meditation

Möglicherweise möchte Ihre Gruppe die Sitzung mit einer Gruppenmeditation beenden, die sich auf die wichtigsten Ängste und Vorstellungen der einzelnen Mitglieder bezieht. Sollte die Überbevölkerung zum Beispiel eine große Angst darstellen, versuchen Sie es mit einer Meditation, in der Sie sich junge, fortpflanzungsfähige Menschen vorstellen, die sich an ihre Vision erinnern, auf diesem Planeten ein friedliches Leben führen zu wollen.

Sollten Sie mit der Mob-Mentalität arbeiten wollen, visualisieren Sie Bilder von sich umarmenden Menschen, die aneinander an den Händen halten, sich gegenseitig beim Überqueren einer Brücke helfen, gemeinsam tanzen und sich für positive soziale Veränderungen einsetzen. Gehen Sie kreativ vor, aber vergessen Sie dabei nicht, daß Meditation eine große Kraft darstellt.

Eine Untersuchung von längerfristigen Massenmeditationen unter der Anleitung erfahrener Meditationslehrer zeigte statistisch erfaßbare positive Effekte in den Städten, in denen sie abgehalten wurden, bekannt als »Maharishi-Effekt«. Gruppenmeditationen sorgten für eine Senkung der Kriminalitätsrate und Sterbefälle in Krankenhäusern, solange die Meditationen anhielten.

Projekte

Wenn Sie vor der Wahl ständen, ein Projekt in Angriff nehmen zu können, von dessen positivem Ausgang Sie absolut überzeugt sind, welcher Aufgabe würde Ihre Gruppe sich widmen? Sollten Sie sich für ein Projekt entscheiden, bitten Sie jeden der Anwesenden, seine Ängste darüber aufzuschreiben, weshalb das Projekt fehlschlagen könnte. Wie realistisch sind diese Ängste?

Was könnten die Betreffenden unternehmen, um von dieser Furcht zu lernen bzw. sie in eine positive Kraft zu verwandeln?

Literaturvorschläge zu Kapitel 9:

James Redfield, *Die Zehnte Erkenntnis*
Connie Zweig und Jeremiah Abrams, *Meeting the Shadow: Hidden Power of the dark side of human nature*
The Dalai Lama and Jean-Claude Carriere, *Violence and Compassion*
Robert Monroe, *The Ultimate Journey*

TEIL FÜNF

RICHTIG HANDELN

Kapitel 10

Transformation im Berufs- und Geschäftsleben

Delphin
Vernetzung

»Eine neue Ethik bewegt sich in Richtung eines erleuchtenden Kapitalismus; sie orientiert sich nicht lediglich an der Maximierung von Profiten, sondern kümmert sich auch darum, den wachsenden Bedürfnissen spiritueller Wesen Rechnung zu tragen, Produkte zu den möglichst niedrigsten Preisen erhältlich zu machen und sich schließlich auf eine vollständige Automation der Produktionsmittel zuzubewegen, um den Menschen zu ermöglichen, sich ihrer spirituellen Bestimmung zuzuwenden, wie es in der Neunten Erkenntnis angesprochen wird.«

Die Zehnte Erkenntnis

Geschäft als spiritueller Weg

Der kalifornische Geschäftsmann Mark Bryant hat fünf verschiedene Unternehmen aufgebaut und ist ein gutes Beispiel für eine erfolgreiche Balance zwischen spiritueller Sichtweise, Familienleben und Geschäft. Seine Frage war: »Wie kann ich geschäftlich erfolgreich sein und zur gleichen Zeit spirituell und psychologisch wachsen?« Er gab sich achtzehn Monate Zeit, um Bücher über Paradigmenwechsel und innovative Wirtschaftsmodelle zu untersuchen sowie sich sorgfältig mit metaphysischen Systemen und den sie praktizierenden Menschen zu befassen, um seine intuitiven Fähigkeiten auf dem geschäftlichen Sektor zu verstärken.

Viele Geschäftsleute fühlen sich innerhalb der großen Konzerne gefangen. Die ständige Bedrohung von Entlassung führt zu einem Gefühl der Machtlosigkeit, das auch durch hervorragende Leistungen von Seiten der Arbeitnehmer nicht gemindert werden kann. Deshalb versuchen viele, sich eine freiberufliche Tätigkeit als Berater aufzubauen. Allerdings stellt der Versuch, eine dauerhafte Veränderung seiner Lebensumstände durch Modifizierungen im Außen herbeizuführen, nur einen Teilaspekt dar, solange der Betreffende nicht in der Lage ist, sich selbst anders zu sehen. Wenn Sie nicht an sich selbst arbeiten – sich Sicherheit darüber verschaffen, wer Sie wirklich sind – werden Sie mit großer Wahrscheinlichkeit wieder enttäuscht werden, egal ob Sie sich selbständig machen oder nicht. Jedes Geschäft hat seine hierarchischen Strukturen, rigiden Muster und gesundheitlichen Nachteile. Selbst als Ihr eigener Boß können Sie das dazu im Widerspruch stehende Bedürfnis haben, daß sich jemand um Sie kümmern und Sie versorgen möge. Mark beschrieb, welche Maßnahmen sich bei ihm als besonders wirksam erwiesen haben: »Zunächst einmal müssen Sie sich über Ihre Talente und Fähigkeiten im klaren sein und die Bereitschaft haben, damit zu arbeiten, anstatt sich zu wünschen, daß Sie ein anderer mit anderen Fähigkeiten wären. Mir fiel auf, daß die meisten Menschen dazu neigen, ihre Fähigkeiten zwei oder drei Stufen unter denen anderer einzuordnen. Sie neigen dazu, sich mit ihren *externen Mängeln* zu identifizieren, wie z. B.: ›Ich kann mich nicht selbständig machen, weil ich keinen ausreichenden Schulabschluß habe‹, anstatt sich zu fragen, was sie wirklich wollen. Sie definieren sich durch ihre negativen Selbsturteile und ihren Schatten. Anstatt auf ihr wahres Selbst zu schauen, konzentrieren sie sich auf ihr externes Image.

Weiterhin ist mir aufgefallen, daß die Arbeit mit den eigenen Talenten im wesentlichen einen evolutionären Prozeß darstellt. Ich weiß zum Beispiel von mir selbst, daß ich ein guter Konzeptionalist und Visionär bin, aber kein guter Produzent bzw. Macher. Deshalb habe ich mich mit jemandem zusammengetan, der diese Qualitäten besitzt. Wir sind eine Art geschäftliche Ehe eingegangen, in der wir uns beide unserer Fähigkeiten bewußt sind. Die eigenen Stärken und Schwächen zu kennen und dann jemanden zu suchen, der komplementäre Qualitäten besitzt, ist der effizienteste Weg, um ein gut funktionierendes Unternehmen ins Leben zu rufen.

Zum dritten hat es mir geholfen, mich innerhalb der Geschäftswelt als beseeltes Wesen zu begreifen. Ich glaube, daß es wichtig ist, wieder Kontakt mit der Kinderseele in uns aufzunehmen. Damals haben wir frei und unbegrenzt denken können. Alles war möglich! Kinder haben keine Limitationen, weil sie sich selbst als Seelen verstehen und nicht als Produkte von Dogmen, Institutionen und kulturellen Einflüssen.

Meiner Ansicht nach wird unsere Arbeitswelt und deren Ethik durch spirituelle Ideen verändert. Für Geschäftsleute und Unternehmer mit herkömmlichen Werten stellt dies eine neue Herausforderung dar. Auch wenn wir in den letzten Jahren viele Informationen über neue, menschlichere Management-Methoden und die Vorzüge der Dezentralisierung bei wichtigen Entscheidungen erhalten haben, besteht der bedeutendste Schritt in einer *inneren* Veränderung und nicht darin, Spiritualität zum Geldverdienen einzusetzen. Die wirkliche Veränderung besteht darin, die eigene Arbeitserfahrung zu verändern und sie zu einem integralen Bestandteil des eigenen Lebens zu machen.«

Spiritualität in der Arbeitswelt bedeutet, daß Sie sich jedesmal, wenn Sie eine Entscheidung zu treffen haben, nach innen wenden und nicht auf Ihren Haushaltsplan schauen. Achten Sie statt dessen auf Ihr

»Ich unterscheide zwischen Job und Arbeit. Ein Job ist etwas, womit wir unseren Lebensunterhalt verdienen, Arbeit ist der Grund für unsere Anwesenheit auf der Erde. Sie steht in enger Verbindung mit unserem Herzen, der Freude am Leben und allem Mystischen. Im chinesischen Tao Te Ching steht: Als Arbeit verrichte, was dir Freude bereitet. Der Gedanke, daß es zwischen Freude und Arbeit eine Verbindung gibt, ist vielen Menschen neu, da der Freude innerhalb des industriellen Zeitalters kein sonderlicher Wert beigemessen wurde.
Wir haben dieser freudlosen Arbeit in der Vergangenheit so viel Wert beigemessen, daß wir andere Aspekte – wie Herzensarbeit, Kunst, Heilung, Rituale und festliche Ereignisse – zum großen Teil aus unserem Leben verdrängt haben. Eingeborene verbringen mindestens die Hälfte ihrer Zeit mit dem Feiern von Festen und dem Abhalten von Ritualen. Wir tun dies nicht und haben nicht zuletzt deswegen mit weit verbreiteter Gewaltanwendung innerhalb unserer Kultur zu kämpfen.
Heute arbeite ich viel mit jungen Leuten ... Dabei setze ich oft Rap-, House-, Techno- und Tanz-Musik ein, die ich als Ausdruck unserer gegenwärtigen Jugend- und Urbankultur benutze, um das festliche Ereignis wiederzuentdecken. Darin sehe ich eine wichtige Aufgabe. Ein festliches Ereignis kann Menschen heilen; es bereitet große Freude und ist ausgesprochen preiswert.«

Matthew Fox in *Towards A New World View* von Russell E. DiCarlo seelisches Gleichgewicht und darauf, ob die anstehende Entscheidung im Einklang mit Ihrer Vision steht. Sie sind der einzige, der sich Fragen wie »Fühlt sich dies richtig an?« – »Was sind die weitreichenden Folgen einer derartigen Entscheidung?« beantworten kann. Niemand anders kann Ihnen dabei behilflich sein. Spiritualität in der Geschäftswelt bedeutet, auf Ihre innere Stimme zu hören mit dem Wunsch, das Beste zu tun, das Ihnen möglich ist.

Dabei ist es offensichtlich, daß die augenblickliche Arbeitswelt nicht so gestaltet ist, daß sie jedem Arbeitnehmer autonome und persönliche Entscheidungsfreiheit gewährt. Eine Geschäftswelt, die sich ausschließlich auf externe Kriterien konzentriert, weil sie an Kontrolle und Vorhersehbarkeit glaubt, steht in diametralem Gegensatz zur Freiheit des einzelnen, aufgrund von Intuition und spiritueller Führung die Entscheidungen zu treffen, die seinem Gefühl nach angebracht sind.

Die meisten von uns dienen einer externen Zielsetzung, einem Zweck, der in keinem direkten Zusammenhang mit ihrem eigentlichen Wesen steht. Jeder, dem das unwichtig erscheint, wird den Gedanken an fortschreitende Selbstreflexion im Geschäftsbereich als närrischen Eskapismus bewerten, der bedrohliche, anarchistische Zustände nach sich ziehen wird. Selbst jene unter uns, die diesen Ideen aufgeschlossen gegenüberstehen und sie intellektuell stimulierend finden, hegen weiterhin Zweifel daran, ob man anderen Menschen jemals soweit trauen kann, daß sie in der Lage sind, ihre Gier oder Faulheit zu überwinden – ganz zu schweigen von ihren bösen Absichten. Doch unsere einzigen Feinde sind Angst und Trägheit.

Angelernte Hilflosigkeit – Die Veränderung der Mentalität am Arbeitsplatz

Auf einem Kongreß des *Internationalen Institutes für Integrale Humanwissenschaften* sprach der Mediziner und Zellbiologe Myrin Borysenko, der sich mit der Verbindung zwischen Körper und Verstand und der Wirkung von Streß auf das Immunsystem befaßt, über einige faszinierende biologische Entdeckungen, die uns helfen können, unsere neue Denkweise in allen Lebensbereichen inklusive dem geschäftlichen zu verankern. In einem seiner Beispiele zeigte er das Bild eines Vogels, der in seinem Käfig sitzen blieb, obwohl die Käfigtür offen war. »Wenn Vögel in Käfigen aufwachsen und man ihnen die Tür öffnet, bleiben sie trotzdem in ihrem Käfig sitzen. Das gleiche gilt für Menschen, die sich nach einer Veränderung in ihrem Leben sehnen, sich aber nicht trauen, die zu dieser Veränderung notwendigen Schritte zu unternehmen. Ihr Zustand mag noch so miserabel sein, doch zumindest erscheint er ihnen sicher und vertraut.«

Borysenko demonstrierte seine Theorie der angelernten Hilflosigkeit anhand eines Experimentes mit zwei Ratten, welche beide unvorhersehbaren elektrischen Schlägen ausgesetzt wurden. Ein drittes Tier erhielt als Kontrolltier keine elektrischen Schläge. Ratte 1 war in der Lage, ein Rad so zu manipulieren, daß sie die elektrischen Schläge verhindern konnte. Obwohl beide Ratten demselben Streß über den gleichen Zeitraum ausgesetzt waren, entwickelte die zweite Ratte, die nicht in der Lage war, den Schlägen auszuweichen, ein blutiges Magengeschwür, während diejenige, die die Schläge hatte vermeiden können, zum Abschluß des Experimentes sogar in besserem gesundheitlichen Zustand war als die Ratte 3, die überhaupt keine elektrischen Schläge erhalten hatte. Borysenko erklärte weiterhin, daß die Ratten daraufhin in einen Irrgarten gesetzt wurden, in dem Ratte 1 zuerst auf das dort befindliche Trinkwasser stieß. Sie hatte gelernt, sich anzupassen und Entscheidungen zu treffen. Ratte 2 brauchte am längsten, da sie als hilf- und machtlos konditioniert war und dieses Verhalten auch auf die neue Situation übertrug. »Wenn Sie meinen, es gäbe keine biologischen Konsequenzen, sind Sie im Irrtum«, führte er aus, »wir haben den Ratten Tumorzellen implantiert, um festzustellen, ob sie in der Lage sind, diese unschädlich zu machen. Ratte 1 war in der Lage, 60 Prozent der Tumorzellen abzustoßen – mehr noch als Ratte 3. Ratte 2 konnte lediglich 25 Prozent der Zellen abstoßen.« Diese und ähnlich gelagerte Studien beweisen, daß Streß an sich nicht schädlich sein muß, solange das Individuum das Bewußtsein hat, Kontrolle über seine Umstände und Umgebung ausüben zu können. Herausforderungen gepaart mit einem positiven Kontrollansatz nähren das Selbstwertgefühl und fördern die Kreativität.

Borysenkos Experimente beziehen sich direkt auf die von uns seit frühester Kindheit entwickelten Kontrolldramen. Ein Vogel, der davonfliegen könnte, statt dessen aber in seinem Käfig sitzen bleibt, ist ein perfektes Beispiel für das Drama des Unnahbaren: »Ich habe es nicht nötig, die Leute wissen zu lassen, was mit mir los ist. Ich hocke hier herum und halte den Mund. Nur nichts verändern!« Die Ratte, die sich als hilflos erfahren hat, liefert uns ein bildhaftes Beispiel für das Kontrolldrama des Armen Ichs: »Ich habe nichts zu bestimmen. Ich bin nur ein Befehlsempfänger. Ich kann nichts verändern.«

Denken Sie einmal an die Implikationen der Rattenstudie in bezug auf die Frage: »Wann bin ich mit mir selbst im Reinen?« Ratte 2 (um den armen Nager als Beispiel für den konditionierten Arbeitnehmer zu mißbrauchen) scheint eine Entscheidung über sich gemacht zu haben, die auf einem äußeren Einfluß beruht (unabwendbarer elektrischer Schock), die ihr ganzes weiteres Leben und ihre Selbsteinschätzung dahingehend manipuliert hat, daß sie zu dem Schluß kam: »Ich bin schwach und nicht in der Lage zu kontrollieren, was mir zustößt.« Ein Schluß, der sich schließlich auf zellulärer Ebene manifestierte. Die mit dieser Botschaft identifizierten Zellen verlieren zum Großteil ihre ursprüngliche Fähigkeit, Tumorzellen abzuwehren. Unsere Gefühle von Depression schwächen unser Immunsystem. Negative Gefühle wie Frustration, Wut, Schuldzuweisungen, Ressentiments und Hoffnungslosigkeit tauchen dann auf, wenn wir uns von Gott separiert haben. Sollten Frustration und Wut zu Ihren täglichen Erfahrungen gehören, verbringen Sie automatisch einen Großteil Ihrer Zeit damit, Ihren Vorgesetzten, Mitarbeitern oder Kunden mental die Schuld an Ihrer Misere zu geben – das heißt, Sie stehen mit sich selbst und Ihrer Vision nicht im Einklang.

Sie allein bestimmen Ihren Standpunkt

Die Notwendigkeit, den richtigen Beruf zu finden und den eigenen Lebensunterhalt zu verdienen, bietet wie alle anderen Aspekte unseres Lebens eine Möglichkeit, Gott zu erfahren – oder den Weltgeist, die universelle Intelligenz, wie auch immer Sie Ihre spirituelle Quelle benennen wollen. Als Mensch, der die Weltvision hält, setzen Sie durch Ihre eigenen Handlungen und Ziele synergetische Prozesse mit anderen Menschen in Gang.

Larry Leigon, Mitbesitzer einer nonalkoholischen Weinfirma, hat ebenfalls eine Ausbildung als neuro-linguistischer Lehrer und beschäftigt sich vor allem mit Heilung. In einem Interview stellte er seinen

Werdegang vom Sohn eines kleines Viehranchers in Texas zum Berater und Vortragsreisenden zum Thema *Spiritualität und Geschäft* dar. »Die meisten Menschen haben noch nicht begriffen, was Spiritualität im Geschäftsbereich bedeutet, weil sie weiterhin in ihren alten Kategorien denken: Wie kann ich Spiritualität benutzen, um mehr Geld zu verdienen oder einen Betrieb umweltbewußter zu gestalten? Dies sind alles lobenswerte Ansätze, doch richten sie sich immer noch auf externe Umstände. Das wirklich Wichtige ist ein Paradigmenwechsel«, insistiert Leigon. »Der Wechsel muß sich vom Fokus auf kontrollierbare, meßbare und vorhersehbare Faktoren auf eine im Inneren bestehende Verbindung mit etwas Höherem oder einer weiterreichenden Vision vollziehen. Die Buddhisten nennen es das persönliche *Dharma*, den individuellen Weg in diesem Leben. Ich selbst frage mich immer wieder: Was will Gott durch mich erfüllen? Stimmen meine Handlungen mit meinen Wertvorstellungen überein? Erst nachdem ich eine Antwort auf diese Fragen gefunden habe, entscheide ich mich zur Zusammenarbeit mit bestimmten Kunden oder zur Entwicklung neuer Produkte und lege meine Vorgehensweise fest. Diese Methode steht in krassem Gegensatz zu den traditionellen Geschäftsmethoden, die darin bestehen, die Marktlage und die Konkurrenz zu sondieren und eine Strategie zu entwickeln, die darauf beruht, die Schwächen der anderen auszumachen und auszunutzen.

In der Vergangenheit ging es mir darum, eine feste Position auf dem Markt zu halten und sie gegen die Konkurrenz zu verteidigen. Ich fühlte mich wie ein kleines Tier an einem afrikanischen Wasserloch, das darauf wartet, von einem größeren Tier gefressen zu werden.«

Oh, nur aus Spaß!

Stellen Sie sich vor, daß Sie morgens aufwachen und zu sich sagen: »Hey, ich bin ein spirituelles Wesen!« Würden Sie lachen oder weinen? Stellen Sie sich vor, daß Sie danach Ihren Arbeitsplatz betreten und Ihre Mitarbeiter mit den Worten: »Guten Morgen, Ihr spirituellen Wesen!« begrüßen würden.

Vielleicht erscheint Ihnen dieser Gedanke lächerlich, doch die *Zehnte Erkenntnis* spricht von einem Bewußtseinsstand, der sich in jeder noch so alltäglichen Situation anwenden läßt und augenblicklich Ihre Lebensqualität verändert. Deshalb müssen Sie noch lange nicht mit Ihrer Spiritualität hausieren gehen. Hören und handeln Sie mit Ihrem Herzen. Suchen Sie nach Seelen, die auf der gleichen Wellenlänge liegen wie Sie, und verstärken Sie Ihre Bindung zu diesen Wesen. Vergessen Sie nicht, daß Ihre Zeit auf der Erde sorgfältig geplant wurde, damit Sie gemeinsam mit gleichgesinnten Seelen an der Evolution des Planeten teilnehmen können. Achten Sie auf die Arbeitsweise anderer. Ist es diesen Leuten wichtiger, einzig zu ihrem eigenen Vorteil zu handeln, oder verhalten sie sich großzügig und solidarisch? Hüten Sie sich davor, Urteile über andere zu fällen, und lassen Sie sie weiter auf ihrem jeweiligen Pfad wandern. Verbinden Sie sich mit denen, die Sie wiedererkennen oder die bei Ihnen automatisch eine tiefe und positive Resonanz auslösen. Ihre eigene Offenheit dafür, anderen Wesen auf Ihrem spirituellen Weg zu begegnen, wird Sie anziehend für diese Menschen machen. Ihr eigener Bewußtseinsstand hilft anderen – nicht nur in Ihrer unmittelbaren Umgebung, sondern auch global – auf telepathische Weise, sich humanitären Zielen zu widmen, sogar wenn Sie selbst frustriert über Ihre eigene Arbeit sind.

Was Sie denken, das werden Sie ernten

Handel, Tauschgeschäfte, Dienstleistungen – die Ecksteine zivilisierter Gesellschaften – haben sich parallel zu unseren Wertvorstellungen und Glaubenssätzen entwickelt. Die grundlegenden kapitalistischen Werte der westlichen Welt, wie Unabhängigkeit und harte Arbeit, sind zur gnadenlosen Unterdrückung von Konkurrenzunternehmen, rücksichtsloser Konkurrenz und Arbeitssucht verkommen. Dennoch versuchen andere Nationen, diese nicht funktionierenden Muster zu übernehmen. Effizienz, Selbstgenügsamkeit sowie technisches Know-how haben sich zu schädlichen Obsessionen und Selbstsabotage in Form von vorgeplanten und manipulierten Verhaltensmustern entwickelt, deren Maximen, »je größer desto besser« und »wir müssen den Markt beherrschen« vor allem dazu dienen, die Aktionäre der Konzerne zufriedenzustellen. Trotzdem dienen diese scheinbar negativen Energien letztendlich dazu, uns aus unserer Selbstzufriedenheit aufzuwecken und ein höheres Wissen um die wahre Natur der Menschheit zu entdecken. Eine stark ausgeprägte Form des Materialismus stellt lediglich einen notwendigen Schritt in der Evolution zur Vereinigung beider Sphären dar.

Das verbundene Spiralenmodell im Geschäftsleben

Es ist klar, daß viele von uns zu diesem Zeitpunkt kaum eine Möglichkeit sehen, die hier angesprochenen Ideen an ihrem Arbeitsplatz zu verwirklichen. Trotzdem können wir einige der hierarchischen Energien verändern, indem wir uns eines ökologischen Tiefenmodells bedienen. Dies bedeutet, daß jede unserer Entscheidungen und Handlungen alles andere beeinflußt. Obwohl es sich hierbei um ein erleuchteteres Geschäftsmodell handelt – da es auf ein gesundes Wachstum zielt, anstatt die Erde ihrer Rohstoffe zu berauben – als bei der herkömmlichen Mentalität »Großer Fisch frißt kleinen Fisch«, so liegt sein Fokus dennoch auf den äußeren Umständen.

Das ökologische Modell ist ein Resultat der inneren Fokussierung auf eine Verbindung mit der spirituellen Dimension und nicht der Grund für eine neue Form von Geschäft mit der Spiritualität. Sobald wir unserer Intuition folgen, also auf die Stimme unseres Herzens hören, werden wir die richtigen Entscheidungen treffen. Die durch diese Entscheidungen freigesetzte Energie findet automatisch ein Netzwerk, das zu einer Kooperation mit anderen Systemen führt. Veränderungen treten dann ein, wenn wir uns intuitiv auf Feedback einstellen. Ein Feedback wird neue Fragen aufwerfen, und wir werden diese dann mit unserem spirituellen Wissen um die langfristigen Bedürfnisse der gesamten Menschheit beantworten können.

Wie in der Neunten Erkenntnis erwähnt wurde, befinden wir uns an einem kritischen Punkt der Weltgeschichte, der es von der Geschäftswelt verlangt, weiter zu denken und sich nicht ausschließlich um die Maximierung der Profite einiger weniger zu kümmern. Einer der höheren Beweggründe für geschäftliche Tätigkeiten liegt darin, alle Menschen auf der Welt miteinander zu verbinden. Geschäftsleute sind permanent in Kontakt mit anderen; sie pflegen Verbindungen, schaffen sich Verbündete und stellen neue energetische Verbindungen her.

Sobald wir unser Bild von der linearen, geldmachenden Geschäftsmaschine zu einem lebendigen System gewandelt haben, dessen Aufga-

> »Geld ist lediglich gefrorene Energie oder Lebenskraft. Es ist die konkrete Form einer ätherischen Kraft. Deshalb handelt es sich bei Geld um eine potentiell vitale, nach außen projizierte Form von Energie, die heute noch von der Finanzwelt dirigiert wird. Doch ist auch diese Gruppe Teil eines definitiven Planes der spirituellen Hierarchie. Die finanziellen ›Seelengruppen‹ werden weitgehend für die wesentlichen Veränderungen auf diesem Planeten verantwortlich sein.«
>
> Alice B. Bailey, *A Treatise on White Magic or The Way of the Disciple.*

be es ist, uns näher zu Gott zu bringen, wird sich die Geschäftswelt verändern und neue Formen annehmen. Immer mehr Menschen sind unzufrieden mit den hierarchischen und unpersönlichen Systemen großer Unternehmen, die ihre Angestellten wie auszubeutende Rohstoffe behandeln. Viele haben damit begonnen, nach lukrativen Nischen zu suchen, in denen sie als Selbständige überleben können, indem sie ihren Instinkten und ihrem Herzen vertrauen. Dieser Trend deutet auf die archetypischen menschlichen Elemente von Anpassungsfähigkeit und Vielseitigkeit hin. Durch Verbindung mit Gleichgesinnten bilden sich diese Gruppen auf neue, intuitive Weise und bilden eine demokratische, nicht hierarchische, humanistische Gesellschaft.

Wir wollen an dieser Stelle nicht vorschlagen, daß jeder von Ihnen seine Arbeitsstelle kündigt oder seinen Beruf wechselt, denn jeder wird in seiner Situation von anderen so lange gebraucht, bis eine innere Veränderung einen Wechsel möglich macht. Es ist kein Zufall, daß neuartige Technologien wie Telefon, Computer und Faxmaschinen zu einem Zeitpunkt auftauchen, an dem die meisten von uns nach Autonomie streben, ohne auf ein unterstützendes Netzwerk verzichten zu wollen.

Wichtig ist vor allem, daß Sie Freude an Ihrer Tätigkeit haben und Begeisterung in Ihre geschäftlichen Unternehmungen integrieren.

Karen Burns Thiessen, eine Unternehmensberaterin aus Fairfax in Kalifornien, erinnert Jungunternehmer daran, daß emotionale Blockaden ihnen Energie abziehen und den Geldfluß hemmen können. »Wenn das Geld nicht fließt«, so sagt sie, »müssen Sie sich fragen, welche persönlichen Probleme Ihnen Ihre Energie rauben.« Sie rät ihren Klienten ebenso dazu, sich von Kunden zu trennen, wenn die

Energien nicht kompatibel sind. Dies schafft Raum für Menschen, mit denen sie wirklich ins Geschäft kommen wollen.

Streß kann eine Erhöhung der Kreativität bewirken, solange der Betreffende das Gefühl hat, Kontrolle über seine Situation zu haben. Das heißt jedoch nicht, daß wir all unsere Umstände kontrollieren müssen. Borysenko zitierte Untersuchungen, nach denen Menschen unter starkem Streß zusammenbrachen, weil sie sich hilflos fühlten und Veränderungen in ihrem Leben und ihrer Arbeitswelt als Krisen oder Bedrohung empfanden. Diese Menschen hatten Probleme innerhalb ihrer Familien, litten unter Schlaflosigkeit, griffen zu Alkohol und Drogen und fühlten sich generell hilflos und ausgeliefert – das Prinzip des freudlosen Strebens.

Veränderungen als Chancen

Andere wiederum waren in der Lage, die gleichen Veränderungen als Herausforderungen zu begreifen und betrachteten sie als Gelegenheit, eine großartige Möglichkeit wahrzunehmen. Diese Menschen werden als psychologisch unerschrocken bezeichnet und verfügen, unabhängig von ihren äußeren Umständen, über das Bewußtsein, ihr Leben selbst zu kontrollieren. Sie haben begriffen, daß das Ausüben von Kontrolle unter Umständen bedeuten kann, Kontrolle aufzugeben. Sie arbeiten außerdem für einen höheren Zweck und widmen sich Idealen, ihrer Familie, der Gemeinschaft, in der sie leben, oder weiterreichenden Zielen. Dies ist das Gegenteil des freudlosen Strebens.

Borysenko ist der Ansicht, daß emotionale Gesundheit im wesentlichen von einer guten, unverwüstlichen körperlichen Verfassung und emotionalem Erwachsensein abhängt. Er meint, daß jeder von uns die unverarbeiteten Muster aus der Kindheit heilen muß, die wir damals kreiert haben, um die Liebe unserer Eltern nicht zu verlieren. Seine Beschreibungen der vier wesentlichen Faktoren, die er als Sub-Selbst bezeichnet, ähneln stark den vier Kontrolldramen aus den *Prophezeiungen von Celestine*, die sich aus kindlichen Überlebensmechanismen entwickelt haben.

Nach Borysenkos Auffassung stammt eine intellektuelle Gesundheit vor allem aus einer Neugier auf die Welt – eine Neugier, die nur allzuoft durch institutionalisierte Steifheit erstickt und unterdrückt wird. Das vierte Kriterium für geistige Gesundheit besteht in einem spirituellen Optimismus – genau das, was die *Zehnte Erkenntnis* zur Haltung einer positiven Weltvision empfiehlt.

Das Mysterium unseres Lebens will sich entfalten, und es tut dies, wenn wir auf unsere Intuitionen hören und trotz des uns scheinbar umgebenden Chaos entsprechend handeln. Wieder einmal haben wir die Wahl, die Welt als einen sich entwickelnden Prozeß zu verstehen – mit all seinen Widersprüchen, Ungewißheiten und unglaublichen Möglichkeiten – oder sie als eine vom Zusammenbruch bedrohte und unkontrollierbare planetare Fehlleistung zu begreifen.

Geschäftliches funktioniert von innen nach außen – Die Demontierung der Vorstandsetagen

Geschäfte und Unternehmen sind bekannt dafür, daß sie Zyklen unterliegen. Unter der alten mechanistischen Betrachtungsweise sprachen wir davon, uns einzuklinken, zu implementieren, Qualität zu kontrollieren, zu optimieren und bestimmte Maßnahmen zu ergreifen, die selbst Menschen neu »konstruieren« sollten. Das einzige, was zählte, war die Erhöhung des Umsatzes. Was dies für die menschliche Seele, die Umwelt und die Zukunft unserer Kinder bedeutete, spielte keine Rolle.

Die neue Weltsicht zieht all diese Faktoren in Betracht: das menschliche Bedürfnis nach innerer Verbindung und Sinnsuche genauso wie die externen Auswirkungen auf das Tier-, Pflanzen- und Mineralreich – mit einem Wort, alle Auswirkungen, die unsere Handlungen und Entscheidungen auf unseren Lebenskreis haben.

Margaret Wheatley spricht davon, sich der »aufsteigenden Kreativität« der Natur als Beispiel für eine neue Handlungsweise zu bedienen. Damit meint sie eine Welt, in der man erforscht, was möglich ist, um neue Verbindungen und Kombinationen zu finden – nicht um des Überlebens willen, sondern um sich spielerisch und experimentell unseren Möglichkeiten zu nähern. Sobald wir unsere Sichtweise eines bestimmten Problems verändern, verändern wir auch die Natur unserer

Herangehensweise an das Problem. Erteilen wir uns selbst die Erlaubnis, auch unorthodox vorzugehen – eine Vorliebe der Seele –, so erfahren wir die ganze Vielfalt des Lebens, aus der sich Ordnung bilden wird. Wheatley schreibt außerdem: »Wissenschaftler wissen, daß es einer Menge Chaos bedarf, um schließlich herauszufinden, was funktioniert. Aber hinter all dieser Unordnung steht die Gewißheit, daß sie zu einer Organisationsform führen wird, die auf zahlreiche Lebensformen anwendbar ist. Das Leben besteht aus Unordnung, führt jedoch letztlich immer zu einer Form der Organisation.«

Dabei handelt es sich nicht um jene lineare, zielorientierte Einstellung, der die meisten von uns bisher gefolgt sind. Es wird uns energetisieren, wenn wir uns auf unsere wirklichen Werte besinnen, uns mit einer positiven Kraft verbinden und für die Möglichkeiten und Gelegenheiten öffnen, die das Leben für uns bereithält. Die Karriereleiter wird als Bild durch einen Kreis ersetzt.

Renaissance-Kreis

Der Soziologe Paul Ray geht davon aus, daß die Menschheit im Augenblick eine Veränderung der vorherrschenden kulturellen Muster erfährt, wie er nur ein- oder zweimal im Laufe eines Jahrtausends vorkommt. Unsere innere Unruhe ist ein Zeichen dafür, daß weder das nostalgisch-konservative Element noch das technisch-moderne imstande ist, uns adäquate körperliche und spirituelle Nahrung zu spenden. Seine Theorie beruht auf einer herzorientierten Veränderung in Richtung persönlicher Integrität, die zu einer Modifizierung der Siedlungsformen, Arbeitsplätze, Märkte, des Wirtschaftslebens, der Universitäten und Regierungen führen wird. Dem inneren Bedürfnis folgend, ihre Vorstellungen und Glaubenssätze auch in der Außenwelt wiederzufinden, haben zahllose Menschen bereits damit begonnen, das Kleingedruckte auf Verpackungen zu lesen und sich nach der genauen Herkunft und Anbauweise von Frischprodukten zu erkundigen. Sie treffen sich mit Gleichgesinnten, um über Gesundheitsfragen, Heilungsmethoden, Umwelt, Menschenrechte, Kinder und sonstige relevante Lebensfragen zu sprechen.

»Die kulturelle Revitalisierung ist eine Folge unserer neuen Selbsteinschätzung und ein Versuch, alte Ideen und Technologien auf innovative Weise einzusetzen«, schreibt Ray. »Dies ist eine hoffnungsvolle und schöpferische Periode innerhalb jeder Kultur und folgt normalerweise auf einen Zeitabschnitt, der als verzweifelt und niedergeschlagen bewertet wurde.«

Geschäftsethik schafft Realität

Altes Denken	Resultat	Neues Denken	Resultat
Geschäft ist eine Maschine	Unflexibilität	Geschäft als eine Art, Gott zu erfahren	Vertrauen, Flexibilität, Freude, Optimismus, Kreativität
Unbegrenztes Wachstum	Gier, Versagen	Sinnvolle Aktionen und begrenztes Wachstum	Harmonie, Wohlstand
Hierarchischer Aufbau	Furcht, Unflexibilität, hohe Fluktuation	Selbstorganisierte Mission	Bringt das Beste in allen Beteiligten hervor
Konkurrenzdenken als Ausdruck einer gesunden Geisteshaltung	Furcht, Verknappung, Ineffizienter Gebrauch von Rohstoffen	?	?
Rücksichtsloses Einzelgängertum	Gier, Verantwortungslosigkeit anderen gegenüber	Demokratische Führung	Synergetische Partnerschaft, Lösungen
Finanzieller Zuwachs als einziges Erfolgskriterium	Kurzfristiger Zuwachs, begrenzte Vision	Finanzielles, emotionales, physisches und spirituelles Wohlergehen	Stabiles System
Geschäft unter Ausschluß alles Privaten führt zur Unloyalität	Fragmentierung, unrealistische Lebensweise	Sinnerfüllte, verbindende und authentische Tätigkeit	Menschliche Verbrüderung und Verbindung
Management nach Sachlage	Unflexibilität, Blindheit für Synchronizität	Intention, Intuition, Zurechnungsfähigkeit und Vertrauen darauf, daß alles einen tieferen Sinn hat	richtiges Handeln, universelle Unterstützung, Wunder

Es sieht so aus, als befänden wir uns zwischen zwei historischen Möglichkeiten des Seins, und auf persönlicher Ebene sind wir uns oftmals nicht ganz sicher, welche dieser Möglichkeiten für uns funktionieren wird. Auf planetarem Level sind die Vorbereitungen für den bevorstehenden Paradigmenwechsel bereits seit Hunderten von Jahren von spirituellen Menschen vorbereitet worden, die in aller Stille und ohne weltliche Ambitionen an dieser Aufgabe gearbeitet haben.

Ein- und Ausatmen

Oft sind es die einfachsten Ideen, die wir in unserem hektischen Alltag und unserem Bemühen, die Außenwelt zu kontrollieren und dem Wunsch, für unsere Verdienste anerkannt zu werden, übersehen. Fragen wir uns einmal selbst, wie wir unsere Arbeit und Geschäftigkeit ganz praktisch mit einer erleuchteteren Grundhaltung in Verbindung bringen können.

Was können wir tun, wenn unser Arbeitsalltag uns unter fast unerträglichen und für manche Menschen (besonders in Japan und Amerika) tödlichen Streß stellt? Wie bekommen wir unser Leben in diesen Situationen wieder in den Griff? Wenn spiritueller Optimismus und Sinnsuche tatsächlich die neuen Paradigmen für ein gesundes Leben darstellen, stellt sich die Frage, welche praktischen Schritte wir vornehmen können, um mit diesen Paradigmen zu arbeiten. Dr. Borysenko und andere Experten für Streßzustände erinnern uns an ein angeborenes »Entspannungsmuster«, dem genauen Gegenteil unserer Flucht- und Kampftendenzen. Er sagt: »Wenn Sie wieder Kontrolle über Ihr Leben erlangen wollen, müssen Sie lernen, aus dem Zwerchfell heraus zu atmen. Dieses Atmen wirkt automatisch entspannend. Der Herzschlag verlangsamt sich, der Blutdruck und die Cholesterinwerte sinken. Sie vermindern Ihr Schmerzempfinden, allergische Reaktionen und die Wahrscheinlichkeit von Infektionen und erhöhen die Zufuhr von Blut ins Gehirn – die biologische Entsprechung davon, sich ›im Fluß‹ zu befinden. Sie werden bewußter werden, sich Ihrer Umwelt verbundener fühlen und auf eine ruhige Weise aufmerksamer. Dies ist der perfekte Zustand für eine Selbstbetrachtung, da Sie innere Unruhe und depressive Tendenzen abbauen und ein positives Selbstbild schaffen, welches die Grundlage für effektive Veränderungen in Ihrem Leben darstellt. Sie sind in der Lage, sich sowohl selbst zu de- als auch zu rekonditionieren. Genau das ist es, was mit dem Paradigmenwechsel gemeint ist.«

Die Klärung negativer Gefühle vor dem Beginn der Zusammenarbeit

In vielen Situationen ist es uns schier unmöglich, einem anderen Menschen gegenüber eine liebevolle Energie aufzubauen oder aufrechtzuerhalten. Dies passiert oftmals gerade dann, wenn besonders wichtige Projekte anstehen, deren Realisierung nur durch harmonische Teamarbeit möglich ist.

Die zahlreichen Studien über Reinkarnation deuten darauf hin, daß wir uns wieder und wieder mit denselben Seelen inkarnieren, und es ist durchaus möglich, daß Sie auch in diesem Leben mit Menschen zusammenarbeiten, mit denen Sie bereits in Vorleben kooperiert haben.

Jeder von uns setzt sich in seinem Leben bestimmte Ziele, zum Beispiel erhöhte Geduld, größere Unabhängigkeit oder die Entwicklung von Vertrauen. Jene Menschen, die daran interessiert sind, bestimmte Betätigungs- oder Berufsfelder auf eine neue Stufe zu heben, werden zur gleichen Zeit inkarnieren und sich zueinander hingezogen fühlen, um ihre Aufgabe gemeinsam zu erfüllen. Es kann auch sein, daß Seelen sich entschieden haben, bestimmte Schulden aus Vorleben zurückzuzahlen. In Arbeitssituationen gibt es Menschen, zu denen wir uns automatisch hingezogen fühlen, weil wir dem gleichen Zweck dienen wie sie; mit anderen haben wir unbewußte Verbindungen. Auf jeden Fall fühlen wir uns zu bestimmten Situationen hingezogen, weil wir dort etwas zu bearbeiten haben. Das Negative tritt dabei in Form von Konflikten oder ausgeprägter Abneigung auf. Den Personen liebevolle Energie zu vermitteln, die diese Gefühle in Ihnen hervorrufen, kann sich als ausgesprochen schwierig erweisen, und es ist möglich, daß Sie sehr schnell das Gefühl haben, festzustecken. Doch selbst wenn wir verärgert oder frustriert über unsere augenblickliche Situation sind, sorgen finanzielle Notwendigkeiten oft dafür, daß wir uns mit Menschen auseinandersetzen müssen, die wir sonst ignorieren würden.

In der *Zehnten Erkenntnis* kommen die sieben Hauptcharaktere durch Maya zu der Einsicht, daß sie sich die innerhalb der Gruppe existierenden negativen Emotionen bewußt machen müssen, um die höchstmögliche Schwingung zu erreichen, damit sie das von ihnen angestrebte Ziel erreichen können – egal wieviel Zeit dieser Prozeß in Anspruch nehmen wird.

An dieser Stelle im Roman artikuliert jeder der sieben seine Gefühle den anderen Gruppenmitgliedern gegenüber, um festzustellen, welche Ressentiments innerhalb der Gruppe bestehen, ohne jedoch irgend jemanden zu beschuldigen. Als unser Hauptcharakter auf die Bemerkung hin, er sei zu »pragmatisch und ambivalent« – wobei es sich natürlich um ein Wiederauftauchen seines alten Kontrolldramas als Unnahbarer handelt – defensiv wird, bemerkt Maya, daß eine defensive Bemerkung immer dazu führt, daß sich die dadurch betroffene Person unverstanden fühlt. Die zum Ausdruck gebrachte, aber nicht anerkannte Bemerkung bleibt zwischen den beiden Gesprächspartnern im Raum stehen oder wird übergangen; es kommt zu einem Absacken der Energie und einem Ressentiment zwischen den Betreffenden, von denen einer vermutlich die ganze Zeit überlegt, wie er seine mißverstandene Äußerung doch noch verständlich machen könnte. Es ist unmöglich, ein Problem durch eine defensive Haltung zu lösen. Darauf angesprochen, gibt unser Held schließlich zu, daß sein übertriebener Pragmatismus und seine Ambivalenz ihn daran gehindert hätten, Charlene zu helfen. Ehrlichkeit über das eigene unadäquate Verhalten gegenüber anderen versetzt uns in die Lage, Verantwortung für die Verletzungen zu übernehmen, die wir anderen Personen zugefügt haben und reinigt die Luft. Da Charlene nun davon ausgehen konnte, daß ihre Bemerkung wirklich auf offene Ohren gestoßen war, konnte sie sich ebenfalls von der Abneigung gegenüber unserem Helden befreien.

Alle Seelen wachsen

Wir können unsere Arbeitskollegen als »schwierig«, »selbstsüchtig«, »sturköpfig« o. ä. bezeichnen. Aber was unternehmen wir dagegen? Vermutlich ist es unrealistisch, daß Sie Ihren Chef mit den Worten ansprechen: »Weißt du was, Frank? Ich habe ein Problem mit deiner Sturköpfigkeit, und ich glaube, es liegt daran, daß du in einem Vorleben mein Vater warst und mich die Tochter des Eseltreibers in Ägypten nicht hast heiraten lassen« – selbst wenn es wahr sein wollte.

Es liegt einzig an Ihnen und Ihrer Intuition, wie und mit welchen

Mitteln Sie eine Situation meistern. Hören Sie auf Ihr Herz. Wenn dies nicht gleich funktioniert, hören Sie noch einmal hin, genauso wie Sie als Kind gelernt haben zu laufen, zu rennen und zu tanzen: immer wieder haben Sie es versucht, bis Sie es endlich vermochten. Allzuoft versuchen wir, im Angesicht einer schwierigen Situation oder eines Konfliktes eine feste Position zu wahren. Aus Angst oder Hilflosigkeit kreieren wir noch mehr von der Energie, die wir von Anfang an nicht wollten und rennen uns auf diese Weise völlig fest. Unter Streß benutzen wir die alten, uns vertrauten Methoden – wir schüchtern andere ein, versuchen, sie zu widerlegen, werden unnahbar oder zu »Armen Ichs«.

Das Erreichen des Gruppen-Potentials

Vergessen Sie bitte nicht, daß wir die ganze Zeit von einem evolutionären Prozeß sprechen. Wenn Sie sich Hals über Kopf in die Klärung all Ihrer persönlichen Schwierigkeiten und Hindernisse stürzen, ohne daß Ihr Herz und Ihr Verstand dabei folgen, werden Sie sich schnell frustriert fühlen oder irgendwann einfach aufgeben. Gehen Sie freundlich mit sich um. Wenn Sie mit dem Kopf gegen Mauern laufen oder mit anderen Menschen einfach nicht weiterkommen, so insistieren Sie nicht, doch halten weiterhin Ihr Ideal im Auge. Entspannen Sie sich. Erinnern Sie sich daran, daß es vor allem darum geht, Ihr Bewußtsein zu erweitern. Hier sind noch einmal die hierzu wichtigsten Punkte aufgezählt:

1. Machen Sie sich deutlich, daß hinter jeder Interaktion eine tiefere Bedeutung steht.
2. Anstatt sich selbst oder andere zu beschuldigen, versuchen Sie zu verstehen, welche höheren Beweggründe Sie in die betreffende Lage geführt haben könnten.
3. Hören Sie auf die Botschaften, die Sie in der gegebenen Situation erhalten.
4. Bitten Sie um Hilfe durch die universelle Intelligenz, wenn Sie nicht mehr weiter wissen.
5. Visualisieren Sie eine telepathische Verbindung mit Ihrer Seelengruppe.

6. Achten Sie auf Synchronizitäten, die in bisher unerwartete Richtungen weisen könnten.
7. Halten Sie Ihr Energieniveau.
8. Visualisieren Sie Ihre eigene Geburtsvision sowie die Ihres Gegenübers.

In der Zehnten Erkenntnis begann die Lichtenergie der Seelengruppen um die sieben Hauptcharaktere herum zu flackern und verstärkte ihre eigene Energie. Die menschlichen Seelen erfuhren einen Zufluß intuitiver Informationen. Erst dann arbeitet eine Gruppe auf einem wirklich inspirierten Niveau. Viele Arbeitsgruppen oder Gemeinschaften haben diese Synchronisation bereits gefühlt, sie jedoch nicht in Zusammenhang mit einer göttlicher Unterstützung gebracht.

Eine weitere Form der Polarisierung

Der Politologe und Universitätsprofessor Benjamin R. Barber beschäftigt sich mit der Bedrohung des demokratischen Prozesses durch die Polarisierung der Religionen und den kommerziellen Kolonialismus. In seinem Buch *Jihad vs. McWorld* beschreibt Barber die Kräfte des fundamentalistischen und retro-denkenden Stammesprovinzialismus (Jihad), der auf immer schneller agierende wirtschaftliche, technologische und ökologische Mächte trifft, die nach Integration und Uniformität verlangen und weltweit die Menschen durch hektische Musik, Computer und Fast food in einen einheitlichen, globalen Unterhaltungspark einpferchen will, der durch Kommunikationsmittel, Unterhaltung und Kommerz zusammengehalten wird.

Barber gibt zu bedenken, daß beiden Enden dieser Polarisierung eine Indifferenz gegenüber bürgerlichen Grundrechten bzw. deren Suspendierung folgt. Der Drang, nationale Grenzen zugunsten neuer Märkte für internationale Banken, Handelsgemeinschaften, neue Dienstleistungen und Lobbys aufzulösen, eliminiert jeden demokratischen Entscheidungsvorgang und setzt sich klar über die Bedürfnisse der Menschen hinweg, die von diesen Veränderungen direkt betroffen sind. »Internationale Märkte sind ihrem Wesen nach nicht in der Lage, die Funktionen demokratischer Gemeinschaften zu erfüllen. Sie gestatten uns als Konsumenten, den Produzenten mitzuteilen, was unsere Wünsche sind, hindern uns jedoch daran, über die sozialen Konsequenzen dieser Wünsche zu sprechen. Als Konsument wünsche ich mir zum Beispiel, daß mein Wagen eine Höchstgeschwindigkeit von 190 Stundenkilometern hat; als Bürger dagegen spreche ich mich für eine vernünftige Geschwindigkeitsbegrenzung, Energiesparverhalten und Sicherheit im Straßenverkehr aus. Als Konsument zahle ich vielleicht Eintritt für brutale Hollywoodfilme und höre mir frauenfeindliche Texte zu Rap-Songs an; als Bürger verlange ich jedoch, daß unsere Kinder durch entsprechende Aufkleber vor diesen Produkten und ihren moralischen Implikationen gewarnt werden. Marktgerichtete Politik schließt das ›Wir‹-Denken und das ›Wir‹-Handeln aus. Sie bietet dauerhafte Konsumgüter und flüchtige Träume, aber weder gemeinschaftliche Identität noch ein kollektives Zugehörigkeitsgefühl öffnet damit die Tore für unzivilisierte und undemokratische Daseinsformen. Sollte es uns nicht gelingen, die Existenz demokratischer Gemeinschaften als Ausdruck unseres Verlangens nach menschlicher Zugehörigkeit zu gewährleisten, werden wir uns in kurzer Zeit vor undemokratische Lebensformen gestellt sehen.«

Wir sehen, daß diese beiden Pole in einem dynamischen Spannungsverhältnis stehen und sich in gewisser Weise sogar gegenseitig bedingen. Die konservative Jihad-Mentalität bemüht sich, um jeden Preis die Stammesmentalität zu bewahren, während die globale Kommerzialisierung durch wirtschaftliche Kooperationen wie *Nike* oder *McDonald* im Begriff steht, weltweit alle regionalen Eigenheiten aufzuheben. Keine dieser Positionen schafft Raum für das, was Barber eine »zivile Stimme« nennt, die Stimme eines demokratischen Prozesses. Abgesehen von unseren staatsbürgerlichen Verpflichtungen wie Wählen, Steuerzahlen und für unseren Lebensunterhalt zu sorgen, besuchen wir Kirchen oder Synagogen, leisten kommunale Dienste und engagieren uns in den verschiedensten sozialen Institutionen, um unserem Innenleben Ausdruck zu verleihen. Wenn wir nachts wach liegen und an die Zukunft dieser Welt denken, dürfen wir nicht vergessen, daß es immer noch unser Herz, unser Verstand und unsere Seele ist – unsere zivile Stimme –, die unserer individuellen Geburtsvision und damit schließlich auch der Weltvision Ausdruck verleihen wird. In der herkömmlichen Geschäftswelt werden wir aufgefordert, diese Stimme an der Bürotür abzugeben und uns von unseren persönlichen Wertvorstellungen zu trennen, die uns zu dem machen, was wir sind. Als Alternative bietet man uns einen Sicherheitsgurt der Unterwerfung.

Das Informationszeitalter

Je mehr wir uns auf unsere Intuition verlassen und auf auftretende Synchronizitäten achten, desto häufiger stoßen wir auf Informationen, die wir genau in dem Moment benötigen. Es ist außerordentlich wichtig, daß wir lernen, unsere Angst zu verarbeiten, um unsere Weltvision halten und mit den Unsicherheiten dieses Zeitalters fertigwerden zu können. Wir müssen lernen, uns selbst weiterzubilden und dabei auf die in uns schlummernden Talente und Interessen zu reagieren, damit wir zur rechten Zeit am rechten Ort zu Diensten sein können. Eine Arbeit zu verrichten, die Ihnen Freude macht, erhöht Ihre Schwingung und läßt Sie »im Fluß« sein. Dabei ist Meditation unsere Verbindung zu höherem Wissen und Weisheit.

Die *Zehnte Erkenntnis* erinnert uns ebenfalls daran, daß mit der sich ständig beschleunigenden Veränderung der Welt immer mehr Informationen durch Personen an uns herangetragen werden, die gerade zum richtigen Zeitpunkt in unserem Leben auftauchen.

Um die ursprünglich von uns gewünschte Weltvision zu schaffen, werden sich die Beweggründe für geschäftliche und kommunale Aktionen im gleichen Maße ändern wie unser individuelles Bewußtsein, und wir werden uns einer nach dem anderen der kritischen Masse zugesellen.

Anstatt uns zu fragen, auf welche Weise wir das meiste Geld verdienen können, sollten wir uns lieber fragen: »Trägt meine Tätigkeit zu der von mir gewünschten Lebensqualität bei und hilft, die Situation auf der Welt zu verbessern?« – »Heile oder verwunde ich durch meine Wahl?« – »Existiert ein besserer Weg, durch korrekte Verwendung von Rohstoffen einen ehrlichen Gewinn zum Wohle der Gemeinschaft zu erzielen?«

Der natürliche Schritt

Diese Fragen müssen auch den schwedischen Krebsexperten Dr. Karl Henrik Robert beschäftigt haben, als er damit begann, seine täglichen Untersuchungen menschlicher Zellen in einen globalen Zusammenhang zu stellen und herausfand, daß die Voraussetzungen für ein schadensfreies Überleben von pflanzlichen, tierischen und menschlichen Zellen identisch sind. Dr. Robert wollte wissen, wie die Lebensbedingungen einer Zelle innerhalb unserer Umwelt gespiegelt werden und suchte monatelang nach fundamentalen Übereinstimmungen zwischen den beiden. Das Resultat war zunächst eine Checkliste natürlicher Schritte:

Die Natürlichen Schritte:

Dr. Robert erklärt, daß jeder einzelne von uns über die Entscheidungsfreiheit verfügt, die Implikationen seiner alltäglichen Handlungen für das gesamte Lebenssystem auf dem Planeten in Betracht zu ziehen und daraufhin seine individuelle Entscheidung zu treffen. Davon ausgehend entwickelten er und seine Stiftung für eine Globale Gemeinde vier »nicht verhandelbare Systembedingungen«, ohne die es nicht möglich sein wird, den Fortbestand von organischen Lebensformen auf unserem Planeten zu gewährleisten:

»1. Die Natur ist nicht imstande, eine konstante Abladung von aus der Erde geholten Materialen auf der Erdoberfläche zu verkraften.
2. Die Natur kann keine systematische Ablagerung menschlicher Müll- und Abfallprodukte sowie von künstlich erzeugten Chemikalien verkraften.
3. Die Natur kann keine systematische Unterminierung ihrer natürlichen Kapazitäten zur Selbsterneuerung ertragen (überhöhtes Abfischen der Ozeane, Verwandlung von fruchtbarem Boden in Wüste oder Asphaltflächen etc.)
4. Wenn wir weiterhin leben wollen, müssen wir verantwortlich mit unseren Rohstoffen umgehen und aufhören, Armut zu ignorieren, da diese dazu führt, daß die Betreffenden um des nackten Überlebens willen planetare Energiequellen wie z. B. den Regenwald zerstören.«

Walt Hays in *The Natural Step*
What One Person Can Do in *Timeline –*
Stiftung für eine globale Gemeinde.

Dr. Robert schrieb schließlich ein Essay über die wesentlichen Grundlagen einer lebenswerten menschlichen Gemeinschaft, das er an jeden Haushalt und in jede Schule in Schweden schicken wollte. Nach zeitraubenden Treffen mit Pädagogen, Politikern, Vertretern der Medien und Konzernangestellten entwickelte er schließlich eine kurze Checkliste mit simplen Richtlinien und Fragen an Industrie und Handel, deren Beantwortung zur Weiterführung menschlichen Lebens auf der Erde absolut unumgänglich sind.

»Wichtige Fragen:

1. Verringert Ihre Organisation systematisch die wirtschaftliche Abhängigkeit von abbaubaren Rohstoffen und anderen Mineralien?
2. Verringert Ihre Organisation systematisch die wirtschaftliche Abhängigkeit von nicht biologisch abbaubaren, unnatürlichen Substanzen?
3. Verringert Ihre Organisation systematisch die wirtschaftliche Abhängigkeit von der Ausbeutung biologischer Ressourcen (übermäßiges Abfischen etc.)
4. Verringert Ihre Organisation systematisch die wirtschaftliche Abhängigkeit von der Rohstoffausbeutung? Wie wichtig ist die Bedeutung menschlicher Werte innerhalb Ihrer Organisation?«

natstep@2nature.org

Dr. Roberts Initiative hat mittlerweile zur Gründung von 17 ähnlichen Initiativen gesorgt, die netzwerkartig miteinander verbunden sind und insgesamt 8000 Mitglieder aus den unterschiedlichsten ökologieorientierten Berufszweigen zählen. Die in Schweden führenden Industrien haben begonnen, seine vier Bedingungen zur Weiterexistenz irdischen Lebens in die Fortbildung ihrer Angestellten aufzunehmen.

Dr. Roberts bediente sich der Sprache der Industrie und des Handels ebenso wie der Unterstützung durch Gleichgesinnte, um seine Informationen an die größtmögliche Gruppe von Menschen weiterzuleiten. Er war in der Lage, führenden Vertretern der Industrie glaubhaft darzulegen, daß die Einhaltung der vier Konditionen längerfristig in ihrem eigenen Interesse liegt. Und anstatt sie zu bitten, die Umwelt zu schützen, bat er sie darum, seine Untersuchungen unter den Gesichtspunkten von Effizienz, Rohstoffvorkommen, Produktivität und längerfristigem Wachstum zu betrachten und somit in die Zukunft zu investieren. Anstatt den Betreffenden zu erzählen, wie sie ihre Unternehmen zu führen haben, vertraute er darauf, daß die von ihnen zur Ausübung ihrer Tätigkeiten benötigte Intuition und Kreativität sich zur rechten Zeit durch den Einfluß einer höheren Weisheit bemerkbar machen würde. Sein Modell verwandte als motivierenden Faktor »erleuchtetes Selbstinteresse« an Stelle von Beschuldigungen, Regulierungsmaßnahmen oder Strafandrohungen.

Im Angesicht starker Opposition beziehen die Konsultanten von *Natural Step* prinzipiell keine kämpferische Position, sondern suchen nach einer Möglichkeit, wie sie ihre Botschaft klarer und effektiver an den Mann bringen können. Nach Dr. Roberts Aussagen führt dies in fast allen Fällen zu einem positiven Beitrag der Opponenten und eventuell zu einem qualitativ besseren Produkt. In nur 10 Prozent aller Fälle beharrten die Angesprochenen auf ihren Positionen, und in solchen Fällen rät Dr. Roberts dazu, die Kommunikation abzubrechen und sich statt dessen an Leute zu wenden, die dieser Problematik offener gegenüber stehen, da nach Meinungen verschiedener Wissenschaftler lediglich 15 Prozent der Bevölkerung überzeugt werden müssen, um einen Paradigmenwechsel herbeizuführen.

Dieser Paradigmenwechsel findet sich ebenfalls in der *Zehnten Erkenntnis*, in der die Frage gestellt wird, ob wir das, was wir kreieren, bewußt kreieren und den eigentlichen Verwendungszweck der von uns erfundenen und benutzten Technologie erkennen: Das tägliche Leben zu vereinfachen, damit sich die Primärorientierung des Menschen vom bloßen Kampf ums Überleben auf einen Austausch rein spiritueller Informationen verlagern kann.

Niedrigere Preise

Der *Zehnten Erkenntnis* zufolge wird ein weiterer Teil dieser neuartigen Geschäftsethik darin bestehen, daß Preise für Produkte bewußt gesenkt werden, um der Wirtschaft eine neue Richtung zu geben. Diese Ethik entspricht dem in der Neunten Erkenntnis angesprochenen Prinzip vom *Geben des Zehnten Teils* – ein Gedanke, der für Unternehmer mit dem üblichen, gierorientierten Bewußtsein möglicherweise nicht so einfach zu erfassen ist. Wenn es Dr. Roberts jedoch gelungen ist, ganze Industriezweige zum Verzicht auf die Anwendung giftiger Chemikalien zu bewegen – wer kann da sagen, welcher inspirierte »Tagträumer« gerade an der Veränderung der augenblicklichen Geschäftsethik arbeitet und sie schließlich durchsetzen wird ...?!

Sobald wir unsere wirtschaftliche Existenz zum Teil des universellen Energieflusses werden lassen, treffen wir synchron auch auf andere Menschen mit den gleichen oder ähnlichen Absichten. Durch Intuition und Fügung erinnern wir uns weiter an unsere Geburtsvision, und uns wird deutlich werden, daß wir hier sind, um auf dieser Welt einen Beitrag zu leisten. Tun wir dies nicht, verliert sich die Magie unserer Existenz; wir fühlen uns weniger lebendig und werden im Jenseits eine Rückschau auf unsere Versäumnisse halten müssen.

Schöpfung aus dem Selbst

Ein Teil der neuen Weltsicht besteht darin, daß wir die besonderen Qualitäten in anderen Menschen wahrzunehmen lernen und ihnen als im Wachstum begriffenen Seelen begegnen. Gleichzeitig müssen wir bereit sein, unsere eigene Authentizität, unsere intuitiven und rationalen Fähigkeiten und unsere Herzensgüte in den Alltag und in unsere Arbeitssituation zu integrieren. Wir können uns nicht länger fragen: »Wie kann ich meine spirituellen Wertvorstellungen am Arbeitsplatz ausleben oder ihnen Ausdruck verleihen?«, denn die Frage nach dem »Wie« führt zur Suche nach Antworten im Außen, während die wirkliche Antwort in uns liegt – das stille Versprechen dessen, was wir eigentlich erfüllen wollen. Die neue Grundlage für dieses Leben bildet die Verbindung mit unserem höheren Sinn. Wir identifizieren uns nicht länger mit Beruf, Ausbildung oder weltlichen Verdiensten. Für die meisten von uns besteht der Sinn des Lebens in einer Verbindung von Kopf und Herz und darin, den eigenen Lebensunterhalt mit Freude zu verdienen, indem wir durch den Ausdruck unserer Talente und Fähigkeiten der Gemeinschaft dienen. Dadurch fühlen wir uns belohnt und bekommen ein Gefühl für unseren eigenen Wert. Wir werden zentrierter, kreativer und fühlen uns erfüllter.

EINZELSTUDIUM

Die Visualisierung von Erfolg

Wann haben Sie sich das letzte Mal wirklich mit einer Gruppe von Freunden oder Kollegen verbunden gefühlt? Waren Sie jemals Teil eines humanitären Projektes, das sich einfach spontan ergeben hat? Wie erklären Sie sich, daß Ihr Projekt so erfolgreich und befriedigend verlaufen ist? Schließen Sie die Augen und erinnern Sie sich genau an das Gefühl, das Sie hatten, als Sie etwas Positives erreicht hatten. Kosten Sie jeden Aspekt dieses kraftspendenden Augenblickes in Ihrem Leben aus.

Überlassen Sie es dem Unterbewußtsein

Arbeiten Sie gerade am Abschluß eines Projektes? Denken Sie an Ihr Ziel und schreiben Sie den bestmöglichen Ausgang Ihres Unterfangens auf ein Blatt Papier. Schließen Sie die Augen und versenken Sie sich vollständig in einem inneren Bild, das es Ihnen gestattet, den von Ihnen gewünschten Erfolg, die Anerkennung, das erhöhte Selbstwertgefühl und den damit kommenden Überschwang an Energie zu sehen, zu fühlen und zu schmecken. Gestalten Sie dieses Bild so detailliert wie möglich und versenken Sie sich ein oder zwei Mal am Tag darin, am besten vor dem Einschlafen und nach dem Erwachen. Verwenden Sie nicht mehr als fünf Minuten auf diese Visualisierung, dann lassen Sie es mit der Affirmation »Dieses oder etwas Besseres« gehen. Vergessen Sie nicht, daß Ihre innere Welt für die Schaffung Ihrer äußeren Umstände verantwortlich ist und daß Sie ein sich selbst organisierendes Wesen in Verbindung mit der universellen Intelligenz sind.

Check-In

Wie sehr sind Sie von Ihrer augenblicklichen Beschäftigung begeistert? Wenn Geld keine Rolle spielen würde, welcher Tätigkeit würden Sie dann nachgehen?

Der Vogel im Käfig

Schreiben Sie ein paar Sätze darüber, wie Sie sich selbst als Vogel in einem Käfig mit geöffneter Tür sehen. Was hält Sie im Käfig? Warum? Wohin würden Sie fliegen, wenn Sie den Käfig verlassen könnten? Ist der Käfig im Augenblick vielleicht gar kein so schlechter Aufenthaltsort für Sie? Haben Sie schon einmal versucht, den Käfig zu vergrößern? Sollten Sie das Konzept des Käfigs vielleicht noch einmal überdenken?

Angelernte Hilflosigkeit

Achten Sie im Verlauf der folgenden Tage auf Ihre eigene Sprache und darauf, wie Sie mit sich selbst kommunizieren. Mit welchen Formulierungen delegieren Sie auf subtile Weise Ihre eigenen Kräfte und Fähigkeiten (»Ich kann nicht mit Geld umgehen.« – »Ich halte diesen Job nur wegen der Rente durch.« – »Ich würde sofort umziehen, aber ich bin zu alt dafür.« – »Für Leute mit Universitätsabschluß ist es einfach, über freie Entscheidungsmöglichkeiten zu reden. Ich muß nehmen, was kommt.«)

Schreiben Sie es auf

Achten Sie darauf, in welchen Situationen Sie bei der Arbeit innerlich unruhig oder frustriert werden. Schreiben Sie Ihre Gefühle über den jeweiligen Zustand nach der Arbeit nieder. Verwenden Sie darauf etwa zwanzig Minuten und tun Sie dies für die Dauer von fünf Tagen. Fragen Sie sich selbst: »Was will ich eigentlich?« und schreiben Sie die Antwort nieder. Dann vergessen Sie sie.

Gruppenstudium

Diskussionsthemen:

Über jedes der folgenden Themen sollten Sie für die Dauer einiger Minuten schreiben und danach innerhalb der Gruppe darüber sprechen.

- Vogel im Käfig (siehe auch obenstehende Schreibübung). Diskutieren Sie, wie Sie Ihren eigenen Vogel sehen.

- Selbstauferlegte Beschränkungen

- »Wenn bei der Arbeit oder in meinem Geschäft alles so laufen würde, wie ich es mir vorstelle.«

- Schreiben Sie sich das großartige Szenario eines perfekten Lebens – womit Sie Ihren Lebensunterhalt verdienen, wo sie leben, mit wem Sie zusammenarbeiten, wieviel Sie verdienen und welche Dienste oder Produkte Sie anbieten. Dann arbeiten Sie sich rückwärts durch die Zeit bis zum jetzigen Augenblick zurück und schreiben auf, was genau Sie alles vor der Erreichung des Zieles tun würden. Nehmen wir zum Beispiel an, Ihr Ziel bestände darin, preisgekrönte organische Gemüse und Früchte in Florida zu züchten. Kurz bevor Sie Ihren Preis in Empfang nehmen, haben Sie einige außergewöhnlich wohlschmeckende Tomaten in Ihrem eigenen Gewächshaus gezüchtet. Davor haben Sie die Tomaten gepflanzt, davor die Samen ausgewählt, das Gewächshaus errichtet, es entworfen und das Grundstück erworben, auf dem es sich befindet, sowie die Eigentumsurkunde unterzeichnet. Davor haben Sie mit einem Grundstücksmakler nach dem geeigneten Grundstück gesucht. Davor sind Sie selbst mit dem Wagen herumgefahren und haben Ausschau nach einem Grundstück gehalten, das Ihnen zusagte, nachdem Sie am Flughafen in Florida angekommen waren und in Ihrer Heimatstadt ein Ticket gekauft hatten. Davor haben Sie sich Informationen eingeholt über die Wirtschaftslage für organische Produkte und mit Freunden über Ihre Idee gesprochen, doch zuallererst haben Sie Ihr perfektes Leben inmitten der Gruppe aufgezeichnet, in der Sie sich gerade befinden. Zugegebenermaßen verläuft das Leben oft nicht derartig linear, aber jedes Mal, wenn Sie einen Vorgang einleiten, öffnen Sie damit den Weg für neue Möglichkeiten. Probieren Sie diese Übung mit Unterstützung Ihrer Gruppe aus und freuen Sie sich daran, Ihre Träume und die der anderen miteinander zu teilen. (Wenn Sie mehr über die Technik der Rückwärtsplanung erfahren wollen, lesen Sie das Buch *Wishcraft* von Barbara Sher.)

- Fertigen Sie eine Liste aller Tätigkeiten an, die Sie jemals gegen Bezahlung verrichtet haben. Welche Dienste, Erfindungen und Produkte haben Sie in die Welt gebracht? Welche Aktivität, inklusive freiwilliger Hilfeleistungen, erschien Ihnen am befriedigendsten? Keine falsche Bescheidenheit! Worin bestand die angenehmste Tätigkeit, für die Sie jemals mit Geld entlohnt worden sind? Was war der übelste Job? Erzählen Sie Ihren Freunden, was Sie bisher getrieben haben und warum. Dafür kann es von Vorteil sein, sich zu kleinen Dreier- oder Vierergruppen aufzuteilen, je nachdem, was Ihnen angenehmer erscheint. Sinn dieser Übung ist es, das Zuhören zu lernen und anderen Energie zu übermitteln, während Ihr Unterbewußtsein die für Sie relevanten Dinge notiert. Das Gesagte kann ein Gefühl, einen Gedanken oder eine Möglichkeit auslösen, auf die Sie schon lange gewartet haben.

- Welche drei Voraussetzungen sind für Ihr Glück am Arbeitsplatz absolut notwendig? Weshalb? Welche drei Wertvorstellungen sind Ihnen bei Ihrer Arbeit am wichtigsten? Weshalb?

Literaturvorschläge zu Kapitel 10:

James Redfield, *Die Zehnte Erkenntnis*

Margaret Wheatley, »*The Unplanned Organization: Learning from Nature's Emergent Creativity*«, Noetic Sciences Review, Frühjahr 1996

Paul Ray, Ph.D., »*The Rise of Integral Culture*«, Noetic Sciences Review, Frühjahr 1996

Benjamin Barber, »*The Global Culture of McWorld*«, The Commonwealth, Frühjahr 1996

The Natural Step, The Foundation for Global Community

Walt Hays, »*The Natural Step: What One Person Can Do: The Story of Karl Henrik Robert*«, *Time Line*, The Foundation for Global Community, März/ April, 1995

Kapitel 11

Gruppenaktion zur Zehnten Erkenntnis

Wolf
Pfadfinder

»Merkst du, was passiert?« fragte Charlene. »Wir erkennen einander auf der höchsten Ebene als das, was wir wirklich sind, ohne die emotionalen Projektionen alter Ängste.«

Die Zehnte Erkenntnis

Verwandte Geister schaffen Energie

Erinnern Sie sich daran, wie Christus sagte: *»Wo sich zwei oder mehr versammeln, werde auch ich sein?«*

Sobald wir uns mit zwei oder drei Geistesverwandten treffen, empfinden wir eine mysteriöse Verbindung. Bei diesem Energiefluß handelt es sich um die universelle Kraft. Wie die Erkenntnisse von Celestine voraussagten, finden sich auf der ganzen Welt unabhängige, spirituell orientierte Menschen, manchmal nur für die Dauer eines Nachmittags oder ein paar Tage spontan und informell zusammen. Sie treffen sich auf Konferenzen, in Workshops, auf Sportplätzen und in Wohnzimmern. Wir treffen uns und trennen uns wieder, was bleibt ist eine telepathische Verbindung durch unser gemeinsames Ziel. Wir lesen die gleichen Artikel, Bücher und *newsletter.* Wir sind Gefährten.

Der Welt dienen

Durch die gesamte menschliche Historie hindurch haben wir den Einfluß bedeutender Denker, genialer Menschen und Gruppierungen erlebt, wie die esoterisch orientierten Gründer der Vereinigten Staaten von Amerika, die den individuellen Schicksalen von Millionen von Menschen eine neue Richtung verliehen haben. Neben diesen bekannten Persönlichkeiten arbeiteten ebenfalls eine große Anzahl anonymer Menschen zielstrebig für ein planetares Bewußtsein und an der Erfüllung und Entwicklung unserer Weltvision. Eine der Voraussetzungen für Seelen, die sich für die seelische Weiterentwicklung der Menschheit einsetzen, besteht darin, daß sie in der Lage sind, ihrer eigenen spirituellen Vision unabhängig von anderen zu folgen, ihrer eigenen Weisheit, und der inneren persönlichen Verbindung mit der universellen Energie, ohne daß sie dazu einer Bestätigung oder Anleitung durch Autoritäten oder andere Organisationen bedürfen. Diese Menschen suchen sich zu bestimmten Zeitpunkten ihres Lebens Lehrer, lesen Bücher, verfeinern aus eigenem Antrieb unterschiedliche Praktiken und Fähigkeiten, halten dabei aber die Weltvision und orientieren sich an einfachen Wahrheiten, anstatt separatistischen Tendenzen nachzugehen oder Dogmen zu verfallen. Die spirituellen Wesen im Jenseits sind sich der Bemühungen und Erfolge dieser Weltendiener bewußt, obwohl die Betreffenden selbst keine oder kaum Anerkennung für ihre Tätigkeit suchen. Auch Sie kennen einige dieser Menschen, wenn es Ihnen vielleicht auch nicht bewußt ist und Sie selbst fühlen sich von diesem Pfad angezogen, sonst würden Sie keine Bücher wie dieses lesen.

Alice B. Bailey schrieb 1940 in ihrem Buch A *Treatise on White Magic or The Way of the Disciple* über die planetare Evolution. »Die Weltdiener rekrutieren sich aus allen Nationen, allerdings nicht durch einen Meister oder ein hierarchisches System, sondern durch ihre Reaktion auf sich ihnen bietende spirituelle Möglichkeiten ... sie finden sich in jeder Bevölkerungsgruppe, Kirche und politischen Partei und können daher als wirklich repräsentativ betrachtet werden. Sie handeln nicht aus persönlicher Ambition oder eigenem Stolz, sondern verrichten ihre Dienste ausschließlich durch ihre Selbstlosigkeit. Sie finden ihren Weg in die höchsten Instanzen menschlichen Wissens; nicht weil sie ihre eigenen Vorstellungen, Entdeckungen und Theorien propagieren, sondern weil ihr Weitblick auf die Natur der endgültigen Wahrheit so umfassend ist, daß sie in der Lage sind, in allem Existierenden Gott wahrzunehmen.

Sobald wir einmal begriffen haben, daß wir nicht allein sind und uns tatsächlich auf die Erfüllung unserer Geburtsvision zubewegen, sind wir auch mit der universellen Intelligenz verbunden. Was damit gemeint ist? Das Konzept einer universellen Intelligenz wird Ihnen so lange

»Wenn Sie mit Ihrem höheren Selbst Verbindung aufnehmen, werden Ihnen auch die Dimensionen bewußt, innerhalb derer Ihr höheres Bewußtsein existiert. Auf diese Weise können Sie sich bewußt mit einer Gemeinschaft von Wesen verbinden, deren Bestandteil auch Ihr höheres Selbst ist.
Teil der höheren Ziele einer Gemeinschaft solcher Gemeinschaften ist es, in Einklang mit der universellen Intelligenz und dem Höheren Willen zu arbeiten, um dadurch dem Fortschreiten der Evolution zu dienen. Konstant sind Sie darum bemüht, anderen Menschen beim Erwachen behilflich zu sein ... Kein Hilferuf verhallt ungehört ... Jede erdenkliche und vorbehaltlose Unterstützung wird denen zuteil, die um Hilfe bitten ... In den höheren Bereichen existiert keine Empfindung der Separation. Alle Wesen dort arbeiten an einem Punkt, an dem sie am effektivsten Gutes verrichten können, genauso wie Sie innerhalb Ihrer Realität mit anderen daran arbeiten, Ihnen wichtige Dinge zu erreichen.
... Besondere Merkmale dieser Menschen bestehen aus Synthese, Einschließlichkeit sowie der Entwicklung feiner intellektueller und mentaler Kapazitäten. Sie folgen keinem Kredo, außer dem Kredo der menschlichen Bruderschaft, die auf der Tatsache unseres gemeinsamen Lebens beruht. Sie erkennen keine Autoritäten an, außer ihren eigenen Seelen und keinen Herren, außer der Gruppe, der sie dienen wollen und der Menschheit, für die sie tiefe Liebe empfinden. Sie etablieren keine persönlichen Grenzen und ihre Handlungsweise beruht auf hoher Toleranz, Vernunft und einem Sinn für Verhältnismäßigkeit. Sie erkennen Gleichgesinnte und Mitglieder ihrer Gruppe bei der ersten Begegnung und arbeiten Schulter an Schulter mit ihnen daran, die Menschheit vor ihrem Untergang zu bewahren ... Ihresgleichen erkennen sie in der Politik, den Wissenschaften, der Religion und der Wirtschaft – und sie geben sich einander durch den Handschlag des Bruders zu erkennen.«

Sanya Roman, *Spiritual Growth*

abstrakt vorkommen, bis Sie verstanden haben, daß diese die Quelle unseres Lebens bildet. Göttliche Intelligenz begreifen wir durch Intuition, Fügungen und vor allem durch die Mitteilungen anderer Menschen. An diesem Punkt angekommen, befinden wir uns mitten im Fluß der Lebensenergie. Wohl wissend, daß es sowohl Zyklen des Fortschrittes wie auch Plateaus der Integration gibt, wissen wir auch, daß Dinge sich beizeiten langsam abwickeln oder schwierig werden können. Dies ist ebenfalls Teil des Lebensflusses.«

»Jung beschrieb den idealen Ort für Seelenarbeit als ein alchimistisches Vas, einen Glasbehälter, in dem alle Bestandteile der Seele Platz finden. Freundschaft ist einer dieser durchsichtigen Behälter und hält die Seele zusammen, während sie durch die für sie notwendigen Operationen und Prozesse schreitet.
In Zeiten emotionaler Unruhe oder inneren Kampfes besteht unser erster Impuls oft darin, mit Freunden zu sprechen, da wir wissen, daß unsere Schwierigkeiten bei ihnen in guten Händen sind, und daß das Gefäß der Freundschaft unsere Gedanken und Gefühle halten kann, egal wie schmerzlich oder ungewöhnlich sie sein mögen, während wir damit beschäftigt sind, sie zu sortieren und zuzuschauen, wie sie sich entfalten.«

Thomas Moore, *Soul Mates: Honoring the Mysteries of Love and Relationship.*

Sinn inspiriert

Stellen Sie sich einmal vor, daß Sie sich genau an Ihre vorgeburtliche Vision erinnern könnten. Was würden Sie dabei empfinden? Vermutlich wären Sie in freudiger Erregung damit beschäftigt, wohin diese Vision Sie führen wird, wem Sie auf Ihrem Weg dorthin begegnen, welcher Hilfe Sie bedürfen, um die auftretenden Unklarheiten zu verarbeiten. Die Wahrnehmung auf dem Level der Zehnten Erkenntnis ist durch den Filter unseres Wissens um den Grund für unsere Anwesenheit auf Erden geschärft. Derartig inspiriert, beginnen wir damit, unserem synchronistischen Pfad genau an die richtigen Stellen innerhalb unseres Kulturkreises zu folgen. Instinktiv wissen wir, wenn wir auf der richtigen Fährte sind.

Was ist eine Gruppe der Zehnten Erkenntnis?

Wenn wir von den *Gruppen der Zehnten Erkenntnis* sprechen, so meinen wir damit eigentlich eher einen Vorgang als eine bestimmte Form. Viele Menschen haben nach dem Lesen der *Prophezeiungen von Celestine* damit begonnen, Arbeitsgruppen ins Leben zu rufen. Hinter der *Gruppe der Zehnten Erkenntnis* steht allerdings nicht der Gedanke, die Erkenntnisse von Celestine zu studieren – obwohl manche das tun mögen. Wie bereits erwähnt, haben sich Seelengruppen im gleichen Zeitraum inkarniert, um gemeinsam tätig zu werden. Dabei kann es sich um großangelegte Projekte handeln: den Aufbau einer Klinik für alternative Heilungsmethoden; der Gesunderhaltung der Umwelt; dem Wunsch, eine neue politische oder berufliche Vision unter die Menschen zu bringen. Andere Gruppen formieren sich, um Bücher zu studieren, Selbsthilfe zu organisieren oder Alternativen zu bestehenden Zuständen zu finden.

> »... wahre Größe wird nicht durch die Handlungen von Personen wie Alexander dem Großen, Julius Caesar, Napoleon usw. erreicht, sondern durch jene, die alles Leben als ein untrennbares, harmonisches Ganzes sehen. Diejenigen, die für die Einheit der Welt kämpfen und die Menschheit in den Prinzipien der Harmonie und der richtigen Form im Umgang miteinander unterrichten, werden eines Tages als die wahren Helden erkannt werden.«
>
> Alice B. Bailey,
> *The Rays and the Initiations*

Das zweite Konzept der Gruppe besteht darin, daß ihre Mitglieder zur Erfüllung ihrer Mission willens und in der Lage sein müssen, sich bei ihren Treffen *bewußt* aufeinander einzulassen und eine telepathische Verbindung zu bewahren, wenn sie voneinander getrennt sind. Sie müssen bereit sein, sich aus eigenem Antrieb weiterzubilden, ihre persönliche, selbst erfahrene Wahrheit mit den anderen zu teilen und darauf zu vertrauen, daß alle individuellen und gemeinsamen Bemühungen zur Haltung der Weltvision beitragen. Jedes der Mitglieder wird von sich aus den Wunsch haben, vermehrt Zeit mit innerer Reflexion und Meditation (der Verbindung zur universellen Intelligenz) zu verbringen, da das Empfangen neuer innerer Einsichten ihnen mehr Freude bereitet als viele ihrer alten Angewohnheiten und Gepflogenheiten.

Inspiriertes Networking

Wir sind der festen Überzeugung, daß die in den nächsten Jahrzehnten auftauchenden Veränderungen ein Resultat menschlicher Zusammenarbeit sein werden und nicht das von isolierten, nur für sich arbeitenden Personen. Haben Sie den Wunsch, ein Zentrum für alternative Heilmethoden zu gründen? Japanisch zu lernen? Mit Kindern zu arbeiten? Brennen Sie darauf, Teil von etwas Nützlichem zu werden, wissen aber nicht, was das sein könnte bzw. wie Sie dabei vorgehen sollen?

Einige praktische Methoden, die Ihnen helfen können, Ihren Lebenszweck zu entdecken oder eine gemeinnützige Vereinigung zu gründen, können Sie den Büchern *The Artist's Way: A Spiritual Path to Higher Creativity* von Julia und Bryan Cameron entnehmen oder einem der Bücher von Barbara Sher. Ihre ersten beiden Bücher mit der Co-Autorin Annie Gottlieb, *Wishcraft: How to Get What You Really Want* und *Teamworks! Building Support Groups that Guarantee Success*, sowie ihr letztes Buch *Live the Life you Love in Ten Easy Step-by-Step Lessons* geben detailliert Auskunft darüber, wie Sie Ihre Herzenswünsche zunächst entdecken und dann erfüllen können. Die Methoden dieser Autoren sind darauf ausgerichtet, Networking zu einer ehrlichen und inspirierenden Form des Austausches von Energie und Talent zu machen und die Barrieren zwischen Menschen einzureißen. Die Zugehörigkeit zu einer Gruppe von Gleichgesinnten wird Ihnen dabei helfen, genau herauszufinden, was Sie in Ihrem Leben erreichen wollen und Sie bei der Ausführung spezifischer Projekte energetisch unterstützen. Durch die Mitglieder einer Gruppe erfahren Sie sowohl eine Spiegelung Ihrer eigenen Person und Anhaltspunkte für den Stand Ihrer augenblicklichen Entwicklung als auch Ermutigung und Unterstützung bei der Realisierung Ihrer geplanten Vorhaben.

Dienst und Hilfeleistung

Wenn Sie von der Idee fasziniert sind, mit anderen an einem gemeinnützigen Projekt zu arbeiten, allerdings noch nicht genau wissen, wie Sie dabei verfahren sollen oder worum es sich bei Ihrem Anliegen handelt, so machen Sie sich mit voller Intention auf den »Pfad der Entdeckung«. Bitten Sie um Inspiration, Beispiele und Informationen durch Zeitungsartikel, alternative Presse, Radio und Fernsehen oder andere Quellen. Tausende von Menschen haben auf diese Weise die Notwendigkeit zu handeln entdeckt und dies dann auch getan. Häufig werden Veränderungen zunächst durch gemeinschaftliche, lokale Initiativen bewirkt und nicht durch ein politisches Mandat bzw. die Regierung.

> »Auf den inneren Ebenen existiert eine spirituelle Gemeinschaft höherer Wesen, die dort gemeinsam tätig sind ... Wenn ein Mensch an einem Projekt arbeitet, so geht dies alle an. Niemand sollte das Gefühl haben, etwas allein machen zu müssen.«
> Sanaya Roman, *Spiritual Growth.*

Kleine Hüpfer und große Sprünge

Noch nie waren die Aktivitäten inoffizieller Gruppierungen so zahlreich wie heute. Einem jüngst in der Zeitschrift *Noetic Sciences Review* erschienenen Artikel zufolge existiert heute ein umfangreiches Netzwerk von Menschen, die sich mit persönlichen, lokalen oder globalen Problemen befassen. Das Institut für Noetische Studien allein stellte eine Verdreifachung dieser Organisationen in den letzten zwei Jahren fest. Robert Wuthnow

> »... Einsichten verschaffen Ihnen Informationen über die alles umfassende Realität, von der Sie ein Teil sind, sowie über die höheren Ziele der Menschheit und über Ihren persönlichen Lebenssinn. Durch eine Reihe von Einsichten werden Sie mehr und mehr über Ihren eigenen Weg, Ihre Mission und Ihre nächsten Schritte erfahren.
> ... Durch Einsichten werden Sie von einer höheren, weiseren Perspektive aus erkennen können, weshalb sich Dinge ereignen ... Nach und nach werden Sie den Sinn des Lebens entdecken, den Sinn des Universums und das ›Warum‹ hinter dem ›Was‹. Jede Einsicht lüftet den Schleier zwischen dieser und den höheren Dimensionen und vermittelt Ihnen weitere Einblicke in den größeren Zusammenhang.«
> Sanaya Roman, *Spiritual Growth.*

»Jedes Mal, wenn Sie sich überlegen, was Sie einem anderen Menschen sagen wollen, schicken Sie damit Energie in Ihre zukünftige Interaktion mit dieser Person. Es ist gut, dieses ›Training‹ durchzuführen, um während der tatsächlich stattfindenden Kommunikation aus einem tieferen Verständnis und Mitgefühl heraus zu handeln. Wenn Sie sich dies in Form einer mentalen Übung als Ziel setzen, werden Sie bald feststellen, daß sich Ihre Beziehungen zu anderen Menschen klären ...

... Wenn Sie jedoch versuchen, sich zu schützen, zu rechtfertigen oder von der anderen Person etwas zu erlangen, werden Sie sich im Verlauf der Konversation unbehaglich fühlen. Die Kommunikation bleibt unvollständig und wird zu weiterem Energieverlust und möglicherweise zu fortgesetztem Streit führen.«

Sanaya Roman, *Personal Growth*

von der Universität in Princeton schätzt, daß vier von zehn erwachsenen Amerikanern freiwillig in kleinen Gruppen organisiert sind. Dies sind ca. 75 Millionen Menschen in etwa drei Millionen kleiner Gruppierungen. Dazu gehören Bibelgruppen, die Anonymen Alkoholiker, Selbsthilfegruppen und viele andere Verbände, die mittlerweile eine bedeutende Rolle im Zusammenhalt und der Gesunderhaltung unserer Gesellschaft spielen.

Studiergruppen

Das Herz der Gruppen, die auf der Stufe der Achten und Zehnten Erkenntnis funktionieren, bildet das Prinzip der Selbstorganisation. Wenn sich Menschen aus echtem Interesse an einer gemeinsamen Sache treffen und willens sind, ihre Stärken zu teilen und eine gemeinsame Vision zu manifestieren, geschieht etwas Magisches. Synchronizitäten ergeben sich, unverhofft öffnen sich Türen. Das Leben entwickelt sich aus Chaos ebenso wie aus Ordnung, um einer höheren Organisationsstufe zuzustreben. Wenn Menschen ihrer eigenen Vision folgen und sich durch gemeinsame Interessen voneinander angezogen fühlen, bedarf es keines Führers. Vision und Absicht leiten jeden an den für ihn bestimmten Platz. Oft treten gerade dann Gruppen in unser Leben, wenn es für uns an der Zeit ist, eine neue Saat von Absichten aufgehen zu lassen.

Nach Aussagen von Dee Hock, dem Gründer von VISA International, ist die zur Zeit mächtigste und kreativste Form sozialer Organisation das »chaordische System«, welches sich durch die Koexistenz von Chaos und Ordnung auszeichnet. Wie auch die Gruppen der Achten Erkenntnis sind diese Organisationen flexibel und nicht hierarchisch aufgebaut. Margaret Wheatley, die Autorin von *Leadership and the New Science*, sagt dazu: »Eine Vielzahl von kommunalen Veränderungen hat ihren Ursprung in inoffiziellen Gruppierungen. In einer sich selbst organisierenden Welt müssen wir uns verstärkt um lokale Beziehungen zwischen Menschen bemühen, die tragbare Lösungen kreieren. Wir müssen lediglich die Bedingungen für diese Verbindungen schaffen, damit die betreffenden Personen einen Begriff von ihrem Selbst und ihrem Lebenszweck bekommen. Dann werden sie automatisch das für sie Richtige unternehmen.«

Peter Senge, Autor von *The Fifth Discipline: The Art and Practice of the Learning Organisation*, spricht über die Aspekte von Führung, die über das hinausgehen, was wir gewöhnlich unter Vision, tiefer Überzeugung und verantwortungsvoller Übernahme von Verpflichtungen verstehen: »... Die wirklich wichtige Führung ist die Führung der Gruppen. Die Zeit des individuellen Helden-Anführers ist ein Relikt der Vergangenheit. Wir brauchen keine neuen oder besseren Helden mehr. Was wir brauchen, sind Gruppen von Menschen, die imstande sind zu führen; Gruppen von Menschen, die fähig sind, als Beispiel voranzugehen. Dadurch machen wir uns kollektive Intelligenz nutzbar. Es ist nicht mehr *meine* Einsicht oder Vision, die wichtig ist – es ist *unsere* Vision und *unsere* Einsicht. Es geht nicht mehr um meine Überzeugung, sondern um unsere.«

Was macht eine Gruppe erfolgreich?

Haben Sie jemals die Erfahrung gemacht, Mitglied einer projektorientierten Gruppe zu sein und sich schließlich davon zurückzuziehen, weil Sie sich aus dem einen oder anderen Grund frustriert fühlten? Möglicherweise bestand das Problem in einer Person, die zuviel redete und den anderen Anwesenden Energie abzog; vielleicht war jemand zu bedürftig und schaffte nur Hindernisse. Vielleicht mangelte es der Gruppe auch an Richtung oder Orientierung, und alles wurde zu Tode diskutiert, ohne daß je etwas geschah.

Die Frage ist: »Wie können wir unter Berücksichtigung unserer spirituellen Prinzipien eine Gruppe bilden, die gleichzeitig harmonisch und effektiv zusammenarbeitet? Was gilt es zu tun? Worauf müssen wir achten?«

Überzeugendes Selbstinteresse

Sich innerhalb einer Gruppe spirituell zu verhalten, bedeutet, die höchsten Möglichkeiten in anderen wahrzunehmen. Um einer Gruppe wirklich anzugehören, müssen Sie einem inneren Bedürfnis folgen wollen, dem die jeweilige Gruppe Ausdruck verleiht. Wenn Ihr eigenes Interesse an der gemeinsamen Sache nicht zwingend ist oder Sie nicht fest von dem gemeinsamen Ziel überzeugt sind, werden Sie schnell damit beginnen, nach anderen Möglichkeiten Ausschau zu halten, mit denen sie Ihre Zeit verbringen können.

> »... Ich glaube fest daran, daß es eine Möglichkeit gibt, kommunales Eigentum als eine Art der Seelenpflege zu betrachten. Wenn unsere Stadtväter sich zum Beispiel an die von ihnen abgelegten Amtseide halten würden, dann würden sie sich auch für die Erhaltung von öffentlichen Treffplätzen wie Parks, Fluß- und Seeufern einsetzen. Sie würden wissen, daß es nicht ausreicht, das nackte Überleben ihrer Bürger zu sichern, sondern daß die simplen Freuden des Lebens innerhalb einer Gemeinschaft ebenso wichtig sind.«
>
> Thomas Moore, *Soul Mates: Honoring the Mysteries of Love and Relationships*

Ein innerer Antrieb zeigt uns, worum es uns im Leben geht oder welchen Beruf wir ergreifen sollen. Achten Sie darauf, wovon Sie sich durch Ihren eigenen Antrieb inspiriert fühlen, sei es Gärtnern, Renovieren, Organisieren, Recyclen, Wandern, Schauspielern, Interesse an der spirituellen Dimension des Lebens, Singen oder die Jagd nach Sonderangeboten. Innerhalb Ihres eigenen Interesses liegt Ihre Geburtsvision – und Ihr Dienst am anderen.

Eine offene Grundhaltung, das Geben von Energie und der Wille, zuzuhören, zu lernen oder zu führen.

In der *Zehnten Erkenntnis* versuchen die Hauptfiguren, vollständige Offenheit und Ehrlichkeit zu erreichen. Sie streben danach zu erfahren, worin ihre ursprüngliche Absicht und ihre jeweiligen Geburtsvisionen bestehen, um herauszufinden, wie sie der Welt am besten dienen können. Sie konzentrieren sich zum Beispiel darauf, Maya in all ihrer Schönheit zu sehen, um zu erkennen, wer sie wirklich ist und zu visualisieren, wie sie ihre ursprüngliche Aufgabe hier auf der Erde am besten erfüllen könnte. Aufgetankt mit universeller Energie schlägt Maya vor, daß ihre Freunde sich vorstellen sollten, daß die Atome in ihren Körpern eine höhere Schwingung annehmen. Mit Hilfe der dadurch empfangenen positiven Gruppenenergie wird ihr ihre Mission noch klarer. Obwohl dieses Beispiel aus einem Roman stammt, ist es doch praktisch anwendbar, wenn wir mit anderen in einer Gruppe arbeiten. Wertschätzen Sie die Beiträge und die Fortschritte Ihrer Mitmenschen, muntern Sie sie auf, ohne unnötig Rat zu erteilen, und schicken Sie ihnen liebevolle Energie, die sie zur Erfüllung ihres höchsten Wunsches benutzen können. Dies alles sind praktische Möglichkeiten, »spirituell« zu werden.

Die Gruppen zur *Zehnten Erkenntnis* sind weder exklusiv noch unterliegen sie einer Gruppenambition. Ihnen geht es um Freude, demokratisches Verhalten, Freundlichkeit und Zusammenarbeit. Die Mitglieder haben kein Verlangen danach, einander zu beeindrucken oder große Mengen neuer Mitglieder anzuwerben. Sie machen sich mit den Tätigkeitsbereichen der anderen Gruppenmitglieder vertraut, reagieren auf Bedürfnisse der Gemeinde, in der sie leben, oder helfen anderen, ohne sich dabei aufdringlich zu verhalten. Sie wissen, daß jeder Mensch seinen eigenen Rhythmus hat.

Bewußte Interaktion in der Gruppe

Mitglied einer bewußten Gruppe zu sein sollte Ihnen nicht das Gefühl geben, als würden sie dort »Zeit absitzen«. Entweder Sie wollen dort sein oder nicht. Normalerweise werden Sie sich auf Ihre Zeit mit der

> »Telepathische Botschaften werden spontan empfangen ... Ich kann Ihnen nicht genau mitteilen, wie Sie sich Ihre Fähigkeit zum Empfangen telepathischer Botschaften aus einem höheren Bereich bewußt machen können, da diese Vorgänge außerhalb des gewöhnlichen Bewußtseins ablaufen ...«
>
> »... Plötzlich haben Sie ein neue Methode gefunden, Probleme anzugehen, oder Sie erfahren eine Veränderung Ihres Bewußtseins, was bei den meisten Menschen als Indikator für den Empfang der telepathischen Botschaft dient ... Bald stellen Sie fest, daß altbekannte Situationen bei Ihnen zu veränderten emotionalen Reaktionen führen ... Sie beginnen damit, Ihre Ideen auf eine neue Weise zu kommunizieren.«
>
> Sanaya Roman, *Personal Power Through Awareness*

Gruppe freuen und sich energetisiert und mit den anderen verbunden fühlen, wenn die Treffen beendet sind. Es bedarf keiner weiteren Anstrengung außer der, im Moment zu bleiben, um die Abläufe innerhalb der Gruppe zu strukturieren bzw. in Fluß zu bringen.

Wenn wir eine sinnvolle Aufgabe gefunden haben – das heißt, etwas, das unsere Seele nährt –, dann sind wir meistens auch mit unseren Seelengruppen verbunden. Diese Verbindung schafft einen Kontakt zur universellen Energie. Die Hauptfiguren in der *Zehnten Erkenntnis* sehen in diesem Augenblick die gesamte Geschichte des Universums vor ihren Augen. Das sichere Gefühl, Teil von etwas Großem, Umfassenderem zu sein, energetisiert uns und gestattet uns, brillant, selbstlos und innovativ zu sein.

Die Verbindung mit der Kraft der Seelengruppen im Jenseits

Sobald wir damit beginnen, das Leben auf der Stufe der *Zehnten Erkenntnis* zu begreifen, erinnern wir uns an unsere Geburtsvision und integrieren diese in eine Gruppe, wodurch die Kraft aller Seelengruppen der Gruppenmitglieder zusammengelegt wird.

Können wir dies hier und heute erreichen? Sobald Sie sich darüber

> »Hierbei handelt es sich um den Abenteuergeist … die Grenzen der Welt zu verlassen, in der Sie aufgewachsen sind … sich weiter zu bewegen als jeder andere vor Ihnen … in die Bereiche der Transzendenz … um zu erwerben, was Ihnen fehlt und mit dem erhaltenen Segen wieder zurückzukehren.«
>
> Joseph Campbell

bewußt sind, daß Sie mehr sind als nur Ihr Körper, nähern Sie sich dieser Möglichkeit. Wenn Sie selbst eine ekstatische Verbindung erfahren, interagieren Sie auf einem anderen Realitätsniveau als dem der materiellen Welt. Dabei ist es möglich, daß Sie sich mit Ihrer Seelengruppe im Traumzustand verbinden, auch wenn Ihnen Ihre Abenteuer dort im Wachzustand nicht bewußt sein sollten. Nach den Aussagen von Experten für metaphysische und paranormale Bereiche verlassen viele von uns während des Schlafes ihren Körper und leisten Dienste bzw. sind in anderen Dimensionen tätig.

Der *Zehnten Erkenntnis* zufolge helfen unsere positiven Absichten und Handlungen im Hier und Jetzt nicht nur der Menschheit, sondern auch den jenseitigen Wesen. Durch unsere Zusammenarbeit gerät jede der Seelengruppen in eine verbindende Schwingung mit uns auf der Erde und umgekehrt. Dabei verfügen wir über den Vorteil der materiellen Welt, mit Zeit, Raum und Materie umgehen zu können, während die spirituellen Wesen über größere Weisheit und Zeitlosigkeit verfügen.

Durch das in der *Zehnten Erkenntnis* erreichte Bewußtsein sind wir in der Lage, intuitiv zu erfassen, daß die Menschheit sich auf einen Punkt zubewegt, an dem sie die Grenzen zwischen der materiellen Welt und dem Jenseits transzendieren kann – »den Schleier lüften«, wie es in der Esoterik genannt wird.

Wenn das Bewußtsein sich in Richtung einer höheren Frequenz entwickelt, kann es geschehen, daß wir dadurch Zugang zu dem gesamten Bereich der nichtmateriellen Mächte und Wesen erhalten. Während sich die beiden Dimensionen einander öffnen, hat sich die Kommunikation zwischen diesen Bereichen bereits verstärkt. Wir verfügen über viele Berichte aus erster Hand, die sich mit unerklärlichen Phänomenen beschäftigen, wie das Auftauchen bzw. Eingreifen engelhafter Wesen, Nahtoderfahrungen, UFO-Sichtungen oder Entführungen durch Außerirdische und Kommunikation mit Verstorbenen. Mit der Zeit werden wir vielleicht unsere innere Fähigkeit entwickeln, die es uns erlaubt, bewußten Kontakt mit unseren Seelengruppen in der nichtmateriellen Welt aufzunehmen und uns ihres Wissens und ihrer Erinnerung zu bedienen.

Vielen von uns ist bereits bewußt, daß Schamanen, Heiler und andere Menschen mit übersinnlichen Fähigkeiten in der Lage sind, meta-normale Realitäten anzuzapfen oder zwischen der spirituellen und physischen Dimension hin und her zu wechseln. Wenn gegenwärtig auch nur wenige von uns fähig sind, dies zu tun, so ist es dennoch logisch anzunehmen, daß sich zu einem Zeitpunkt, an dem genügend Menschen diese Möglichkeiten als Realität betrachten, das gesamte Bewußtseinsfeld verschieben wird. In einigen Jahrzehnten könnten diese Fähigkeiten genauso zum allgemein akzeptierten Wissen wie die Technik der Weltraumfahrt gehören. In der *Zehnten Erkenntnis* wird erklärt, »daß die Seelengruppen im Jenseits durch unseren Kontakt mit ihnen in ihrem Kontakt untereinander verstärkt werden. Deshalb stellt die Erde den Primärfokus der Seelen im himmlischen Bereich dar; allein sind sie nicht in der Lage, sich zu vereinigen. Die Seelengruppen im Jenseits leben in einer imaginären Welt von Ideen, die sich sekundenschnell manifestieren und genauso schnell wieder verschwinden kann, so daß die Realität dort willkürlich ist. Es existieren weder Natur noch atomare Strukturen wie bei uns, die von ihnen als stabile Grundlage betrachtet werden könnten. Wir beeinflussen, was auf dieser materiellen Bühne gespielt wird, doch manifestieren sich unsere Ideen weitaus langsamer. Unsere Welt besteht aus Konsens, und die Menschheit muß sich irgendwie darüber einig werden, was sie als ihre eigene Zukunft manifestieren will. Diese Übereinkunft, der Konsens über eine Vision für die Zukunft der Erde, zieht auch die Gruppen im Jenseits enger zusammen. Deshalb kommt der irdischen Dimension eine so große Bedeutung zu. Hier, in der materiellen Welt, findet die wahre Vereinigung der Seelen statt!«

Durch die Erste Erkenntnis erfuhren wir, daß eine kritische Masse von Menschen im Begriff ist, aufzuwachen und ihre spirituelle Bestimmung zu erkennen. Die Zehnte Erkenntnis besagt, daß wir nicht nur unsere Bestimmung erkennen werden, sondern daß wir nach wie vor mit der spirituellen Dimension in Verbindung stehen, in der diese Bestimmung ursprünglich geschaffen wurde.

Einzelstudium

Gehen Sie dorthin, wo sich die Energie befindet

Sie befinden sich bereits auf Ihrem Weg und verfügen über ein Bewußtsein, das Sie genau zum richtigen Zeitpunkt zu den jeweiligen Informationen, Erfahrungen oder Hilfsquellen führt, die Sie benötigen. Vertrauen Sie darauf, daß Ihr Interesse an einem bestimmten Thema Gleichgesinnte, Bücher und Lehrer anziehen wird, die Ihnen bei der Entwicklung Ihres Bewußtseins helfen werden. Ihr Beitrag besteht darin, jeden Tag ein wenig Zeit mit sich selbst zu verbringen und den inneren Ort aufzusuchen, an dem sich die Energie befindet.

Das Muster Ihrer Seelengruppe

Malen Sie nur zum Spaß einen großen Kreis auf ein Stück Papier. Um den Kreis herum schreiben Sie die Namen der Menschen, mit denen Sie sich am meisten verbunden fühlen. Schreiben Sie zu jedem der Namen ein paar Worte, mit denen Sie zum Ausdruck bringen, welche Gefühle Sie diesen Menschen gegenüber haben oder auf welche Weise sie Ihr Leben bereichern. Vielleicht notieren Sie sogar das Jahr, in dem Sie sich kennenlernten. Erkennen Sie irgendwelche Muster?

Gruppenstudium

Sich bewußt sein, welches Ziel verfolgt wird

Vielleicht wollen Sie innerhalb der Gruppe von Zeit zu Zeit einmal darüber sprechen, was sie eigentlich zusammengeführt hat. Beginnen Sie damit, daß jeder seinen persönlichen Grund für seine Mitgliedschaft in der Gruppe vorträgt.

a) Was wäre für mich das absolut beste Resultat dieser Zusammenarbeit? (Trauen Sie sich!)

b) Wenn ich einen Zauberstab hätte, was würde ich durch diese Gruppe verwirklichen?
c) Welche neuen Talente, Interessen, Fähigkeiten und Gefühle werden mir durch diese Gruppe nähergebracht?
d) Welches Gefühl ist dafür verantwortlich, daß ich immer wieder zu dieser Gruppe zurückkehre?

Vergessen Sie dabei nicht, daß durchaus auch Ihnen noch unbewußte Gründe für die Anwesenheit in Ihrer Gruppe verantwortlich sein können, die sich Ihnen erst mit der Zeit offenbaren werden. Wir wissen nicht immer die Gründe für alles, was uns zusammenführt.

Definieren Sie Ihren Lebenssinn – gemeinsam

Verdichten Sie Ihre individuellen Geburtsvisionen oder Ihren Lebenssinn zu einem einzigen Satz, der den besonderen Gründen für das Bestehen Ihrer Gruppe Ausdruck verleiht. Dies scheint auf den ersten Blick gar nicht so einfach. Arbeiten Sie so lange an jedem Wort des gemeinsamen Gruppenkonsensus, bis sich die Energie der Gruppe verlagert – indem mehr gelacht wird, Übereinstimmungen und Freude auftreten über die zum Ausdruck gebrachten Worte zur Bestimmung des Konsens. Vermeiden Sie technisch klingende Begriffe und Bürokratensprache, wie z. B. »Die Mission unserer Gruppe besteht darin, an der spirituellen Evolution unserer Seelen zu arbeiten, Wohlstand zu manifestieren sowie vollkommene Ausgewogenheit in jedem Lebensbereich zu manifestieren.« Vielleicht entspricht dies genau dem, was Sie vorhaben, doch ist die Formulierung viel zu schwerfällig! Ideal wäre ein prägnanter Satz voller Gefühl. Einige der Gruppen, die sich zum Studium der *Prophezeiungen von Celestine* zusammengefunden haben, kamen auf Sätze wie: »Wir wollen das Geheimnis leben!« – »Wir wollen im Fluß des Lebens treiben!« – »Wir wollen den Zauber einer sinnvollen Zielstrebigkeit erfahren.«

Lassen Sie jeden zu Wort kommen

- Zu Beginn jedes Treffens sollten alle die Möglichkeit erhalten, ihre Ideen und Ansichten ohne Unterbrechung oder Kommentar von der Gruppe mitzuteilen. Dies hilft vor allem schüchternen Menschen, die Schwierigkeiten haben, sich in Anwesenheit stärkerer Persönlichkeiten durchzusetzen.

- Sprechen Sie immer von Herzen. Wenn Sie daran gewöhnt sind, Fakten, Zahlen oder Argumente anderer zu zitieren, versuchen Sie, dies nicht zu tun und bleiben Sie bei sich und den Dingen, die Sie persönlich berühren.

- Lassen Sie jedem Sprecher Ihre volle Aufmerksamkeit zukommen und versuchen Sie ganz bewußt, die Schönheit der Seele der jeweiligen Person zu sehen.

- Suchen Sie sowohl in Ihren eigenen Ideen als auch denen der anderen nach der darin enthaltenen Wahrheit und Brauchbarkeit. Konzentrieren Sie sich auf diesen positiven Aspekt, anstatt die Ideen Ihrer Mitmenschen herunterzumachen. Wenn jemand zum Beispiel sagt: »Meiner Meinung nach sollten alle alten Häuser abgerissen und neue gebaut werden«, könnten Sie antworten: »Ich finde die Idee gut, alles loszuwerden, was wir nicht mehr brauchen, und gleichzeitig ein oder zwei der renovierungswürdigen Gebäude zu erhalten.« Auf diese Weise erhält Ihr Gegenüber das Gefühl, gehört worden zu sein, ohne daß Sie ihm bei seinem Vorschlag zustimmen mußten, bevor nicht alle anderen Optionen in Betracht gezogen worden sind.

  Es ist wichtig, sich so oft wie möglich der Siebten Erkenntnis zu bedienen und anderen Menschen Energie zu geben, die Ihnen dabei helfen kann, Ihrem höheren Selbst und der damit verbundenen Weisheit Ausdruck zu verleihen.

Bleiben Sie im Energiefluß

- Überlassen Sie es der energetischen Dynamik innerhalb Ihrer Gruppe, wichtige oder unwichtige Entscheidungen zu treffen. Bringen Sie es zur Sprache, wenn die Energie der Gruppe absinkt und vielleicht eine kurze Pause eingelegt werden sollte. Bei wichtigeren Themen kommt es oft vor, daß sich die Energie »festfährt«, wenn eines der Gruppenmitglieder die Gruppe durch fortgesetztes Reden, Beschuldigen oder andauerndes Bedürfnis nach Aufmerksamkeit und Zuneigung dominiert. Geben Sie Ihren diesbezüglichen Gefühlen Ausdruck und erkundigen Sie sich bei den anderen Gruppenmitgliedern, welchen nächsten Schritt sie für richtig erachten.

Übung in der Geburtsvision

Einige von Ihnen haben vielleicht selbst schon die Gründung einer Arbeitsgruppe zur Diskussion der Neun Erkenntnisse in Betracht gezogen. Es kann sich als sehr nützlich erweisen, die folgende Meditation über Ihre Geburtsvision in die Arbeit der Gruppe mit einzubeziehen. Entweder Sie widmen dieser meditativen Übung eine ganze Sitzung, oder aber jeweils eines oder zwei der Gruppenmitglieder absolvieren diese Übung im Verlauf eines Treffens. Der Sinn dieser Übung besteht darin, als Gruppe zusammenzuwachsen, die Schwingung innerhalb der Gruppe zu erhöhen und sich auf eines der Mitglieder zu konzentrieren, um herauszufinden, welche Informationen durch die Geburtsvision dieser Person in den Gruppenkontext eingebracht werden können.

Obwohl Ihnen zunächst einige Personen aus Ihrer Gruppe fremd sein dürften, werden Sie trotzdem in der Lage sein, Bilder und Intuitionen durch sie zu empfangen, die sowohl auf Ihre eigenen Talente, Interessen oder zukünftige Entwicklung als auch die der anderen Person schließen lassen. Diese Übung kann jedes Gruppenmitglied auch für sich selbst so oft wie gewünscht alleine durchführen.

Es kann sich als hilfreich erweisen, wenn jedes Mitglied vor der Meditation eine kurze Absichtserklärung verfaßt und diese zu Beginn der »Visionssuche« vorliest. Eine solche Erklärung könnte zum Beispiel folgendermaßen aussehen: »Wir haben uns hier in diesem Kreis versammelt, um Julia zu lieben und zu achten. Wir bitten unser höheres Selbst, mit dem höheren Selbst von Julia Verbindung aufzunehmen, damit wir in der Lage sind, den Sinn ihres Lebens und ihre Geburtsvision für dieses Leben zu erkennen und zu verstehen. Wir bitten darum, daß nur positive, ihrem Wachstum dienliche Energie durch uns vermittelt wird. Die Meditation hat begonnen.«

Vergessen Sie dabei allerdings nie, daß der komplette Plan eines vollständigen Lebens wohl niemals im voraus in Erfahrung zu bringen ist.

Meditation zur Geburtsvision

Vorbereitung

- Jeder der Anwesenden sollte über Papier und Bleistift verfügen.

- Setzen Sie sich in einen Kreis. Der Kreis ist das traditionelle Symbol der mit anderen Wesen geteilten Energie und Ganzheit.

- Schaffen Sie eine besonders inspirierende Atmosphäre, indem Sie die Beleuchtung dämpfen, Räucherwerk brennen und Naturgegenstände, welche Erde, Luft, Feuer und Wasser repräsentieren, in die Mitte Ihres Kreises legen.

- Verwenden Sie zur Eröffnung Ihrer Meditation einen besonderen Klang, wie zum Beispiel einen Trommelwirbel, tibetische Glocken oder einige Minuten meditativer Musik. Rituale helfen dem Unbewußten, sich zu öffnen.

- Eines der Gruppenmitglieder wird die Absichtserklärung für die jeweilige Meditation vorlesen (siehe oben).

- Besprechen Sie, wieviel stille Zeit Sie der Meditation widmen wollen. Jemand sollte auf die Zeit achten und die Gruppe nach Ablauf behutsam auf das Ende der Meditation aufmerksam machen.

- Eines der Gruppenmitglieder volontiert und sitzt mit offenen oder geschlossenen Augen (ganz nach Belieben), die Füße fest auf dem Boden, die Hände auf den Knien oder im Schoß (aber nicht gekreuzt) in der Mitte des Kreises.

- Alle Gruppenmitglieder fokussieren sich auf diesen Volontär. Spüren Sie, wie Sie von liebevoller Energie durchdrungen werden, die den Raum zwischen Ihnen und dem Meditierenden zu füllen beginnt.

- Stellen Sie sich vor, daß Sie die Schwingungen Ihrer Zellen auf ein höheres Niveau anheben. Halten Sie dieses Gefühl der Liebe für einige Sekunden.

- Achten Sie besonders auf Bilder, die vor Ihrem inneren Auge auftauchen. Notieren Sie alles, was Ihnen zu der Person ein- oder auffällt. Konzentrieren Sie sich dabei auf die positiven Aspekte, die Sie in dem Betreffenden erkennen, sowie auf visuelle Eindrücke, und schreiben Sie diese nieder, ohne sie auf ihre »Richtigkeit« hin zu überprüfen und zu bewerten. Sollten Sie keine visuellen Eindrücke empfangen, schreiben Sie über Gefühle, die Ihnen durch die betreffende Person vermittelt werden. Einzelne Worte oder kurze Notizen reichen völlig aus.

- Sobald die vereinbarte Zeit abgelaufen ist, kann jeder der im Kreis Befindlichen seine Notizen vorlesen oder seine empfangenen Informationen mitteilen.

- (Optional) Nach der stillen Meditation können Sie für die Dauer von zwei oder drei Minuten abwechselnd alle positiven Qualitäten, die Sie in dem Meditierenden erkannt haben, laut äußern und jemanden damit beauftragen, sie niederzuschreiben. Danach kann darüber gesprochen werden, was während der stillen Meditation empfangen bzw. niedergeschrieben wurde.

- Nachdem jeder Gelegenheit hatte, seine Eindrücke mitzuteilen, gibt der Meditierende sein Feedback und spricht darüber, was er dank der Gruppe empfangen hat.

- Wiederholen Sie diese Übung mit anderen Gruppenmitgliedern, bis die Energie in der Gruppe zu sinken beginnt.

- Legen Sie vorher fest, auf welche Weise Sie die Übung abschließen möchten – mit einer kurzen Schweigeminute, einem Gebet oder dem Dank für das Erhaltene und dem abschließenden Klang einer Trommel, Glocke oder einem gemeinsamen Händeklatschen.

Brainstorming-Party zur Verwirklichung neuer Ziele oder zur Lösung von Problemen

Die folgende Übung haben wir aus dem Buch *Teamworks! Building Support Groups That Guarantee Success* von Barbara Sher entnommen. Wir möchten Ihnen bei dieser Gelegenheit nahelegen, sich ausführlich mit diesem Buch zu befassen, da wir es für ausgesprochen nützlich halten.

Laden Sie so viele fantasiebegabte und interessante Menschen ein, wie in Ihrem Wohnzimmer Platz finden, und bitten Sie diese Leute darum, ihre Freunde mitzubringen. Sher schlägt vor, keine Experten Ihres jeweiligen Problemfelds einzuladen, da diese dazu neigen, Vorschläge aufgrund ihrer eigenen Erfahrungen zu machen und oftmals nicht über das flexible und unlimitierte Denkvermögen von Menschen verfügen, die keine vorgefaßte Meinung darüber haben, ob etwas funktionieren wird oder nicht. Ein guter Zeitpunkt für derartige Treffen sind Sonntagabende.

Bitten Sie jeden Ihrer Gäste darum, etwas Eßbares mitzubringen, da dies automatisch eine Verbindung schafft und dafür sorgt, daß jeder etwas zu dem Ereignis beiträgt. Geben Sie jedem Papier und Bleistift und finden Sie heraus, wer welches Ziel oder Problem als Thema für das Brainstorming vorschlägt. Setzen Sie ein Zeitlimit pro Person fest und fangen Sie an. Bitten Sie einen der Anwesenden (bitte nicht den jeweiligen Brainstormer), alle Vorschläge und Ideen aufzuschreiben, die von der Gruppe geäußert werden, egal wie »dumm« oder »verrückt« sie auf den ersten Blick erscheinen mögen. Gehen Sie danach sämtliche Ideen noch einmal durch und bemühen Sie sich, in jeder etwas Nützliches zu erkennen. Wenn jemand sich die Mühe gemacht hat, einer Idee Ausdruck zu verleihen, so ist gewöhnlich auch ein sinnvoller Kern in ihr verborgen. Falls die Teilnehmer sich weiterhin treffen möchten, machen Sie aus diesen Begegnungen eine regelmäßige wöchentliche oder zweiwöchentliche Veranstaltung mit dem Ziel, sich gegenseitig zu unterstützen und über Fortschritte zu berichten.

Sher schlägt vor, derartige Partys zu einem festen Bestandteil Ihres Soziallebens zu machen. Indem Sie neue Menschen kennenlernen und Ihren Bekanntenkreis beträchtlich erweitern, bilden Sie gleichzeitig einen Talentpool und eine Kontaktbörse, die allen Beteiligten zugutekommen wird.

Seelengruppen

- Die Weltvision stellt die Vereinigung der materiellen und spirituellen Dimension dar. Diese Vision ist die unvergängliche treibende Kraft, die hinter der langen Geschichte der Menschheit auf Erden steht.
- Im Jenseits bestehende Seelengruppen halten die Weltvision seit Beginn der menschlichen Entwicklung und stehen in enger Verbindung mit denen auf der Erde, die ihr Leben in Form eines ewigen Gebetes leben.
- Eine Vereinigung kann nur erreicht werden, wenn ein Mensch nach dem anderen sich daran erinnert, daß seine Anwesenheit auf der Erde dazu dient, eine kritische Masse von Bewußtsein aufzubauen, die in Übereinstimmung mit der Frequenz der spirituellen Dimension steht. Haben wir keine egogetriebenen Ambitionen, so erhalten wir automatisch Energie und Inspiration von unseren Seelengruppen.
- Bestimmte Entwicklungen auf der Erde sind unvermeidbar – zum Beispiel die Entwicklung des kritischen Denkansatzes zusammen mit einem intuitiven Vertrauen in das Mysterium des Lebens.
- Auf der ganzen Welt findet zur Zeit ein spirituelles Erwachen statt, wie auch immer sich dies äußern mag.
- Jeder von uns hält einen Teil der vollständigen Weltvision.
- Wenn wir unser Wissen teilen und unsere Seelengruppen vereinigen, sind wir bereit, uns das gesamte Bild ins Bewußtsein zu rufen, anstatt uns nur mit kleinen Ausschnitten zufriedenzugeben.
- Es ist höchste Zeit, diese Arbeit abzuschließen.

Klärung

Sollte das Verhalten eines der Mitglieder innerhalb der Gruppe zu einem Problem führen, kann es sich bei diesem Problem durchaus um eine gute Gelegenheit handeln, etwas über sich selbst zu lernen. Klärung entsteht aus dem tiefen Gefühl einer inneren Verpflichtung für das Wohlergehen anderer und nicht aus dem Wunsch, jemanden für seine Schwächen oder Unzulänglichkeiten fertigzumachen. Wenn ein Gruppenmitglied mutig genug war, das in Frage stehende Verhalten zur Sprache zu bringen, können Sie alle anderen darum bitten, ihren Kommentar zu den folgenden Fragen aufzuschreiben. Wählen Sie den einfühlsamsten Weg, um die daran anschließende Diskussion zu führen. Stellen Sie sich vor, wie ein weises Wesen in einer solchen Situation handeln würde, und gehen Sie entsprechend vor.

Die Fragen:

- *Was möchte ich selbst aus dieser Situation lernen?*
- *Welche Wesenszüge oder Verhaltensweisen erkenne ich in mir selbst wieder?*
- *Welche Bilder oder Intuitionen erhalte ich in bezug auf die Natur meiner Beziehung zu dieser Person?*
- *Was fühlt mein Körper in bezug auf diese Person?*
- *Wie könnten sich die Verhältnisse in dieser Gruppe für mich verbessern?*
- *Bin ich bereit, meinen Gefühlen Ausdruck zu verleihen, wenn mich etwas an einem der Gruppenmitglieder oder an der Gruppe stört?*
- *Worin könnte der höhere Zweck dessen bestehen, was die betreffende Person in ihrem Leben zu vermitteln sucht?*
- *Welche Lektion könnte die gesamte Gruppe von der Person lernen?*
- *Bin ich imstande, die Liebe hinter der Furcht oder dem Ärger in dieser Situation zu spüren?*

Jeder der Anwesenden sollte so bewußt wie möglich da sein, von Herzen sprechen und die Kontrolle über das, was als Nächstes passiert, aufzugeben bereit sein.

Literaturvorschläge zu Kapitel 11:

James Redfield, *Die Zehnte Erkenntnis*
Alice B. Bailey, *A Treatise on White Magic or The Way of the Disciple*
Barbara Sher und Annie Gottlieb, *Teamworks! Building Support Groups That Guarantee Success*
Russell E. DiCarlo, *Towards a New World View: Conversations at the Leading Edge*
Tom Hurley, *»Community Groups«* in *Noetic Sciences Review*
Sanaya Roman, *Spiritual Growth*

Einige der anderen Qualifikationen sind:

- Der Wunsch, auf einer intuitiven Basis zu arbeiten.
- Die Fähigkeit, Wahrheit und Botschaften in Synchronizitäten und intuitiven Eingebungen zu erkennen und selbstlos umzusetzen.
- Die Fähigkeit, an die längerfristigen Auswirkungen großer und kleiner Entscheidungen zu denken.
- Geistig entwickelt, gefühlssicher und sensibel, reif und spirituell fortgeschritten zu sein.
- Sinn für Humor zu haben und die Fähigkeit, über sich selbst zu lachen.
- Das Wissen um die Wirksamkeit von Gebeten und Meditation.
- Das Erkennen des Guten in anderen Menschen und die Gabe, zu inspirieren und aufzumuntern.
- Lösung von der Identifikation mit der Ego-Persönlichkeit.
- Eine abgerundete Persönlichkeit mit einer Vielzahl von Erfahrungen, Interessen und Talenten.
- Geistige und körperliche Regsamkeit.
- Die erfolgreiche Handhabung finanzieller Belange.
- Die Fähigkeit, Hindernisse in Gelegenheiten zu verwandeln.
- Die Fähigkeit, nicht nur mit den Ohren, sondern mit dem Herzen zu hören.
- Offen, neugierig und großzügig zu sein, wenn es darum geht, das eigene Wissen mit anderen zu teilen.

- Desinteresse an Mitgliedschaften in politischen Parteien und der Zugehörigkeit zu offiziellen Gruppierungen oder Verbänden.

- Die Fähigkeit, die Wahrheit zu sagen, ohne andere kontrollieren, bekehren oder »reparieren« zu wollen.

- Die Bereitschaft, sowohl spontan als auch über längere Zeiträume hinweg zu arbeiten, ohne sofortige Resultate zu erwarten bzw. zu erhalten.

- Die Fähigkeit, den Körper zu verlassen, und die Bereitschaft, übersinnliche Informationen zu empfangen und diese auf ihren Inhalt und ihre Qualität hin zu überprüfen.

- Die Fähigkeit, Entscheidungen aufgrund von Übereinstimmungen zu treffen und nicht aufgrund dessen, was gerade am wichtigsten scheint.

Aufgaben und Verantwortung für die Halter der Vision

Wie wird der Halter der Vision mit anderen Menschen umgehen, ohne sein Ziel aus den Augen zu verlieren? Dabei ist es hilfreich, darauf zu achten, wer jetzt gerade in Ihrem Leben auftaucht. Sobald sich Ihr innerer Wunsch nach selbstlosem Handeln, dem Dienst an Ihren Mitmenschen und Mitarbeit bei der Verwirklichung der Weltvision stabilisiert hat, entsteht eine Verbindung mit der Seelengruppe, die auf der anderen Seite über Sie wacht. Ihre Energie wird ein höheres Niveau erreichen, und Sie werden Menschen mit den gleichen Intentionen anziehen bzw. sich von ihnen angezogen fühlen. Verbringen Sie mehr Zeit mit Personen, deren Ideen Sie inspirieren, und erlauben Sie Ihren Beziehungen, sich zu entfalten, ohne zu drängen oder sich an jemanden zu klammern. Arbeiten Sie für das, woran Sie glauben, aber verschwenden Sie nicht Ihre Zeit damit, andere anzugreifen oder rhetorisch und rechthaberisch zu argumentieren. Wir müssen besonders darauf achten, daß wir nicht versuchen, unsere eigenen Vorstellungen den anderen aufzuzwingen. Das Entwicklungsstadium unserer

Die Form folgt dem Gedanken

Richard B. Miles, Vorstand des *Integral Health Professional Networks*, verfolgt seit den frühen siebziger Jahren alternative und neuartige Heilmethoden und befaßt sich mit der Entwicklung eines Integralen Lehrprogramms für Gesundheitspflege.

Richard Miles: »Das einflußreichste Buch zu diesem Thema war damals *The Phenomen of Man* von Teilhard de Chardin. Er vertrat den Standpunkt, daß sich Leben nicht durch das Überleben des Anpassungsfähigsten weiterentwickle. Seiner Theorie nach verfügte äußere Form über eine innere Form, deren Organisationsprinzip durch Bewußtsein gebildet wurde. Mit der fortschreitenden Entwicklung von biologischem Leben wurde dieser Vorgang immer komplexer, und je komplexer er wurde, desto mehr Bewußtsein erlangte er über sich selbst – und bewies damit, daß er von Anfang an über Bewußtsein verfügt hatte. Mit zunehmender Komplexität wurden auch die Organismen zunehmend fähiger. De Chardins Theorie zufolge veränderten sich biologische Formen durch Bewußtsein, und damit ist Bewußtsein für die Entwicklung der eigenen Zukunft verantwortlich. Im Rahmen der normalen akademischen Paradigmen handelt es sich hierbei um eine extrem radikale Idee.

Mein Partner und ich realisierten, daß sich in den siebziger Jahren das gesamte kulturelle Bewußtsein zu einer neuartigen Ordnung organisierte. Jede wissenschaftliche Disziplin erfand sich neu.«

Wir befragten Miles nach der Evolution des Denkens im Gesundheitswesen.

»Im Hinblick auf Gesundheit und Krankheit bestehen vier Paradigmen«, antwortete er. »Das erste bestand bis vor ungefähr einhundert Jahren. Wir nennen es das *Autoritätsparadigma*, und es besteht aus zwei Untergruppen: 1. Gott straft mich (durch die jeweilige Krankheit) und 2. Ich bin von bösen Geistern und Dämonen besessen. Ein Überrest dieser Denkweise läßt sich auch heute noch in der Reaktion auf die AIDS-Epidemie finden.«

Robert Miles weiter: »Das zweite Modell war das *Paradigma des Krieges bzw. Konfliktes*. Es resultierte aus unserem Glauben an Dinge, die wir mit bloßem Auge nicht sehen konnten. Man bezeichnete diese unsichtbaren Mächte als Miasmen, Verunreinigungen. Durch die Erfindung des Mikroskopes erkannten wir die Miasmen als definierbare

> »Selbst durch die geringste Veränderung des Bewußtseins formieren sich Energie und Informationen zu neuen Mustern. Der Grund, weshalb alte Gewohnheiten so destruktiv wirken, liegt darin, daß sie das Aufkommen neuer Muster verhindern – konditioniertes Bewußtsein ist deshalb gleichbedeutend mit einem schleichenden Sterben.«
>
> Deepak Chopra, *Ageless Body, Timeless Mind*

Organismen. Zu diesem Zeitpunkt wurde die Krankheit zum Feind des Menschen, den man töten mußte, um das Problem zu lösen. Dieses Konzept war in den letzten achtzig Jahren dominant, obwohl es in Wirklichkeit bereits seit 1922 seine Bedeutung verloren hatte, da durch die Klärung von Trinkwasser, durch Stechmückenbekämpfung, die Erfindung von Kühlschränken und die Verbreitung der Elektrizität bereits eine enorme Verbesserung der öffentlichen Gesundheit erreicht wurde. Als wir im Jahre 1944 damit begannen, Antibiotika einzusetzen, waren Infektionskrankheiten vergleichsweise unbedeutend geworden.

Das dritte Denkmodell bezeichnen wir als *Mustererkennung*. Dahinter steht der Gedanke, den gesamten Lebensstil des Patienten und seine Auswirkungen auf die Gesundheit der Person in die Untersuchung und Diagnose miteinzubeziehen. Innerhalb dieses Paradigmas wird nicht nach Feinden gesucht, sondern nach dem inneren Prozeß, der zu dem eigentlichen Problem führte – wie etwa Drogenmißbrauch oder ein streßgeladener Familienhintergrund. Der Erfolg dieser Denkweise ist besonders gut bei Herzkranken zu beobachten, deren fortschreitende Genesung vor allem von gesunder Ernährung und körperlicher Betätigung abhängig ist. Hier gibt es nichts zu ›vernichten‹. Diese Idee drang in unser Bewußtsein, als wir unsere Aufmerksamkeit von Infektionskrankheiten auf chronisch-degenerative Störungen verlagerten. Bei einem chronischen Leiden gilt es keinen Feind zu töten, obwohl wir immer wieder vom ›Kampf gegen den Krebs‹ oder der ›Schlacht gegen Diabetes‹ hören. Unbedingt wichtig für das ›Muster‹ guter Gesundheit ist neben körperlichem und emotionalem Wohlbefinden vor allem, daß der Betreffende in der Lage ist, in seinem Leben einen Sinn zu finden und zu wissen, daß er sein Glück bis zu einem gewissen Grad durch seine eigene Entscheidungskraft bestimmen kann.

Das vierte Paradigma ist noch im Entstehen begriffen – es handelt sich dabei um die Idee des *Universums als Metapher*. In diesem Zusammenhang fragen wir: ›Worin besteht die Botschaft, die mir diese Krankheit oder Verletzung geben will?‹ – ›Worauf muß ich in meinem Leben besser achtgeben?‹«

Gemeinsam mit anderen Medizinern weist Miles jedoch darauf hin, daß es nicht hilfreich ist, jemandem die Schuld an seiner Erkrankung zuzuweisen oder ihm nahezulegen, daß ein Mangel an Spiritualität dafür verantwortlich sei. Beim Auftreten von Krankheiten kann es sich um die Auswirkungen tief verwurzelter, im Unbewußten verborgener Begebenheiten handeln, nach östlicher Philosophie auch um Karma. Jemandem zu erklären, daß er seine Krankheit absichtlich verursacht hat, bringt überhaupt nichts und ist zudem äußerst lieblos.

Auf Krankheit und Schmerz reagieren wir besonders intensiv. Vielleicht lauschen wir nicht gerade aufmerksam auf unsere inneren Botschaften, aber Veränderungen unseres Gesundheitszustandes führen meistens zu sofortiger Reflexion und verzweifelten Fragen: »Warum ich? Warum gerade jetzt?« fragen wir uns voller Angst. Viele Menschen erleben nach einer schweren Krankheit tiefgreifende Transformationen und eine Veränderung ihrer Weltsicht und Wertvorstellungen. »In einem metaphorischen Universum«, erklärt Miles, »wird das Universum auf eine präzise gestellte Frage präzise antworten.«

Bei diesen neu auftauchenden Paradigmen im Gesundheitswesen handelt es sich nur um einen Teil der sich formierenden Energie in der Evolution des Großen Planes. Sind Ihnen innerhalb Ihrer Berufsgruppe bereits Veränderungen in der Denkweise aufgefallen? Ist das Grundmuster Ihres Betätigungsfeldes inklusiv oder separierend (Krieg um Märkte etc.)?

Filter der Weltsicht

Modell

Gesundheit und Krankheit:	Weltsicht:
Autoritäts-Paradigma: Böse Geister und Dämonen:	Das Universum ist feindlich.
Krieg-Konflikt-Paradigma:	Das Universum beruht auf Chaos. Uns bleibt nichts übrig, als den Krieg zu gewinnen.
Mustererkennung:	Das Universum ist uns freundlich gesonnen. Sobald Sie das Muster erkennen, werden Sie zu lernen beginnen.
Krankheit als Metapher:	Das Universum ist integral. Alles hat einen Sinn. Es entfaltet sich nicht nur freundlich, sondern sinnvoll.

Eine neue Weltvision im juristischen Bereich

So wie die holistische Medizin davon ausgeht, daß echte Heilung erst dann erfolgen kann, wenn wir die Wurzeln und die Ursachen einer Krankheit im Zusammenhang mit der gesamten Lebensweise des Patienten erkennen, haben sich auch im juristischen Bereich Anwälte gefunden, die unter holistischen Gesichtspunkten arbeiten. »Ich glaube daran, daß wir unseren Klienten bei der Bearbeitung ihrer inneren Konflikte behilflich sein müssen, für deren Auswirkungen wir sie in Form eines Rechtsstreites vertreten«, sagt Bill Van Zyverden, ein Rechtsanwalt aus Vermont und Gründer der *Internationalen Allianz Holistischer Anwälte.*

Erziehung

> »Die weltweite Umweltkrise wirkt nur dann hoffnungslos, wenn man sie unter physikalischen Gesichtspunkten von außen betrachtet. Richten wir den Blick auf das Innere, sieht die Sache ganz anders aus. Die Natur ist keine blind agierende Kraft, sondern eine Form des Bewußtseins, die durch innere Essenzen und Energiefelder operiert. Die inneren Naturkräfte können für uns von großer Hilfe sein, sobald wir lernen, bewußt mit ihnen zusammenzuarbeiten.«
>
> Corinne McLaughlin and Gordon Davidson, *Spiritual Politics: Changing the World From the Inside Out.*

Laurette Rogers und ihre Klasse hatten im Verlauf des Biologieunterrichts über gefährdete Tierarten gesprochen. Ein Junge fragte, was man unternehmen könne, um vom Aussterben bedrohten Tierarten zu helfen. Aus dieser Frage entwickelte sich eine absolut erstaunliche Erfahrung, die das Leben der Schüler, des Lehrers und das Schicksal einer beinahe ausgerotteten Art von Süßwasserkrabben in ihrem absterbenden Habitat verändern sollten. Angetrieben durch den ehrlichen Wunsch, den traurigen Zustand ihrer Umwelt zu verändern, begannen sie eine Reihe von Untersuchungen, die schließlich Eltern, Journalisten, Landwirte, Geschäftsleute, Biologen und Abgesandte der Gemeinde und des Landes miteinbezog. Innerhalb von sechs Monaten hatte das *California Freshwater Shrimp Project* der Brookside School in San Anselmo lokale und nationale Anerkennung und Aufmerksamkeit gefunden und den ersten Preis in Höhe von 32 500 Dollar in einem von einem Bierhersteller gesponserten Umweltprogramm gewonnen. Die innere Bereicherung der Beteiligten war jedoch um ein Vielfaches größer.

Lernen Sie, im Fluß zu bleiben

In ihrer jüngst erschienenen Publikation des Projektes vermittelt Laurette Rogers ihren Lesern einen faszinierenden Einblick in eine neuartige pädagogische Vision. Sie schreibt: »Die Motivation der Kinder und ihr Enthusiasmus waren phänomenal! Ihre Augen glänzten. Sie redeten schneller. Sie waren von der Wichtigkeit ihrer Aufgabe überzeugt. Alexander sagte: ›Ich habe nicht mehr das Gefühl, zur Schule zu gehen, sondern zur Arbeit.‹« Rogers beschreibt eine Klasse, die es nicht erwarten kann, daß die Schule beginnt und die ihre Wochenenden der »Krabbenarbeit« widmet. »Mit einem Mal«, fährt sie fort, »verließ der Bildungsauftrag das Klassenzimmer und sprengte den zeitlichen Rahmen des Schultages. Jeder der Beteiligten lernte etwas.«

Projektorientierte Lernmethoden werden von einer Theorie in der Hirnforschung unterstützt, die besagt, daß es sich bei dem menschlichen Gehirn um einen Sucher nach Mustern handelt. Das Auswendiglernen (Multiplikationstabellen, Buchstabieren, historische Daten) fordert Erinnerungsvermögen und die Fähigkeit, Dinge zu wiederholen, doch verfügt das Gehirn für diese Tätigkeiten nur über eine geringe Kapazität. Andererseits scheint das menschliche Hirn eine unbegrenzte Kapazität für die Erinnerung von Mustern zu haben, wobei neue Ideen in bereits Gelerntes eingefügt werden und somit aktiv ins Leben integriert werden. Durch die Beobachtung von Ökosystemen haben wir erfahren, daß Netzwerke schneller lernen als Hierarchien. Deshalb erzielt ein Kind die besten Lernerfolge, wenn es Anteil an der Entdeckung, Integration und dem Verwendungszweck einer Information hat. Anstatt vor einem Lehrer zu sitzen und zuzuhören (Hierarchie), wird es schneller lernen, wenn es seine eigenen Ideen innerhalb einer sicheren, freundlichen, auf dem Prinzip des Gebens und Nehmens beruhenden Umgebung mit anderen teilen kann.

Das von dem Physiker und Schriftsteller Fritjof Capra gegründete Zentrum für *Ecoliteracy* (die Fähigkeit, ökologisch »zu lesen«) in Kalifornien hat mit der Entwicklung eines revolutionären Curriculums für Grundschüler begonnen, das auf den Konzepten lebendiger Ökosysteme beruht: wechselseitige Abhängigkeit, Zyklen, Partnerschaft, Energiefluß, Flexibilität, Diversität, Co-Evolution und Tragbarkeit.

Lassen Sie die Kinder machen

Unter Verwendung dieser Prinzipien schufen die Lehrer Rogers und Ruth Hick ein demokratisches Umfeld, innerhalb dessen Kindern gestattet wurde, ihre Lernerfahrungen selbst zu steuern. Dabei erfuhren und verstanden sie, daß alle Dinge auf der Welt miteinander verbunden sind, und schufen sich dadurch die Basis für Hoffnung auf eine realisierbare Zukunftsvision.

Das Krabbenprojekt ist ein Beispiel dafür, daß

1. alle Elemente – Landwirte, Lehrer, Kinder, Krabben, Bäume, Zäune, Geld, Gemeinschaft, Unterstützung – sich problemlos fügten (obwohl durchaus harte Arbeit vonnöten war), nachdem jeder seinen Gefühlen Ausdruck verliehen hatte, auf welche Weise er an dem Projekt partizipieren wollte. Es gab keinerlei Disziplinprobleme mit den Kindern, da niemand die Zeit hatte, Streit zu stiften oder Krawall zu machen. Die Kinder hatten zuviel Spaß dabei, einer größeren Sache als ihrer eigenen zu dienen,
2. Freude an der Natur ebenso beglückend ist, wie Teil der Natur zu sein,
3. die Zurückgewinnung des Bewußtseins darüber, nicht machtlos zu sein (anstatt an den gegebenen Umständen zu verzweifeln), was einer der Schlüssel zu guter Gesundheit ist, wie verschiedene Untersuchungen ergaben. Es handelte sich nicht um simuliertes Lernen in der Abgeschlossenheit eines Klassenzimmers. Nicht nur die Kinder, sondern alle Beteiligten erlebten die tiefe und echte Befriedigung, einen herausragenden Beitrag zum Wohlergehen der Allgemeinheit geleistet zu haben – einen Beitrag zum Wohlergehen unserer Heimat ebenso wie der winzig kleiner Organismen, die das Flußbett sauber halten.

Diesen Viertkläßlern gelang es, bedeutende Resultate zu erzielen – nicht nur für sich, sondern auch für ihre Gemeinde und eine vom Aussterben bedrohte Tierart. Unter anderem gehörte es zu den Aufgaben der Kinder, vor Ort ansässige Landwirte zu kontaktieren, die wenig Vertrauen in das Treiben von Städtern zeigten, die gekommen waren, ihnen die Schuld an der Verunreinigung der Gewässer zu geben. Doch eine der Regeln des Projektes und gleichzeitig eine Lektion in Toleranz bestand darin, sich zu jedem Zeitpunkt guter Manieren zu bedienen und diplomatisch zu verhalten. Die Lehrer baten die Kinder darum, sich vorzustellen, was sie empfänden, wenn plötzlich jemand in ihren Schlafzimmern auftauchen und ihnen erzählen würde, was sie dort berühren dürften und was nicht. Die Überzeugung

> »Arbeiten Sie wie Gott. Keine Aufgabe zu gering, kein Plan zu groß.«
>
> Roy Doughty, Poet und Projektleiter des *Zentrums für Ecoliteracy.*

der Kinder, was die Wichtigkeit ihrer Aufgabe anging, und ihre Bereitschaft, sich offen und respektvoll zu verhalten, sicherte ihnen letztlich die Unterstützung von Landwirten, Journalisten und Regierungsbeamten und sorgte dafür, daß ihr Projekt finanziert wurde.

»Das Kernprinzip besteht darin, daß der neue Weg überhaupt nichts mit dem Althergebrachten zu tun hat. Eine lineare Verbindung existiert nicht; die Quantenphysik hat sich auch nicht aus der Lehre Newtons entwickelt.
Es hat eine Quantenverschiebung stattgefunden zwischen dem, was war, und dem, was ist. Wir mußten uns das Spiel aus einem vollkommen neuen Winkel anschauen, um besser zu verstehen, was überhaupt vor sich geht. Wir befinden uns auf einem völlig neuartigen Spielfeld und brauchen dementsprechend auch völlig neue Spielregeln.«

Alan Cohen,
I Had It All the Time.

Das Mysterium des Lebens aus erster Hand

In jeder Hinsicht hatten die Kinder eine primäre Lernerfahrung anstatt der üblichen Wissensvermittlung aus zweiter Hand durch Bücher, die ohne Konsequenzen oder Resonanz durch ihre Umwelt bleibt. Zusammenarbeit, Toleranz, Respekt und Verantwortlichkeit entwickeln sich organisch, auf natürliche Weise, ohne die schwere Hand der Autorität, die in traditionellen Klassenzimmern so viel Energie darauf verschwendet, die Kinder ruhig an ihrem Platz zu halten. Rogers ist der Ansicht, daß Kinder, die angehalten werden, das »Was«, »Wenn« und »Wie« ihres Lernprozesses selbst zu bestimmen, schließlich zu entscheidungskräftigen, kritischen und verantwortlichen Bürgern sowie zu einfühlsamen und effektiven Lehrern werden.

Reflexion und Rückkopplung

Das wichtigste Element zur Herbeiführung positiver Veränderungen in jedem Berufsfeld ist die Kommunikation zwischen gleichgesinnten, zukunftsorientierten Menschen, die entschlossen sind, ihrer Arbeit einen tieferen Sinn zu geben. Zenobia Barlow, Vorstand des Zentrums für Ecoliteracy sagt dazu: »Der Lehrkörper befindet sich unter einem derartigen Zeitdruck, daß die einzelnen Mitglieder sich oft nicht einmal persönlich kennen. In den seltensten Fällen nur haben sie Zeit oder Gelegenheit gemeinsam über die Implikationen ihrer Tätigkeit zu reflektieren oder gemeinsame Projekte zu entwerfen. Vermehrtes integriertes Lernen wie im Fall des Krabbenprojektes kann nur erfolgen, wenn wir den Lehrern Zeit und Gelegenheit geben, sich kennenzulernen und sich über die Evolution ihres Berufsfelds auszutauschen.«

Der eßbare Schulhof

Ein weiteres Beispiel für eine gelungene Bürgerinitiative als Reaktion auf Zustände in ihrer unmittelbaren Nachbarschaft ist das Projekt »Eßbarer Schulhof« in Berkeley, Kalifornien. Alice Waters, die innovative Chefköchin und Restaurantbesitzerin von *Chez Panisse*, ging jeden Tag auf ihrem Heimweg an dem wie ausgestorben daliegenden Schulhof der Martin-Luther-King-Mittelschule vorbei. Ihr war aufgefallen, daß die Schüler in der Mittagspause hauptsächlich Knusperriegel, Pizza, Hamburger, Kartoffelchips und Softdrinks zu sich nahmen. Als sie ihre Bedenken dem Direktor der Schule mitteilte, bat dieser sie darum, eine Alternative zu entwickeln, und so entstand das Projekt des »Eßbaren Schulhofes«, die Wiederbelebung eines Schulgeländes durch die Anlage eines organischen Gartens, einer Bäckerei mit Backofen, den Anbau von Oliven-, Feigen- und Zitronenbäumen sowie von Kräuter- und Gemüsebeeten.

Essen und Gemeinschaft

Die Absicht besteht darin, die Schule innerhalb des Gartens zu erkennen. Waters betrachtet Nahrung als einen wichtigen Bestandteil unserer zivilisierten Lebensweise, nicht nur als bloße Notwendigkeit zur Aufrechterhaltung der Körperfunktionen. In einem Brief an Präsident Clinton und Vize-Präsident Gore schrieb sie: »... Wie können wir von Menschen erwarten, daß sie einen Sinn für die Zukunft ihrer Gemeinde entwickeln, solange sie davon überzeugt sind, daß keine ihrer Handlungen in diese Richtung jemals Resultate zeitigt? ... Unser Projekt ›Eßbarer Schulhof‹ widmet sich der Anlage und Pflege eines organischen Gartens, der vollständig in den Lehrplan und die Verpflegung der Schüler integriert werden soll. Die Kinder werden an allen Aspekten des Gärtnerns und Anbaus beteiligt sein – ebenso an der Zubereitung, Verteilung und dem Verzehr der von ihnen angebauten Nahrung. Sinn dieses Projektes ist es, ihnen einen Sinn für Verantwortlichkeit für ihre Umgebung, gesunde Ernährungsweise und Möglichkeiten zur Nutzbarmachung des Landes zu vermitteln.«

Alles zu seiner Zeit

Wenn unser Ziel darin besteht, junge Menschen wieder mit ihrer natürlichen Freude am Lernen in Verbindung zu bringen, müssen die Lernmethoden ihrer jeweiligen Kapazität und Entwicklungsstufe entsprechen. Während der Trend innerhalb der gegenwärtigen Schulreform vor allem in der Anschaffung von Computern besteht – ein Trend, der vor allem der Computerindustrie nützt – warnen einige Wissenschaftler davor, daß der zu frühe Einsatz von Computern die Lernfähigkeit und das Erkennen von Zusammenhängen bei Kindern behindert. In einem jüngst erschienenen Artikel schreibt Fritjof Capra zu diesem Thema: »Die neuesten Forschungsergebnisse weisen darauf hin, daß der Gebrauch von Computern bei Kindern bis zur dritten Klasse schlichtweg nicht zu verantworten ist und in jeder Altersgruppe sorgfältig überwacht werden sollte, um einem schädlichen Einfluß auf die kognitive und neurale Entwicklung des Kindes vorzubeugen.«

Während neue Technologien uns mehr Zeit verschaffen, um unseren kreativen und spirituellen Interessen nachzugehen, ersetzen sie in keiner Weise die natürlichen Konditionen, die zur Entstehung von Kreativität führen.

Muster einer neuen Welt

Eine neue Weltsicht ist ein neues Weltmuster kreativer Energie. Innerhalb unserer Probleme liegen die Lösungen. Wenn unsere Kinder auf den Straßen und daheim aus Verzweiflung sterben oder Selbstmord begehen, weil sie keine Hoffnung auf eine Zukunft mehr haben, sollten wir ihnen wieder die Zügel in die Hand geben. Sie sind als Träger einer

Vision geboren worden, und es liegt an uns Erwachsenen, ihnen den nötigen Freiraum zu gewähren, diese Vision – die unsere Zukunft sein wird – zu nähren und gedeihen zu lassen. Wir selbst müssen alles daran setzen, unsere Kinder zu schützen und sie von Anfang an dazu ermutigen, ihrer eigenen Kreativität und ihrer Intuition zu folgen. Mit einem frischen, unverdorbenen Blick auf die Welt und ihren enthusiastischen jungen Herzen sind sie möglicherweise die Träger jener Schlüssel, nach denen wir so verzweifelt innerhalb unserer alten Paradigmen Ausschau halten. Unsere Ernährung beginnt mit der Muttermilch und sollte sich durch eine sinnvolle Ausbildung fortsetzen, die offene Herzen und einen neugierigen Geist schafft, begierig danach, sich der vor ihnen liegenden Aufgaben anzunehmen.

Kunst und Schönheit

Kunst und Musik stellen die Träume und die Tiefen des menschlichen Geistes dar. Schönheit inspiriert, energetisiert und heilt uns. Kunst zeigt uns, was es heißt, Mensch zu sein, über Vorstellungskraft zu verfügen und eine Zivilisation entwickelt zu haben. Malerei und Bildhauerei zwingen uns dazu, Fragen über das Leben zu stellen, die sonst im Alltag häufig verloren gehen.

Der New Yorker Maler Robert Zakanitch reagiert sehr emotional, wenn es um den höheren Sinn von Malerei und Bildhauerei geht. In einem Interview erklärte er uns: »Bis jetzt war Kunst hauptsächlich ein Spiegel der Gesellschaft. Ich glaube, daß das Aufkommen neuer Technologien dies verändert hat. Das Fernsehen kann diese Aufgabe besser und schneller übernehmen. Die Rolle des Künstlers besteht nun darin, unsere Aufmerksamkeit auf heilende Kräfte und Energien zu lenken, anstatt weiterhin destruktive Bilder auszusenden. Die Kunst ist imstande, sehr tiefe Samen zu säen, die allmählich in der kollektiven Psyche aufgehen. Kunst kommuniziert mit unserer Seele. Wir wissen vielleicht nicht, was die Seele ist, aber ohne sie würden wir nicht existieren.«

Laut Zakanitch – dessen riesige Leinwände mit lebhaften organischen Mustern und mysteriösen unbestimmbaren Objekten bemalt sind, die aus einem kosmischen Gebrauchtwarenlager zu stammen scheinen und vor Energie förmlich pulsieren – verfügt jede Gesellschaft über besondere Eigenheiten, die sich nur in ihrer Kunst ausdrücken. Wir selbst sind so sehr Teil dieses Ausdruckes, daß wir es oft kaum noch bemerken. »Kunst ähnelt der Magie«, sagt er, »Bilder können so gewaltig sein, daß Worte nicht ausreichen, sie zu beschreiben. Als der Kubismus, der Impressionismus oder Jackson Pollack auftauchten, standen keine ausreichenden Worte zur Verfügung, um deren neue Sicht der Welt zu beschreiben.«

Es ist Zakanitchs erklärte Absicht, die unvergänglichen, gesunden und liebenden Aspekte unseres Daseins anzusprechen. Auf unseren Expeditionen in die Vision einer neuen Welt und in die neuen Dimensionen spirituellen Lebens, auf die wir uns der *Zehnten Erkenntnis* zufolge hinbewegen, ist es wichtig, unsere Verbundenheit mit der Erde und allem Irdischen nicht aus den Augen zu verlieren. Das Ziel ist die Erweckung all unserer Sinne einschließlich der Intuition. Nur allzuoft schotten wir uns von unserer Umwelt ab, aus Furcht und in dem Versuch, Schmerz zu vermeiden, oder um Armut oder Häßlichkeit nicht sehen zu müssen. Wie können wir uns so für Menschen öffnen, die uns zeigen können, wie wir uns den Kräften der Natur öffnen oder symbolische Mitteilungen empfangen können?

Die Erfrischung der Seele

James Hillman, Psychologe, Autor und Experte für Archetypen, weist daraufhin, daß unsere Gesellschaft sich anästhesiert, indem sie ihr Bewußtsein durch Tabletten, Drogen oder laute Musik betäubt und sich durch kurzfristige Höhenerlebnisse überstimuliert. Anstatt unser Dasein durch Wissenschaft und Theologie zu konzeptionalisieren, sollten wir eigentlich leben. Es ist eine der Aufgaben der Kunst, uns zu unseren Sinnen und wieder in die Welt zurückzuführen. Hillman sagt dazu: »Der Blick des Künstlers dient der Erfrischung der Seele, nicht so sehr der Kritik an der Gesellschaft oder der Schärfung des Verstandes – ebenfalls notwendige und nützliche Dinge, die ohne eine erwachte Seele jedoch nicht möglich wären. Erfrischen Sie die Seele, und etwas Unerwartetes wird geschehen. Die Seele wird durch Schönheit, Liebe und Erinnerung an den Tod erfrischt.«

Der Wunsch, andere Menschen zu erfreuen oder zu beglücken, kann durch jede kreative Arbeit Ausdruck finden. Wenn unsere Intention darin besteht, das Beste in uns selbst und im anderen zu finden, wertzuschätzen und gemeinsam an die Oberfläche zu bringen, dann halten wir die Weltvision.

EINZELSTUDIUM

Rückblick auf den Lebenslauf

Kehren Sie noch einmal auf die Seite mit den Berufsfeldern zurück und kreisen Sie diejenigen ein, in denen Sie bisher tätig waren. Denken Sie einmal darüber nach, wodurch Sie gerade zu diesen Tätigkeiten gekommen sind. Auf welche Weise haben Sie dort Einfluß gehabt? Waren Sie dabei behilflich, den damaligen Status Quo zu halten? Haben Sie den tieferen Sinn Ihres Berufsfelds mitdefiniert; geholfen, sein Ziel voranzutreiben; seinen Einfluß verstärkt; etwas hinzuerfunden, reformiert oder Verbindungen zu anderen Feldern hergestellt?

Wer ist Ihr Mentor oder Held?
Was würden Sie jetzt gerne machen?
Was hindert Sie daran?
Was brauchen Sie?
Worin könnte Ihr nächster konkreter Schritt bestehen?
Wenn Sie an einem einzigen Projekt zum Nutzen des Planeten oder der Gemeinde, in der Sie leben, arbeiten könnten, welches würde es sein?

Vorstellungsgespräch

Lesen Sie bitte noch einmal die Anforderungen an die Weltdiener. Kreisen Sie diejenigen Merkmale ein, von denen Sie meinen, sie bereits zu besitzen. Welche Ihnen fehlenden Merkmale würden Sie gern entwickeln? Wie könnten Sie dabei vorgehen? Wenn Sie wirklich daran interessiert sind, eine neue Qualität in Ihr Leben zu bringen, aber nicht wissen, wie Sie das zu diesem Zeitpunkt realisieren können, richten Sie Ihre Intention darauf, daß es Ihnen gezeigt wird. (Sie müssen es wirklich wollen! Nur daran zu denken, wie schön es sein könnte, reicht nicht aus, um etwas zu manifestieren.)

GRUPPENSTUDIUM

Damals und Heute

Beginnen Sie das Treffen damit, daß Sie jede Veränderung innerhalb Ihrer Interessengebiete während der letzten fünfzig, zehn oder fünf Jahre zu Papier bringen. Welche Entwicklungen lassen sich erkennen? Diskutieren Sie über die entsprechenden Veränderungen. Es spielt dabei keine Rolle, ob Sie alle in unterschiedlichen Berufen tätig sind oder nicht. Im Gegenteil – je verschiedener die Berufe sind, desto interessanter könnte die Diskussion verlaufen.

Gruppenentwicklung

Einige unter Ihnen verspüren möglicherweise das Bedürfnis, sich mit anderen Mitgliedern Ihres Berufes zusammenzutun und neue Ideen für Veränderungen auf Ihrem Betätigungsfeld zu entwickeln. Anstatt sich dabei als Konkurrenten zu begreifen, können Sie bei dieser Gelegenheit Ihre Probleme besprechen oder persönliche Erfahrungen austauschen.

Konzentrieren Sie sich während Ihres Treffens auf die Gemeinsamkeiten, die Sie in das betreffende Berufsfeld geführt haben. Haben Sie einmal Kontakt aufgenommen und Resonanz verspürt, öffnen Menschen sich meistens – wie in der Achten Erkenntnis beschrieben – und sprechen über ihre Gefühle in bezug auf bestimmte Fragen (z. B. neue Gesetze, Mangel an öffentlicher Anerkennung, neue Entwicklungen in Ihrem Berufsbereich und wie diese Ihre Arbeit beeinflussen etc). Rein spekulative Prophezeiungen darüber, in welche Richtung sich Ihr Berufszweig entwickelt, sollten Sie von vornherein unterlassen. Später können Sie darangehen, die höhere Vision Ihrer Berufsgruppe zu visualisieren und Ihre intuitiven Eindrücke mit den anderen Anwesenden zu teilen.

Erweiterer, Erhalter, Pioniere und Aufbauende

- Teilen Sie sich nur zum Spaß einer der oben genannten Gruppen zu, die Ihrer Rolle im wirklichen Leben am ehesten entspricht. Erfinden Sie Ihre eigenen Unterkategorien, aber verbinden Sie sich mit Menschen der gleichen Kategorie. Alle Erweiterer in einer Gruppe, alle Erhalter in einer anderen etc.

- Sprechen Sie jeder für Minuten darüber, was genau Sie in dieser Rolle bisher gemacht haben.

- Was hat Ihnen daran gefallen?

- Was hat Ihnen nicht gefallen?

- Was würden Sie heute anders machen?

- In Anbetracht dessen, was Sie heute wissen, wo hätten Sie gerne eine andere Entwicklung gesehen als die, die eingetreten ist?

- Treffen Sie sich jetzt wieder mit den Mitgliedern der anderen Gruppen. Erzählen Sie sich gegenseitig, was Sie getan haben.

- Seien Sie nicht beunruhigt, falls Sie feststellen, daß Sie eine Kombination dieser Rollen/Aktivitäten sein sollten. Wählen Sie diejenige, die Ihnen heute am meisten zusagt.

- Wie würden Sie die Reise für eine Gruppe junger Leute in ein Land der Dritten Welt organisieren, um dort in einem Dorf Hilfe zu leisten (Einverständnis und Einladung der Anwohner dort vorausgesetzt)?

UM VERÄNDERUNGEN ZU BEWIRKEN:

- Nehmen Sie Ihren Wunsch nach Veränderung ernst.
- Halten Sie ihn nicht für unmöglich, nur weil andere ihn für unrealistisch halten.
- Wenn es auf Ihrem Weg nichts zu erreichen gäbe, hätten Sie auch kein Bestreben, etwas zu erreichen. Träume setzen uns in Bewegung, doch das Resultat kann etwas sein, das Sie sich niemals haben träumen lassen.
- Visualisieren Sie Ihr Berufsfeld in seinem der Menschheit dienlichsten Potential. Auf welche Weise nützen Sie anderen?
- Arbeiten Sie daran, Ihre intuitive Vision zu halten, und lassen Sie zu, daß sie Ihnen zeigt, auf welche Weise sie sich manifestieren will, anstatt ihr Ihre eigenen Ziele aufzuzwingen.
- Widmen Sie sich einer Tätigkeit, die Sie begeistert, nicht nur weil Sie glauben, daß es »eine gute Idee« ist. Die Fähigkeit, eine Vision zu halten, erhöht sich, wenn Sie von ihr begeistert sind.
- Vertrauen Sie Ihren Instinkten mindestens eben so sehr wie Ihrem rationalen Verstand.
- Verlieren Sie das große Bild nicht aus den Augen. Wenn eine Vision sich nicht wie erwartet manifestiert, suchen Sie nach der höheren Bedeutung dafür.
- Achten Sie auf subtile Zeichen, die darauf hindeuten, daß Ihre Seelengruppe und Ihre Führer Sie als Medium benutzen. Dies kann zu erhöhter Energiezufuhr und Klarheit führen bzw. zu der Bereitschaft, einen vollkommen neuen Weg einzuschlagen. Ein zufälliger Anruf, die Entdeckung eines bestimmten Buches oder ein unverhofftes Zusammentreffen mit einem anderen Menschen kann ein Zeichen dafür sein, daß Ihre Seelengruppe Ihnen bei Ihrer Entwicklung behilflich ist.
- Ersetzen Sie Ihre Verwirrung darüber, was sie »eigentlich tun sollten«, durch eine konkrete Handlung zur Unterstützung anderer.

Literaturvorschläge zu Kapitel 12:

James Redfield, *Die Zehnte Erkenntnis*
»Holistic Lawyering«, *The Legal Reformer*, Januar bis März 1994
William Van Zyverden, »*Collaborative Law – Moving Settlement Toward Resolution*« in *The Vermont Bar Journal & Law Digest*, Februar 1994
Laurette Rogers, *The California Freshwater Shrimp Project: An Example of Environmental Project-Based Learning*
Alice Waters, »*Dear Mr. President ...*« in Monograph, 1995, The Center for Ecoliteracy
Fritjof Capra, »*Hyping Computers in Education*« in *San Francisco Chronicle*, 12. März 1996
James Hillman, Interview in *Sculpture-Magazine*, März-April 1992

TEIL SECHS

DIE SCHLIESSUNG DES KREISES

Kapitel 13

Die Weltvision

Falke
Botschafter

»Mit einem Mal verlagerte sich unser Fokus auf die Dimension im Jenseits, und wir waren in der Lage, klar zu erkennen, daß unsere Absicht die ganze Zeit über nicht nur darin bestanden hatte, eine neue Welt zu schaffen, sondern auch einen neuen Himmel.«

Die Zehnte Erkenntnis.

Die Vereinigung der Dimensionen

»Wie im Himmel, so auf Erden.« Elementare Wahrheiten ändern sich nicht. Unser Problem besteht darin, mit ihnen in Verbindung zu bleiben und uns daran zu erinnern, sie in unseren Alltag zu integrieren und zu leben.

Während jeder von uns dabei ist, die Realität der in der *Zehnten Erkenntnis* angesprochenen Themen auf seine Weise zu akzeptieren und in sein Leben zu integrieren – die Existenz einer Dimension im Jenseits; das Konzept der Wiedergeburt; das Verständnis, Teil einer Seelengruppe zu sein; im Kontakt zu unserer intuitiven Instanz zu bleiben; anderen Menschen zu helfen; unsere Ängste und unsere unerwünschten Konditionierungen zu klären – eröffnet sich uns ein vollkommen neues Feld von Möglichkeiten. Unser Bewußtsein vergeistigt durch seine erweiterten Denkmuster die gesamte materielle Dimension.

Worin besteht die spirituelle Botschaft jenseits der durch Rassen- und Kulturunterschiede ausgelösten Dramen, die im Laufe eines individuellen Lebens auftauchen? Jedes menschliche Leben bietet die Möglichkeit, etwas zur Evolution der gesamten Spezies beizutragen. Vom Standpunkt der *Zehnten Erkenntnis* aus sind wir in der Lage zu verstehen, daß wir in bestimmte Lebensumstände hineingeboren wurden, um eine spezifische Lektion zu lernen. Nun ist es an der Zeit, unser Bewußtsein darüber zu erhöhen, wie jeder von uns auf seine Art der planetaren Familie dienen kann. Tragen wir dazu bei, die bereits vorhandene materialistische, konsumorientierte, separatistische Kulturform zu stützen? Oder sind wir dabei, das spirituelle Bewußtsein auf diesem Planeten zu heben?

Alice Bailey vertrat in den vierziger Jahren den Standpunkt, daß religiöse und ideologische Konflikte vor allem als Denkanstöße für die betroffenen Kulturen dienten. Sie schrieb: »In früheren Jahrhunderten stellten Denken und Planen vor allem ein Vorrecht der Gebildeten und der Oberschicht dar. Diese Hinwendung zum Intellektuellen führte letztlich auch zu dem Entstehen einer neuen und besseren Zivilisation, die den Boden für wichtige spirituelle Entwicklungen und Ereignisse bereitete ... Der menschliche Geist strebt, meistens unbewußt, nach einer spirituelleren Lebensweise, Zivilisation und Kultur. Die Mentalität der Menschheit verändert sich täglich in diesem Sinne, und ebenso ihr Verständnis für die wirklichen Zusammenhänge auf der Welt. Bei dieser Entwicklung handelt es sich um eine der bedeutendsten spirituellen Errungenschaften. Sie bildet das Fundament für eine Anerkennung des Lebens unserer Seelen und das Wachstum intuitiver Wahrnehmung auf breiter Ebene. Hierbei handelt es sich um ein Nebenprodukt ideologischer Auseinandersetzungen, aber ebenso um das wahre und wunderbare Resultat einer universellen Ausbildung – so gut oder so schlecht es heute auch sein mag –, die es allen Menschen ermöglichte, zu lesen, zu schreiben und miteinander zu kommunizieren.«

Wertschätzung der Unterschiede

Stellen Sie sich ein Leben vor, in dem Sie andere Menschen nicht mehr beurteilen, sondern sich statt dessen fragen, welchen Teil des universellen Puzzles sie darstellen und worum es sich bei ihrer Geburtsvision handeln mag. Eine kritische Masse von Menschen, die dieses große Bild konstant im Auge behält, würde globale Einheit durch das Zusammenwirken ganz normaler Menschen ermöglichen und nicht das Resultat politischer Regulationen sein. Einmal erwacht, sind wir in der Lage, die Unterschiedlichkeit von Kulturen und Religionen zu schätzen, ohne sie einander angleichen zu wollen (was sowieso unmöglich ist). Wie neugierige Teilnehmer an einem aufregenden Experiment könnten wir unsere jeweiligen Berufungen vergleichen, diskutieren, respektieren und schätzen lernen. Das Wissen darum, daß jede stillschweigende Hilfe, die wir anderen Menschen zukommen lassen, ein Geschenk an uns selbst ist, hilft uns dabei, unser Gegenüber in einem ganz anderen Licht zu betrachten und ihn besser zu behandeln.

»Ich möchte Sie an dieser Stelle noch einmal daran erinnern, daß es der spirituellen Hierarchie auf unserem Planeten vollkommen gleichgültig ist, ob jemand Demokrat, Sozialist oder Kommunist, Katholik, Buddhist oder Atheist sein sollte. Wichtig ist lediglich, daß die Menschheit als Ganzes Gebrauch von der spirituellen Möglichkeit macht. Diese Möglichkeit war zu keinem Zeitpunkt so präsent und zugänglich wie heute.«

Alice A. Bailey,
The Rays and the Initiations

Pioniere interdimensionalen Reisens – Das Durchbrechen der Grenze

In der *Zehnten Erkenntnis* wird erwähnt, daß bestimmte Gruppen oder Individuen auf der Erde einen Bewußtseinsgrad erreichen, der dem der Seelengruppen in der spirituellen Dimension entspricht und es ihnen ermöglicht, zwischen den beiden Ebenen zu reisen, so wie es Robert Monroe und andere bereits getan haben.

Gemeinsam mit diversen Wissenschaftlern und Forschern auf dem spirituellen und parapsychologischen Gebiet ist Monroe der Ansicht, daß die meisten Menschen, wenn nicht sogar alle, über einen Zweitkörper verfügen – einen nichtmateriellen Körper, der in der Lage ist, andere Dimensionen zu besuchen. Er vertritt die Ansicht, daß die meisten von uns während des Schlafzustands ihren Körper verlassen, ohne sich bewußt daran erinnern zu können. Während einer seiner außergewöhnlichen Exkursionen in seinem Zweitkörper besuchte

Monroe einen Freund in einer anderen Stadt und kniff ihn, woraufhin sein Freund vor Schmerz aufschrie. Einige Tage später wurde dieser sehr reale körperliche Schmerz während eines persönlichen Treffens zwischen Monroe und seinem Freund von diesem bestätigt. Durch dieses Experiment bewies Monroe, daß eine Person, die durch ihren Zweitkörper operiert, sowohl physischen wie auch emotionalen Einfluß auf andere ausüben kann.

Seine Forschungsergebnisse veranlaßten ihn, über die moralischen Implikationen derartiger Kräfte und Fähigkeiten zu reflektieren. Falls ein bestimmter Prozentsatz von Menschen sich an einem Punkt ihrer Entwicklung befindet, der es ihnen ermöglicht, den Vorhang zwischen den Dimensionen zu durchdringen, wie hoch sind die Chancen, daß diese Fähigkeit mißbraucht wird? Er spekulierte, daß wir bisher vor solchem Mißbrauch geschützt worden sind, weil wir 1. nicht wußten, daß wir über derartige Kräfte verfügen; 2. abergläubische Furcht vor dem Kontakt mit Wesen in anderen Dimensionen haben; 3. befürchten, derartige Begegnungen könnten die spirituellen Erfahrungen durch organisierte Religionen obsolet machen; 4. Verachtung der Wissenschaft für spirituelle Dimensionen als ernsthafte Forschungsgebiete teilen und uns entsprechend verhalten. Monroe spricht ebenfalls davon, daß der »Gebrauch derartiger Kräfte« wahrscheinlich »der Kontrolle und Zustimmung intelligenter oder nichtpersönlicher Regulatoren unterliegt, was einen Mißbrauch von vornherein ausschließt.«

Was würde geschehen, fragt Monroe, wenn die Menschheit die Existenz der spirituellen Dimension akzeptierte und sich der Techniken bemächtigte, derer es bedarf, eine feinstofflichere Schwingung zu erreichen, wann immer man es will? Eine der wichtigsten Veränderungen innerhalb des menschlichen Bewußtseins wird der Wechsel vom Glauben zum Wissen sein. Wichtiger noch, wir müssen über ein unbestreitbares *Wissen* zu unserer Beziehung zu Gott und über unseren Standort im Universum verfügen. Durch ein persönliches Erleben und das Wissen um die göttliche Präsenz würden wir außerdem einen Großteil unserer Ängste verlieren, die letztlich nur die Furcht vor dem Tod sind. Genau wie die Menschen, die Nahtoderfahrungen gehabt haben, würden wir mit Sicherheit *wissen*, daß wir tatsächlich mehr sind als nur Körper und Verstand und daß unser Tod in Wirklichkeit einen Übergang in eine andere Dimension darstellt.

Wie in der Neunten Erkenntnis erwähnt, würde der kollektive

Aufstieg in eine höhere Energiestufe zu einer Erweiterung des Wissens in allen Sphären führen und eine Matrix schaffen, in der durch das Befolgen individueller Intuition die Lösungen für Probleme auf natürliche Weise kreiert würden. Ein Konflikt zwischen den Religionen wäre undenkbar, da jede Religion davon ausgehen würde, daß ihre jeweilige Botschaft den notwendigen Bestandteil einer übergreifenden Vision darstellt.

Hallo aus dem Himmel

Nach Ansicht der Autoren Bill und Judy Guggenheim findet Kommunikation mit Verstorbenen auf verschiedene Weise statt. Nach Durchsicht von mehr als 3300 solcher Fälle stießen sie auf Berichte von Menschen, die von Begegnungen mit Verstorbenen berichteten, wobei sie Stimmen hörten, körperlich berührt wurden, Gerüche wahrnehmen konnten, und dies alles sowohl im Traumzustand als auch während einer Außerkörpererfahrung.

Eine Krankenschwester in Wisconsin hatte zum Beispiel eine mystische Begegnung mit ihrer fünf Monate alten Tochter, die kurz vorher an einem Herzfehler gestorben war: »Drei oder vier Wochen nach Amandas Tod lag ich nachts in meinem Bett, konnte jedoch nicht schlafen. Mit einem Mal spürte ich, daß ich aus meinem Körper gezogen wurde. Ich befand mich immer noch in meinem Schlafzimmer, jedoch näher an der Zimmerdecke. Ich schaute in Richtung Fenster und sah, wie sich das gesamte Fenster mit hellem goldenen Licht füllte, so wie ich es noch nie in meinem Leben gesehen hatte! Ich spürte, wie dieses Licht mich absorbierte, und gleichzeitig spürte ich die Anwesenheit meiner Tochter.

Dann sah ich Amanda! Inmitten des Lichtes sah ich ihren Geist! Und ich empfing eine telepathische Botschaft von ihr. Sie sagte: ›Vielen Dank für alles, was du für mich getan hast. Ich liebe dich von ganzem Herzen.‹ Mit einem Mal spürte ich eine gewaltige Präsenz – es war die Gegenwart Gottes. Ich verspürte einen unglaublichen Einblick in die Liebe und das Verständnis, die das Leben ausmachen. In diesem Augenblick verstand ich alles.«

Neuer Himmel, Neue Erde

In der *Zehnten Erkenntnis* wird erwähnt, daß unsere Intention nicht nur darin besteht, eine neue Welt, sondern auch einen neuen Himmel zu kreieren. Sobald wir uns an die Weltvision erinnern, verändert sich auch die spirituelle Dimension. Wenn Individuen und Gruppen eine Schwingung erreicht haben, die hoch genug ist, um die spirituelle Dimension zu besuchen, werden die Seelengruppen im Jenseits ebenfalls die Fähigkeit erhalten, unsere materielle Welt aufzusuchen und den Energieaustausch zwischen beiden Dimensionen komplett zu machen. Das Jenseits – unser ewiges Zuhause – ist die Dimension, in der unsere Seelen die Vision und die Erinnerungen halten. Die materielle Welt ist die Dimension, in der wir unsere Vision mit materiellen Mitteln manifestieren. Durch die Zunahme von Kontakten mit Seelen im jenseitigen Bereich wird das menschliche Bewußtsein gezwungen, sich mit der Realität dieser Dimension auseinanderzusetzen. Während eine kritische Masse von Menschen, die diese Realität akzeptiert, es einfacher macht, die Grenzen zwischen den beiden Dimensionen zu überschreiten und gleichzeitig die Schwingungen unserer materiellen Ebene anzuheben, werden die Wesen der spirituellen Dimension es ebenfalls leichter haben, unsere Welt zu besuchen.

Zukunftstrends für die Welt

Sich etwas vorzustellen ist gleichbedeutend damit, etwas zu entwerfen. Zu träumen bedeutet, die vierte Dimension zu betreten. Wir wissen bereits, daß die Science fiction von gestern im nächsten Monat in der Werbung auftauchen wird. Während die menschliche Rasse sich weiterentwickelt, scheint die Frage, wohin in dieser Welt oder Nicht-Welt, immer wichtiger zu werden. Was ist eigentlich los? Was werden wir sehen, nachdem der Schleier gelüftet ist? Welche der DNA-Informationen in unseren Zellen sind bisher noch nicht zum Tragen gekommen? Wissenschaftliche Pioniere wie Hank Wesselmann, Paläologe und Autor von *Spiritwalker*, der Geschichte einer Wanderung von Schamanen in eine 5000 Jahre entfernte Zukunft, ist der Überzeugung, daß in uns allen ein »Software-Programm« schlummert, das es uns gestatten wird, nach Belieben Zugang zur Vierten Dimension zu erlangen. Michael Murphy, der eine ungewöhnliche Vielzahl von außerordentlichen Leistungen des menschlichen Körpers in seinem Buch, *The Future of the Body* zusammengetragen hat, ist der Meinung, daß »sich außergewöhnliche Fähigkeiten vor allem innerhalb von Kulturen entwickeln, die diesen Fähigkeiten besonderen Wert beimessen ... Andererseits werden derartige Fähigkeiten durch gesellschaftliche Konditionierung häufig verzerrt bzw. behindert. Viele westliche Sportler legen zum Beispiel eine derart sublime Form der Selbstkontrolle an den Tag, wie sie sonst nur bei indischen Yogis zu beobachten ist.«

Kultur ist einer der ausschlaggebenden Faktoren bei der Entwicklung unserer Kapazitäten, und selbst mystische Erkenntnisse werden durch unsere soziale Matrix gefiltert, obwohl sie aus der universellen Energiequelle Gottes stammen. Evolution scheint demnach nicht nur ein sich automatisch vollziehender Prozeß zu sein, sondern ein weites Feld großer Kreativität, das zum Teil durch unseren emotionalen und spirituellen Körper mitgeformt wird. Wir sind ein bewußter Teil dieses Entstehungsprozesses, obwohl wir kein vollständiges Bild von dem Plan haben, der sich vor unseren Augen langsam entfaltet.

Der Trend geht heute dahin, die Botschaften alter Welt- und Lebensmodelle nicht mehr wörtlich zu nehmen, also können wir auch getrost damit aufhören, die wortwörtlichen Interpretationen von biblischen Weltuntergangs-Prophezeiungen als Möglichkeit für unsere Zukunft in Betracht zu ziehen. Wir brauchen uns nicht auf Überschwemmungen, Feuer und Apokalypse vorzubereiten, weil wir mittlerweile in der Lage sind, diese Bilder durch unsere Intention und unser Verständnis einer menschlichen Zusammenarbeit mit dem göttlichen Prinzip als Gleichnisse für Zeiten der Transformation und des Übergangs zu sehen.

Penney Peirce, eine international anerkannte Hellseherin aus Marine County in Kalifornien, hat aus ihren Intuitionen, Träumen und Visionen eine Vielzahl von Zukunftstrends abgeleitet, die den in der Zehnten Erkenntnis vertretenen Prinzipien sehr ähnlich sind. Wir möchten Ihnen an dieser Stelle einige der wichtigsten Aspekte ihrer evolutionären Vorhersagen auf psychologischem und spirituellem Gebiet für die unmittelbare Zukunft wiedergeben. Vielleicht helfen diese Spekulationen Ihnen dabei, Ihre eigenen visionären Fähigkeiten zu fördern.

Vater Himmel und Mutter Erde – Die Vereinigung der Dimensionen und maskuliner und femininer archetypischer Energien.

Pierce betrachtet die Vereinigung der Dimensionen im Zusammentreffen von Himmel und Erde als Metapher für die heilige Ehe zwischen dem männlichen, aufsteigenden (Himmel) und dem weiblichen, bewahrenden (Erde) Prinzip und ihrer jeweiligen Energien. In unserem alltäglichen Leben wird sich diese Vereinigung vor allem dadurch ausdrücken, daß Männer bewußt daran gehen werden, die Fähigkeit zum Zuhören, Mitgefühl, Beschützen und zur Zusammenarbeit (feminine Energien) weiterzuentwickeln, während Frauen ihre Fähigkeit zu führen, zu definieren und zu produzieren (maskuline Energien) integrieren und benutzen werden. Dadurch werden zwischengeschlechtliche Beziehungen in der Zukunft weniger stark den traditionellen Rollenmodellen entsprechen, sondern es den Partnern erlauben, mit der vollen Kapazität ihrer Möglichkeiten zu handeln. Auf diese Weise wird es einen ganz natürlichen Rollenwechsel geben, der es jedem der Partner gestattet, zu bestimmten Zeiten dynamischer oder empfänglicher zu sein als der andere. Eine Balance der männlichen und weiblichen Energie wird sich ebenfalls durch eine stärkere Verbindung zwischen der rechten und linken Gehirnhälfte ausdrücken. Das archetypische Streben nach Vereinigung kann sogar dazu führen, daß sich vermehrt Seelenpartner finden, da sich ohnehin immer mehr Seelen in Gruppen inkarnieren, um gemeinsam zu arbeiten.

Die Vereinigung der Dimensionen sowie der männlichen und der weiblichen Energien wird unter anderem auch durch ein neues Feld sozialer, spiritueller und wissenschaftlicher Untersuchungen bestätigt. Wir bemerken bereits ein vermehrtes Interesse an geistigen und spirituellen Phänomenen wie Engeln, Außerirdischen, Nahtoderfahrungen und Heiliger Geometrie, allesamt Zeichen der höheren, geistigen und spirituellen Natur archetypischer, absteigender, männlicher Energie. Auf der Kehrseite sorgt das Aufsteigen weiblicher Energie für vermehrtes Interesse an erdgebundener Spiritualität, wie Schamanismus, Kristallen, Kräutern und allen in der Natur vorkommenden Systemen.

Innerhalb der frühen Agrarkulturen sorgte das Matriarchat vor allem für unsere Fähigkeit, zu vereinigen und zu integrieren. In unserer jetzigen, vorwiegend technologieorientierten Kultur, hat das Patriarchat uns gelehrt, Vorstellungen zu differenzieren (eine maskuline, lineare, rationale Eigenschaft) und Dinge in der äußeren Welt zu manifestieren (durch Wissenschaft, Handel, Kontrolle und Krieg). Durch die holistische Wahrnehmungsweise der Zukunft werden wir in der Lage sein, unsere Innenwelt mit einem neuen Ansatz in der Außenwelt aktiv zu verbinden.

»Die volle Synchronizität planetarischer Harmonie kann durch den Intellekt allein nicht verstanden werden; dazu bedarf es einer intuitiven Erfahrung. Der Intellekt ist nur in der Lage, verbal darüber zu kommunizieren, doch die Integration dieser Synchronizität in unser tägliches Leben bedarf einer tiefen und direkten Erfahrung. Auf diesem Gebiet ist die Meditation eines der nützlichsten Instrumente, da wir durch sie in der Lage sind, eine natürliche und spontane Erfahrung dieses einheitlichen Bewußtseins zu haben und zu integrieren. In diesem Kontext ist Meditation kein Luxus, sondern eine Notwendigkeit für das Überleben auf unserem Planeten.«

Dr. Gabriel Cousens, *Sevenfold Peace: World Peace Through Body, Mind, Family, Community, Culture, Ecology, God*

Veränderungen in der Wahrnehmungsfähigkeit

Diese neue Weltsicht – basierend auf einer Wahrnehmung der Einheit von Verstand, Körper, Geist und Seele – wird unsere lineare Denkweise ersetzen und es uns ermöglichen, Paradoxe zu ertragen. Dies bedeutet, daß wir anstatt »entweder – oder«, »beides – und« zu denken imstande sein werden. Anstatt uns durch das Erstellen von Konzepten abzugrenzen, sind wir in der Lage, den größeren Zusammenhang zu erkennen und Lösungsmöglichkeiten zu erarbeiten, die für alle Beteiligten funktionieren und tragbar sind.

Da wir im Kontakt mit unserer Energiequelle bleiben werden (die Dritte Erkenntnis), wissen wir auch, bei welchen Gelegenheiten wir uns von unserer Quelle abgeschnitten haben, wann wir einen Energieabfall und Isolation verspüren und wie wir durch die Bitte nach intuitiver Führung wieder zu unserem Zentrum zurückgeführt werden können.

Höhere Geisteshaltung und Emotionen

Durch die Fähigkeit, unsere Handlungsmöglichkeiten nicht länger als eine Wahl zwischen Schwarz und Weiß zu betrachten, gewinnen wir an Energie und Kreativität. Einen höheren Lebenssinn zu spüren und davon erfüllt zu sein, wird zu dem individuellen Wunsch führen, sich auszudrücken und mehr Verantwortung zu übernehmen, da dies im ureigenen Interesse jedes einzelnen liegt. Wir werden unserem *eigenen* Bedürfnis nach Austausch, dem Empfangen und dem Übermitteln von Energie dienen. Wissen wir erst einmal, daß wir Seelen sind, verbinden wir uns automatisch mit der Intelligenz des Universums. Die Erfahrung der Spiritualität unseres Daseins und seinem Sinn erhöht unsere Schwingungen und die jeglicher Interaktion, die in diesem Bewußtsein vollzogen wird. Wenn die Energie zwischen Menschen fließt, folgen Mitgefühl und Toleranz ganz von selbst.

Veränderungen auf unbewußten Energie-Ebenen

Nach Ansicht von Peirce werden unsere Veränderungen in Wahrnehmung und Grundhaltung auch zu einer Änderung im Umgang mit dem kollektiven Schatten führen. Sie meint, daß ein höheres kollektives Bewußtsein vermehrt unsere in den Schatten verdrängten, unterbewußten Aspekte an die Oberfläche bringen wird. Sie sieht eine bewegte und unruhige Übergangsperiode voraus, während derer sich nationale und internationale Dramen abspielen, alte Ängste auftauchen oder Regressionen in negative Muster stattfinden können – ein natürlicher Schritt auf dem Weg, die kollektive Angst auf diesem Planeten zu klären. Das Unbewußte muß bewußt gemacht werden – wie wir selbst täglich in den Talkshows beobachten können, die mittlerweile jede nur denkbare Form menschlicher Krisen, Traumata und Schwächen ans Licht der Öffentlichkeit bringen.

Die Sechs-Uhr-Nachrichten

Jeden Tag werden wir mit Berichten über chaotische Zustände in den Nachrichten konfrontiert. Peirce sieht einen Zusammenhang zwischen dem scheinbaren Zunehmen von Bombenanschlägen und Explosionen und dem Ausbruch bisher unterdrückter kollektiver Wut, Angst und Frustration. Terroranschläge berühren unsere tiefsten Verletzungsängste. Ohne die Möglichkeit einer spirituellen Perspektive erlangen wir jedoch nur ein teilweises Verständnis der Vorgänge auf der Welt. Angst, Vergeltung und Abgrenzung erscheinen uns oft als die einzigen Möglichkeiten, um der Situation Herr zu werden. Oft tendieren wir dazu, in diesen Situationen auf Altes und Bewährtes zurückzugreifen – was man als einen Rückzug ins Konservative auslegen könnte.

Als weitere Indizien für Veränderungen im Umgang mit dem kollektiven Schatten könnte die Zunahme nationaler Skandale gewertet werden oder die Versuche, alte Tabus neu zu examinieren (auch dies ist in vielen Fernseh-Talkshows zu beobachten). Vermutlich werden wir auch vermehrt von Entführungen durch Außerirdische hören, was uns zwingen wird, unsere Limitationen durch alte Glaubenssätze neu zu überdenken.

> »Die Maya wußten, weshalb sie hier waren. Sie wußten, wann ihr Untergang stattfinden würde, genau wie die Tibeter die Besetzung ihres Landes vorausgesehen haben ... Da die Maya Hüter der Zeit waren, verfügten sie über die Möglichkeit, die Erde zu verlassen, als sie wußten, daß ihre Aufgabe erfüllt war.
> Darin besteht eines der bestgehüteten Geheimnisse der Maya – sie wußten das Datum und die Zeit ... Von ihrem Standpunkt aus wurden sie in eine andere physikalische Dimension transportiert ... Und sie wußten, daß ihr Wissen eines Tages von der Familie des Lichtes entdeckt werden würde. Wir sind der Überzeugung, daß einige Menschen diese Schlüssel bereits gefunden haben.«
>
> Barbara Marciniak, *Earth: Pleiadian Keys to the Living Library.*

Optionen – Kämpfen oder Fliehen oder?

Die instinktive Reaktion auf Bedrohung (Unruhe auf der Welt) besteht in Kampf oder Flucht (Verdrängung und Leugnung). Ohne Kenntnis der Weltvision versuchen wir, die Menschen, die wir als unsere Feinde betrachten, entweder zu unterdrücken oder zu kontrollieren. Das

»Die Fleischindustrie verbraucht mehr als 50 Prozent unserer Wasservorräte, ist für 85 Prozent der Landverödung verantwortlich und beansprucht zwanzig Mal soviel Land wie vegetarischer Anbau. Eine fleischlose Diät rettet einen Hektar Wald pro Jahr vor dem Abholzen.«

Dr. Gabriel Cousens, *Sevenfold Peace*

Fluchtsyndrom führt darüber hinaus zu der Suche nach einer starken Führerfigur, die uns alle Sorgen abnimmt. Peirce sagte eine vorübergehende Zunahme des Auftauchens von Scharlatanen und Diktatoren voraus, während wir nach Sicherheit suchen.

Die zweite Option – zu kämpfen – führt zu einer Rückkehr in die dualistische Denkweise. »Ich werde dich durch Gewalt und Krieg vernichten.« Es wird zu einem Kampf der Ideologien und der bereits in diesem Buch besprochenen polarisierten Standpunkte kommen. Der Kampfinstinkt wird zur vermehrten Bildung von Straßengangs, Splittergruppen, Partisanentum und Rassismus führen, die weiterhin für eine Täter/Opfer-Dynamik sorgen werden.

Psychologische und körperliche Reaktionen

Jede heute auftretende Polarisierung ist ein Versuch, das Existieren von Chaos zu leugnen. Chaos stellt jedoch eine wichtige Phase unserer Entwicklung dar, solange wir in der Lage sind zu erkennen, daß es uns dabei behilflich ist, alte Wertvorstellungen und Verhaltensmuster, die im nächsten Millennium nicht mehr gefragt sein werden, über Bord zu werfen. Im persönlichen Bereich sagt Peirce eine Zunahme von Resignation und Lebensmüdigkeit voraus. Wir können bereits eine Zunahme von Selbstmorden unter Teenagern und entwurzelten Menschen beobachten sowie eine starke Zunahme der Benutzung von stimmungsregulierenden Medikamenten wie Prozac. Auch werden verstärkt Zustände chronischer Müdigkeit, Panikattacken, Umweltallergien und Suchtverhalten auftreten.

In Zeiten des Chaos kommt es häufig zu einer Verwischung von Grenzen und zu der Furcht vor Invasion. Illegale Immigration ist nicht nur in den Vereinigten Staaten ein kontroverses Thema. Veränderungen in der Weltwirtschaft und sich verschlechternde Umweltbedingungen bedürfen einer

Neudefinition von menschlicher Zugehörigkeit. Auf kommunaler Ebene ist die Obdachlosigkeit ein Ausdruck des Verlustes eines inneren Zentrums (eines Zuhauses) und symbolisiert einen Mangel an Identitätsbewußtsein und Zugehörigkeitsgefühl. Ohne die sich intern regulierenden Mechanismen von Stämmen, die die Größe ihrer Population in einem angemessenen Verhältnis zur Ernährungs- und Rohstofflage halten, sehen wir uns vor das Problem der Überbevölkerung gestellt, während wir gleichzeitig mit wilden Auswucherungen wie dem Krebs konfrontiert werden. Selbst die sinkende Fruchtbarkeitsrate bei Männern und Frauen könnte als Reaktion auf unsere chaotische Welt verstanden werden.

Erneute Zentrierung

Stufe Eins:

Nach dem Überkommen des Chaos sieht Peirce eine Zeit erneuter Zentrierung voraus, dessen erste Stufe ein reaktives Wiedereinrichten des Egos darstellt. Wir werden unsere Macht aus den Händen kultureller Einflüsse, wie zum Beispiel Konsumentenprogrammierung und Zugehörigkeit zu traditionellen politischen Vereinigungen, zurückgewinnen. Wir werden wieder Respekt vor uns selbst und unseren Mitmenschen gewinnen.

Zeichen für diese Individualisierung sind bereits in der zunehmenden Zahl von Kaffeehäusern (Adrenalinzufuhr), dem ständig wachsenden Gebrauch von PCs und dem verstärktem Einsatz von Psychotherapie als Mittel zur persönlichen Weiterentwicklung zu erkennen. Global wird der Wunsch nach Individualisierung sich durch eine Zunahme an Nationalismus und Patriotismus bemerkbar machen.

Stufe Zwei:

Nach diesem Wechsel in Richtung verstärkter Individualisierung erreichen wir ein tieferes Verständnis unserer eigenen Authentizität. An diesem Punkt realisieren wir: »Ich bin angekommen. Ich bin immer gewesen, was ich wirklich bin. Ich bin mit einer Kraft verbunden, die weitaus größer ist, als ich je vermutet habe.« Wir beginnen, uns zu entspannen und spüren, wie die Gesetzmäßigkeiten des Universums in unserem Inneren arbeiten (die Siebte Erkenntnis). Wir bemerken ebenso, daß jeder andere Mensch einen Teil derselben Energie darstellt, aus der auch wir bestehen (die Achte Erkenntnis). Mit der Errichtung dieses Bewußtseinsstandes haben wir ein neues Paradigma erreicht. Wie in der Achten Erkenntnis bereits erwähnt, sieht auch Peirce voraus, daß nach und nach jeder Mensch auf der Erde seine eigenen Erfahrungen und Erkenntnisse über die Weltvision in das Gesamtbild integrieren wird. Als nächstes werden wir dann diese Energie positiv zur Entwicklung neuer Ausbildungsformen, eines von Grund auf verbesserten Gesundheitswesens, gerechterer Gesetzgebungen, menschenfreundlicherer Architektur, eines innovativen Sozialwesens sowie neuer Regierungsformen verwenden.

Heilung und Integration

Der letzte Schritt in dem von Peirce entworfenen Modell besteht in der Heilung persönlichen und globalen Leidens. Dies geschieht, wenn eine kritische Masse von Menschen realisiert, daß wir alle zueinander in Verbindung stehen und miteinander verwandt sind. Mehr und mehr Menschen werden die bewußte Entscheidung treffen, nicht zu dem Leid auf der Welt beizutragen, sondern – wie es die Buddhisten nennen – ihren Fähigkeiten entsprechend verantwortlich zu leben. In Situationen, die uns bedrohlich erscheinen, wird es uns dann leichter fallen, positive Entscheidungen zu treffen, da wir über einen Blick auf das Gesamtbild und unseren Anteil daran verfügen. Wir werden lieber mit anderen gemeinsam arbeiten als allein und isoliert. Die sogenannten Denk-Tanks werden durch Meditations-Tanks ersetzt, in denen Menschen lernen können, Veränderungen durch das Erreichen einer liebevollen und heilenden Schwingung im Einklang mit anderen zu bewirken. Aus diesen nicht berufsspezifischen Meditationsgruppen werden sich bisher verborgene Talente und neuartige Methoden der Problembewältigung entwickeln. Es wird vermehrt zu Satellitenkonferenzen kommen. Automatisch werden wir nach dem höheren, uns verbindenden Faktor suchen und bei der Lösung von Problemen oder Aufgaben auf die dritte Alternative an Stelle des althergebrachten *Entweder – Oder* stoßen. »Frauen«- bzw »Männerfragen« werden zu Fragen für uns alle werden.

Die Sterbekultur wird sich verändern, da die Menschheit lernen wird, den Tod als Übergang zu einer spirituellen Form der Existenz zu erkennen. In zunehmendem Maße werden sich die Menschen das Recht ausbedingen, den Zeitpunkt und die Umstände ihres Todes selbst zu bestimmen oder ihn unter Verwendung technischer Hilfsmaßnahmen hinauszuzögern.

Unsere Fähigkeit, globale Energiemuster zu erkennen und uns auf sie einzustimmen, erlaubt es uns, das Wetter als Ausdruck eines kollektiven emotionalen Körpers zu sehen und Währungsschwankungen als Zeichen für Veränderungen innerhalb unserer Wertsysteme zu verstehen.

> »Wir denken, daß Lebewesen sich von Gegenständen unterscheiden, doch nach dem Prinzip der allumfassenden Verbundenheit alles Existierenden bestehen Lebewesen aus nicht lebendigen Elementen ... Weshalb also die Diskriminierung gegenüber scheinbar leblosen Objekten?
> ... Um Lebewesen zu schützen, müssen wir die Steine, die Erde und die Ozeane schützen. Bevor die Atombombe auf Hiroshima fiel, standen in den Parks der Stadt zahlreiche Steinbänke. Als die Japaner ihre Stadt wieder aufbauten, entdeckten sie, daß die Steine tot waren. Sie trugen sie fort und begruben sie. Dann brachten sie lebendige Steine in die Stadt ...
> ... Denken Sie nicht, Unbewegliches sei nicht lebendig. Atome bewegen sich ununterbrochen ... Bei diesen Atomen und Steinen handelt es sich um das Bewußtsein selbst.«
>
> Thich Nhat Hanh,
> *Love in Action.*

Neue Seelengruppen

Gemeinsam mit anderen spirituellen Lehrern und Experten ist Peirce ebenfalls davon überzeugt, daß eine neue Gruppe von Seelen auf die Erde kommen wird. Es kann sich dabei um Seelen handeln, die sich seit langer Zeit nicht inkarniert haben und besser an das höhere Schwingungsniveau der spirituellen Dimension gewöhnt sind. Seit ca. 1970 scheint es eine Zunahme an Kindern zu geben, die als hyperaktiv, unter vermehrten Umweltallergien leidend oder lernbehindert beschrieben werden. Bei diesen Seelen handelt es sich oft um brillante Geister, die starke Schwierigkeiten haben, sich in bestehende Strukturen wie Familie und Schule einzuordnen. Peirce

> »Als ich die Kinder zu Beginn des Schuljahres nach ihren Eindrücken befragte, sagten alle unabhängig von ihrem Familienhintergrund, daß sie am liebsten nicht in die Schule zurückgekehrt wären. Ein kleines Mädchen meinte: ›Ich bin unruhig.‹ Ein anderes: ›Mein Geist kann nicht stillsitzen.‹
> Besonders diese letzte Aussage blieb mir im Gedächtnis haften, und wir begannen, im Verlauf des Unterrichtes über Geist zu sprechen. Die Kinder liebten ausnahmslos alles, was mit den Begriffen ›Geist‹ oder ›Geheimnis‹ zu tun hatte, und alles Unbekannte, das die menschliche Existenz auf ungewöhnliche Weise beeinflußt. Vor allem hörten sie besonders gern, daß sie für ihren Geist selbst verantwortlich sind.
> ... Als ich ihnen vorlas, ›Mana ist die Lebenskraft aus einer großen universellen Quelle und unsere Reise auf Erden eine spirituelle Reise‹, sagten alle Kinder: ›Aah.‹«
> Shirley Richardson

hält es für möglich, daß sie auf einer anderen Schwingungsebene vibrieren als der, die wir für »normal« halten. Unter Umständen kann es für diese Seelen sehr schwierig sein, sich der Dichte der irdischen Schwingung anzupassen, während sie gleichzeitig einen wichtigen Beitrag zur Transformation unseres Bewußtseins und die Erhöhung der feinstofflichen Schwingung auf unserem Planeten leisten. Eine erhöhte Hirntätigkeit zieht sie zu neuen technologischen Errungenschaften wie Videospielen, Computern und Konzepten wie der »Virtual Reality«. Ein Teil ihrer Aufgabe wird darin bestehen, ihren Halt hier nicht zu verlieren, und möglicherweise bedürfen sie vermehrter Hilfe bei ihrer emotionalen Entwicklung sowie verstärkten körperlichen Kontakt und Berührung. Ohne eine physische Erdung oder Beruhigung des Verstandes durch Meditation kann es für diese Menschen schwierig werden, mit der Energie der Erde Verbindung zu halten. Neue Forschungen haben bereits ergeben, daß hyperaktive Kinder sich durch die Produktion von Betawellen beruhigen und nicht, wie wir »normalen« Menschen, durch Alpha- und Thetafrequenzen.

Da Kinder zunehmend von alleinstehenden Eltern aufgezogen werden, werden wir nach Ansicht von Peirce ein neuartiges Schulsystem entwickeln, das eine Kreuzung zwischen herkömmlicher Schule und Pflegeheim darstellt; mit einem umfangreichen Angebot an Aktivitäten, die vor allem die intuitiven Fähigkeiten der Kinder fördern und die Zusammenarbeit mit andern Menschen unterschiedlichster Ausprägungen fördern wird. Ebenso sollten Eltern sich einer Therapie oder Ausbildung in Erziehungsfragen unterziehen, während ihre Kinder die Schule besuchen.

Diese neuen Seelen können derartig an das Funktionieren als Gruppe in der spirituellen Dimension gewöhnt sein, daß es schwierig für sie ist, ohne die Hilfe einer entsprechenden Gruppe in der materiellen Welt zurechtzukommen. Ihnen bei der Lösung ihrer Aufgaben behilflich zu sein, wird auch uns den Zugang zu einem kollektiven Gruppenverstand und die Entwicklung eines Superverstandes ermöglichen, der imstande ist, bis heute unvorstellbare Technologien zu kreieren. Vielleicht werden Kinder bald selbst neue Erfindungen patentieren lassen und produzieren.

Das Band der Lichtseelen

Ebenso wie die Zehnte Erkenntnis sieht auch Peirce Seelengruppen im Jenseits, die uns hier bei unseren Aufgaben und der Aufrechterhaltung der Geburtsvision unterstützen. In ihrer Vision wird die Erde von einem gewaltigen Seelenband umspannt, das sich ständig näher auf uns zu bewegt und über uns wacht. Sie sah ebenfalls, daß sich dieses Seelenband schließlich mit unserer materiellen Welt verbinden wird, und somit inkarnierte und nicht inkarnierte Seelen imstande waren, auf telepathische Weise ihr Wissen auszutauschen.

Nach den Aussagen von Peirce wird eine Polarisierung des Bewußtseins vielen Menschen dabei helfen, sich über den Sinn ihres Lebens und ihrer Verbindung untereinander klar zu werden. Andere werden sich zusehends angespannter und isolierter fühlen. Jene, die sich eher zum negativen Pol hingezogen fühlen und diesem Zug folgen, werden sich durch Energiemangel bald erschöpft und hoffnungslos fühlen. Wenn die Polarisierung den Punkt der kritischen Masse erreicht, wird eine energetische Gabelung auftreten. Die Menschen mit zu dichtem Bewußtsein werden aussterben, weil es ihnen unmöglich ist, innerhalb der nun erhöhten Frequenz unserer materiellen Welt noch länger zu existieren. Wenn sie wiedergeboren werden, werden sie in der gleichen Verfassung kommen, in der sie gegangen sind. Seelen, die über mehr

Licht in ihren Energiekörpern verfügen, werden sich selbst eine lichterfüllte irdische Dimension erschaffen, in der ihre Körper durchlässig sind. Diese unterschiedlichen Frequenzen werden in unterschiedlichen Parallelwelten existieren – ein Modell, das dem der Quantenphysik zu entsprechen scheint, die uns lehrt, daß es sich bei Licht gleichzeitig um einen Körper und um eine Wellenbewegung handelt. Auf die menschliche Existenz bezogen, können wir uns als oszillierend zwischen individuellem Bewußtsein und einer Existenz innerhalb eines größeren Bewußtseinsfelds verstehen.

Um die Weltvision zu halten, müssen wir uns auf Menschen und Energiefelder zubewegen, die auf jener energetischen Frequenz schwingen, auf der auch wir leben möchten. Wir dürfen das Ideal, unseren Herzenswunsch, nicht aus den Augen verlieren.

Prophezeiungen aus den Anden

Prophezeiungen aus den Anden zufolge wurde die Erde zwischen 1990 und 1993 einem *Pachakuti* unterzogen, einer »kosmischen Transmutation, durch welche die Vorbereitungen zum Eintreffen einer neuen kosmischen Ordnung getroffen wurden.« Elizabeth Jenkins, Direktorin der Wiraqocha Stiftung zur Bewahrung alter Weisheit, beschäftigt sich seit 1987 mit Elementen der mystischen Tradition in den Anden. Seit 1990 arbeitet sie mit dem peruanischen Anthropologen Juan Nunez del Prado zusammen, der mehr als dreißig Jahre bei den Q'ero-Indianern in Peru studiert hat.

Jenkins erklärte uns: »Die Propheten der Anden, die heiligen Männer und Frauen, die Seher und Visionäre ihres Volkes sagen, daß es sich bei der augenblicklichen Zeit – von 1993 bis 2012 – um eine ›kritische Periode‹ innerhalb der Entwicklung des menschlichen Bewußtseins handelt. Wir haben einen Zeitabschnitt erreicht, den sie als *Taripay Pacha*, bezeichnen, ›das Zeitalter der Wiederbegegnung mit uns selbst‹. Bis vor kurzem sind diese Prophezeiungen nicht in der Öffentlichkeit diskutiert worden. Mittlerweile sind die Menschen in den Anden jedoch der Ansicht, ›daß es an der Zeit ist, die Furcht zu beseitigen und zum gemeinsamen Nutzen zusammenzukommen.‹«

Die Anden-Bewohner glauben, daß die neue Ära dann eintritt,

wenn ein neuer Führer mit vollkommener Heilkraft auftaucht. Dies wird das Signal dafür sein, daß ein vereinigtes Bewußtseinsfeld die Konditionen dafür geschaffen hat, daß Menschen mehr an dem kollektiven Karma des Planeten arbeiten als an ihrem individuellen.

Diese Prophezeiungen sagen ebenfalls voraus, daß viele Menschen im Augenblick dabei sind, sich einer Wandlung in ihrer psychospirituellen Entwicklung zu unterziehen, die sie von der »dritten Bewußtseinsebene« auf die »vierte« anheben wird. Auf der dritten Ebene sind Furcht, Konflikt und das Gefühl der Isolation immer noch stark verbreitet. Auf der vierten Ebene, die den in der Zehnten Erkenntnis angesprochenen Veränderungen des menschlichen Bewußtseins entspricht, werden wir lernen, uns die Angst und die Kräfte der Natur zu Verbündeten zu machen. Durch unsere Fähigkeit, den kollektiven Schatten – der Ort, wo unsere Angst sitzt – zu integrieren, wird ein kollektiver Evolutionssprung stattfinden. Auf dieser vierten Ebene lernen wir ebenfalls, auf direkte Weise mit den Energien der Natur zu kommunizieren – mit Bergen, Flüssen, Bäumen, Himmel und Erde, so wie es in der Dritten Erkenntnis der *Prophezeiungen von Celestine* erwähnt wird.

Unsere Aufgabe wird darin bestehen, die kollektive Energie von der Angst und dem Bewußtsein der dritten Ebene zu reinigen und genügend spirituelle Energie zu sammeln, um als Kollektiv auf die vierte Ebene gelangen zu können. Diese uralten Prophezeiungen machen allerdings sehr deutlich, daß diese Entwicklung nicht ohne die Überwindung der Angst möglich sein wird.

Durch die Sammlung übersinnlicher menschlicher Energie säen wir nach Ansicht der Priester aus den Anden die Zukunft unserer Evolution. Alle menschlichen Kräfte aus Körper, Verstand und Geist werden erhöht und verstärkt, wie in der Neunten Erkenntnis erwähnt. Den Mystikern der Anden zufolge sind die Voraussetzungen für eine Veränderung des menschlichen Bewußtseins gekommen.

Weltvision 101

- Es gibt auf der Welt wesentlich mehr, als wir mit unseren fünf Sinnen wahrzunehmen imstande sind.
- Bis jetzt haben wir nur bruchstückhafte Informationen über die wahre Natur unserer Welt erhalten.
- Intelligenz existiert in mannigfaltigen Formen (höheren und niederen).
- Diese Formen existieren außerhalb von uns in der Natur ebenso wie innerhalb unseres eigenen Bewußtseins.
- Die anderen Existenzebenen werden uns allmählich durch Außerkörperliche und Nahtoderfahrungen, Kontakt mit Verstorbenen, Interventionen von Engeln und Heiligen und eventuell sogar Entführungen durch Außerirdische nahegebracht.
- Unsere Fixierung auf die materielle Welt war notwendig, ist aber in Auflösung begriffen.
- Außergewöhnliche Erfahrungen, die nicht mit unserem Realitätsverständnis übereinstimmen, zwingen uns zu intellektuellem, emotionalem und körperlichem Wachstum. Dies ist ein Paradigmenwechsel.
- Alles ereignet sich aus einem bestimmten Grund. Es existiert eine Weltvision, über die wir nur spekulieren können.
- Eine kritische Masse von Seelen hat sich inkarniert, um die Weltvision zu halten.
- Teil der Weltvision ist es, den Schleier zwischen den Dimensionen zu lüften.
- Die Lüftung dieses Schleiers hat begonnen.

EINZELSTUDIUM

Können Sie sich an das letzte Mal erinnern, als Sie wünschten, der Tag würde nie zu Ende gehen, weil Sie sich glücklich, geliebt und verbunden fühlten? In solchen Momenten existieren Sie innerhalb eines Kontinuums von Energie, das über eine unendliche Kapazität von Freude und Verfeinerungsmöglichkeiten verfügt.

Schließen Sie jetzt für einen Augenblick die Augen und versenken Sie sich in den oben beschriebenen Moment aus Ihrer Vergangenheit. Atmen Sie Licht und Energie in Ihre Empfindung. Sie werden feststellen, daß sich Ihr Glücksgefühl sogar noch verstärkt.

Literaturvorschläge zu Kapitel 13:

James Redfield, *Die Zehnte Erkenntnis*

Alice Bailey, *The Rays and the Initiations*

Robert Monroe, *Journeys Out of the Body*

Bill und Judy Guggenheim, *Hello From Heaven!*

Michael Murphy, *The Future of the Body*

Elizabeth Jenkins, *The Return of the Inka: A Woman's Journey into the Nature Mysticism of the Andes*

Kapitel 14

Das Halten der Vision

Büffel
Überfluß

»Wenn wir beten, bitten wir Gott darum, uns einen Wunsch zu erfüllen. Gott inspiriert uns, an seiner Stelle auf Erden zu handeln. Als Botschafter des Göttlichen schaffen wir die materielle Welt. Jeder Gedanke, jede Erwartung – alles, was wir uns von der Zukunft versprechen – ist gleichzeitig ein Gebet, das unsere Zukunft mitbestimmt. Aber kein Gedanke, keine Furcht und kein Wunsch sind so mächtig wie eine Vision, die mit der göttlichen Vision übereinstimmt.«

Die Zehnte Erkenntnis.

Mit dem Flußgeist sprechen

»Nachdem Sie das Unmögliche einmal erfahren haben, ist Ihre Definition von Realität für immer offen. Von diesem Moment an wissen Sie einfach nicht mehr, was noch passieren wird, wenn die kollektive Energie sich durch Sie hindurch bewegt und Ihnen den Pfad Ihres Lebens vor Augen führt«, sagte Elizabeth Jenkins acht Jahre nach ihrer Initiation in den Natur-Mystizismus der Anden.

»Wenn ich nach Begegnungen mit der spirituellen Dimension in unsere Welt zurückkehre, habe ich das Gefühl, als ob mein Ego sich wieder zusammenzöge, nachdem es sich zuvor erweitert hatte. An einem Tag fühlte ich mich wie Jesus Christus, am nächsten wie ein unbedeutender Wurm, der noch viel über das Leben zu lernen hat. Meiner Ansicht nach ist dies alles Teil des Prozesses, den wir absolvieren müssen, um uns nicht an die Fluktuationen zu heften, denen das Ego unterliegt. Es mag sein, daß uns absolut erstaunliche Synchronizitäten widerfahren, doch wir müssen ebenfalls in der Lage sein, unsere Arbeit weiterzuführen, wenn sie uns öde und langweilig erscheint«, führt Jenkins weiter aus.

Die Vision leben

> »Wenn wir ernst nehmen, was gegenwärtige Denker und Forscher sagen, müssen wir in Betracht ziehen, daß indische Yogis, tibetische Lamas und einige der Mönche von Athos in Kontakt mit Realitäten stehen, welche gewöhnlichen Menschen, die vorwiegend ihren Alltagsgeschäften in einer grobstofflichen, materiellen Welt nachgehen, nicht zugänglich sind. Wir sollten diese Geschichten über wundersame Begebenheiten nicht als Täuschungen oder Halluzinationen abtun, sondern ihnen aufmerksam zuhören.«
>
> Kyriacos C. Markides, *Riding With the Lion*

Die Weltvision zu halten bedeutet, sie selbst zu leben und die höchste Möglichkeit menschlicher Existenz als Intention in die Zukunft zu projizieren. Im letzten Kapitel der Zehnten Erkenntnis sagt David, daß es bei dem Halten der Vision vor allem darauf ankommt, *wie* wir sie für den Rest der Menschheit in die Zukunft projizieren.

Die Vision zu halten heißt zu wissen, daß man aus einem bestimmtem Grund hier ist. Lernen Sie, mit den Geistern der Erde zu kommunizieren. Lernen Sie, den Wind zu riechen, und hören Sie auf die Geräusche und Botschaften, die aus einer Menschenmasse an Ihr Ohr dringen. Trainieren Sie Ihren Verstand, so daß er in der Lage ist, neue Informationen aufzunehmen und in Ihr bestehendes Wertesystem zu integrieren, bis Sie in der Lage sind zu erkennen, was in jedem Augenblick Ihres Lebens für Sie wichtig ist. Folgen Sie der Spur der Synchronizität witternd, lauschend, stillstehend wie ein Hirsch, beobachtend, abwartend – um dann wie Pegasus, das geflügelte Pferd, den Sprung über die Schlucht zu wagen.

Vergessen Sie nicht, daß der richtige Zeitpunkt einen wichtigen Teil bei der Erfüllung Ihrer Pläne spielt. Werden Sie nicht ungeduldig. Alles arbeitet auf perfekte Weise auf den Zeitpunkt Ihres Erwachens hin.

Eine Brücke bauen, um einander zu erreichen

Gegen Ende der Zehnten Erkenntnis kämpft die Gruppe um ausreichende Konzentration und Zusammenhalt, die es ihr ermöglichen soll, das Experiment im Tal zu stoppen. Doch ist sie trotz aller Anstrengungen nicht in der Lage, die Vision zu halten. Ihr Fehler besteht darin, daß sie Feyman (den Mann, der diese Technologie um jeden Preis entwickeln möchte) als ihren Feind betrachten, den es zu bekämpfen und zu besiegen gilt. Durch ihre Fokussierung auf seine Person läßt sie ihm Energie und damit Kraft und Macht zukommen. Hierin besteht der unausweichliche Nachteil und die letzte Konsequenz der Aufrechterhaltung eines Feindbildes. Die Gruppe merkt schließlich, daß es effektiver wäre zu visualisieren, wie Feyman sich an seine eigene, positive Geburtsvision erinnert und ihm so Energie zu übermitteln, die ihm dabei behilflich ist zu erkennen, weshalb er eigentlich mit der Entwicklung neuer Techniken zur Energiegewinnung beschäftigt ist.

1. *Geben Sie den Machtkampf auf und stellen Sie sich auf dieselbe Seite*

Aus obigem Beispiel lassen sich drei Grundprinzipien ableiten, die Ihnen dabei helfen können, als Halter der Vision zu dienen. Erstens verstärkt jedes Feindverhalten den vermeintlichen »Feind«, weil er durch unsere Animosität ebenfalls einen Gegner erhält, den er bekämpfen muß. Jemanden nicht als Feind oder Gegner zu betrachten, bedeutet nicht, ihm oder ihr zuzustimmen, sondern uns darum zu bemühen zu verstehen, was unser Gegenüber von einem positiven Standpunkt aus zu erreichen versucht. Worin besteht sein eigentliches Ziel? Worin besteht die positive Kraft seiner Intention? Dem Gegenüber Energie zur Erinnerung seiner Originalvision zu senden ist gleichbedeutend damit, ihn nicht überzeugen oder »verändern« zu wollen.

Unser Hauptziel sollte darin bestehen, uns unser gemeinsames Ideal vor Augen zu halten und gemeinsam Wege zu finden, die der Evolution der Menschheit dienen. Es ist kontraproduktiv, sich dabei an Leuten oder Persönlichkeiten aufzuhängen und dadurch die Polarisierung der

»Erinnerung kommt als Begriff bei den Physikern nicht vor, und doch ist sie in der Quantenwelt leicht auszumachen – Partikelchen, die durch immense Entfernungen in Zeit und Raum voneinander getrennt sind, wissen voneinander, was sie tun. Wenn ein Elektron in den Orbit eines neuen Atoms springt, muß das mit ihm gepaarte Anti-Elektron (oder Positron) reagieren, egal an welcher Stelle des Universums es sich gerade befinden mag. Das gesamte Universum ist durch ein solches Netz von Erinnerung miteinander verbunden.«

Dr. Deepak Chopra,
Quantum Healing: Exploring the Frontiers of Mind/Body Medicine.

Standpunkte zu verstärken. Der Versuch, Dinge im Außen zu verändern, verstrickt uns nur weiter in das bestehende Problem. Auf den inneren Ebenen an der eigenen Entwicklung und Offenheit zu arbeiten trägt dagegen zur Schaffung telepathischer Kanäle bei, durch welche Sie in Kontakt mit den für Sie notwendigen Informationen und Unterstützung geraten werden. Die Verwendung von Gebet und Visualisierung sowie Konzentration auf die innere Intention sind die mächtigsten co-kreativen Dynamiken des Universums.

Indem wir die Ängste und abweichenden Standpunkte anderer verstehen lernen, lernen wir ebenfalls, eine Brücke zu ihnen zu schlagen.

2. Kein »Wir« oder »Sie«

Als zweites lernte die Gruppe, daß jeder in die Vision miteinbezogen werden muß. Ihr Konflikt mit Feyman erinnerte sie daran, daß wir alle voneinander abhängig sind. Wir können es uns nicht länger leisten, in der Terminologie »wir oder sie« zu denken. Es gibt keine »anderen«. Es gibt nur uns. *Bewußtsein* als Grundlage und verbindendes Element allen Lebens ist überall präsent, wie unterschiedlich uns Personen, Gruppen und Nationen auch erscheinen mögen.

3. Beseelung und Ganzwerdung

Die dritte Lektion, die wir von der Gruppe lernen können, besteht darin, daß auf energetischer Ebene zwischen Heilen und Erinnern eine große Ähnlichkeit besteht. Bei unseren Bemühungen, die Welt zu verändern, möchten wir *das* heilen oder vervollständigen, was unserer Meinung nach der Änderung bedarf. Anstatt Kriminalität, Armut, Krieg und Umweltzerstörung zu bekämpfen, scheint es sinnvoller hinzuzufügen, was fehlt: Liebe und Fürsorge für alles, was leidet und fragmentiert ist. Bis heute haben wir versucht, Probleme durch Konfrontation zu lösen, was oft zu Konflikten oder sogar zu Kampfhandlungen geführt hat.

> »Selbst während des Autofahrens können Sie etwas für den Frieden tun. Üben Sie sich darin, tief und ruhig durchzuatmen und zu lächeln. Auf dem Weg vom Büro zur Bushaltestelle können Sie im Gehen meditieren, ohne an etwas anderes zu denken als daran, daß Sie auf diesem wunderschönen Planeten wandeln. Nach drei bis fünf Minuten Meditation werden Sie Ihr inneres Zentrum wiedergefunden haben. Dies nennen wir die Anwendung von Meditation im Alltag.«
>
> Thich Nhat Hanh im Interview mit *We the People* und Jerry Brown.

Jeder von uns ist ein Teil Gottes (oder Brahmans, Allahs, wie immer Sie diese Kraft nennen wollen). Hören Sie darauf, was andere Menschen zu sagen haben; respektieren Sie auch gegensätzliche Standpunkte und lassen Sie dies Ihr Gegenüber wissen. Solch ein Verhalten erhöht die feinstoffliche Schwingung der gesamten Menschheit.

Kein Warten

Es gibt keinen Grund, Ihr Erwachen hinauszuzögern. Jetzt ist es an der Zeit, in die Tat umzusetzen, was Sie gelesen und über was Sie schon so lange nachgedacht haben. Sie befinden sich genau an dem Punkt in Ihrem Leben, an dem Sie sich befinden sollen, und es wird Ihnen nicht an Gelegenheiten mangeln, Gleichgesinnte zu treffen. Gehen Sie scheinbar zufälligen Begegnungen auf den Grund. Halten Sie Ihr Herz und Ihren Verstand offen und handeln Sie, wenn Sie in der Lage sind, etwas Gutes zu tun. Wichtig ist nicht, wieviel Gutes Sie tun, sondern daß es von Herzen kommt.

Nehmen Sie den »holistischen« Standpunkt ein, von dem aus jedes »Problem« nur Teil eines größeren und umfassenderen Ganzen darstellt.

Wenn wir uns auch nur um einen einzigen Menschen kümmern, sind wir bereits in der Lage, Armut, Verbrechen, Gewalt und Arbeitslosigkeit zu mindern. Sorgen Sie dafür, daß das Gefühl der Liebe zwischen Ihnen und anderen nicht unterbrochen wird. Halten Sie Kontakt mit der Leidenschaft und Innigkeit, die Sie ursprünglich zur Aufnahme einer bestimmten Tätigkeit veranlaßt hatten. Wenn Sie die Verbindung zu diesen Motiven verlieren, werden Sie schnell erschöpft und ausgebrannt sein oder sich an Erfolg und Ruhm klammern, anstatt zu tun, was Sie eigentlich tun wollten. Versuchen Sie nicht, die Welt zu retten – und sich selbst dabei zu verlieren. Der Trick besteht darin, aus erleuchtetem Selbstinteresse heraus zu handeln – was gleichbedeutend damit ist, daß es Ihnen eine Riesenfreude bereitet, der Menschheit zu helfen!

Hindernisse oder Botschaften?

Wenn wir wissen, daß wir von jedem vor uns auftauchenden Hindernis etwas lernen können, hilft uns dies, nicht so leicht aufzugeben. Normalerweise neigt jeder dazu, Hindernisse so schnell wie möglich zu beseitigen; doch denken Sie statt dessen lieber darüber nach, welche Botschaft das Hindernis für Sie enthalten könnte. Zum Beispiel: Was funktioniert nicht? Was sehe ich nicht? Was zeigt mir dieses Hindernis, dessen ich mir im Augenblick vielleicht nicht bewußt bin?

Schuldzuweisung oder Dienst am Nächsten?

Indem wir aufhören, der Stimme der Angst zu folgen und nach der schlimmsten aller Möglichkeiten Ausschau zu halten, können wir auch aufhören, die externe Welt oder »Autoritäten« für die herrschenden

Zustände verantwortlich zu machen. Auf diese Weise werden wir bald merken, welche Wege sich uns zur Veränderung der eigenen Person öffnen.

Fangen Sie damit an, auf Menschen in Ihrem Leben zu achten, die selbst bereits Methoden entwickelt haben, das Leiden anderer zu vermindern. Gibt es eine Organisation, zu der Sie sich hingezogen fühlen? Gibt es einen Bereich, in dem Sie zu Veränderungen beitragen möchten?

Zen Roshi (Bernard Tetsugen Glassman) zog nach Yonkers, New York, um dort eine Zen-Gemeinde ins Leben zu rufen. Seine Vision sorgte für das Entstehen von Projekten und Geschäften; erschwingliche Unterkünfte für Obdachlose; Krankenpflege und Obdach für AIDS-Patienten; ein Arbeitsbeschaffungsprogramm und ein Zen-Center. In einem Interview sagte Glassman: »Die wirklichen Lehren eines Lehrers bestehen aus seinem Leben. Und wenn sich jemand zu einem bestimmten Lehrer hingezogen fühlt, dann liegt das daran, daß dieser Lehrer gewisse Interessen und Anliegen hat, für die sich der Mensch interessiert ... Ich arbeite sehr viel mit einer Methode, die ich Straßenmeditation oder ›Zeugenarbeit‹ nenne, und manche Menschen kommen hierher, um diese Arbeit zu tun, während andere sich um die unterschiedlichen Projekte in Yonkers kümmern möchten.«

Glassmans Methode besteht darin, daß er seine Schüler dazu bewegt, sich Geld von Freunden zu leihen, damit sie erfahren, wie es sich anfühlt, um Geld zu bitten und dafür entsprechend angesehen zu werden. Nachdem das Geld für ein Projekt – wie zum Beispiel eine neue Obdachlosenunterkunft – auf diese Weise besorgt wurde, beginnt der Schüler damit, sich auf das Leben als Obdachloser vorzubereiten, bevor er eine Woche als Bettler auf die Straße geht. Glassman sagt: »Sobald Sie versuchen, Geld von Leuten zu schnorren, wenden diese ihren Blick ab. Uns Mittelkläßlern widerfährt diese besondere Form der Zurückweisung normalerweise nicht, und keiner, der mit mir auf der Straße gelebt hat, wird sich einem Obdachlosen gegenüber je wieder so verhalten wie vorher. Einmal auf der Straße, fangen Sie bald an zu stinken, niemand möchte Sie mehr anschauen, und in den Restaurants, in denen Sie sonst Kaffee getrunken haben, werden Sie nicht mehr bedient. Es handelt sich hierbei um eine ausgesprochen tiefgreifende Erfahrung ...«

Ob wir uns dessen bewußt sind oder nicht, wir werden alle durch eine innere Intention dazu angeleitet, anderen Menschen zu helfen. *Mut* ist das natürliche Resultat einer *hundertprozentigen Intention.*

Menschen zählen auf uns

Wenn wir damit aufhören, andere Leute zu Stereotypen zu reduzieren, sie in Statistiken zu quetschen und sie als Opfer oder Täter zu betrachten, sind wir selbst wieder imstande, mit anderen zu fühlen. Sobald wir mit dem in Berührung treten, was uns allen gemeinsam ist, können wir nicht länger tatenlos zuschauen, wenn ein anderer leidet. Die größte spirituelle Arbeit, die wir leisten können, besteht in der Verringerung des Unterschiedes zwischen »ihnen« und »uns«, ob es sich dabei um unsere Nachbarschaft, den Arbeitsplatz oder die Politik handelt. Diese Arbeit verrichten wir in unserem Inneren, indem wir unsere eigene Wahrnehmungsfähigkeit verändern und bereit sind, die Erfahrungen und Wahrnehmungen anderer Menschen zu verstehen und zu akzeptieren. Wir müssen zu der Erkenntnis kommen, daß jede Seele versucht aufzuwachen – egal, wie unangenehm oder unerklärlich ihr Verhalten uns dabei erscheinen mag.

Zurückgeben

Mit einundzwanzig schaute Palena Dorsey in den Spiegel und sah ein Skelett. »Ich wußte, daß ich nur zwei Möglichkeiten hatte«, sagte sie. »Entweder ich veränderte mich, oder ich würde tatsächlich zum Skelett werden.« Heute, zweiundzwanzig Jahre später, hat sie über 100 jungen Menschen dabei geholfen, nicht vorzeitig »zum Skelett zu werden«, indem sie ihr Haus für Pflegekinder aller Hautfarben und Altersgruppen öffnete. »Das jüngste Kind war eine neunjährige Prostituierte, die auf den Strich ging, um die Drogensucht ihres Vaters zu finanzieren. Die meisten meiner Kinder waren irgendwann drogensüchtig oder sind mißhandelt worden und mit dem Gesetz in Konflikt geraten.« Es gab Zeiten, da lebten in Palenas Achtzimmerhaus bis zu zweiundzwanzig Kinder gleichzeitig, während sie einer geregelten Arbeit nachging. Ihrer

Erfahrung nach will sich kein Kind aus freien Stücken prostituieren oder drogensüchtig werden.

»Die Kinder müssen davon überzeugt sein, daß sie mir vertrauen können und daß ich an sie glaube. Deshalb habe ich ihnen offen und ehrlich meine eigene Geschichte erzählt und was ich unternommen habe, um mich zu verändern. Sobald Kinder das Gefühl bekommen, daß jemand an sie glaubt, ist es ihnen möglich, sich selbst in einem anderen Licht zu sehen und ihr Verhalten zu ändern. Sie sind dann in der Lage, eine eigene Identität zu finden und sich nicht länger in Gruppen oder Gangs zu verstecken.«

1978 erhielt sie einen Anruf von ihrem Pastor, der ihre eigene Geschichte kannte und sie fragte, ob sie bereit sei, ihre Erfahrungen mit anderen zu teilen. »Zu Beginn war es schwierig. Ich sah, was funktionierte und was nicht. Das Wichtigste ist, den Kindern zuzuhören. Die meisten Leute reden nicht *mit* Kindern, sondern reden *auf sie ein*. Ich lernte, mit ihnen zu kommunizieren und Vertrauen aufzubauen; als Gegenleistung erwartete ich bestimmte Dinge von ihnen, wie zum Beispiel das Einhalten der Hausordnung. Wenn sie gegen die Regeln verstoßen, sitzen sie wieder auf der Straße, und das respektieren sie. Täglich halten wir zwei Sitzungen ab, in deren Verlauf jeder zu Wort kommen kann. Die Kinder müssen sich ihr Geld zur Einrichtung ihrer Zimmer selbst verdienen. Dadurch gewinnen sie an Selbstwertgefühl und Verantwortlichkeit.« Palena, die neben der Unterstützung durch ihren Pastor auch zahlreiche Spenden aus der Gemeinde erhielt, steht immer noch in Kontakt mit vielen der von ihr betreuten Kinder. »Die meisten sind auf ihrem neuen Pfad geblieben, und einige helfen mittlerweile anderen Straßenkindern.«

Welchen Rat hat sie für den Umgang mit schwierigen Kindern? »Ich bin der festen Überzeugung, daß es keinen Fehler und kein Problem gibt, das nicht behoben werden könnte. Jedes der Kinder war mir gleich wichtig, und ich war willens, ihnen meine ungeteilte Aufmerksamkeit zu widmen und mein Vertrauen zu schenken. Am wichtigsten ist Geduld – wer die nicht hat, sollte nicht mit Kindern und Jugendlichen arbeiten. Sollten Sie selbst vorhaben, ein Kind in Pflege zu nehmen oder zu adoptieren, wählen Sie nicht das ›Beste‹, sondern das vermeintlich ›Schlechteste‹. Sie sind es, die unserer Hilfe am meisten bedürfen.«

»Die Krähe ist der Bote sich ankündigender Veränderungen. Die alten Häuptlinge lehrten uns, daß die Krähe die drei Schicksale – Vergangenheit, Gegenwart und Zukunft – auf einmal zu sehen imstande ist. Wenn die Medizin der Krähe in unserem Leben erscheint, verstehen wir die Gesetze des Großen Geistes in bezug zu den Gesetzen der menschlichen Natur.
Die Medizin der Krähe steht für das Wissen um ein höheres Richtig oder Falsch, wie es die Gesetze des Menschen nicht auszudrücken vermögen. Durch die Medizin der Krähe werden Sie mit kräftiger Stimme sprechen, wenn Sie Dinge adressieren, die nicht in Harmonie bzw. ungerecht oder aus dem Gleichgewicht geraten sind.«

Jamie Sams und David Carson, *Medicine Cards*

Gefängnismission

In der *Zehnten Erkenntnis* erinnert unser Held uns daran, daß gesellschaftliche Veränderungen einen evolutionären Prozeß darstellen, und legt unter anderm dar, daß »man auf kurze Sicht einsah, daß weitere Gefängnisse und Erziehungsanstalten gebraucht wurden, weil sich die traditionelle Ansicht durchsetzte und man uneinsichtigen Verbrechern nicht länger zu verstehen geben wollte, daß kriminelles Verhalten geduldet wird und sie mit relativ milden Strafen davonkommen, um dasselbe menschenfeindliche Verhalten in Freiheit fortsetzen zu können. Doch sah ich auch hier, daß selbst Strafgefangene von dem neuen Bewußtsein angesteckt wurden und daß eine Welle von Privatinitiativen die *Erkenntnisse* in das Milieu der Haftanstalten trugen, um die einzig wirksame Form der Rehabilitation einzuleiten: die Erinnerung an die eigene, ursprüngliche Absicht.«

Traditionelle Lösungen, die auf eine Bestrafung des Individuums hinauslaufen, entsprechen nicht länger den Bedürfnissen unserer Kultur. Gesetzesbrecher ohne Ausbildung, Training oder Möglichkeit zur psychologischen Rehabilitation in Anstalten aufzubewahren, wird der Gesellschaft auf lange Sicht nicht nützen.

Nach den Aussagen von Peter Breen, Vorsitzender von *Centerforce*, einem Netzwerk zur Hilfe von Angehörigen Inhaftierter, »werden 55 Prozent der Kinder von Haftinsassen selbst im Gefängnis enden.« Allein in Kalifornien leben über 350 000 Kinder, von denen sich einer oder beide Elternteile im Zuchthaus befinden. Ihre Zahl wird sich im

Laufe der nächsten zwei Jahre verdoppeln. Landesweit befinden sich in den Vereinigten Staaten einer oder beide Elternteile von ungefähr 2,5 Millionen Kindern hinter Gittern.

Centerforce begann 1975 damit, Transportmöglichkeiten und Kinderpflege für die Angehörigen von Haftinsassen des Zuchthauses in San Quentin bereitzustellen, und verfügt mittlerweile über ein Netzwerk von 27 Zentren, die sich landesweit um 30 Zuchthäuser kümmern.

Programme wie *Centerforce* sind wichtiger Bestandteil der neuen Weltvision und Zeichen einer Veränderung der auf Angst basierenden Verdrängung von Verbrechen und seinen Auswirkungen auf die *gesamte* Gesellschaft. Unter holistischen Gesichtspunkten ist es mehr als sinnvoll, den betroffenen, von der Gesellschaft benachteiligten Familien ebenso zu helfen wie den Insassen. Inhaftierte Eltern haben häufig selbst kein intaktes Zuhause gehabt und wissen nicht, wie sie mit ihren Kindern umgehen sollen. Ehepartner von Häftlingen befinden sich unter extremem finanziellen Druck. Das Wohl dieser Familien stellt einen integralen Teil des Wohlergehens der gesamten Gesellschaft dar. Die beste Möglichkeit für einen straffällig Gewordenen, sich wieder in ein normales Leben zu integrieren, besteht für ihn darin, den Kontakt zu Hoffnung und Liebe nicht zu verlieren. Er muß seine Kinder aufwachsen sehen und mit seiner Frau sprechen können. Er muß Gelegenheit bekommen, sich selbst und seine Optionen zu verstehen sowie Fähigkeiten zu entwickeln, die es ihm nach Beendigung der Strafe erlauben werden, sich und seine Familie zu ernähren. Inmitten unserer Fixierung auf hochspezialisierte Technologien übersehen wir häufig die Notwendigkeit der Schaffung fundamentaler Ausbildungsmöglichkeiten in Lesen, Schreiben, Mathematik, Disziplin, verzögerter Belohnung, persönlicher Verantwortlichkeit und der Fähigkeit, liebevoll zu vergeben.

Umweltmission

Umweltverschmutzung ist das Resultat von stillschweigender Duldung, Ignoranz und Apathie. Wir sehen Abfall in unseren Bächen, wir husten im Verkehr, weil vor uns jemand den Abgastest nicht bestanden hat – und trotzdem unternehmen wir nichts, weil wir zu sehr mit uns selbst

Wölfe – Führung, Ritual, Loyalität und Seele

»Wölfe stellen den Inbegriff ungezähmter Natur dar ... die wahre Seele einer freien und unbefleckten Natur. Der Wolf verfügt über eine extrem hohe Intelligenz, einen ungeheuer ausgeprägten Geruchssinn und exzellente Hörfähigkeit, die ihm ein ausgezeichnetes Unterscheidungsvermögen vermitteln.
Der Wolf erinnert uns daran, auf unsere Intuition und unsere innere Stimme zu hören. Der Wolf verfügt über die Fähigkeit, sich schnell und beständig emotional zu binden. Auf die Richtigkeit der eigenen Erkenntnisse und der eingegangenen Bindungen zu vertrauen, ist Teil der durch die Medizin des Wolfes erhaltenen Botschaft.«

Ted Andrews, *Animal Speak*

beschäftigt sind. Indem wir unsere »angelernte Toleranzschwelle« in diesen Belangen senken, sind wir alle in der Lage, zu einer gesünderen Umwelt beizutragen.

Auf dem durch die Zehnte Erkenntnis repräsentierten Bewußtseinsstand können wir im Hinblick auf den Umweltschutz neuartige Koalitionen zwischen »altmodischen Jägern und Geschichtsforschern und jenen Menschen, die die unberührte Natur als heilige Orte wahrnehmen« erwarten, die uns helfen werden, natürliche Ressourcen wie den Regenwald und andere Urwälder zu schützen.

Zum Teil wird sich die bevorstehende Wahrnehmungsveränderung durch das vermehrte Auftauchen von Intuitionen und die Erweiterung von Bewußtsein und Erinnerungsvermögen bemerkbar machen. Hochentwickelte Kulturen werden das mystische Wissen der Urvölker kollektiv in ihren jeweiligen Zusammenhang integrieren. Auf der ganzen Welt finden sich bereits Menschen, die diesem Geist durch persönlichen und besonders mutigen Einsatz Ausdruck verleihen und jährlich – zum Beispiel mit dem *Goldman-Preis für Umweltschutz* – geehrt werden.

Revolution gegen den Hunger

Mittlerweile existieren Tausende von Organisationen und Gruppierungen, die unermüdlich gegen Hunger und Obdachlosigkeit kämpfen. Die Gruppe *Share Our Strength – SOS* (Teile Unsere Kraft) besorgt nicht nur Essen, sondern liefert gleichzeitig auch ein neues Modell für den Dienst innerhalb der Gemeinden amerikanischer Großstädte, weil ihre Mitglieder und Anhänger nicht nur Geld, sondern auch Zeit investieren. Bekannte Autoren halten Lesungen zugunsten von SOS ab oder veröffentlichen Anthologien, deren Erlös an die Hungerhilfe geht. Eine Partnerschaft mit der Kreditkartengesellschaft American Express hat SOS geholfen, über einhunderttausend Mitglieder zu gewinnen und zur Zusammenarbeit mit Fluggesellschaften, Medien- und Getränkekonzernen geführt. Jährlich erwirtschaftet SOS auf diese Weise mehr als 16 Millionen Dollar für die innerstädtische Sozialhilfe, ohne Spenden und ohne Hilfe der Regierung.

> »Wenn sich jeder Mensch auf der Welt täglich fünf oder zehn Minuten Zeit nehmen würde, um zu meditieren, wäre es einfacher, Gottes Arbeit zu erfüllen. Wir müssen Gott täglich um seinen Segen bitten und ihn in unser Leben bringen, damit er durch uns zu anderen sprechen kann. Erst seine Anwesenheit verleiht unserem Leben Bedeutung ...«
>
> Mutter Teresa: A *Simple Path.*

Das Engagement kleiner Unternehmen, Geschäfte und großer Konzerne ist ein wichtiger Bestandteil bei der Gestaltung unserer Zukunft und gibt Kunden und Verbrauchern die Möglichkeit, bewußt und verantwortlich zu konsumieren.

Stellen Sie Ihre Fähigkeiten und Talente in den Dienst einer größeren Sache. Solange wir ausschließlich Regierung und multinationale Konzerne für die herrschenden Mißstände verantwortlich ma-

> »Kaum ein Tier repräsentiert die ideale Gemeinschaft so wie der Präriehund. Eine Präriehundmeute ist immer aktiv. Die ganze ›Siedlung‹ teilt sich in kleine Gruppen und Familien auf, deren Mitglieder in Verbindung miteinander stehen und voneinander abhängig sind.
> Präriehunde sind extrem sozial ... sie begrüßen sich durch Gesicht- und Körperkontakte. Mit offenen Schnauzen berühren sie sich an den Zähnen. So zeigen sie ihre Zuneigung füreinander.
> Nehmen Sie an dem Leben innerhalb Ihrer Gemeinde so teil, wie Sie wollen und könnten?«
>
> Ted Andrews, *Animal Speak*

chen, entmenschlichen wir weiterhin andere und unterstützen letztlich nur die Polarisierung von Gut und Schlecht. Sobald wir nach umfassenderen, höheren Lösungsmöglichkeiten suchen, halten wir jedoch die Vision. Wir sind im reinen mit uns selbst, unsere Energie fällt nicht ab, und anderen Menschen wird geholfen – wir sind mit unserer ursprünglichen Absicht verbunden.

Weiter Aufwachen

In der *Zehnten Erkenntnis* liefert uns Wil eine wichtige Botschaft: »Überall auf der Welt erfahren die Leute ähnliche Dinge. Nachdem man die ersten neun Erkenntnisse begriffen hat, fragt jeder sich, wie man derartige Erkenntnisse im täglichen Leben umsetzt, ohne sich von dem Pessimismus und der Abwehr in der Umgebung anstecken zu lassen. Aber gleichzeitig haben sie eine größere Klarheit im Hinblick auf unser spirituelles Erwachen erlangt, und wissen, daß momentan ein viel größerer Plan für diese Erde verwirklicht werden kann.«

> »Wir können den Herausforderungen des letzten Jahrzehntes vor dem Anbruch des neuen Millenniums nur dann erfolgreich begegnen, wenn wir realisieren, daß unsere Welt von Grund auf neu und zwar auf der Basis höherer Prinzipien organisiert werden muß und es nicht mehr ausreichen wird, an den bestehenden Verhältnissen kleine Adjustierungen vorzunehmen.«
>
> Corinne McLaughlin und Gordon Davidson, *Spiritual Politics: Changing The World from the Inside Out.*

Dies kann nur Schritt für Schritt geschehen. Es gibt kein einheitliches Rezept dafür, was es zu tun gilt. Nehmen Sie Ihre eigenen Erfahrungen mit möglichst großer Offenheit wahr und achten Sie darauf, wozu Ihnen Ihre Intuition als erstem Schritt rät. Halten Sie die Augen offen.

Fortwährendes Gebet

Der größte Teil dieses Buches diente dazu, ganz gewöhnlichen Menschen den Zugang zu einer spirituellen Existenz zu erleichtern, damit sie dem menschlichen Wohl auf weltlicher Ebene besser dienen können. Manche Seelen haben sich inkarniert, um der Weltvision in vollständiger Anonymität und Abgeschiedenheit zu dienen. Einsiedler und Heilige Orden von Mönchen und Nonnen haben sich aus dem Hauptstrom unserer Gesellschaft zurückgezogen und widmen ihre Energie der direkten und fortwährenden Kommunikation mit dem göttlichen Geist. Es existieren zahllose Beschreibungen von Wundertaten und Heilungen durch Mystiker, die sich durch eine Vielzahl von asketisch gelebten Leben in der Lage finden, außergewöhnliche Zustände menschlichen Daseins aufzusuchen, Gegenstände zu materialisieren, durch Zeit und Raum zu reisen, Leben zu retten und vieles mehr.

Jeder spirituelle Adept von Rang wird den Besitz derartiger Kräfte jedoch ablehnen. Ironischerweise besteht der Zugang zu diesen außergewöhnlichen Fähigkeiten nur dann, »wenn jemand keine persönlichen Wünsche mehr hat, jemand rein von egoistischem Wunschdenken ist. Sobald sein Wille der Wille Gottes ist, wird ihm jeder Wunsch erfüllt. Das ist der Sinn der *askesis*, dem asketischen Lebensweg«, schreibt Markides in seinem Buch *The Way of the Ascetics*. Menschen, die diesen extrem fokussierten Lebensweg wählen, überwinden ihre Fixierungen auf persönliche Leidenschaften und Wünsche, um einen offenen Kanal für den heiligen Geist bilden zu können.

»Für den, der keine individuellen, leidenschaftlichen Wünsche mehr hegt, ereignet sich alles genau so, wie er es sich wünscht. Sein Wille wird eins mit dem Willen Gottes und alles, worum er im Gebet bittet, wird ihm gewährt.«

Aus diesem Grund befinden sich viele Mönche, Priester in fortwährendem Gebet für das Wohl der Welt. Ihre Gebete sind von extremer Wichtigkeit. Jeder von uns hat seinen Platz auf den unterschiedlichen Ebenen des Bewußtseins. »Sie müssen wissen, daß die Welt enden würde, wenn die Menschen, die beten, verschwinden würden.«

Sie sind ein wunderbares und mächtiges Lichtwesen

Nehmen Sie sich jetzt einen Augenblick Zeit und kehren Sie in den Canyon zurück, an dessen Wänden Sie Symbole sahen, die den gesamten Ablauf Ihres Leben repräsentieren. Gehen Sie schnurstracks hinein und setzen Sie sich mitten in den Lichtstrahl, der hoch über Ihrem Kopf einfällt, bis Sie merken, daß Sie inmitten des goldenen Lichtes selbst leuchtend werden und als Licht gegen die ockerfarbenen Wände des Canyons sprühen und ihn in alle Richtungen erhellen.

Sie sind jetzt eins mit dem Licht.

Literaturvorschläge zu Kapitel 14:

James Redfield, *Die Zehnte Erkenntnis*

Barbara Gates und Wes Niker, *»Street-Wise Zen: Ein Interview mit Bernard Tetsugen Glassman«*, Inquiring Mind, Berkeley, 1996

Bill Shore, *Revolution of the Heart: A new Strategy for Creating Wealth and Meaningful Change*, New York, 1995

Kyriacos C. Markides, *Riding With The Lion*, New York, 1995